教育技术学一流专业建设丛书
浙江工业大学重点教材建设项目资助

教育数据挖掘技术与应用

Educational Data Mining Technology and Applications

丁继红 编著

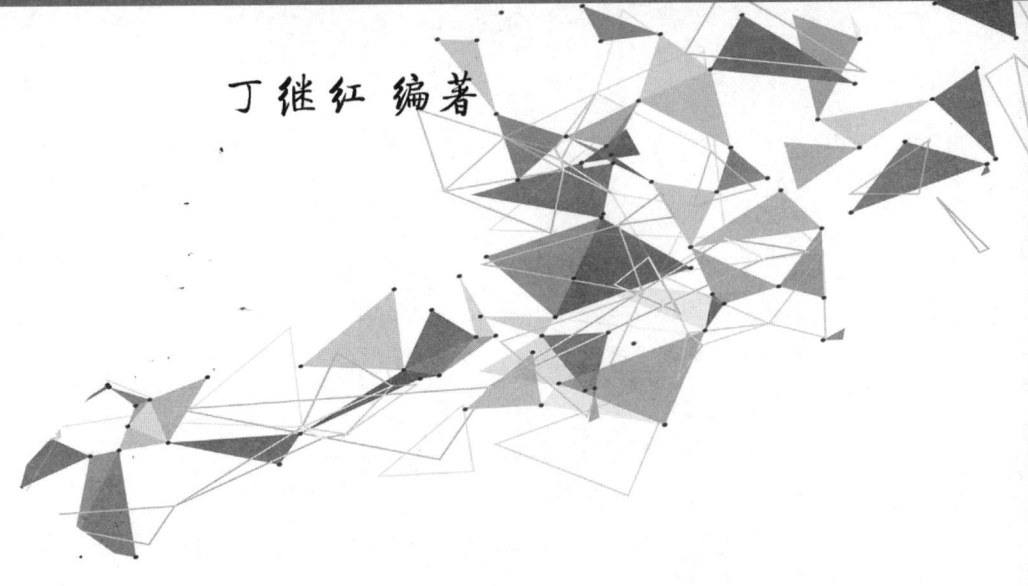

电子工业出版社
Publishing House of Electronics Industry
北京·BEIJING

未经许可，不得以任何方式复制或抄袭本书之部分或全部内容。
版权所有，侵权必究。

图书在版编目(CIP)数据

教育数据挖掘技术与应用 / 丁继红编著. —北京：电子工业出版社，2021.9
（教育技术学一流专业建设丛书）
ISBN 978-7-121-42073-3

Ⅰ．①教… Ⅱ．①丁… Ⅲ．①教育研究－数据采集－高等学校－教材 Ⅳ．①G40-059.9

中国版本图书馆 CIP 数据核字(2021)第 192005 号

责任编辑：郝国栋
文字编辑：吴宏丽
印　　刷：河北鑫兆源印刷有限公司
装　　订：河北鑫兆源印刷有限公司
出版发行：电子工业出版社
　　　　　北京市海淀区万寿路 173 信箱　　邮编：100036
开　　本：787×1092　1/16　　印张：17.25　　字数：414 千字
版　　次：2021 年 9 月第 1 版
印　　次：2021 年 9 月第 1 次印刷
定　　价：68.00 元

凡所购买电子工业出版社图书有缺损问题，请向购买书店调换。若书店售缺，请与本社发行部联系，联系及邮购电话：(010)88254888，88258888。
质量投诉请发邮件至 zlts@phei.com.cn，盗版侵权举报请发邮件至 dbqq@phei.com.cn。
本书咨询联系方式：(0532)67772605，邮箱：majie@phei.com.cn。

前言

随着在线教育、移动学习的普及,教育数据的采集具有更强的实时性、连贯性、全面性和自然性,其分析处理更加复杂和多样,应用更加多元、深入和个性化。对这些数据进行挖掘,有利于实现个性化学习、教育科学决策、个性化资源推荐、精准教育服务,最终促成因材施教的美好愿景。

本教材首先深入剖析教育数据的特征,提出教育数据挖掘技术的目标和应用前景,梳理教育领域常用的数据挖掘技术,揭示教育数据挖掘的本质。随后,从教育数据采集与预处理、教育数据降维、分类与预测、关联分析、聚类分析、滞后序列分析、社会网络分析等方面介绍教育数据挖掘的原理和实践。

本教材不仅阐释了决策树、人工神经网络、支持向量机、朴素贝叶斯分类器、二项 Logistic 回归、Apriori 关联分析、K-Means 聚类、层次聚类、滞后序列分析、社会网络分析等数据挖掘方法与技术的基本原理,也利用 SPSS Modeler、GSEQ、UCINET、Gephi 等软件,结合案例和实践操作对这些方法与技术的应用进行了全面的介绍。

为实现因材施教的教育理想,需要利用数据挖掘技术进行学习预测、关联挖掘、聚类分析、时序挖掘和社会网络分析,进而实现学习预警、学习共同体聚类、学习模式发现、学习社群推荐。本教材梳理数据挖掘的关键技术,并结合应用案例进行操作实践,深入浅出地呈现教育数据挖掘的原理和应用方式。与此同时,本教材结合微视频对教材中配套案例进行分解操作,努力将本教材打造成在内容设计上具有实践性,在知识层面上具有前瞻性,在表现形式上具有富媒体特征的立体化教材。

本教材既可作为计算机科学与技术、教育技术学、现代教育技术、信息技术教育等专业研究生、本科生系统学习的专业性教材，也可作为广大研究工作者、一线教师和教育管理者掌握和精通教育数据挖掘技术的自学教材和使用手册。

本书从撰写草稿到反复修改，直至最终付梓，历时一年之久。其中要感谢的人颇多，感谢浙江工业大学的王永固教授点燃了编者编写此教材的灵感；感谢高熠徐、张歌斐、陈晓娅、黄静雯、李潇潇等同学为本教材查阅和准备了第一手资料；感谢黄沁儒、陈逸旻等同学制作了和本教材配套的视频、课件；感谢本教材的特约编辑王兆堃先生，他思路清晰，既从大方向上保证本教材的框架结构清晰规范，又从细节上确保本教材的字句标点正确严谨，他精益求精、严谨勤勉的精神激励编者勇于攻关克难。

限于编者的水平，教材中难免有不足之处，敬请专家、读者批评指正。

与本教材有关的课件、视频和数据文件可以登录华信教育资源网(www.hxedu.com.cn)免费下载。

编　者

2021 年 6 月 2 日

目 录

第1章 教育数据挖掘概述 / 1

1.1 数据挖掘及其要解决的问题 / 1
1.2 教育数据的来源和特点 / 3
1.3 教育数据分类 / 4
1.4 教育数据挖掘的目标和价值 / 6
1.5 教育数据挖掘技术概述 / 8
本章小节 / 14

第2章 教育数据采集和预处理 / 15

2.1 教育数据采集 / 15
2.2 初始数据存在的杂乱性 / 19
2.3 数据清洗 / 20
2.4 数据集成 / 23
2.5 数据变换 / 26
2.6 数据规约 / 27
2.7 教育数据预处理应用案例 / 28
本章小节 / 35

第3章 教育数据降维 / 36

3.1 数据降维概述 / 37

3.2 两种数据降维方法 / 37

3.3 特征选择数据降维方法 / 38

3.4 特征提取数据降维方法 / 40

3.5 特征选择数据降维方法在教育数据中的应用案例 / 44

3.6 特征提取数据降维方法在教育数据中的应用案例1 / 51

3.7 特征提取数据降维方法在教育数据中的应用案例2 / 56

本章小节 / 65

第4章 决策树、人工神经网络和支持向量机 / 66

4.1 分类预测概述 / 66

4.2 决策树 / 67

4.3 C5.0算法及其应用 / 73

4.4 决策树应用案例 / 86

4.5 人工神经网络 / 94

4.6 神经网络应用案例 / 101

4.7 支持向量机 / 105

4.8 支持向量机应用案例 / 113

本章小节 / 117

第5章 朴素贝叶斯分类器、贝叶斯网络和二项Logistic回归 / 118

5.1 贝叶斯概率和贝叶斯定理 / 118

5.2 朴素贝叶斯分类器 / 119

5.3 朴素贝叶斯分类应用案例 / 121

5.4 贝叶斯网络 / 126

5.5 贝叶斯网络应用案例 / 131

5.6 二项Logistic回归分析 / 136

5.7 二项Logistic回归分析应用案例 / 146

本章小节 / 159

第 6 章　关联分析　/ 160

6.1　关联分析概述　/ 160

6.2　Apriori 算法　/ 165

6.3　经典应用案例——购物篮关联分析　/ 170

6.4　教育应用案例——学习行为关联分析　/ 177

本章小节　/ 184

第 7 章　聚类分析　/ 185

7.1　聚类分析概述　/ 185

7.2　K-Means 聚类及其应用　/ 189

7.3　层次聚类及其应用　/ 198

7.4　两步聚类及其应用　/ 202

7.5　Kohonen 网络聚类　/ 211

本章小节　/ 222

第 8 章　滞后序列分析　/ 223

8.1　行为序列分析和滞后序列分析概述　/ 223

8.2　滞后序列分析工具　/ 225

8.3　基于滞后序列分析法的学习行为分析流程　/ 232

8.4　基于滞后序列分析法的学习行为分析应用　/ 235

8.5　基于滞后序列分析法的学习行为分析应用案例　/ 237

本章小节　/ 242

第 9 章　社会网络分析　/ 243

9.1　社会网络分析概述　/ 243

9.2　社会网络分析过程和方法　/ 246

9.3　UCINET　/ 253

9.4　Gephi　/ 259

本章小节　/ 268

第1章 教育数据挖掘概述

教育数据挖掘(Educational Data Mining，EDM)运用教育学、计算机科学、心理学和统计学等多个学科领域的理论和技术，解决教育研究与教学实践中的问题。在我国，有关数据挖掘(Data Mining，DM)的理论、技术、研究与实践不过30年，在大数据时代背景下，教育数据挖掘的研究迎来了新的发展机遇，也面临新的挑战。

数据挖掘旨在从海量数据中筛选、提取出人们感兴趣或者对决策有价值的规则和知识。数据挖掘具有分类、预测、估计、聚类、关联分析和时间序列挖掘等功能。数据挖掘过程包含数据选择、数据预处理、特征变换、模式挖掘、解释与评价五大步骤。

在线教育的快速发展导致教育数据激增，在线学习系统、交互式学习环境、虚拟学习环境中的学习者行为数据与师生交互数据都在迅猛增长。基于心理学、教育学和学习科学的相关理论，将数据挖掘技术应用于教学研究，揭示学生的学习规律和特征，发现潜藏的有价值的知识，解决教育发展中存在的问题，是教育研究的新范式，也是大数据时代教育变革的必然趋势。

 ## 1.1 数据挖掘及其要解决的问题

数据采集和存储技术的飞速发展，使整个社会迈入了大数据时代。对各种信息化环境、设备终端和应用场景中产生的大数据进行合理和深入的分析，将为社会各行各业的决策与管理提供重要的参考信息。浩瀚、复杂的数据收集和处理对人类提出了巨大的挑战，因此，我们需要使用智能化数据挖掘技术辅助人类从海量的大数据中挖掘出有价值的信息。

数据挖掘是从大量实际应用场景中采集的不完全的、模糊的、随机性的数据中，挖掘出隐藏在其中的有价值的信息、有意义的模式和关联关系的过程。本质上，数据挖掘包含知识发现和描述两个根本目标，前者利用数据挖掘技术分析已知的大型数据集，发现先前未被发掘的有用模式和模型，预测各领域未来发展的趋势和结果；后者在数据集上生成新的、隐含的、有价值的信息。

面对当前的大数据时代，传统的数据分析方法已经不能满足海量数据挖掘的需要。为更好地利用大数据，充分发挥大数据的价值，当前的数据挖掘技术要解决以下问题。

1. 可伸缩

由于数据采集和存储技术的发展，数据集往往以 TB（太字节）、PB（拍字节），甚至 EB（艾字节）级呈现，要处理这些包含大量数据的数据集，数据挖掘的算法必须是可伸缩的。即数据挖掘算法的运行时间必须可预计并能在应用可接受的时间范围内完成。目前，最常见的数据挖掘算法利用特殊搜索策略来处理指数级的搜索问题，要想真正实现可伸缩，还需要开创新的数据结构，才能有效且全面地访问每个记录。例如，若要处理的数据在内存中容纳不下时，可能需要核外学习算法。核外学习算法是在计算机内存之外的数据集上训练机器学习模型的一种算法。

2. 高维度

目前，具有成百上千特征属性的数据集已十分常见。例如，在生物信息学范畴，微阵列技术能产生涉及数千特征的基因表达数据。包括时间或空间分量的数据集一般也都具有很高的维度。例如，对于一个包含不同地区的温度测量结果的数据集，如果研究者在一个很长的时间周期内重复测量该地区的温度，那么维数的增长将正比于测量次数。而传统的数据分析技术通常只能在低维度数据上产生较好的效果，不能很好地分析高维度数据。

3. 异构数据

传统的数据分析方法一般适用于处理包含相同数据类型和特征属性的连续或分类数据集。随着数据挖掘在金融、教育、医学和其他领域发挥越来越重要的作用，能够处理异构数据的数据挖掘技术显得十分必要。近年来，越来越多的非传统类型数据涌现，例如，包含文本、图像、链接、音频和视频等数据类型的网络和社交媒体数据，具有序列性和三维结构的 DNA 数据，在不同时间、地点采集的包含许多要素的气象数据等。为分析这些复杂数据而开发的数据挖掘技术应当充分考虑数据之间的联系，如时空的相关性、图像的连通性等。

4. 分布式挖掘

在大多数时候，需要分析的数据不会只归属于一个组织机构，它们往往分布在多个组织机构的数据源中，这时就需要使用分布式数据挖掘技术分析数据。分布式数据挖掘技术需要解决的主要问题如下。

① 在执行分布式计算时，如何降低通信量？
② 如何有效地从多个数据源获得数据挖掘结果？
③ 如何保证数据安全和数据隐私？

1.2 教育数据的来源和特点

大数据在教育领域的应用,为新时代的教育教学创新提供了新的思路和方法。

教育数据直接来源于各种教育活动。

按照教育机构中业务活动的类型划分,可以将教育数据的来源分为教学数据、管理数据、科研数据等。

1. 教学数据

教学数据是在课堂教学过程中产生的师生交互数据、教师教学行为数据和学生学习行为数据,也包括课程本身的数据,例如课程基本信息、课程成员、课程资源、课程作业、课程进度、课程考核等数据,其中课程成员数据来自个体,用来描述与课程学习相关的学生个人信息。在传统的课堂教学中,获取教学数据比较困难,但随着信息化教学的发展,越来越多的电子教具在课堂中使用,自动产生并保存了丰富的教学数据。在在线教学中,教学数据可来自信息化学习环境所产生的各种日志,它们既可以是存储在服务器上的日志数据,也可以是存储在客户端上的日志数据。此外,在线教学数据还可以来自学生的各种在线学习行为,例如观看视频、进行讨论、完成作业、在线测试等。教学数据种类多样,结构复杂,在进行数据挖掘前需要先对数据进行预处理,形成合理的数据结构。

2. 管理数据

管理数据是在教学管理中产生的数据。这类数据是指教育机构使用数字化管理系统录入、保存和处理的教育、教学、管理、服务等数据。这类数据通常结构良好,可批量处理,是数据挖掘的理想对象。

3. 科研数据

科研数据是科研数据库中的数据。目前与科研有关的信息资源和过程性资料等都已被转换成数字化形式,存储在数据库中,可以通过各类检索系统检索和调用。这类数据通常结构良好,可批量处理,也是数据挖掘的理想对象。

按照角色划分,教育数据可能来自学生、教师和学校三个方面。

① 对学生而言,学习行为中的键盘和鼠标操作数据、社群中的讨论数据、自动问答系统里的数据、来自课堂层面的眼动数据和脑电数据等都是重要的教育数据。

② 对教师而言,教学中的对话数据、技术操作和应用数据、提问类型数据、对学生提问的应答数据、站姿数据、手势数据、讲解语调数据等都是重要的教育数据。

③ 对学校而言,学校资源的使用情况、学生整体健康情况、学生整体的学业表现等都是重要的教育数据。

1.3 教育数据分类

教育是一个复杂的综合性系统，涉及教学、管理、科研、服务等诸多业务。虽然不同地区、不同学校的教育业务有一定的相似性，但教育业务的差异性更为突出。教育业务的差异性直接导致教育数据的类别更加多元，教育数据的采集更加困难，教育数据的挖掘更加复杂。

对教育数据可以按不同的原则分类。

1. 按数据范围划分

教育数据的核心数据源头是"人"和"物"。"人"包括学生、教师、管理者和家长等；"物"包括信息系统、校园网站、服务器、多媒体设备等各种教育设备。在"人"和"物"的交互中会衍生各种教育实践活动，既包括校园环境下的教学活动、管理活动、科研活动以及校园生活，也包括家庭、社区、博物馆、图书馆等非校园环境下的学习活动；既包括线上的教育教学活动，也包括线下的教育教学活动。

按教育数据范围，可以将教育数据分为个体教育数据、班级教育数据、学校教育数据、区域教育数据、国家教育数据五类（见图1-1），教育数据的体量从内向外逐级递增。

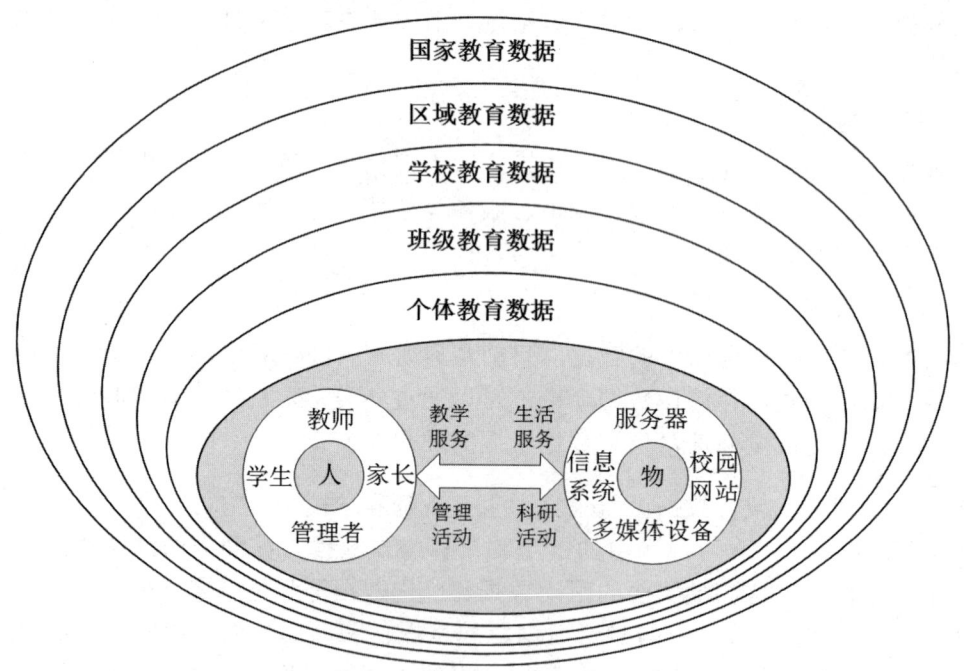

图1-1 教育数据的范围

① 个体教育数据包括教职工与学生的基础信息、各种用户行为数据（如学生的学习行为记录、教师的教学行为记录、管理者的操作行为记录等），以及用户状态描述数据（如学习动机、健康状况等）。

② 班级教育数据是指以班级为单位采集的各种教育数据，包括班级各门课程考试数据、课堂实录数据、班级管理数据、班风纪律数据、班级卫生数据等。

③ 学校教育数据包括各种学校管理数据、教务数据、校园安全数据、设备使用和维护数据、教室和实验室等的使用数据、学校能耗数据、校园生活数据等。

④ 区域教育数据是指来自学校、社会培训和教育机构的教育行政管理数据、区域云平台记录的各种教育行为和结果数据、区域教研所需的各种教育资源和教学教研数据、学生竞赛数据等。

⑤ 国家教育数据是指来自国家宏观层面的教育数据，源自各区域产生的教育数据，主要是教育管理类数据。

2. 按数据结构层次划分

按数据结构层次不同，可以将教育数据分为四层，由内到外分别是基础层、状态层、资源层和行为层（见图 1-2）。

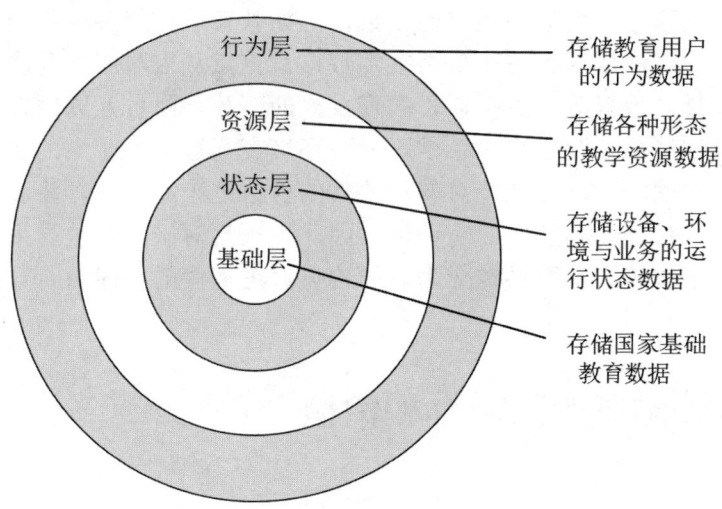

图 1-2　教育数据的结构层次

① 基础层存储的是国家基础教育数据，即国家最为基础的教育数据，它是高度保密的数据，例如教育管理基础信息、教育行政管理信息、各级学校管理信息和教育统计信息等。采集基础层数据有利于国家从宏观层面掌握教育发展现状，科学制订教育政策，合理配置教育资源，完善教育体系等。

② 状态层存储的是设备、环境与业务的运行状态数据，例如，设备的能耗、故障、运行时间、校园空气质量、教室光照、计算机设备分布、教学进度等。采集状态层数据有利于实现教育设备的智能管理、教育环境的智能优化、教育业务的实时监控等。

③ 资源层存储的是教育过程中各种形态的教学资源数据，例如课件、微课、教学视频、图片、游戏、教学软件、互动问题、考试试卷等。采集资源层数据有利于优化各种形式的教学与培训质量，如课堂教学、教师培训、网络探究学习、移动学习、协作学习等。

④ 行为层存储的是教育用户（教师、学生、教研员和教育管理者等）的行为数据，

例如学生的学习行为数据、教师的教学行为数据、教研员的教学指导行为数据、管理者的系统维护行为数据等。采集行为层数据有利于实现个性化学习、发展性评价、学习路径推送、教学行为预测等。

3. 按其他方式划分

从教育数据产生的业务来源来看，可分为教学类数据、管理类数据、科研类数据和服务类数据等。从教育数据产生的技术场景来看，可分为感知数据、业务数据和互联网数据等。从教育数据产生的技术手段来看，可分为传统教育数据和在线教育数据。从教育数据的结构类型来看，可分为结构化数据、半结构化数据和非结构化数据，其中结构化数据适合用二维表存储，而图片、视频、文档等非结构化数据则不适合用二维表存储。从数据产生的环节来看，可分为过程性数据和结果性数据，其中，过程性数据是在活动过程中采集的、难以量化的数据(如课堂互动、在线作业、网络搜索等)，而结果性数据则常表现为某种可视化的、可量化的数据(如成绩、等级、次数等)。

一直以来，国家主要采集的是结构化数据，如教育统计年鉴中收集的学校、教师、学生等总体数据。这些数据也往往是结果性数据，重点从宏观层面关注我国教育发展的整体状况，从而推动教育政策的制订、教育发展的变革。随着互联网技术的不断完善，部分在线学习环境能自动跟踪和记录学习者与环境交互过程中产生的实时性、过程性、细粒度数据。与此同时，国际社会对教育数据的价值越来越重视，将教育数据的全面采集、深度挖掘与分析提升到重要战略地位。因此，国家对于教育数据采集的重心逐渐从结构化、结果性的传统教育数据转变为非结构化、过程性的在线教育数据。

1.4 教育数据挖掘的目标和价值

1. 教育数据挖掘的目标

① 对学习者构建学习图谱并对学习行为进行预测。通过创建包含学习者知识、动机、元认知和态度等详细信息的学习者模型来预测学习者未来的学习行为和学习结果。例如，哪些学习行为(如频繁的预习行为)能与更好的学习结果(如更高的课程得分)相关联，哪些因子(如经常观看学习视频)能够预测学习者的成功。当学习者所有的学习行为和学习记录与其所使用的设备和地点等情境信息相关联后，便可以构建出一幅完整的个人学习图谱。这种全程、连贯的学习跟踪记录增强了学习分析和需求预测的精准性、有效性。

② 实现学习资源个性化推荐和自适应服务，发现、改进、表征学习内容和学习活动序列，并将合适的学习资源推荐给学习者。例如，针对某个特定的学习者，结合知识点的内在逻辑关系，确定如何为其推荐难易程度适中、媒体格式恰当、载体呈现合适的学习内容，如何构建在线学习环境和学习资源序列以带来更好的学习效果等。

③ 构建基于场景的智慧教育服务相关模型。根据不同的应用场景，构建学习者学

习行为模型、知识领域模型、管理决策模型、学习预警模型、学习满意度模型等算法模型，推进智慧教育服务和现代教育治理。无论学习者在什么教育场景中，只需要登录自己的账户，他所有的学习过程都会同步到其所持的设备和终端，将不同应用场景下学习者的所有学习行为、访问记录贯通为一个连续的整体，从而更有利于构建涵盖全过程的学习模型。

④ 为领导决策提供教育数据。基于教育、教学、管理、科研和服务的数据挖掘结果可以服务于教育管理者的宏观决策和科学教育治理，提供教育质量地图、区域教育质量监测、学校师生体质健康水平监测、区域资源配置、区域教育公共服务和教育发展规划制订等业务。通过对家庭环境、生理数据、心理数据、人格障碍、学习过程数据多层次和长周期的深度挖掘，可以全面预测所有学生的显性和隐性问题。

⑤ 为家长提供精准的助学工具。通过对学生在学校的学业、生活数据的挖掘，为家长提供学生在校的表现、学业成绩、心理健康状况、生理健康指标、生活消费情况等信息，加强家校协同育人。

因此，教育数据挖掘技术可以视为教育系统中新增的一个要素，它可以和教育系统中其他各个要素相互作用，渗透到教学全过程，最终达到改进教学的目的。当今，人工智能技术正在逐步融入教育的全过程，采用人工智能技术，可以在不影响师生教学活动的情况下，实时、持续地采集更多细粒度的教与学的过程性数据，在此基础上进行关联分析和挖掘，可以提供覆盖学习全过程的服务。在课前，可以实现精准的学情诊断；在课中，可以实现个性化的教学指导；在课后，可以提供个性化的作业和自适应辅导。

2. 教育数据挖掘的价值

教育数据挖掘的价值在于可以提供面向不同对象的服务。

① 对于学生，教育数据挖掘可以根据学生的学习行为记录、内容偏好，分析学生的学习行为模式、认知发展阶段和学习风格，进而向学生推荐适合他们认知特征的学习活动、学习资源、学习经验等。这些建议是通过分析目标学生以及和目标学生相似的学生的学习行为得来的。

② 对于一线教师，教育数据挖掘可以通过对教学过程中的数据进行有针对性和选择性的采集、存储与分析，从繁杂的教学数据中挖掘学习行为与学习结果的关系，诊断学生的学习状况，预测学生的认知发展趋势，检测学生异常的学习行为，进而促进教师调整教学过程，优化教学内容，完善课程结构。通过数据挖掘，教师甚至可以在保障教育规模化的情况下，为每个学生提供不同的教学服务，从而实现规模化下的精准化、多样化、个性化教学。

③ 对于教育管理者，融合数据挖掘、学习分析、情境感知的信息技术可实现实时、精确的教育观察和分析，推进教育管理从经验型、粗放型、封闭型向精细化、智能化、可视化转变，促进教育领域的综合改革与均衡发展。通过采集与分析管理者、教师、家长、学生各方面的行为记录信息，全面提升教育服务质量，为教师、家长、学生提供更优质的服务。通过对教育数据的挖掘，管理者能够获得客观性更强的反馈信息，从而优化教育决策、完善教育服务。

总之，通过对教育过程数据进行有针对性和选择性的采集、存储与分析，可以在提升教育质量、促进教育公平、实现个性化学习、优化教育资源共享、辅助教育科学决策等方面发挥有效的作用。

1.5　教育数据挖掘技术概述

为了系统介绍教育数据挖掘与学习分析，本书提出"四建模三分析"的教育数据挖掘框架。

"四建模三分析"是基于教育数据挖掘与学习分析技术应用提出的。其含义与着力解决的问题如下：①行为建模，②经历建模，③画像建模，④领域建模，⑤组件分析，⑥策略分析，⑦趋势分析。

本书把主要的教育数据挖掘技术分为分类预测、聚类、关联分析三类。在介绍这三类技术之前，需要介绍数据挖掘中的两种数据集，以及数据挖掘包含的训练模型、测试模型两大流程。在数据挖掘过程中，首先要利用一个数据集训练出一个模型，然后在另一个数据集上测试该模型。

① 用来训练模型的数据集称为训练数据集（简称为训练集），通常会从已知数据集中选取70%的数据作为训练集。

② 用来测试和验证训练得到的模型效果的数据集称为测试数据集（简称为测试集），通常会从已知数据集中选取30%的数据作为测试集。

③ 训练模型：使用大量和任务相关的训练集来训练模型，通过不断优化训练模型，使误差最小化，最终得到对训练集拟合效果最佳的模型。

④ 测试模型：将训练好、调整好的模型应用到测试集中，希望训练得到的模型能够在测试集上得到高精度的预测效果，也就是使预测误差最小化，然后再泛化[①]到真实的应用场景中。模型在真实环境中的误差称为泛化误差，机器学习的最终目标是使训练得到的模型的泛化误差尽可能小。

1. 分类预测

分类预测包含两个概念，一个是分类，另一个是预测，但是在实际应用中经常把它们归为一类，统称为分类预测或者预测。本质上，分类和预测都是根据某些数据的组合（常作为自变量）与另外一个数据（常作为因变量）之间的规律构建出数学模型，进而用来对类似的自变量预计其因变量的取值。

严格来说，分类和预测是两个概念。

---

① 泛化指的是将训练集上训练得到的模型推广和广泛应用到其他应用场景产生的数据集中。

分类通常是将数据对象划分为若干类别。分类反映的是如何找出同类事物的共性特征，通过有监督的学习[②]，在训练集上训练和建立分类模型，使用训练得到的分类模型对测试集分类，并评估分类模型的准确率。因此，分类要求被测变量(因变量)的属性值是离散的、无序的。

而预测通常要估算连续数据对象的取值，预测首先基于训练集数据，在两种或者两种以上的变量之间构建相互依赖的函数模型，然后再用测试集进行预测，该过程也可以说是回归分析。因此，预测要求被测变量(因变量)是连续的、有序的。

更进一步说，分类和预测的区别是，分类用来预计被测对象归为哪一类，而预测则是预计被测对象的具体取值。例如，预计某同学期末考试是及格还是不及格的过程属于分类，而预计某同学期末考试的分数是多少的过程就属于预测了。在本书中我们有时把分类预测统称为预测。

分类与预测模型已经被应用于在线教育，例如通过论坛表现和测试等预测哪些学习者可能面临学习失败，根据大规模开放的在线课程(Massive Open Online Course，MOOC)中学习者的行为表现，判断哪些学习者会不及格，哪些学习者会中途辍学。也可以根据学习者的学习行为预测其学习成绩。

在数据挖掘领域，常用的预测算法有决策树、人工神经网络算法、支持向量机算法、朴素贝叶斯分类器算法、Logistic 回归算法、随机森林算法等。

(1) 决策树

决策树是机器学习领域中十分经典的算法，它通过一系列判断规则(也称为决策树分类规则)对数据进行分类，提供在何种条件下会得到何值的类似规则。

直观看上去，决策树像一棵倒立的树，它是由判断块和终止块组成的图，终止块表示分类结果(也就是树叶)，判断块表示对一个特征取值的判断(该特征有几个值，判断块就有几个分枝)。

图 1-3 是一个常见的决策树图，它根据性别和年龄判断某人是否能申报国家自然科学基金青年项目(简称为国家自科青年基金)，该图由根节点、分枝、节点、树叶组成。

若不考虑效率，样本所有特征的判断块连起来之后，将使每一个样本成为一个树叶。但是，在样本的所有特征中，只有某些特征在分类时起决定作用，决策树的构造过程就是找到这些具有决定作用的特征进行分类，根据其决定性程度来构造一棵倒立的树，决定性程度最大的特征一般作为根节点，然后递归找到各分枝下子数据集中决定性程度次大的特征，使子数据集中所有数据都属于同一类。所以，构造决策树的过程实质上就是根据数据特征对数据集分类的递归过程。

---

② 有监督的学习是从给定的训练集中学习出一个函数，当新的数据到来时，可以根据这个函数预测结果。在有监督的学习中，训练集包括输入和输出，训练集中的目标由人标注。有监督的学习，通过已有的训练样本(即已知数据及其对应的输出)训练得到一个最优模型(这个模型属于某个函数的集合，而最优表示在某个评价准则下是最佳的)，再利用这个模型将所有的输入映射为相应的输出，对输出进行简单的判断从而实现分类的目的。

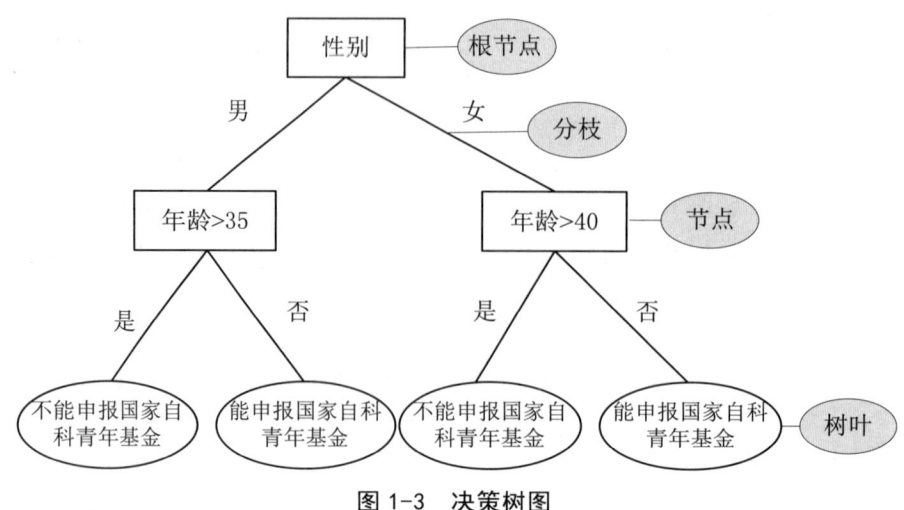

图 1-3　决策树图

(2) 人工神经网络算法

人工神经网络算法是一种应用类似于大脑神经突触连接的结构进行信息处理的数学模型。人工神经网络的基本结构由输入层、隐层和输出层组成，如图 1-4 所示。

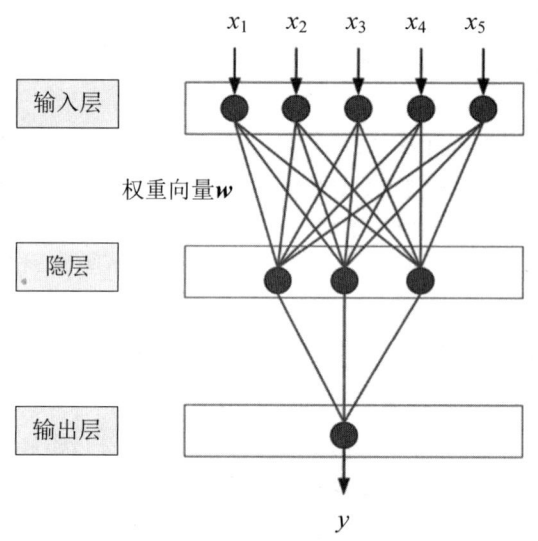

图 1-4　人工神经网络的基本结构

为了便于理解，我们将人工神经网络抽象化为一个数学模型，如图 1-5 所示。

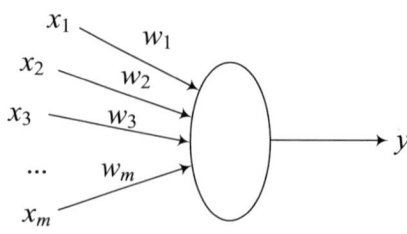

图 1-5　人工神经网络的数学模型

输入的 $x_1, x_2, \cdots, x_m$ 为一些归一化的特征，y 为输出，$w_1, w_2, \cdots, w_m$ 是权重系数。$x_1, x_2, \cdots, x_m$ 和 y 具有如下关系

$$y = f(\sum_{i=1}^{m} w_i x_i - \theta)$$

其中，θ 为阈值，如果把 $\sum_{i=1}^{m} w_i x_i - \theta$ 视为自变量 x，则 $f(x)$ 称为激励函数。$f(x)$ 可以是线性函数，也可以是非线性函数。

在人工神经网络中，网络层数及节点数是模型的重要参数。人工神经网络算法的优点在于能实现任何复杂的非线性映射的功能，该算法易收敛到局部最优，但是收敛速度慢、计算量大、训练时间长。人工神经网络算法主要应用于图像处理和模式识别。

（3）支持向量机算法

支持向量机算法根据结构风险最小化准则进行预测，以最大化分类间隔构造最优分类超平面来提高学习机的泛化能力[③]。该算法的重要参数是核函数，其优点在于既可以解决小样本情况下的机器学习问题，也可以解决高维度空间中的机器学习问题，同时可以避免神经网络结构选择和局部极小点问题。但是该算法具有核函数敏感性的缺点，在不加修改的情况下，该算法只能处理二分类问题。支持向量机算法主要应用于高维文本分类和小样本分类。

（4）朴素贝叶斯分类器算法

朴素贝叶斯分类器算法主要利用贝叶斯定理来预测一个未知类别的样本属于各个类别的可能性，选择其中可能性最大的一个类别作为该样本的最终类别。该算法要求将连续值离散化成概率密度，如高斯模型。该算法的输入数据为概率值，因此要求输入数据为正数。该算法的优点在于它是一种生成式模型，主要通过计算概率实现分类，可以用来处理多分类问题，对小规模的数据表现良好，适合多分类任务和增量式训练，算法也比较简单。该算法的缺点是需要一个很强的条件独立性假设前提。朴素贝叶斯分类器算法主要应用于文本分类(如垃圾邮件识别)等场景。

（5）Logistic 回归算法

Logistic 回归算法属于广义线性回归算法的一种，它与多重线性回归分析有很多相同之处。它们的模型形式基本上都是 $wx+b$，其中 w 和 b 是待定参数，区别在于它们的因变量不同，多重线性回归分析模型直接将 $wx+b$ 作为因变量，即 $y = wx+b$。而 Logistic 回归分析模型则通过 $L(x)$ 函数使 $wx+b$ 对应一个隐状态 p，$p = L(wx+b)$，然后根据 p 与 $1-p$ 的大小决定因变量的值，因此，如果 $L(x)$ 是 Logistic 函数，就是 Logistic 回归；如果 $L(x)$ 是多项式函数，就是多项式回归。Logistic 回归的因变量可以是二分类的，也可以是多分类的，但是二分类的更常用，也更加容易解释，多分类回归可以使用 Softmax 方法进行处理。实际上最为常用的就是二分类的 Logistic 回归。

（6）随机森林算法

随机森林算法是很多决策树融合在一起的算法，它是属于 Bagging 框架的一种算法。Bagging 框架是一种通过结合几个不同的模型降低泛化误差的技术，即通过分别训练几

---

③ 通俗地说，泛化能力就是从特殊到一般的能力，泛化能力也经常表述为泛化性。

个不同的模型，输出所有模型的表决测试样例，通过模型平均（Model Averaging）来降低泛化误差。随机森林中"森林"的弱模型是由决策树算法训练的 CART（Classification And Regression Tree）算法，CART 算法既能进行回归也能进行分类，"随机"是指构造的模型有一定的随机性。每一棵决策树模型的训练都通过自助采样法进行，所以每一个子模型的训练样本不完全相同，对每个子模型都存在一些不在该子模型训练集中的样本，那些没有被该子模型抽中的样本可作为这个子模型的测试集。每一棵决策树在构建时并没有使用全部特征变量，而是随机地从全部特征变量中抽取一个子集来训练模型，这样保证了各子模型不但训练样本不完全一样，而且特征变量也不完全一样，从而很好地保证了多个子模型的随机性。综上所述，随机森林算法的随机性主要体现在以下两个方面：一方面是子模型的训练样本是随机抽取的，另一方面是子模型的特征变量也是随机抽取的。

2. 聚类

聚类是一种重要的机器学习技术，它涉及数据点的分组。给定一组数据点，可以使用聚类算法将若干数据点划分为一个特定的组。理论上，同一组中的数据点应该具有相似的属性或特征，而不同组中的数据点应该具有不同的属性或特征。聚类是一种无监督的[④]学习算法，是许多领域中常用的数据统计分析技术。例如，应用聚类算法，可以通过一些共有的特征，如学生的学习表现和交互模式等对学生分组，对不同的组推荐不同的学习任务和学习资源。通过自适应社群聚合，可以将具有共同愿景和学习兴趣的学生聚集在一起，为学生提供情感认同的空间，有效降低学习过程中产生的孤独感。

常用的聚类算法包括 K-Means 聚类算法、层次聚类算法、两步聚类算法、均值偏移聚类算法、Kohonen 网络聚类算法、DBSCAN（Density-Based Spatial Clustering of Applications with Noise）聚类算法、高斯混合模型的期望最大化聚类算法等。

（1）K-Means 聚类算法

K-Means 聚类算法比较简单，大致可以分为以下几个步骤。

① 随机选取 K 个有不同数据特征的点，作为聚类中心。
② 分别计算每个数据点到各个聚类中心的距离。
③ 按距离将各个数据点分别归类到与它最近的聚类中心，这样就形成了 K 个类（为直观起见，也称为 K 个簇）。
④ 重新计算每个类的质心（均值）作为新的聚类中心。

重复以上的第②步到第④步，直到各聚类中心的位置不再发生变化或者达到设定的迭代次数为止。

K-Means 聚类算法的优点在于原理比较简单，且容易实现，收敛速度也很快。当聚类结果的簇内数据点密集，而簇与簇之间数据点的区别明显时，表明聚类效果较好。其主要缺点如下。

① K 值需要预先给定，很多情况下，K 值的估计是非常困难的。

---

④ 在无监督的学习中，输入的数据没有标签，也没有确定的输出结果，需要根据各个样本的相似性，对样本数据集进行分类，从而使类内差距最小化，类间差距最大化。通俗地说，在实际应用中，不少情况下无法预先知道样本的标签，因而只能从原先没有样本标签的样本数据集开始，学习分类设计。

② 对初始选取的聚类中心是敏感的，它对结果影响很大，初始选取的聚类中心不同，得到的聚类结果也不同。

③ 对噪音和异常点比较敏感。

④ 采用迭代方法，可能只能得到局部的最优解，而无法得到全局的最优解。

(2) 层次聚类算法

层次聚类算法创建给定数据集的层次分解，根据层次的分解形成方法，可分为两种：自上而下的算法和自下而上的算法。

① 自下而上的算法首先将每个数据点视为一个单一的簇，然后连续地合并（或聚合）不同的簇得到新簇，直到合并成包含所有数据点的一个簇为止。因此，自下而上的层次聚类被称为凝聚的层次聚类。最后得到的聚类结果可以用树状的图表示。树的根是聚集所有数据点的一个簇，叶是仅具有一个数据点的簇。

② 自上而下的算法是在开始时将所有数据点置于一个簇中，每次迭代，都把各个簇分别分裂成更小的簇，直至每个数据点分别位于一个簇中或满足某个终止条件为止。因此，自上而下的层次聚类被称为分裂的层次聚类。

3. 关联分析

关联分析，也叫关联关系挖掘，它发掘数据集中各个变量之间的联系，并将其编码形成规则，以便后期使用。例如，关联分析可以识别在线购物中商品之间的关系，可以为商家分析哪些商品会经常被一起购买等，典型例子是"啤酒与尿布"的案例。将关联分析应用于教育领域，可以发现学生表现和课程序列之间的关联关系，以及哪些教学策略可以使学习更有效。还可以发现学生共同的错误，根据学生特性和内容的关联，给相关的学生推荐他可能感兴趣的内容，或者改善教学方法。另外，关联分析也可以识别哪些学习行为和哪种学习结果是关联在一起的。例如，在课堂上经常主动回答问题的学生，其在该课程期末成绩获得优良的可能性达到 80%；在数学分析课程中取得优秀成绩的同学，在线性代数课程中取得优秀的可能性达到 80%等。

常用的关联分析算法有：Apriori 算法、FP-G 算法、FreeSpan 算法、PrefixSpan 算法等。

(1) Apriori 算法

Apriori 算法的本质在于发现强关联规则，重点在于先找到频繁项集。所谓频繁项集就是支持度（某个集合的支持度是指该集合在所有事务中出现的频次）大于最小支持度的元素集合。获取数据集 D 中所有的频繁项集的方法是：对于数据集 D，遍历它的每一条记录 T（T 通常是由若干元素组成的集合），对每条记录 T，求出它的所有子集，然后计算每个子集的支持度，并分别与最小支持度进行比较。第一轮候选集由数据集 D 中的各元素单独组成的集合构成，而其他轮次的候选集则由前一轮次频繁项集自连接得到。接下来在候选集上进行剪枝得到频繁项集，如何对候选集剪枝呢？对于候选集中每一条记录 T，如果它的支持度小于最小支持度，就剪掉它；此外，如果一条记录 T 的子集中有不是频繁项集的，也要剪掉。算法的终止条件是：如果自连接得到的已经不再是频繁项集，就把最后一次得到的频繁项集作为结果。Apriori 算法为了进一步缩小需要计算支持度的候选集大小以减小计算量,在取得候选集时就对它的子集进行是否有非频繁项集的判断。

(2) FP-G 算法

执行 FP-G 算法,首先需要将数据集存储在一个称为 FP(Frequent Pattern)树的特定的数据结构中,接着找出 FP 树中的频繁项集(频繁项对),即经常一起出现的元素项的集合。FP 树通过链接操作链接相似的元素,被链接的元素项可以看作一个链表。FP-G 算法利用了巧妙的数据结构,使得无论包含多少数据的数据集,只需进行两次扫描就能处理。

FP-G 算法主要包含以下两个步骤。

① 建立一个简单的数据结构:扫描一次数据库,找出频繁项集并按递减顺序排列。再扫描一次数据库,建立 FP 树(频繁模式树)。

② 从 FP 树中提取频繁项集:对于每个项,首先构造条件模式基,然后构造 FP 树。在每一个新创建的 FP 树上重复此过程。直到结果 FP 树为空,或只包含一条路径。

■ 本章小结

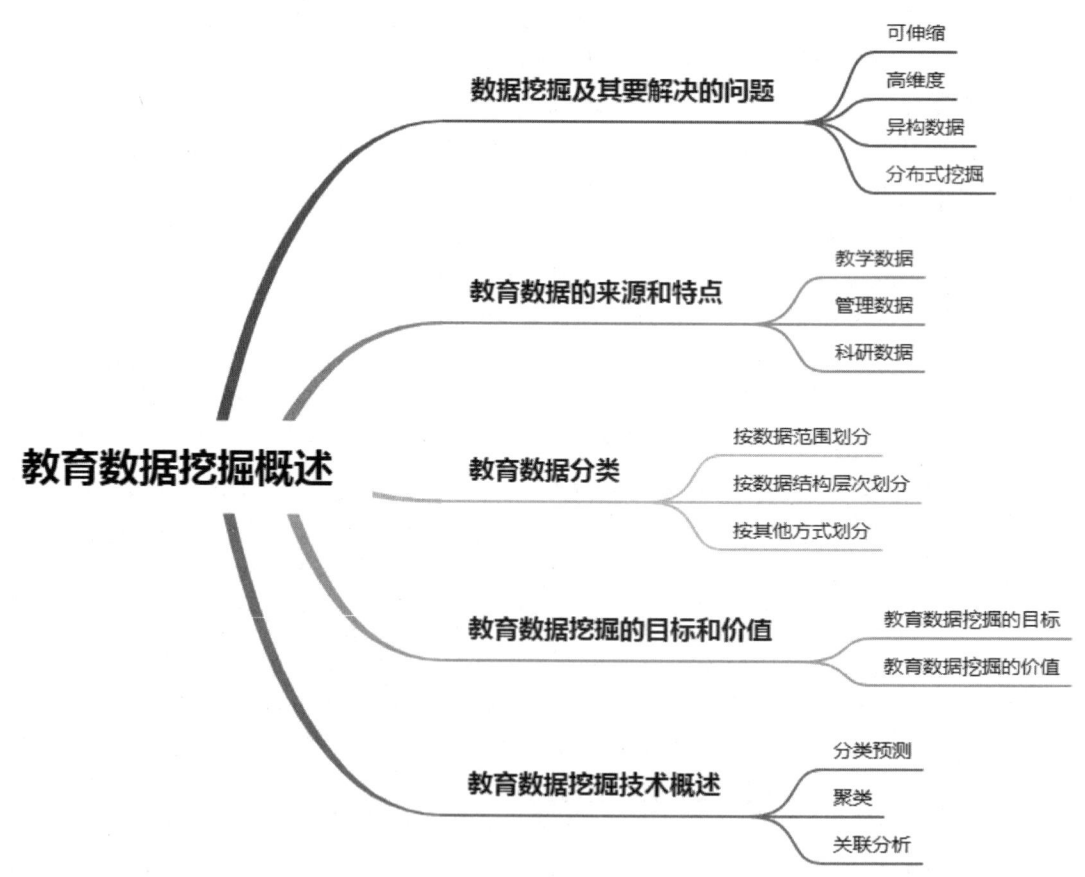

第2章 教育数据采集和预处理

当今大数据席卷各大行业领域，教育领域也在经历一场大数据驱动的变革。在线上、线下的教学活动中，产生了大量的数据，这些数据大多是零散、多源、碎片化的，价值性极低。教育数据采集就是将各个教学环节和管理过程中产生的零散、多源、碎片化的数据存入数据仓库，并按照一定的关系把它们有效地融合在一起，以备后期进行分析和处理。

实际采集到的数据经常出现质量参差不齐、格式不一致、完整性低、有噪声等问题。因此，在进行数据挖掘之前需要对数据进行预处理。

2.1 教育数据采集

数据采集就是对分布在异构数据源中的数据，如关系数据、平面数据文件等进行ETL(Extraction-Transformation-Loading，提取—转换—加载)操作，把数据提取到临时中间层后进行清洗、转换、集成，最后加载到数据仓库或数据集中，以备数据挖掘，得到数据的潜在价值，向用户提供解决方案或者决策参考。数据采集是数据挖掘生命周期中的重要一环，它采集分布在"人—机—物"空间的各种结构化、半结构化及非结构化的数据，如传感器数据、社交网络数据、移动互联网数据等。

教育数据是在整个教育活动过程中产生的和根据教育需要采集的一切用于教育发展并创造巨大潜在价值的数据集合。传统的教育数据的采集往往是阶段性的，多在用户知情的情况下进行(这种数据采集称为入侵式采集)，处理的手段多采用简单的汇总统计和比较分析，关注的重点是受教育者的群体特征以及国家、区域、学校不同层面教育发展的整体状况。与传统的教育数据的采集相比，现代的教育数据的采集具有更强的实时性、连贯性、全面性和自然性，而且可以在用户不知情的情况下进行，具有非入侵性特征。

1. 教育数据采集手段

目前，主要通过学习管理系统、教学资源平台、教务管理系统等软件系统和硬件设备采集教育数据，采集手段主要包括平台采集、视频录制、图像识别、物联网感知等。随着地理位置服务和情境感知设备、可穿戴智能设备和移动智能终端等的普及，数据采集手段将越来越多样化，教育数据采集的广度与深度将大大拓宽。

（1）平台采集

这里所说的平台包括在线学习与管理平台、移动 App、搜索日志。

① 在线学习平台能采集教学活动进行过程中可记录的各种数据，在线管理平台能采集学生的学籍信息、学校各部门的管理信息等各种数据。

② 移动 App 的发展为学生在线学习提供了更多的平台，它可以随时随地记录学生的学习状况，还能够收集学生的学习时间、学习地点等信息，从而更好地实现对学生个体的数据采集。

③ 搜索日志详细记录了学生在互联网上所有的搜索记录，可以通过这些搜索记录分析学生的兴趣及在线学习习惯。

（2）视频录制

视频录制包括视频监控技术、智能录播技术、情感识别技术。

① 视频监控技术的典型应用场景是通过建立校园安全监控系统，实时采集校园安全状况数据。

② 智能录播技术的典型应用场景是采集课堂教学数据，如师生互动行为数据、学生的眼动数据等。

③ 情感识别技术主要采集学生的面部表情、语音语调、体态动作、脑电数据等表现型数据，以及学生的语音、文字、绘图等输入信息，用来进行情绪识别和智能分析。

（3）图像识别

图像识别中用到的技术包括网评网阅技术、点阵数码笔技术、拍照搜题技术。

① 采用网评网阅技术可以将纸质试卷扫描后，分割成一幅幅独立的图片，再加密分发给不同的批阅者，最终根据加密 ID 关联并统计每位同学的得分。该方式能实现公平、高效、准确地批阅试卷，自动生成成绩分析报告。

② 点阵数码笔技术可以收集学生的课程笔记、作业和课堂测验的所有数据。

③ 拍照搜题技术在帮助学生学习的同时，也反馈了学生的学习情况。

（4）物联网感知

物联网感知包括物联网感知技术、可穿戴设备技术、非接触式感知技术、校园一卡通技术。其中，物联网感知技术用于收集校园设备数据，可穿戴设备技术用于收集个体行为数据，非接触式感知技术用于开展行为情感分析，校园一卡通技术用于收集个体活动数据。

2. 教育数据采集方法和工具

在现实生活中，教育数据的类型有很多，不同类型教育数据的产生方式不同，教育数据采集的方法和所用的工具可以分为以下几种。

(1) 系统日志采集法

常见的用于采集系统日志的工具有 Hadoop 的 Chukwa、Cloudera 的 Flume、Facebook 的 Scribe、LinkedIn 的 Kafka 等。这些工具都是分布式架构，满足每秒数百兆的日志数据采集和传输需求。我们可以在日常的信息化管理中建立起一套有效的日志数据采集方式，保证能够将每天详细记录的事件数据汇总，从而方便管理和查询，并且从中提取我们所需的日志信息。常用的日志数据采集方式有文本方式、SNMP Trap 方式和 Syslog 方式。

① 文本方式：分为日志数据的主动采集和日志数据的被动采集。主动采集是通过预先开发好的某一采集程序采集日志数据，并且每次采集都是以完整的形式下载整个日志文本文件。被动采集是设置一定的触发条件，一旦达到触发条件，就启动日志采集程序，将相关情况逐一记录下来。

② SNMP Trap 方式：SNMP Trap 是 SNMP 代理自动给管理系统发送的非请求消息，告知管理系统中发生了某一特定事件。由于 SNMP Trap 不需要管理者干预，因而具有非请求性和事件驱动机制的特性，SNMP Trap 的接收和处理是采集系统日志数据的关键环节。

③ Syslog 方式：Syslog 可以记录各管理系统在通过服务器、交换机和路由器等网络设备进行数据通信的过程中产生的任何行为事件。Syslog 可以接受远程设备的日志数据，在一个日志中包含多个按时间顺序处理的设备记录，它能够自动接受日志数据并且将这些数据写入日志文件。由于 Syslog 在编程上有广泛的应用，因此选用 Syslog 方式采集日志数据非常方便。

(2) 网络数据采集法

网络数据采集法是指通过网络爬虫或者网站公开 API(Application Programming Interface，应用程序接口)等方式直接从网站获取大量数据信息的方式。它将网站上非结构化的数据抽取出来，然后采用结构化的方法统一存储在本地。它支持图像、音频、视频、文字等多种形式素材的采集。网络爬虫工具主要分为 3 类：分布式网络爬虫工具(如 Nutch)、Java 网络爬虫工具(如 Crawler4j、WebMagic、WebCollector)、非 Java 网络爬虫工具(如 Scrapy)。

下面以微博数据采集系统为例，介绍网络数据采集的步骤。通过对微博的结构进行分析，设计爬虫，实现对微博用户 ID 的采集，然后根据 ID 采集每个用户的基本信息。微博数据采集系统框架如图 2-1 所示。

微博数据采集系统由三个模块组成，分别是微博用户 ID 和用户好友关系采集模块、微博用户个人资料和状态采集模块、数据存储模块。

① 微博用户 ID 和用户好友关系采集模块：该模块主要用来采集微博用户 ID、微博用户个人信息和好友关系，通过调用微博 API，以广度优先的搜索方式采集微博用户 ID 和用户好友关系。在网络爬虫采集数据之前，需要先实现微博的模拟登录过程。通过 Web 网络爬虫的方式可以采集到一些数据，但由于部分用户已经注销了账号，或者有些用户使用的是小号，采集到的信息可能不完整。

② 微博用户个人资料和状态采集模块：该模块在前一过程采集到的用户 ID 组合特定 URL（Uniform Resource Locator，统一资源定位器）链接的基础上，通过 HTTP（Hyper Text Transfer Protocol，超文本传输协议）请求某一用户的个人资料页面和状态页面，通过正则表达式获取用户的个人资料和状态。

③ 数据存储模块：该模块将上述步骤中采集的数据存储到数据库中，方便后续各个模块调用及分析。然后通过 SQL（Structured Query Language，结构化查询语言）、MySQL 进行数据查询。结构化查询语言的语句具有灵活、可嵌套、功能强大的特点，在数据采集时常常需要配合使用。

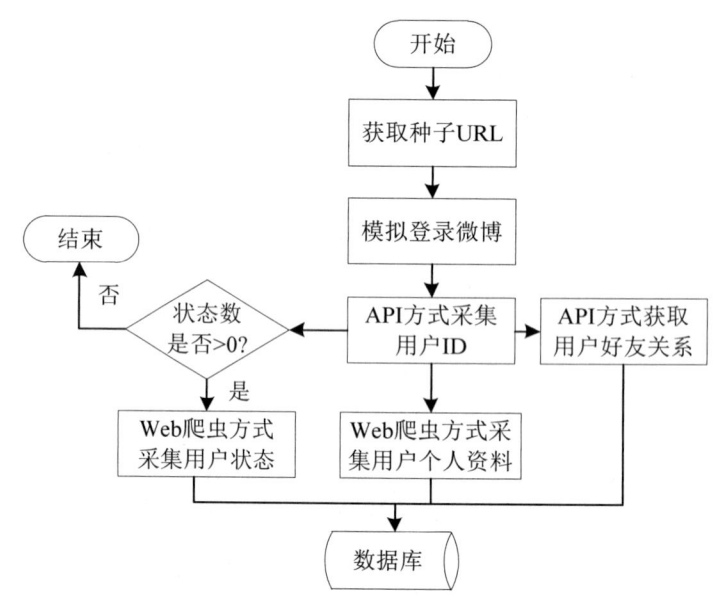

图 2-1　微博数据采集系统框架

(3) 其他数据采集法

生产和业务数据或学术研究数据的保密性要求很高，可以通过与企业或者研究机构合作，使用特定系统接口等方式采集数据。例如，北京大学开放研究数据平台（https://opendata.pku.edu.cn/）为科学研究提供了数据，相关的科研人员可以免费申请使用。另外，在不同行业也有许多优秀的数据采集软件能够实现数据采集。当然，再优秀的数据采集软件也存在局限，不可能满足用户的所有需求。为了满足自己的需求，可以适当学习一些网络爬虫原理，自己编写代码采集数据。

2.2 初始数据存在的杂乱性

数据预处理(Data Preprocessing)是指对数据进行挖掘之前要进行的一些处理,包括对原始数据进行抽取、清洗、集成、变换和归约等一系列处理,以达到数据挖掘算法对数据要求的最低标准。

现实生活中的数据库往往因为数据量太多,且一般来自多个异构数据源而易受噪声、丢失数据和数据不一致的困扰。如果数据质量比较低,会直接导致数据挖掘结果不准确。因此,通过数据预处理提高数据质量,进而提高数据挖掘结果的质量十分重要。

一般情况下,人们采集到的初始数据质量比较低,不符合数据挖掘算法所要求的标准,初始数据质量比较低主要表现在不完整性、含噪声和不一致性三个方面。

1. 不完整性

数据采集过程中可能会出现数据属性值丢失或不确定的情况,还会出现缺失必要数据的情况,这是系统在设计时存在一些缺陷或者人们在使用过程中的某些因素造成的。例如,某些数据缺失是因为人们主观认为这些数据不重要,就没有对其进行记录,或因为设备出现故障,导致某些数据的历史记录被删除或某些数据被修改等。

2. 含噪声

所谓噪声是指数据中包含存在偏离期望的或错误的离群值。产生这种现象的原因可能是收集数据的设备出现故障,输入数据时出现问题,数据传输中出现错误;也可能是命名约定不一致或输入字段不一致。在实际的数据采集系统中,还可能存在大量的模糊信息,有些数据还有一定的随机性。

3. 不一致性

初始数据是从各个实际应用系统中采集的,由于各个应用系统的数据缺乏统一标准的定义,数据结构也存在较大的差异,因此各个应用系统间的数据存在较为明显的不一致性,往往不能直接拿来使用。这些来自不同应用系统的数据在合并的时候还普遍存在数据重复和信息冗余现象。

综上所述,现实生活中的数据库或数据仓库的共同特点是数据存在不完整性、含噪声和不一致性。所以,一般不能直接使用这些数据,必须先对它们进行预处理,提高数据质量,使其符合数据挖掘的标准。有统计表明,对于一般的数据挖掘算法,数据预处理需要花费60%左右的时间,而其后的工作量常常不足整个工作量的一半。因此,做好数据预处理,不仅可以节约大量的时间和空间,还可以得到更好的数据挖掘结果,从而起到更好的决策和预测作用。

数据预处理一方面是为了提高数据的质量,另一方面也是为了适应对数据进行分析处理的软件或者方法的要求。一般来说,数据预处理的步骤包括数据清洗、数据集成、数据变换、数据规约,每个步骤又有一些小的细分点,在进行数据预处理时,上述4个步骤未必都要执行。

2.3 数据清洗

数据清洗,顾名思义是让"脏"的数据变成"干净"的数据。数据清洗是整个数据分析过程中不可缺少的环节,清洗质量直接关系到模型效果和最终结论。后期模型建构、模型评估等分析数据的工作远没有数据清洗耗时耗力。数据清洗虽然烦琐,但是可以改进数据的质量,极大地提高数据挖掘的准确率和效率。

1. 缺失值和异常值清洗

"脏"数据具体表现在形式上的"脏"和内容上的"脏"。形式上的"脏"表现为缺失值,内容上的"脏"表现为异常值。

(1) 缺失值清洗

识别和处理缺失值有很多方法,包括确定缺失值特征并制订对应策略、删除法、替换法、插补法等。

① 确定缺失值特征并制订对应策略。对数据的每个字段确定其重要性和缺失率特征,然后按照缺失值的特征,分别制订对应的策略,如图2-2所示。

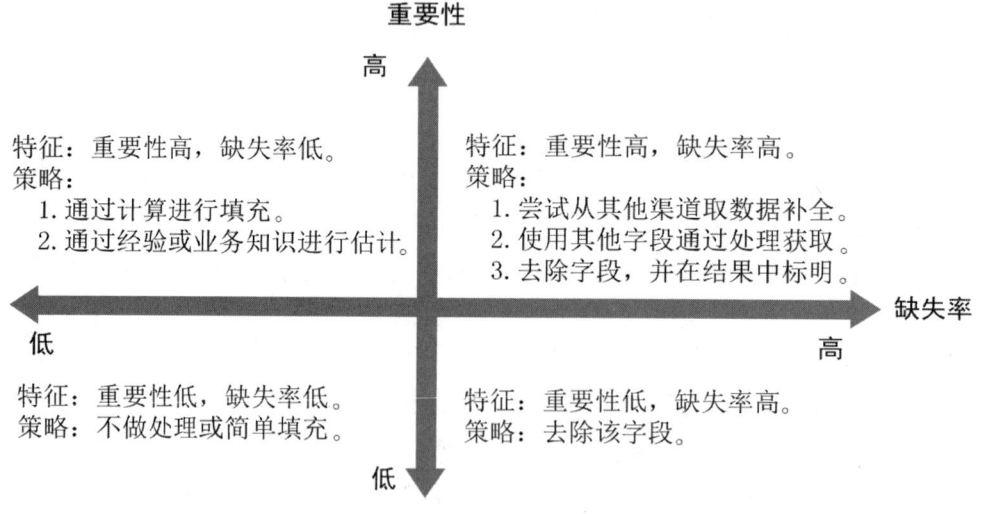

图 2-2 缺失值的特征及对应的策略

② 删除法。根据删除的不同角度,可以分为行删除法和列删除法。用行删除法删除观测样本,相当于通过减少样本量来换取信息的完整度;用列删除法删除属性,相当于

通过减少样本的属性来换取信息的完整度。

③ 替换法。替换法顾名思义是对缺失值进行替换，针对不同的属性，有不同的替换规则，当缺失值对应的属性为用数值表示的量时，用该属性其他数值的均值替换缺失值；当缺失值对应的属性为非数值表示的量时，用该属性其他观测值的中位数或众数替换缺失值。

④ 插补法。插补法分为回归插补和多重插补。回归插补指的是将插补的属性作为因变量，将其他属性作为自变量，利用回归模型进行拟合；多重插补是指从一个包含缺失值的数据集中生成一组完整的数据，如此多次进行插补，产生缺失值的一个随机样本。

(2) 异常值清洗

异常值清洗包括异常值的识别和异常值的处理。

① 异常值的识别通常用单属性散点图或箱形图(Box-plot)来处理，把图形中远离正常范围的点当作异常值。

② 异常值的处理包括删除含有异常值的观测结果(当样本量少时直接删除会造成样本量不足，改变属性的分布)、把异常值当作缺失值(利用现有的信息，将其当作缺失值进行填补)、用平均值修正(用前后两个观测值的平均值修正该异常值)、不处理等方式。在进行异常值处理时要先找到异常值出现的可能原因，再判断是否应该删除或处理该异常值。

综上所述，存在缺失值和异常值是初始数据中常见的问题，对缺失值和异常值进行清洗是数据清洗的第一步，这样得到的数据就比较完整了。

2. 格式、内容错误清洗

如果数据是由系统日志而来，那么通常情况下，格式和内容会一致。而如果数据是由人工收集或用户填写而来，则格式、内容可能出现错误。格式、内容错误分为以下几类。

① 格式不一致。

常见的格式不一致的情况如表 2-1 所示。

表 2-1　常见的格式不一致的情况

类　　型	不一致情况
时间和日期	日期格式不一致，如"2021-01-06" "2021/01/06" "20210106"
	时间单位有时用秒表示，有时用毫秒表示
	无效日期，如"2021 年 1 月 32 日"
数值格式	0 的表示方式不同，如"23000" "23,000" "2.3E4"
特殊字符	空格、"——""_""\"等特殊字符用法不一致

格式不一致，看起来是属于细节的问题，但很多分析失误都栽在这个坑上，例如，跨表关联失败(多个空格导致判定错误)、统计值不全(数字里掺杂字母导致自动求和时出

问题)、模型输出失败或效果不好(数据列错位,把日期和年龄混淆)。因此,务必注意这类错误的清洗工作,尤其当数据是人工收集而来或者产品前端校验设计不太好的时候。

出现格式不一致的问题通常与输入有关,在整合多来源数据时也有可能遇到,这时要将它们处理成一致的某种格式。

② 内容中有不该存在的字符。

例如,身份证号是由数字和英文字母组成的,由于中国人的姓名是汉字,因此在输入身份证号时可能输入汉字;输入姓名时,可能输入数字符号等。对于这类情况,需要以半自动、半人工校验方式找出可能存在的问题,去除不该存在的字符。

③ 内容与该字段应有的内容不符。

如姓名写成了性别,身份证号写成了手机号等,均属这种问题。处理这类问题的特殊性在于:不能简单地删除,因为问题成因有可能是人工填写错误,也有可能是前端没有校验,还有可能是导入数据时部分数据在列方向上没有对齐,因此要详细识别问题类型。

3. 逻辑错误清洗

这部分的工作是去掉使用简单逻辑推理就可以直接发现问题的一些数据,主要包括去重、去除不合理值、修正矛盾内容等,防止分析结果走偏。

(1) 去重

① 对于各个特征值完全相同的两个或多个数据,只保留其中的一个数据,删除其余的数据。

② 数据不完全相同,但从业务角度看是同一个数据。例如页面埋点①时,每进入页面或退出页面一次,都会上报一次数据,这些数据只有时间不一样,其他字段相同,在统计 PV(Page Views,页面浏览)、UV(Unique Visitors,独立访问者数量)时应该去重。

(2) 去除不合理值

根据业务常识或者使用箱形图等工具发现数据中不合理的值。例如,年龄:200 岁;个人年收入:10000 万;籍贯:汉族等。这时应去除这些不合理的值。

(3) 修正有矛盾的内容

有些属性间有逻辑关系,但是实际获得的初始数据中它们之间有矛盾,例如,在 2021 年,身份证号是 1101031980XXXXXXXX,但年龄是 18 岁。在这种情况下,需要根据字段的数据来源判定哪个字段提供的信息更可靠,去除或重构不可靠的字段。

以上列举了几种常见的逻辑错误,还可能出现其他逻辑错误,在实际操作中要酌情处理。另外,逻辑错误清洗和之后进行的数据分析建模过程中的步骤可能有重复。因为即使问题很简单,也并非都一次能够找出,我们能做的是使用有关的工具和方法尽量减

---

① 页面埋点是网站和 App 等针对目标用户行为或事件(例如,页面访问路径、点击了哪个按钮等)进行捕获、处理和发送的相关技术及实施过程,它是一种采集用户行为数据的方法,实施这个方法,有利于后期的数据挖掘,从而优化推送服务,增强用户体验。

少问题出现的可能，使此后的数据挖掘更高效。

4. 非必需数据清洗

这一步的原则是删除不需要的属性。这一步看起来非常简单，但实际操作起来却会出现很多问题，例如：删除了看上去不需要但实际上对业务很重要的属性；觉得某个属性有用，但又没想好怎么用，不知道是否该删除；不小心实施了误操作，删错了属性。因此，如果数据量没有大到不删除某些属性就没办法处理时，能不删除的属性就尽量不删除。

5. 关联性验证

如果初始数据有多个来源，就有必要进行关联性验证。例如，若既有用户登记的线下购买信息，也有用户填写的线上购买信息，这时可以通过姓名和手机号进行关联验证，查看同一个人线下登记的信息和线上填写的信息是否出自同一个号码的手机。

从严格意义上说，关联性验证已经超出数据清洗的范畴了，而且对关联数据发生变化的情况，在数据库模型中就已经涉及。但还是要提醒一下，多个来源的数据整合是非常复杂的工作，一定要注意数据之间的关联性，尽量不出现数据之间互相矛盾的情况。

2.4 数据集成

数据集成是将互相关联的分布式异构数据源集成到一起，使用户能够以透明的方式访问这些数据源。数据源集成是指维护数据源整体上的数据一致性、提高信息共享利用的效率；透明的方式是指用户不需要关心如何实现对异构数据源数据的访问，只关心以何种方式访问何种数据。简单来说，数据集成就是将多个数据源的数据合并到一起存储，如果所分析的数据原本就存储在一起，就不需要对数据进行集成了。实现数据集成的方法是按两个数据源的关键字为依据，将两个数据源里的字段进行连接。

数据集成中的难点在于数据源的异构性、分布性和自治性。

① 异构性：许多被集成的数据源都是管理者各自独立开发形成的，它们的数据模型异构，采用的数据管理系统也大不相同，从简单的文件数据库到复杂的网络数据库，它们给集成带来很大困难。这些异构性主要表现在：系统异构、模式异构、来源异构。系统异构是指数据源依赖于不同的业务应用系统、数据库管理系统、操作系统；模式异构是指数据源在存储模式上属于关系模式、对象模式、对象关系模式和文档嵌套模式中的某一种，哪怕是同一种存储模式，其模式结构也可能存在差异；来源异构则是指内部数据源和外部数据源之间的异构。

② 分布性：数据源往往是异地分布的，依靠网络传输数据，集成时会因为网络传输

的性能和安全性等出现问题。

③ 自治性：各个数据源都有很强的自治性，它们可以在不通知集成系统的前提下改变自己的结构和数据，这给数据集成带来巨大的挑战。

在知道了数据集成的难点后，该如何进行数据集成呢？数据集成的方法包括模式集成方法、数据复制方法、综合集成方法和其他技术方法。

1. 模式集成方法

采用模式集成方法，在构建数据集成系统时，改变各个数据源的数据集成视图为全局模式，用户可以按照全局模式透明地访问各个数据源的数据。全局模式展示了数据源中共享数据的结构、语义及操作。用户可以直接在全局模式的基础上提交请求，数据集成系统立即处理这些请求，并将其转换成可以在本地数据视图中执行的请求。模式集成方法的特点是可以为用户提供透明的数据访问方法。

模式集成要解决以下两个基本问题：构建全局模式与数据源数据视图间的映射关系；处理用户在全局模式基础上的查询请求。构建联邦数据库系统和中间件系统是现有的两种典型的模式集成方法。

（1）联邦数据库系统

构建联邦数据库系统是人们早期使用的一种模式集成方法，在这种系统中，各个数据源共享自己的一部分数据模式，从而形成一个联邦模式。联邦数据库系统按集成度可分为两类——紧密耦合联邦数据库系统和松散耦合联邦数据库系统。

① 紧密耦合联邦数据库系统：这种联邦数据库系统使用统一的全局模式，将各个数据源的数据模式映射到全局数据模式上，解决数据源之间的异构性。这种方法的优点是集成度较高，用户参与较少；缺点是构建一个全局数据模式的算法复杂，且扩展性较差。

② 松散耦合联邦数据库系统：这种联邦数据库系统较为特殊，采用联邦模式，没有全局模式。该方法提供统一的查询语言，将大多数异构性问题交给用户自己去解决。这种方法的缺点是对数据的集成度不高；但它的优点是数据源的自治性强、动态性能好，集成系统不需要维护一个全局模式。

（2）中间件系统

用中间件系统进行集成是另一种典型的模式集成方法，这种方法也使用全局数据模式。与联邦数据库系统不同的是，中间件系统不仅能集成结构化的数据源信息，还能集成半结构化或非结构化的数据源信息，例如 Web 信息。斯坦福大学开发的 TSIMMIS 系统就是一个典型的中间件系统。中间件系统注重全局查询的操作和处理，相比于联邦数据库系统，其优点是它能集成非数据库形式的数据源，查询性能高，自治性也强；其缺点是它只能读取数据，而联邦数据库系统支持读取和输入。

2. 数据复制方法

采用数据复制方法，将各个数据源的数据复制到相关的其他数据源上，并维护数据源整体数据的一致性，从而提高信息共享和利用的效率。最常见的就是建立数据仓库，将各个数据源的数据复制到同一个数据仓库中,使用户可以像访问普通数据库那样直接访问数据仓库。数据复制方法包括数据传输方法和数据复制触发方法。

① 数据传输方法是指数据在发布数据源与目的数据源间的传输形式和过程,可分为数据推送和数据拉取。数据推送是指发布数据源主动将数据推送到目的数据源上;数据拉取是目的数据源主动向发布数据源发出数据请求,获取数据到本地。

② 数据复制触发方法是指集成系统调用数据复制的方式。集成系统往往会先定义好一些事件,包括某个在数据发布端引起数据变化的操作、数据发布端数据缓存累积到一定量、用户对某个数据源发送访问请求、具有一定间隔的时间点等。当这些事件发生时,就会触发集成系统执行相应的数据复制。因此,数据复制触发按事件定义的不同可以分为数据变化触发、批量触发、客户调用触发、定时触发等。

3. 综合集成方法

模式集成方法为用户提供了全局模式及统一的访问接口,透明度高,但该方法不能直接实现数据源之间的数据交互,导致用户在使用这种方法时常常需要访问多个数据源,因此使用模式集成方法需要系统拥有很好的网络性能。

数据复制方法在用户使用某个数据源之前,会预先将用户可能用到的其他数据源的数据复制过来,用户在使用时,只需要访问某个或少量几个数据源,这样可以大大提高系统处理用户请求的效率;但由于数据复制存在延时,因此使用数据复制方法很难保证数据源之间数据的实时一致性。

为了突破上面两种方法的局限性,人们在实际中通常把这两种方法结合在一起使用,这就是综合集成方法。综合集成方法通常会提高基于中间件系统的性能,既提供虚拟的数据模式视图供用户使用,同时也能对数据源之间常用的数据进行复制。当用户发送简单的访问请求时,综合集成方法使用复制数据的方法,在本地数据源或单一数据源上实现用户的访问请求;当用户发送复杂请求,无法通过数据复制方法实现时,才使用模式集成方法。

4. 其他技术方法

(1) 数据网格技术

随着互联网的快速发展,科学研究中对数据的分析和计算变得日益复杂,它们要求多种设备和多个系统协作。因此,人们提出了网格计算技术,试图构建一种联合网络中所有的资源,为用户提供一种虚拟的超级计算机系统。而数据网格技术是解决在广域环境下分布的、异构的、存储海量资源的统一访问与管理问题的技术,它用来解决海量数据难以组织和难以处理的问题。数据网格技术是基于网格计算技术发展起来的,它对于数据密集型的大型科学研究具有重大的应用价值,也为广域环境下具有数据密集型或协作特点的大型科学应用和研究提供了支撑平台。

(2) 本体技术

本体具有较强的表达概念语义和推理的能力,被广泛应用于解决多数据源数据集成中语义异构的问题。本体是对某一领域中的若干概念及其之间关系的显式描述,这是语义网络中的一项关键技术。通过建立局部本体、全局本体以及它们之间的映射,使得对全局本体的全局查询能够分解为对底层数据源的查询。同时,本体技术能够表示数据的语义并支持基于描述的逻辑自动推理,为解决语义异构性问题提供了新的思路,这对异构数据集成具有至关重要的意义。

2.5 数据变换

数据变换就是把数据转化成适当的形式,满足数据挖掘软件或分析理论的需要。数据变换策略包括光滑、聚集、数据泛化、属性构造、简单函数变换、规范化和连续属性离散化等。

(1) 光滑

所谓光滑,就是去掉数据中的噪声,噪声是被测量数据的随机误差。数据光滑技术包括分箱、回归和聚类等。

① 分箱:通过考察数据周围的值来光滑当前数据的值。
② 回归:通过用一个函数(如回归函数)来拟合数据的值。
③ 聚类:通过聚类检测离群点,再将类似的值组织成群或"簇",通常将落在簇集合之外的值视为离群点。

(2) 聚集

对数据进行汇总或聚集,通常为多个抽象层的数据分析构造数据立方体,便于用户从多视角进行多层次数据分析。

(3) 数据泛化

数据泛化是指使用概念分层,将低层的或原始的数据替换成高层概念下的数据。例如,浙江工业大学可以泛化为较高层的概念——浙江省属高校。

(4) 属性构造(特征构造)

可以构造新的属性并添加到属性集中来帮助数据挖掘过程顺利进行。将取值过多的变量通过使用概念分层的方式变换为取值较少的变量。例如,可以将取值为60分~69分、70分~79分、80分~89分、90分~100分的变量值分别变换为更高概念层次的值,如"合格""中等""良好""优秀"。也可以把不容易处理的变量值变换为容易处理的变量值,例如,把百分制的分数变换成标准分。

(5) 简单函数变换

简单函数变换用来将非正态分布的数据转化成正态分布的数据,常用的有平方、开方、取对数、差分等。如在时间序列里常对数据进行取对数或差分运算,将非平稳序列转化成平稳序列等。

(6) 规范化

规范化就是剔除数据量纲的影响,将表示属性的数据按比例缩放,使之落入一个小的特定区间内。例如:比较身高和体重的差异,单位的不同和取值范围的不同使该操作无法直接进行。对这类情况可以采取以下方法进行转化。

① 最小——最大规范化:也称为离差标准化,对数据进行线性变换,将其取值范围转化到闭区间[0,1]内。

② 零——均值规范化:也称为标准差标准化,使得处理后的数据均值等于0,标准差为1。

③ 小数定标规范化:移动属性值的小数位数,将属性值映射到闭区间[-1,1]内。

(7) 连续数据离散化

将具有连续取值的数据转化成具有分类数值的数据称为连续数据离散化。某些分类算法要求数据采用分类数值,如ID3算法。常用的连续数据离散化的方法有如下几种。

① 等宽法:将数据的值域分成具有相同宽度的区间,类似制作频率分布表。

② 等频法:将发生频率相同的数据放到对应的区间中。

③ 一维聚类法:本方法包括两个步骤,首先将具有连续属性的值用聚类算法(如K-Means算法)聚类,然后再对聚类得到的类别进行处理,对合并到同一个类别中的各个数据分别给出同一个标记。

 2.6 数据规约

数据规约是指在尽可能保持数据原貌的前提下,最大限度地精简数据量。数据规约能够降低无效的和错误的数据对建模的影响,缩短处理时间,缩小存储数据的空间。数据规约分为属性规约和数值规约。

1. 属性规约

数据库中海量的数据通常包含很多属性,但并不是所有的属性对于数据挖掘都有用。因此,在数据挖掘前,需要先对这些数据的属性进行分析,删除与此次挖掘任务不相关或对此次挖掘任务不重要的属性,这就是属性规约。属性规约是在原属性集合中寻找一个最小的属性子集,并使得子集中元素的概率分布接近原来数据集合中元素的概率分布。属性规约常采用以下方法。

① 合并属性:将原属性中的一些属性合并成一个新的属性。

② 逐步向前选择:先构建一个空的属性集合,以它作为当前子集,然后每次在原来属性集合中选一个当前最优的属性添加到这个当前子集中,一直到无法选择最优属性(即

剩下的属性的值区别不大，没有很好的区分度了）或满足一个约束值为止，把这样得到的属性子集作为规约后的属性集合。

③ 逐步向后选择：把原来的属性集合复制为一个新的属性集合，每次从这个新的属性集合中选一个当前最差的属性，并从新的属性集合中删除它，一直到无法选择最差属性或满足一个约束值为止，把这样得到的属性子集作为规约后的属性集合。

④ 决策树归纳：从初始属性集合中删除没有出现在决策树上的属性，获得一个较优的属性集合的子集。

⑤ 主成分分析：用较少的变量去解释原始数据中大部分的变量（把相关性高的属性转化成彼此相互独立或不相关的属性）。

2. 数值规约

数值规约通过去掉不相关或不重要的数据来精简数据挖掘的工作量，包括有参数法和无参数法。

有参数法如线性回归和多元回归，无参数法如画直方图和对数据进行抽样等。

① 通过线性回归，可以得到一个回归方程对应的直线，用来拟合给定的数据，当某个数据点偏离这条直线较远时，就删除这个数据点，以此达到精简数据的目的。

② 多元回归是线性回归的扩展，多元回归近似离散的多维概率分布。在给定一个 n 维数据的集合后，可以把每个数据元素看成 n 维空间中的一个点，进而对离散化的属性集中的元素所对应的点在多维空间中的概率进行估计，选取概率较大的点对应的元素建立基于 n 维数据的一个较小子集。

③ 直方图使用分箱来近似表示数据分布，某个属性的直方图可以将数据分布划分为不相交的子集。

④ 对数据抽样可以作为一种数据规约技术使用，因为它允许用少量数据的随机样本来表示大型数据集。

2.7 教育数据预处理应用案例

SPSS Modeler 是一款数据挖掘软件，它集成了常用的数据统计分析方法，能对数据进行统计分析，该软件以图形化的界面，简单的拖曳操作方式，基于统计学、机器学习、人工智能等方面的算法，快速构建数据挖掘模型，提供完整的数据统计挖掘功能，如关联分析、分类、预测等数据挖掘功能。

下面，我们用 SPSS Modeler 软件，对和本书配套的研究数据集"演示数据集.xlsx"进行数据预处理。

1. SPSS Modeler 程序窗口组成

启动 SPSS Modeler 程序后得到的程序窗口如图 2-3 所示，默认状态下，该窗口分为四个部分，分别是数据流编辑区域、节点工具箱窗格、流管理窗格、项目管理窗格。

图 2-3　SPSS Modeler 程序窗口

（1）数据流编辑区域

数据流编辑区域是构建和编辑数据流的区域，用户的大部分操作都在该区域中进行。在数据流编辑区域中的一系列操作最终会形成一个数据流，一个数据流通常包含一个数据源和对这个数据源的数据进行的一系列处理。

（2）节点工具箱窗格

用节点工具箱窗格提供的各种图形化节点连接在一起可以组成数据流。该窗格包含 10 个选项卡，名称分别为：收藏夹、源、记录选项、字段选项、图形、建模、输出、导出、IBM SPSS Statistics、IBM SPSS Text Analytics。

收藏夹：包含数据流中常用的节点。

源：包含从外界导入的数据的节点，用来表示数据源中的数据。数据源可以是 txt、csv、xls、xlsx、sav 格式的文件。

记录选项：包含针对数据记录进行操作的节点。一条数据记录就是数据表中的一行，常常代表一个样本的数据特征。

字段选项：包含对数据记录的字段执行各种操作之后得到的节点，如过滤、导出新字段和确定给定字段的测量级别等。

图形：包含表示各种统计图形的节点，用来呈现数据的分布特征和变量之间的关系。

建模：包含表示各种算法模型的节点。

输出：包含用来显示数据特征及其基本统计特征的节点。

导出：包含将数据转换成其他格式后得到的节点。

IBM SPSS Statistics 和 IBM SPSS Text Analytics：分别集成了 SPSS Modeler 中与统计分析和文本分析相关的功能。

(3) 流管理窗格

此窗格存放打开的数据流和数据分析结果。

(4) 项目管理窗格

此窗格用来显示现有的所有项目。

2. 操作过程与结果

经过如下叙述的操作后，将在数据流编辑区域中形成一个数据流，在操作过程中随时可以单击工具栏中的"保存"按钮，保存数据流，保存之后的数据流文件的扩展名是 str。

(1) 关联数据源并预览数据

① 在节点工具箱窗格的"源"选项卡中选择"Excel"节点，将它拖曳到数据流编辑区域中，此时数据流编辑区域中将出现一个"Excel"数据节点。

② 右击"Excel"节点，打开快捷菜单，单击"编辑"命令，打开如图 2-4 所示的"Excel"对话框，在"数据"选项卡中选择要导入的文件，单击 应用(A)，关闭"Excel"对话框，此时，数据流编辑区域中原来的"Excel"节点下面的文字会发生变化，变成所导入的文件的文件名。

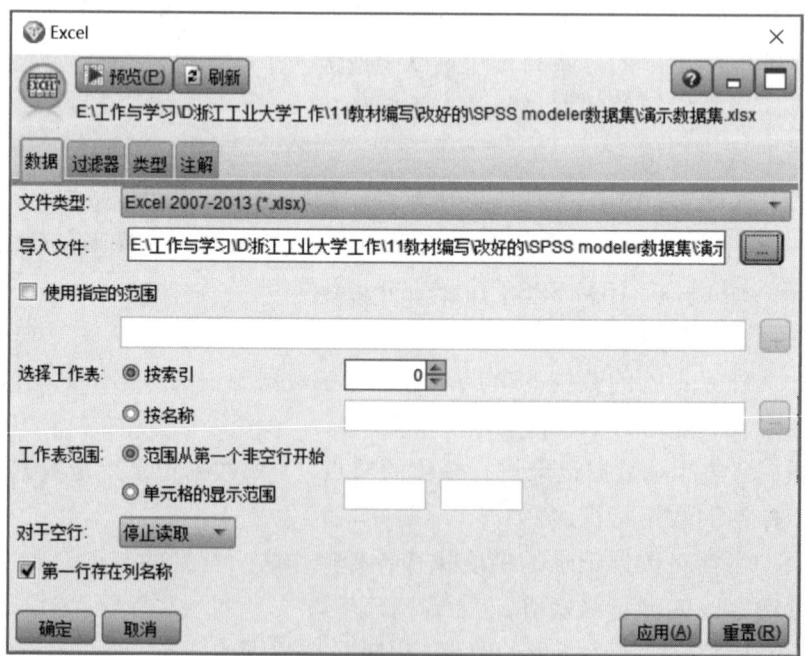

图 2-4　选择要导入的文件

③ 为了预览所导入的数据，在节点工具箱窗格的“输出”选项卡中选择“表格”节点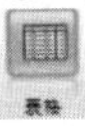，将其拖曳到数据流编辑区域中，然后在前面导入的“Excel”节点和“表格”节点之间建立连接，操作方法是：右击“Excel”节点，打开快捷菜单，单击“连接”命令，再单击“表格”节点。当二者建立连接后，再右击“表格”节点，打开快捷菜单，单击“运行”命令，就可以看到如图 2-5 所示的界面，界面中显示了数据预览结果。

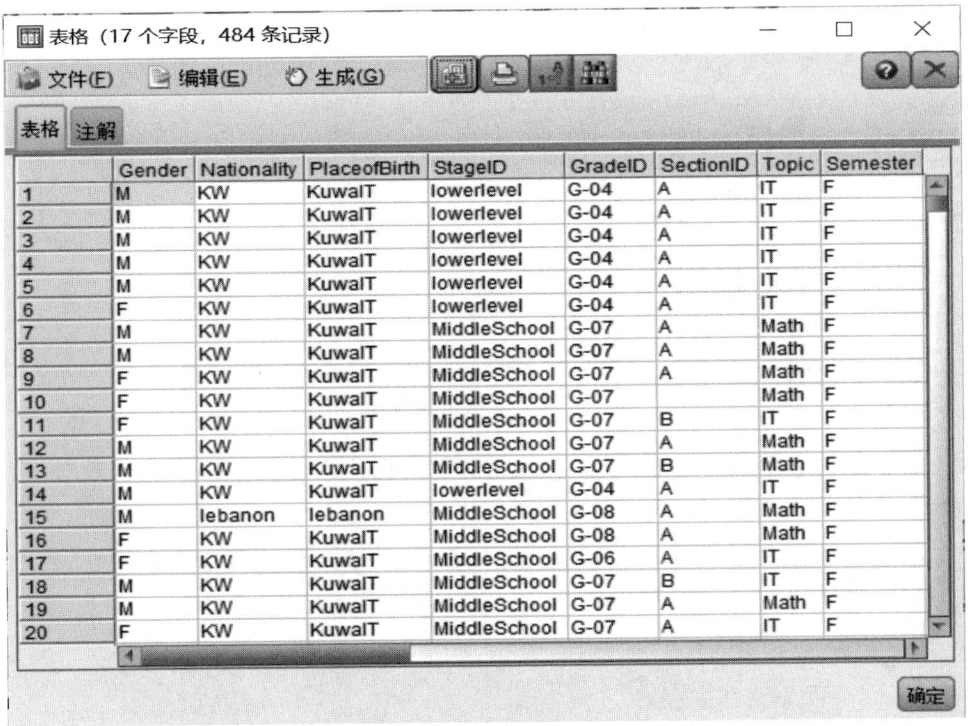

	Gender	Nationality	PlaceofBirth	StageID	GradeID	SectionID	Topic	Semester
1	M	KW	KuwaIT	lowerlevel	G-04	A	IT	F
2	M	KW	KuwaIT	lowerlevel	G-04	A	IT	F
3	M	KW	KuwaIT	lowerlevel	G-04	A	IT	F
4	M	KW	KuwaIT	lowerlevel	G-04	A	IT	F
5	M	KW	KuwaIT	lowerlevel	G-04	A	IT	F
6	F	KW	KuwaIT	lowerlevel	G-04	A	IT	F
7	M	KW	KuwaIT	MiddleSchool	G-07	A	Math	F
8	M	KW	KuwaIT	MiddleSchool	G-07	A	Math	F
9	F	KW	KuwaIT	MiddleSchool	G-07	A	Math	F
10	F	KW	KuwaIT	MiddleSchool	G-07		Math	F
11	F	KW	KuwaIT	MiddleSchool	G-07	B	IT	F
12	M	KW	KuwaIT	MiddleSchool	G-07	A	Math	F
13	M	KW	KuwaIT	MiddleSchool	G-07	B	Math	F
14	M	KW	KuwaIT	lowerlevel	G-04	A	IT	F
15	M	lebanon	lebanon	MiddleSchool	G-08	A	Math	F
16	F	KW	KuwaIT	MiddleSchool	G-08	A	Math	F
17	F	KW	KuwaIT	MiddleSchool	G-06	A	IT	F
18	M	KW	KuwaIT	MiddleSchool	G-07	B	IT	F
19	M	KW	KuwaIT	MiddleSchool	G-07	A	Math	F
20	F	KW	KuwaIT	MiddleSchool	G-07	A	IT	F

图 2-5　数据预览界面

（2）对缺失值进行丢弃处理

① 为了审核所导入数据的字段的属性，从节点工具箱窗格的“输出”选项卡中拖曳出“数据审核”节点到数据流编辑区域中(此时，图 2-5 所示的界面自动关闭)。

② 在前面导入的“Excel”节点和“数据审核”节点间建立连接，操作方法是：右击“Excel”节点，打开快捷菜单，单击“连接”命令，再单击“数据审核”节点。

③ 右击“数据审核”节点，打开快捷菜单，单击“运行”命令，就可以看到如图 2-6 所示的界面，界面中显示数据审核结果。界面中“有效”列的各个单元格中的数值表示所对应的字段有多少个有效数据。从图 2-6 可以看到，除了图中用矩形圈定的两个字段分别只有 483 个有效数据外，其他字段都有 484 个有效数据。

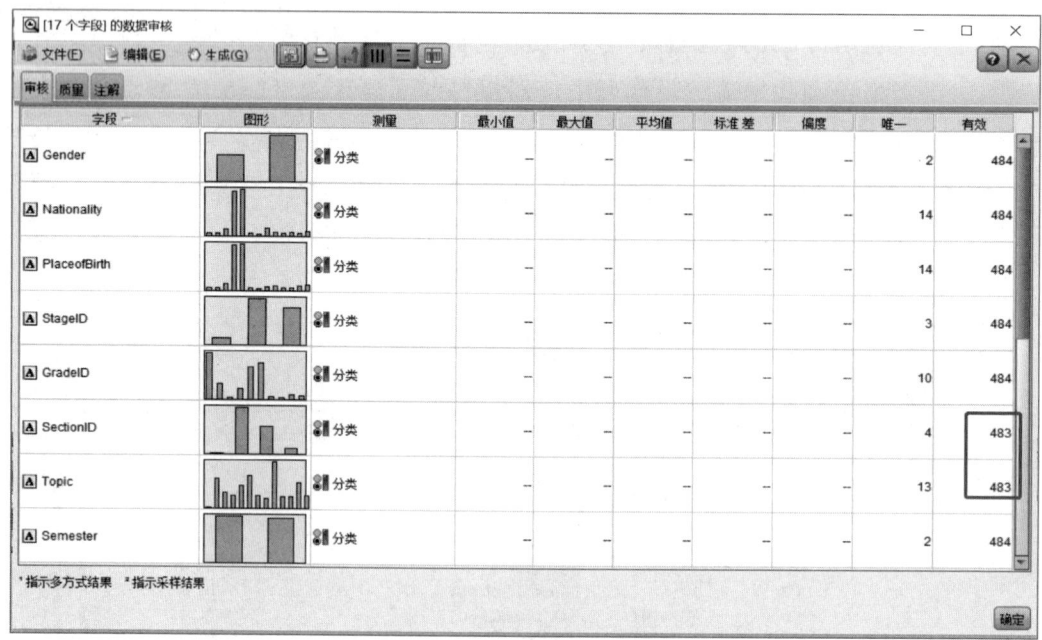

图 2-6　数据审核界面

④ 关闭图 2-6 所示的界面，返回"Excel"节点，右击该节点，打开快捷菜单，单击"编辑"命令，打开一个新的界面，进入"类型"选项卡，单击 ▶读取值 ，可以看到各字段的取值，如图 2-7 所示，在"SectionID"和"Topic"这两个字段中出现了值为空（显示为""）的取值，表明这两个字段有缺失值存在。

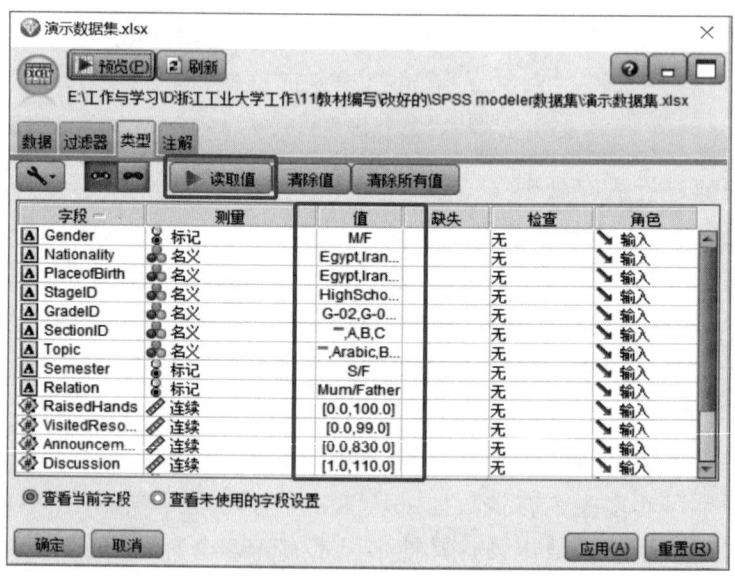

图 2-7　各字段的取值

⑤ 单击图 2-7 中有缺失值的字段行和"值"列交叉位置的单元格，打开下拉列表，如图 2-8 所示。

图 2-8　打开下拉列表

⑥ 单击下拉列表中的"指定"项,弹出如图 2-9 所示的对话框,选择有缺失值的行,单击"删除"按钮 ✕ ,打开"检查值"下拉列表,单击下拉列表中的"丢弃"项,再单击 确定 ,返回图 2-7 所示的界面,再单击 应用(A) ,就完成了对缺失值的丢弃处理。

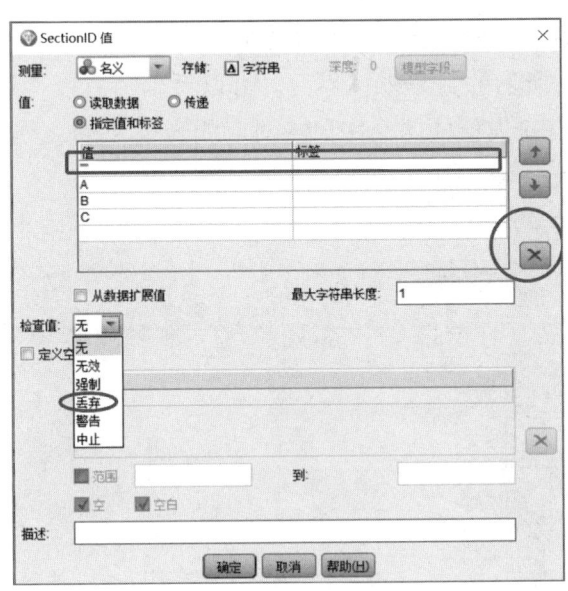

图 2-9　丢弃缺失值

(3) 对超出范围值进行丢弃处理

如图 2-7 所示,"AnnouncementsView"和"Discussion"这两个字段中的最大值都超过了 100,不符合要求,因此,要丢弃这两个超出范围的取值。单击取值超出了上限、下限范围的字段行和"值"列交叉位置的单元格,打开下拉列表,单击"指定"项,弹出如图 2-10 所示的对话框,修改"上限"取值,同时在"检查值"下拉列表中单击"丢弃"项,再单击 确定 ,返回图 2-7 所示的界面,再单击 应用(A) ,就完成了对超出范围值的丢弃处理。

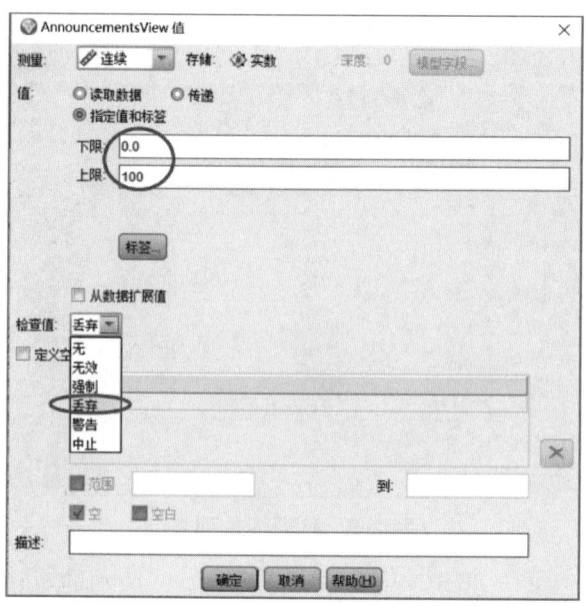

图 2-10 修改取值范围，丢弃超出范围的取值

（4）查看处理结果

为了审核处理后的字段属性，右击"数据审核"节点，打开快捷菜单，单击"运行"命令，打开如图 2-11 所示的数据审核界面。可以看到"有效"这一列的取值都变成了 480。这是因为删除了有缺失值的两个字段各对应的一条记录，又删除了超出取值范围的两个字段各对应的一条记录，因此只剩下了 480 条记录了。

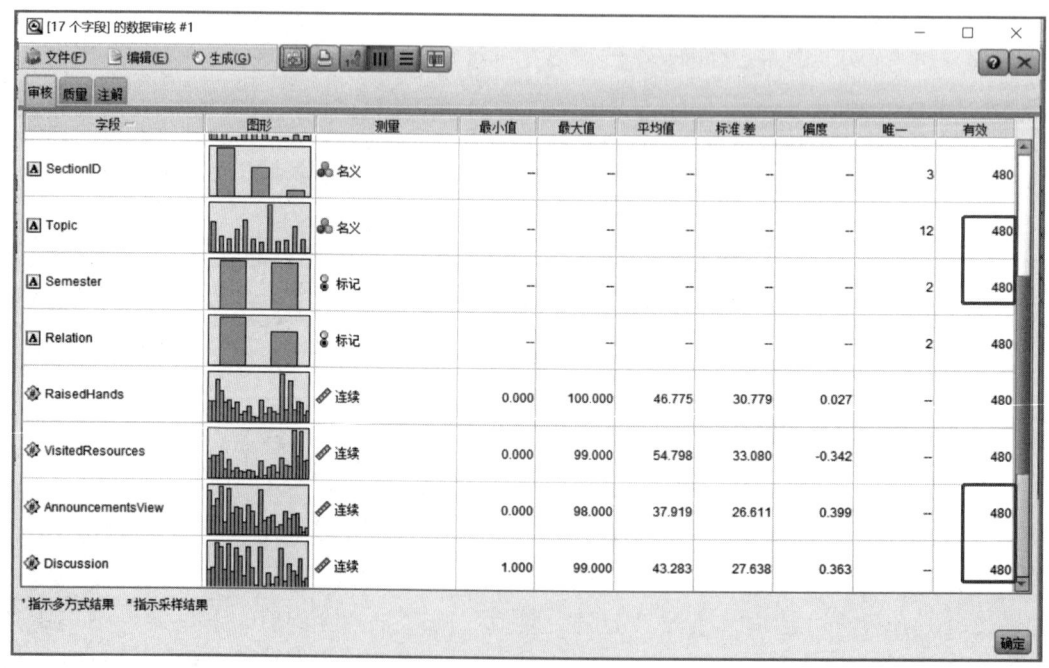

图 2-11 数据审核界面

■ 本章小结

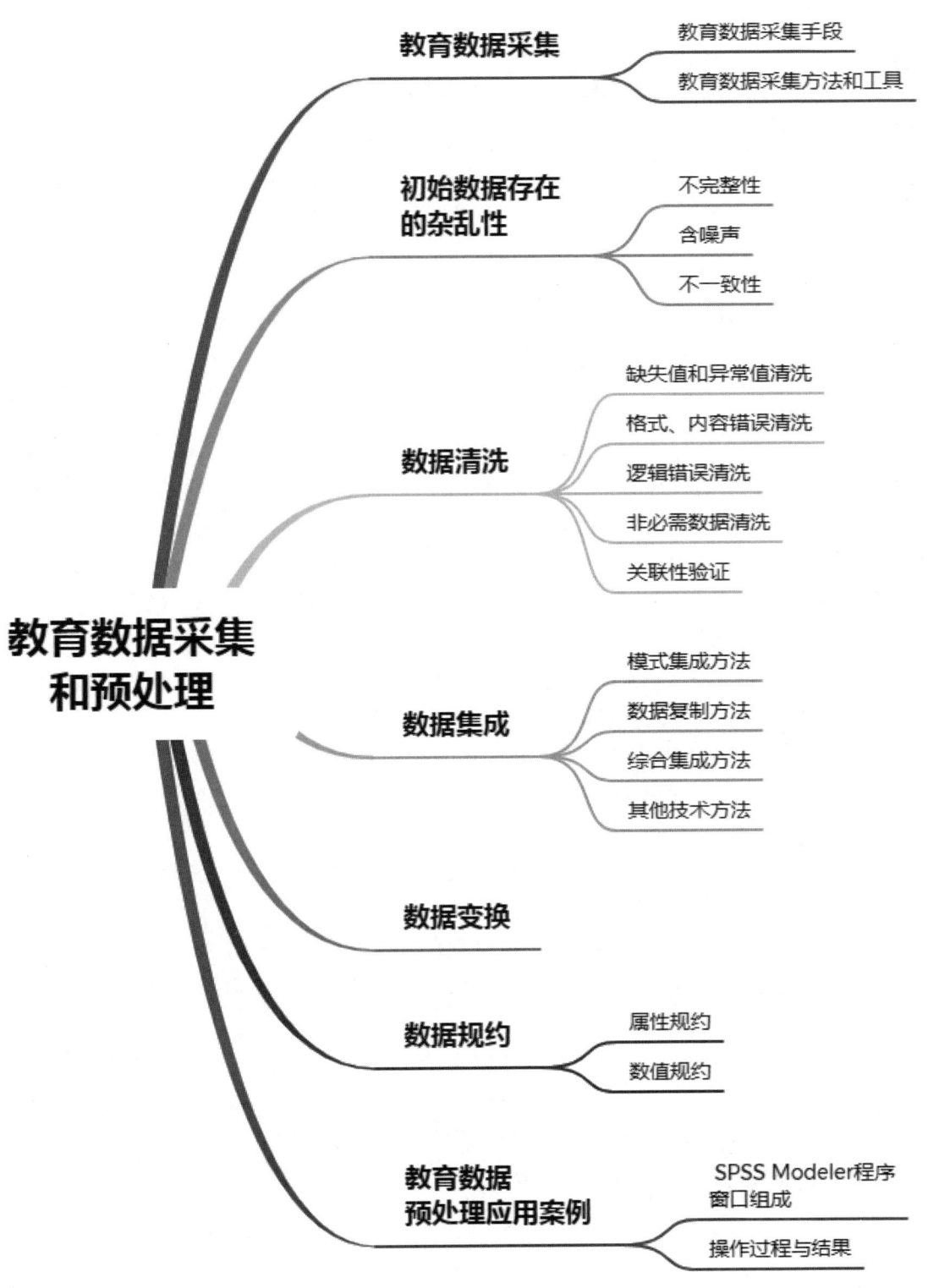

第 3 章 教育数据降维

当前,教育数据的规模在急剧增长,数据平台上能够收集到大量的学习行为数据、学习过程数据、学习评价数据,甚至还能通过音视频采集设备采集语音、图像、视频、文本、手写字母或数字、指纹和高光谱图像等数据。在研究和实践中,常常需要从图像中挖掘某些潜在的模式,在视频中跟踪某一物体。通常,数据由若干字段组成(有时也把字段称为属性、变量或特征),数据包含的字段个数称为数据的维度数,简称为维度。从表面来看,数据的维度越大,分析结果的可信度就越高,然而数据维度太大,也可能出现过犹不及的情况,主要表现在以下几个方面。

① 大量的噪声信息可能淹没数据的主要特征,导致数据价值变低。

② 很多数据的特征具有相关性,在学习建模时容易产生冗余。

③ 输入数据的维度极大地影响模型训练结果的稳定性。例如,对于一些有监督的学习的应用模型,如果输入数据的维度较大,直接处理会非常复杂。

④ 很多算法只对低维度数据有效。

如果使用数据挖掘算法直接对数据逐条处理,一旦数据规模增大,必然导致算法性能降低,处理速度变慢。面对大量的数据,从微观层面分析每个特征也不可行,因为时间成本难以估量。

鉴于上述原因,需要采用数据降维来处理高维度的数据,使得在减少数据集中数据的某些特征的同时,避免丢失太多的信息,并保持或改进模型性能。数据降维便于数据可视化,减少数据需要的存储空间,节约模型训练时间,去掉冗余变量,提高算法的准确度。

3.1 数据降维概述

在对海量数据进行数据挖掘时,通常会面临"维度灾难",原因是数据集的维度可以不断增加,但计算机的处理能力和速度却是有限的。另外,数据的不同特征可能存在共线性的关系,这会直接导致学习模型的健壮性不足,甚至在很多时候导致算法失败,这时也需要降低数据维度,以减少不同特征共线性的影响。

1. 数据降维的概念

数据降维,也称为维数约简,是指将原始高维特征空间里的点投影到一个低维特征空间中,使得新的特征空间的维度低于原始特征空间的维度,以减少数据维数。在投影过程中,新的特征将保持原始特征的一些性质,同时也有一些原始特征会消失。数据降维的优势是降低数据维度,便于数据计算和可视化,其更深层次的意义在于提取有效信息和摒弃无用信息。

2. 数据降维的目的

在原始数据中,通常含有冗余信息和噪声信息。在图像识别等应用领域,冗余信息和噪声信息会导致分析处理数据时产生误差,极大地降低数据挖掘的准确率。通过数据降维,可以减少冗余信息和噪声信息造成的误差,提高识别精度,抽取出数据内部的本质结构特征。在实际应用中采用数据降维,有如下目的。

① 优化模型,降低模型复杂度。数据维度过高会加大模型的复杂度,特别是在一些样本数据不足的情况下,最终训练的模型会产生泛化性较差的结果,通过数据降维,可以去除数据特征的共线性,优化模型,降低模型复杂度。

② 数据降维能够有效降低模型训练时间。

③ 数据降维能够提高模型的鲁棒性[①]和泛化性。

 ## 3.2 两种数据降维方法

可以通过特征选择(Feature Selection)和特征提取(Feature Extraction)实现数据降维,这两种方法都会减少进入模型的特征个数。

特征选择是从 n 个特征中选择 m($m<n$)个特征,舍弃剩下的 $n-m$ 个特征,选择最优

---

① 鲁棒是 robust 的音译,是健壮和强壮的意思。鲁棒性主要指在某些参数略微改变或控制量稍微偏离最优值时,系统仍然能保持一定的稳定性和有效性。

特征子集，以达到特征冗余最小化，并实现模型与目标相关性的最大化。在特征选择中按照某个标准对原有特征进行简化，去掉一些冗余的特征。被选择的 m 个特征没有发生任何变化，它们只是原有特征集合的一个子集，通过选择得到的特征具有更好的可读性和可解释性。

特征提取是通过函数映射从原始特征中提取新的特征，通过特征提取可以得到另外一组新特征。提取后的新特征不再是原有特征的子集，而是原有特征的线性映射或者非线性映射。特征提取的本质是从原始高维空间向低维空间投影，减少特征数量，从而达到数据降维的目的。

3.3 特征选择数据降维方法

特征选择数据降维方法是指根据一定的规则和经验，在原有特征（也称为字段或变量）集合中选取部分特征参与后续的计算和建模，用选择的这部分特征代替原来所包含的全部特征，这个过程并不产生新的特征。这种方法的好处在于，所选择的特征保留了原有各特征的物理含义，可以用于后续的知识模式解读和业务理解，从而保证了特征的可应用性。

特征选择数据降维方法通过一定的评估标准，从原始高维特征集合中筛选最优特征子集，且极大地保持原始数据集的特征，从而达到简化分析、获取数据有效特征以及对数据进行可视化的目标。特征选择降维能简化和加快建模过程，将注意力迅速集中到最重要的特征上，最终获得简单、精确和易于解释的模型。通过减少模型中的特征数量，可以减少评价时间以及未来迭代中所收集的数据量。例如，使用 Logistic 回归模型减少特征数量就具有明显的优势。若不经过特征选择降维，让所有输入特征全部参与建模，会影响模型的计算效率，使模型计算耗时；更重要的是，若模型中包含一些干扰特征，会影响预测性能。

1. 特征选择数据降维方法的选择策略

特征选择的核心目的是筛选出最重要的特征，特征的重要性可以从两个方面考虑：第一，从特征本身考虑；第二，从输入数据特征与输出数据特征的相关性考虑。

（1）从特征本身考虑

采用这种选择策略时，尽量找出携带信息量较大，信息区分性较大的特征。所以，如果特征的取值为常量，则该特征一般是不重要的。例如，在预测三年级某个班级学生的身高时，班级这一特征的作用小于性别，因为该班学生的班级都相同，取它为特征值没有差异，而男女生性别存在差异，会较大地影响身高。

从统计上来说，测量特征取值离散程度的一个重要指标是标准差或变异系数。标准差越大，说明特征的取值越离散；而变异系数主要用于多个特征离散程度的比较。在选择特征时，有以下标准可以遵循。

① 若某数值型特征的变异系数小于某个标准值，则视该特征不重要。

② 若某数值型特征的标准差小于某个标准值，则视该特征不重要。

③ 对于分类型特征，计算该特征属性在各类中的取值比例，若比例低于某个标准值，则视该特征不重要。

（2）从输入数据特征与输出数据特征的相关性考虑

如果某输入数据特征与输出数据特征的相关性强，则该输入数据特征需要被选入。可以计算并比较输入数据特征与输出数据特征的相关系数，若相关系数低于某个标准值，则该输入数据特征应视为不重要的特征。特征间的相关性通常可以用皮尔逊相关系数（Pearson Correlation Coefficient）[②]计算。皮尔逊相关系数是一种被广泛使用的线性相关性度量标准，通常用它来衡量两个连续取值的特征的相关性。

2. 常用的特征选择数据降维方法

常用的特征选择数据降维方法有以下四种。

① 经验法：操作者根据自己的经验和对业务的理解程度，对实际数据情况综合考虑后，进行选择。

② 测算法：不断测试多种特征选择，通过反复测算验证并进行调整，最终找到最佳特征选择方案。测算过程中可以生成不同的特征组合，对组合结果进行评价，并与其他特征组合进行比较。主要的方法有递归特征消除算法（Recursive Feature Elimination Algorithm，RFEA）。

③ 统计分析方法：通过分析不同特征间的相关性，筛选出相关性高的特征；或者通过计算不同特征间的互信息（Mutual Information）[③]量，找到具有较高信息量的特征集合，去除信息量较低的特征集合。主要方法有卡方检验（Chi-squared Test，CT）、信息增益法（Information Gain，IG）、相关系数法（Correlation Coefficient Scores，CCS）等。

④ 机器学习方法：通过机器学习方法得到不同特征的特征值或权重，然后选择权重较大的特征，在模型既定的情况下选出对提高模型准确度最有用的特征。例如，通过CART决策树模型得到不同变量的重要程度，然后根据实际权重进行选择。

---

② 皮尔逊相关系数本质是两个向量之间的协方差，使用它可以反映均值上下波动的趋势。
③ 互信息是信息论里一种有用的信息度量，它可以看成是一个随机变量中包含的关于另一个随机变量的信息量，或者说是一个随机变量由于已知另一个随机变量而减少的不肯定性。

3.4 特征提取数据降维方法

采用特征提取数据降维方法,既可以通过线性映射函数进行特征提取,也可以通过非线性映射函数进行特征提取。根据映射函数的类型,可以将特征提取数据降维方法分为基于线性映射的数据降维方法和基于非线性映射的数据降维方法两大类。因子分析法、主成分分析法、线性判别分析法是基于线性映射的数据降维方法的主要代表。基于核函数的数据降维方法和基于流形的数据降维方法是基于非线性映射的数据降维方法的主要代表。

1. 特征提取数据降维方法分类

① 基于线性映射的数据降维方法:主要有主成分分析法(Principal Component Analysis,PCA)、因子分析法(Factor Analysis,FA)、线性判别分析法(Linear Discriminant Analysis,LDA)等。

② 基于核函数的数据降维方法:核函数是隐含着一个从低维空间到高维空间的映射,这个映射可以把低维空间中线性不可分的数据变成线性可分的数据。主要有核主成分分析法(Kernel Principal Component Analysis,KPCA)、核独立成分分析法(Kernel Independent Component Analysis,KICA)、核判别分析法(Kernel Discriminant Analysis,KDA)等。

③ 基于流形的数据降维方法:主要有多维缩放(Multiple Dimensional Scaling,MDS)、等度量映射(Isometric Mapping,IsoMap)、拉普拉斯映射(Laplacian Eigenmaps,LE)、局部线性嵌入(Locally Linear Embedding,LLE)、t-分布随机邻居嵌入(t-distributed Stochastic Neighbor Embedding,t-SNE)、一致流形逼近与投影降维(Uniform Manifold Approximation and Projection,UMAP)等。

2. 特征提取数据降维方法介绍

下面重点介绍几种常用的特征提取数据降维方法。

(1) 主成分分析法

主成分分析法是最常用的基于线性映射的数据降维方法,它的目标是通过某种线性映射,将高维空间的数据投影到低维空间中,并期望在所投影的维度上数据的方差最大,以此可以在使用较少数据维度的情况下,保留较多原始数据的特征。主成分分析法力求在降维后尽可能地保持原始数据的信息,因此,它是丢失原始数据信息最少的一种线性数据降维方法。主成分分析法根据投影方向上数据方差的大小衡量某一维度的重要性,如果数据集中各数据点在不同投影方向上的方差变化大小不同,而在某一投影方向上的方差变化较大,则这一投影方向所对应的维度就是主成分。若有两类数据在同一投影方向上的方差变化虽然都较大,但是它们在这一投影方向上的取值范围重叠,则遵循主成分分析法的工作原理,这两类数据点将被当作一个整体对待,因为这两类数据点在该维度上的取值范围重叠,使数据点糅杂在一起,无法区分,导致对这两类数据的区分作用不大。这也说明,在有些情况下主成分分析法的分类效果并不理想。

总之,主成分分析法的优点是能够提取最主要的信息,同时保证误差最小;缺点是它将所有的样本(特征集合)作为一个整体对待,去寻找一个均方误差最小的最优线性映射,忽略了类别特征,而它所忽略的投影方向有可能刚好包含了重要的区分性信息。

(2) 因子分析法

因子分析法是研究从变量群中提取共性因子的统计方法,最早由英国心理学家斯皮尔曼(Spearman)提出。斯皮尔曼发现学生的各科成绩之间存在着一定的相关性,某一单科成绩好的学生,往往其他各科成绩也比较好,他据此推想,可能存在某些影响学生学习成绩的潜在的共性因子或者一般的智力因素。因子分析法可以在许多变量中找出隐藏的具有代表性的因子。将相同本质的变量归入一个因子,可以减少变量的数目,还可以检验对变量间关系的假设。因子分析法是一种减少变量个数、降低数据维度的多元统计分析方法。有效减少参与建模的变量个数,又不造成数据特征的大量丢失,是因子分析法的核心所在。

因子分析法的特点如下。

① 因子个数少于原始变量个数。将原始变量用几个最终得到的因子来表示,能够极大地减少数据挖掘过程中的计算工作量。

② 因子能够反映原始变量的绝大部分信息。最终得到的因子不是原始选择的变量,是原始变量重组后的结果,因此不会导致原始变量的信息大量丢失。

③ 因子间的相关性较弱。原始变量重组后得到的因子的线性相关性不强,用因子代替原始变量进行分析建模,能够极大地降低因为共线性带来的问题。

使用因子分析法进行特征提取需要依据某一标准。通常用 KMO(Kaiser-Meyer-Olkin)值和 Bartlett 球形度检验结果作为因子分析的判别标准。KMO 值是比较变量间简单相关系数和偏相关系数的指标,其值在 0 和 1 之间。当所有变量间的简单相关系数平方和远远大于偏相关系数平方和时,KMO 值接近 1。KMO 值越接近于 1,意味着变量间的相关性越强,对原有变量越适合做因子分析。KMO 值高于 0.9,表示样本数据非常适合做因子分析;在 0.8 到 0.9 之间,表示适合做因子分析;在 0.7 到 0.8 之间,表示尚可做因子分析;在 0.6 到 0.7 之间,表示勉强可做因子分析;在 0.5 到 0.6 之间,表示不太适合做因子分析;在 0.5 以下,表示非常不适合做因子分析。Bartlett 球形度检验得到的显著性结果若小于 0.05(即 Sig.<0.05,有的文献也记作 $p<0.05$)表示非常适合做因子分析,它表明数据呈球形分布,各个变量在一定程度上相互独立。

因子分析法涉及以下几个重要概念。

① 因子载荷:因子载荷是变量与因子的相关系数,反映了变量和因子之间的相关程度。因子载荷在-1 到 1 之间取值,取正值时表示正相关;取负值时表示负相关。因子载荷的绝对值越接近 1,说明因子和变量的相关性越强。

② 变量共同度:变量共同度也称为变量方差。某个变量的共同度是指所有因子对该变量的方差解释程度所占的比例,体现了因子对该变量解释能力贡献的大小。变量共

同度的值越接近于 1，说明所有因子越能够解释该变量的方差，也说明用这些因子描述该变量的损失度越小。变量共同度是用来衡量因子全体对变量解释程度的重要指标，也是衡量因子分析效果的重要指标。

③ 因子的方差贡献：因子的方差贡献是衡量某个因子对各变量方差贡献率的总和。各因子的方差贡献率大小反映了各因子的重要性程度。方差贡献率表示同一公共因子对各变量所提供的方差贡献的总和，是衡量每个公共因子相对重要性的一个尺度。

主成分分析法和因子分析法很容易混淆。表 3-1 给出了主成分分析法和因子分析法的特点和不同。

表 3-1 主成分分析法和因子分析法的特点和不同

主成分分析法	因子分析法
把主成分表示成各变量的线性组合	把变量表示成各因子的线性组合
把重点放在解释各变量的总方差上	把重点放在解释各变量之间的协方差上
不需要做假设	需要做以下假设：各个共同因子之间不相关，特殊因子之间不相关，共同因子和特殊因子之间也不相关
当给定的协方差矩阵或者相关矩阵的特征值唯一时，其主成分一般是独特的	因子不是独特的，可以通过旋转得到不同的因子
主成分的数量是一定的，一般有几个变量就有几个主成分，只是各个主成分所解释的信息量不等，实际应用中会根据碎石图提取前几个重要的主成分	因子个数需要分析者指定（例如按特征值是否大于 1 指定），指定的因子数量不同，结果就不同

主成分分析法的基本原理是利用降维（线性变换）的思想，在损失很少信息的前提下把多个变量转化为几个不相关的主成分，每个主成分都是原始变量的线性组合；而因子分析法是从原始变量相关矩阵内部的依赖关系出发，把各变量表示成少数公共因子和仅对某一个变量有作用的特殊因子的线性组合，这些公共因子其实是在不同变量中潜在的共性因子。例如，一个学生的数学、物理、化学成绩都很好，那么潜在的共性因子可能是抽象思维较强。因此，因子分析的过程其实是寻找公共因子和特殊因子并获取最优解释的过程。

(3) 线性判别分析法

线性判别分析法与主成分分析法追求的目标不同，线性判别分析法不是希望保持数据最多的信息，而是希望数据在降维后能够很容易地被区分开来。线性判别分析法是一种有监督的线性降维算法，其核心思想是往线性判别超平面的法向量上投影，使数据点尽可能容易被区分，也就是使同类的数据点尽可能接近，不同类的数据点尽可能分开，从而达到高内聚、低耦合的目的。

(4) 核主成分分析法

核主成分分析法是对主成分分析法的非线性扩展。主成分分析法对于非线性数据无能为力，实际应用中，有些数据在低维度空间不是线性可分的，但在高维度空间变成线性可分的了。核主成分分析法将原始数据通过核函数(Kernel)映射到高维度空间,再利用主成分分析法降维。核主成分分析法的关键是寻找合适的核函数。

采用主成分分析法时,对坐标轴进行线性变换,这样变换后,得到的结果是用一条直线来近似表示数据点的分布状态;采用核主成分分析法时,对坐标轴进行非线性变换,这样变换后,得到的结果可能是用一条曲线或者一个曲面来近似表示数据点的分布状态。如图 3-1 所示。

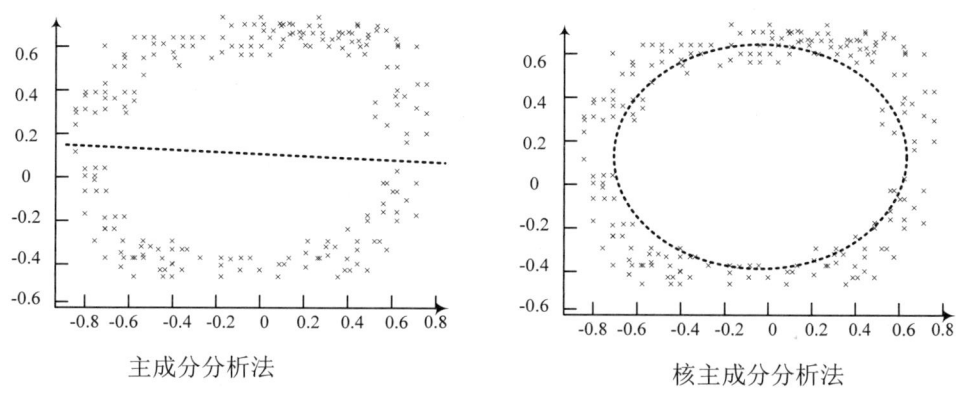

主成分分析法　　　　　　　　核主成分分析法

图 3-1　主成分分析法与核主成分分析法的区别

(5) 不同的特征提取数据降维方法比较

不同的特征提取数据降维方法分别有各自的优势和劣势。表 3-2 显示了不同的特征提取数据降维方法的算法思想和优缺点(其中有些方法前文中未详细介绍)。

表 3-2　不同的特征提取数据降维方法的算法思想和优缺点

类别	方法	算法思想	优点	缺点
线性映射数据降维	因子分析法	从原始变量相关矩阵内部的依赖关系出发,把变量表达成能表示成少数公共因子和仅对某一个变量有作用的特殊因子的线性组合	① 不对原始变量取舍,而对它们进行线性组合,误差较小。② 可解释性高、命名清晰性高	计算因子得分时,采用的是最小二乘法,该法有可能失效
	主成分分析法	数据经过某种投影,得到新矩阵在所投影的维度上的数据方差最大,以此使用较少的维度保留较多的原数据特性	① 误差最小。② 提取了主要的信息	① 可能在投影后对数据的区分作用不大,反而使得数据点糅杂在一起无法区分。② 需要计算协方差矩阵,计算量较大
	线性判别分析法	向线性判别超平面的法向量上投影,使得变量区分度最大(高内聚,低耦合)	简单,易于理解	计算过程较复杂

(续表)

类别	方法		算法思想	优点	缺点
非线性映射数据降维	核主成分分析法		通过 Kernel 函数将主成分分析法投影的过程通过内积的形式表达出来。将高维向量间的内积转换成低维的核函数表示	具有核方法的优点	需要对所有样本求和，计算量较大
	基于流形的数据降维方法	MDS	原始空间中样本之间的距离在低维空间中保持不变	假设流形存在，部分解决了高维数据分布的问题	因假设流形存在，不能保证适合数据特点
		IsoMap	一种非迭代的全局优化算法，是对 MDS 的改进，用测地线距离（曲线距离）作为空间中两点距离。将位于某个特征所在的流形上的数据映射到一个欧氏空间中	适用于内部平坦的低维流形	① 不适合学习有较大内在曲率的流形。② 难以将样本映射到低维空间中，因此需要训练一个回归学习模型对新样本的低维空间进行预测，建立近邻图时，要控制好距离的阈值，防止短路和断路
		LE	一种基于图的降维方法，使相互间有关系的点（在图中相连的点）在降维后的空间中尽可能靠近，从而在降维后仍能保持原有的数据结构	简洁，降维效果较好	① 不能对流形上距离较远的点进行约束。② 对噪声的鲁棒性较差，当采样数据中存在噪声时，无法从噪声数据中学习出其内部几何结构
		LLE	保持邻域内样本之间的线性关系	① 可以学习任意维的局部线性的低维流形。② 复杂度相对较小，容易实现	① 所学习的流形只能是不闭合的，且样本集必须是稠密均匀的。② 对最近邻样本数据的选择敏感，不同的最近邻样本数据对最终降维结果有很大影响

3.5 特征选择数据降维方法在教育数据中的应用案例

下面用 SPSS Modeler 程序，介绍使用特征选择数据降维方法进行数据降维的具体过程。

使用 SPSS Modeler 程序中的"特征选择"节点有助于识别用来预测特定结果的最重要的字段。"特征选择"节点可对成百上千个预测字段（变量）进行筛选、排序，并选择出可能是最重要的预测字段（变量）。最后会生成一个执行速度更快且更加有效的模型，生成的模型使用较少的预测字段(变量)，效率更高且更易于理解。

具体操作步骤如下。

① 筛选：删除不重要或有问题的数据、记录或个案。

② 排序：对剩余数据排序并根据重要性对它们分级。

③ 选择：确定要在后续模型中使用的功能子集。

下面以和本书配套的研究数据集"数据预处理.xlsx"文件为例，详细介绍使用特征选择数据降维方法进行数据降维的具体操作过程。

数据集"数据预处理.xlsx"文件中包含 480 条记录和 17 个字段，反映了在线学习系统中 480 位学生的基本信息、在线学习过程中的行为、父母的态度和最终的学习成绩等级。17 个字段的名称分别为：Gender、Nationality、PlaceofBirth、StageID、GradeID、SectionID、Topic、Semester、Relation、RaisedHands、VisitedResources、AnnouncementsView、Discussion、ParentAnsweringSurvey、ParentSchoolSatisfaction、StudentAbsenceDays、Class。其中 RaisedHands、VisitedResources、AnnouncementsView、Discussion 四个字段分别表示学生在在线学习系统中的举手次数，访问资源次数，查看通知次数和参与讨论次数，Class 字段表示学生最终的学习成绩等级，取值为 H(高)、M(中)、L(低)。本案例旨在通过数据降维，从前面 16 个字段(相当于 16 个变量)中筛选出最能影响学生最终的学习成绩等级 Class 字段(变量)取值的因子。因此 Class 字段就是目标变量。

① 在节点工具箱窗格的"源"选项卡中选择"Excel"节点，把它拖曳到数据流编辑区域中，此时数据流编辑区域中将出现一个"Excel"节点 。右击该节点，打开快捷菜单，单击"编辑"命令，选择要导入的数据集文件——"数据预处理.xlsx"。导入数据集文件后， 节点的外观会发生变化，由 变成 ，现在该节点就用所导入数据集的文件名来标识了。

② 在节点工具箱窗格的"输出"选项卡中选择"表格"节点，把它拖曳到数据流编辑区域中，得到"表格"节点 。

③ 右击 节点，打开快捷菜单，单击"连接"命令，然后单击 节点，就可以在 节点和 节点之间建立连接，形成数据流，右击 节点，打开快捷菜单，单击"运行"命令，运行该数据流，得到数据预览结果，如图 3-2 所示，可以看到数据集有 480 条记录和 17 个字段。

④ 在节点工具箱窗格的"字段"选项卡中选择"类型"节点，把它拖曳到数据流编辑区域中，此时数据流编辑区域中将出现一个"类型"节点 。右击 节点，打开快捷菜单，单击"连接"命令，然后单击 节点，在 节点和 节点之间建立连接。接下来，从节点工具箱窗格的"建模"选项卡中选择"特征选择"节点，把它拖

曳到数据流编辑区域中，此时数据流编辑区域中将出现一个“特征选择”节点。右击该节点，打开快捷菜单，单击“连接”命令，然后单击“类型”节点，在“类型”节点和“特征选择”节点之间建立连接。一旦建立连接，“特征选择”节点外观就变为 无目标，节点的标签为“无目标”，这意味着我们还没有设置目标字段。经过上述操作，在数据流编辑区域得到如图 3-3 所示的数据流图。

	Gender	Nationality	PlaceofBirth	StageID	GradeID	SectionID	Topic	Semester
1	M	KW	KuwaIT	lowerlevel	G-04	A	IT	F
2	M	KW	KuwaIT	lowerlevel	G-04	A	IT	F
3	M	KW	KuwaIT	lowerlevel	G-04	A	IT	F
4	M	KW	KuwaIT	lowerlevel	G-04	A	IT	F
5	M	KW	KuwaIT	lowerlevel	G-04	A	IT	F
6	F	KW	KuwaIT	lowerlevel	G-04	A	IT	F
7	M	KW	KuwaIT	MiddleSchool	G-07	A	Math	F
8	M	KW	KuwaIT	MiddleSchool	G-07	A	Math	F
9	F	KW	KuwaIT	MiddleSchool	G-07	A	Math	F
10	F	KW	KuwaIT	MiddleSchool	G-07	B	IT	F
11	M	KW	KuwaIT	MiddleSchool	G-07	A	Math	F
12	M	KW	KuwaIT	MiddleSchool	G-07	B	Math	F
13	M	KW	KuwaIT	lowerlevel	G-04	A	IT	F
14	M	lebanon	lebanon	MiddleSchool	G-08	A	Math	F
15	F	KW	KuwaIT	MiddleSchool	G-08	A	Math	F
16	F	KW	KuwaIT	MiddleSchool	G-06	A	IT	F
17	M	KW	KuwaIT	MiddleSchool	G-07	B	IT	F
18	M	KW	KuwaIT	MiddleSchool	G-07	A	Math	F
19	F	KW	KuwaIT	MiddleSchool	G-07	A	IT	F
20	M	KW	KuwaIT	MiddleSchool	G-07	B	IT	F

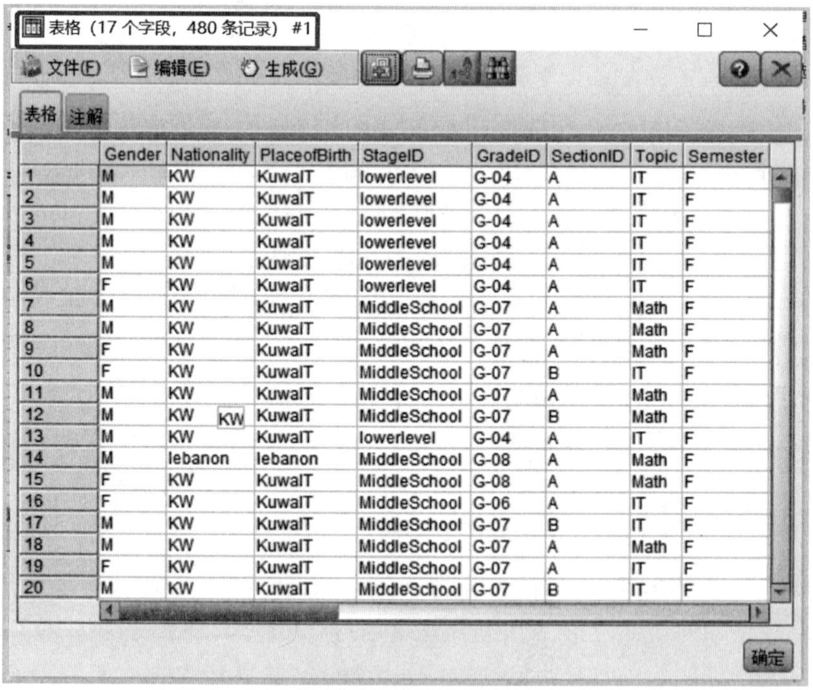

图 3-2　数据预览结果

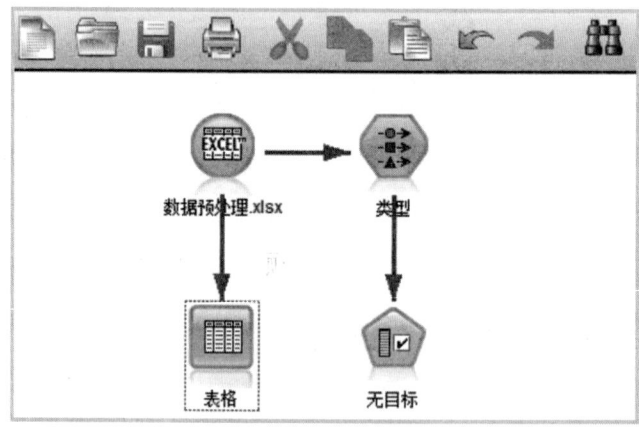

图 3-3　数据流图

⑤ 设置“类型”节点。右击 类型 节点，打开快捷菜单，单击“编辑”命令，弹出如图 3-4 所示的“类型”对话框，在该对话框中可以对“类型”节点进行设置，本案例中

将 Class 字段的"角色"设置为"目标",将其他字段的"角色"都设置为"输入"。经过这些设置,图 3-3 中的 节点的外观变为 ,其标签变为"Class",表示经过设置后,Class 字段成了目标字段。

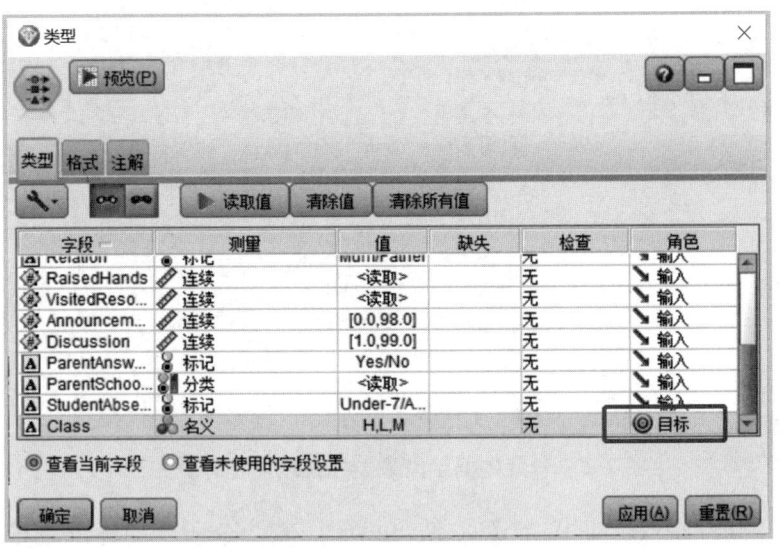

图 3-4 设置"类型"节点

⑥ 设置"Class"节点。右击 节点,打开快捷菜单,单击"编辑"命令,弹出如图 3-5 所示的"Class"对话框,在该对话框中可以设置 节点。

数据质量问题筛选标准的设置如图 3-5 所示。

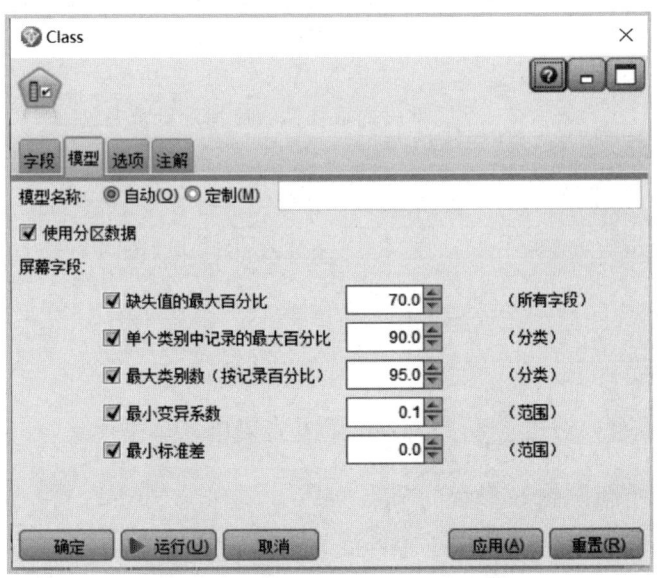

图 3-5 设置数据质量问题筛选标准

数据字段重要性程度排序计算方法的设置如图 3-6 所示。

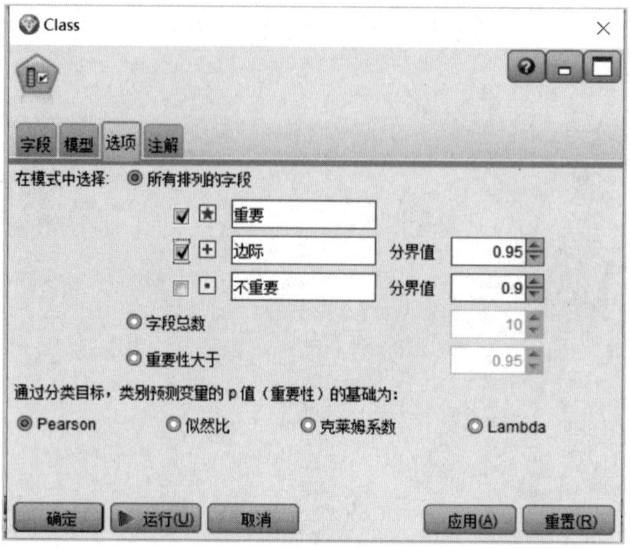

图 3-6　设置数据字段重要性程度排序计算方法

数据字段重要性程度排序的计算方法可以参照表 3-3 所示的标准进行设置，即：当目标字段和输入字段都是分类变量时，可以从 Pearson、似然比、克莱姆系数、Lambda 排序计算方法中任选一种进行字段重要性程度排序；当目标字段是分类变量，而输入字段是分类或连续变量时，可以从 Pearson、似然比排序计算方法中任选一种进行字段重要性程度排序；当目标字段是连续变量，而输入字段是分类变量时，使用 F 统计量排序计算方法进行字段重要性程度排序；当目标字段和输入字段都是连续变量时，使用 T 统计量排序计算方法进行字段重要性程度排序。最终得到的模型结果会选中"重要"和"边际"字段。

表 3-3　不同字段的重要性程度排序计算方法

目标	输入	排序方法
分类	分类	在 Pearson、似然比、克莱姆系数、Lambda 中任选一种
分类	分类或连续	在 Pearson、似然比中任选一种
连续	分类	F 统计量
连续	连续	T 统计量

⑦ 显示运行结果。右击  节点，打开快捷菜单，单击"运行"命令，将在数据流编辑区域中生成一个新的钻石形状的节点[④]  ，该节点自动与  节点连接；右击  节点，打开快捷菜单，单击"编辑"命令，就能够得到如图 3-7 所示的特征选择模型的

[④] 在 SPSS Modeler 程序中，分析得到的结果都以钻石形状的节点表示。

运行结果，数据字段按重要性程度从高到低排列，结果显示，最终从 16 个可用字段中选中了 14 个重要字段。

图 3-7　运行结果

⑧ 生成过滤器。如图 3-8 所示，执行"生成"→"过滤器"菜单命令，弹出"根据特征选择生成过滤"对话框，按图 3-9 所示进行操作，单击 确定 后，就可以为特征选择模型生成过滤器。

图 3-8　为特征选择模型生成过滤器

⑨ 现在，数据流编辑区域中出现了一个标签为"已生成"的过滤器节点，将其与节点相相连，右击节点，弹出快捷菜单，单击"编辑"命令，就可以得到如图 3-10 所示的结果，在该结果中，要过滤掉的字段被打上了"×"符号。

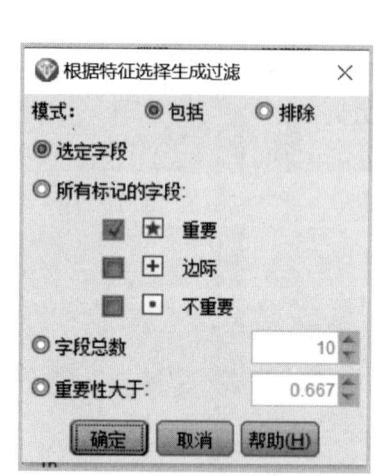

图 3-9 "根据特征选择生成过滤"对话框

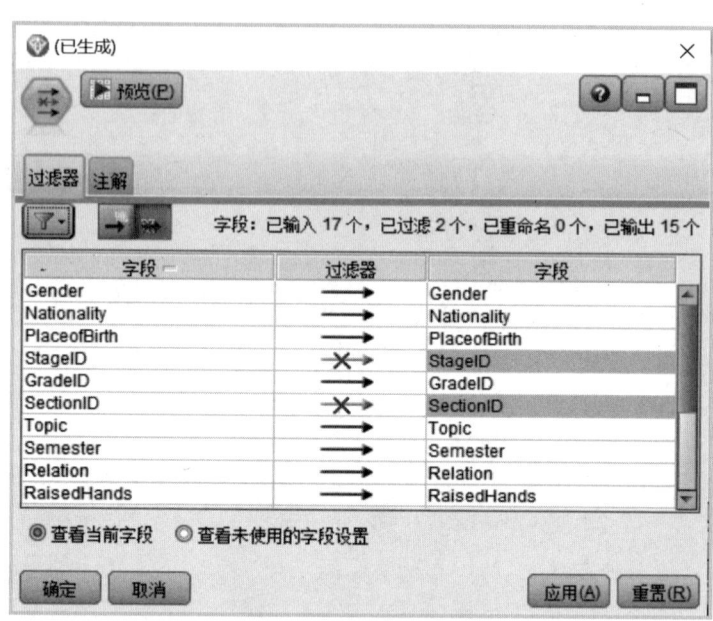

图 3-10 显示过滤结果

数据流编辑区域中最终显示的结果如图 3-11 所示。

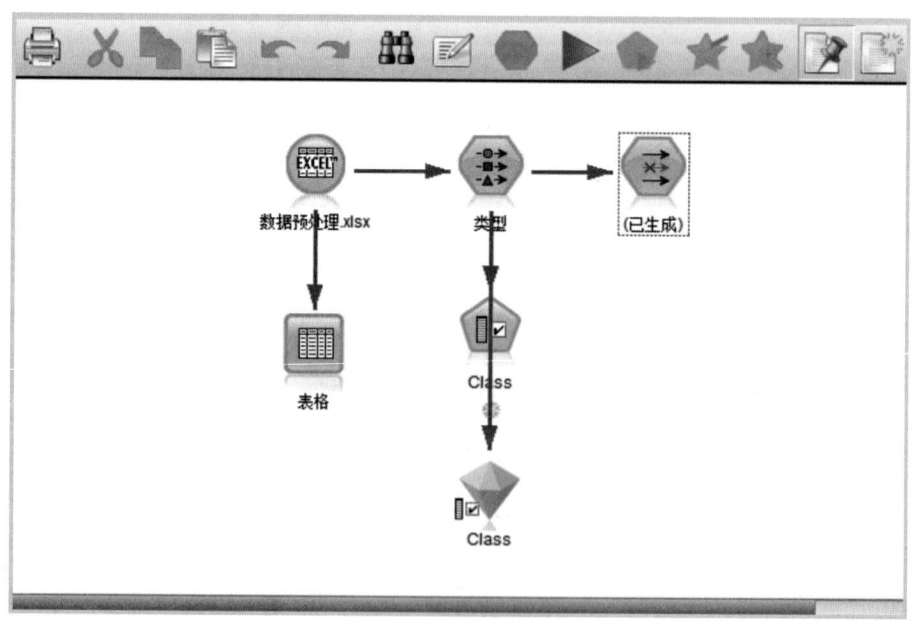

图 3-11 最终结果

3.6　特征提取数据降维方法在教育数据中的应用案例 1

上面介绍了用 SPSS Modeler 程序完成特征选择数据降维的操作过程，下面介绍用 SPSS Statistics 程序完成特征提取数据降维的操作过程。SPSS Statistics 程序集成了常用的数据统计分析方法，主要应用于社会学领域的统计分析。

下面用 SPSS Statistics 程序进行操作，讲解如何进行因子分析，完成特征提取数据降维。本案例采用的研究数据集“问卷预处理.xlsx”文件是笔者及团队成员设计和发放的“大学生对人脸识别技术接受度问卷”调查收回来的结果。

通常情况下，拟定好问卷之后要进行预测试，在小范围内发放问卷，对收集的数据进行检验，对问卷进行必要的修订，剔除质量不太高的问题，以便获取更高质量的数据。

“大学生对人脸识别技术接受度问卷”一共包含 5 个方面的问题，笔者在录入问卷题目时，为了简化操作，让问卷中关于“感知有用性”这方面的 6 个问题对应 PU1～PU6 变量，让问卷中关于“感知风险”这方面的 5 个问题对应 PR1～PR5 变量，让问卷中关于“个人创新性”这方面的 6 个问题对应 IN1～IN6 变量，让问卷中关于“社会影响”这方面的 3 个问题对应 SI1～SI3 变量，让问卷中关于“使用意向”这方面的 3 个问题对应 UI1～UI3 变量。(注：“问卷预处理.xlsx”文件中还包含一个“PUsum”变量。)

问卷预测试最终收回有效回答 42 份，通过数据降维(统计学上也称为效度检验)，删除未达到显著性水平的题目，形成正式问卷。

1. 用SPSS Statistics程序实现因子分析法数据降维

① 启动 SPSS Statistics 程序，将研究数据集文件“问卷预处理.xlsx”文件中除第一行的列名外的数据拷贝到 SPSS Statistics 程序窗口中，得到如图 3-12 所示的“数据视图”界面，程序自动生成 24 个字段(为统一起见，下面称它们为变量)的名称，分别为 V1，V2，…，V24。

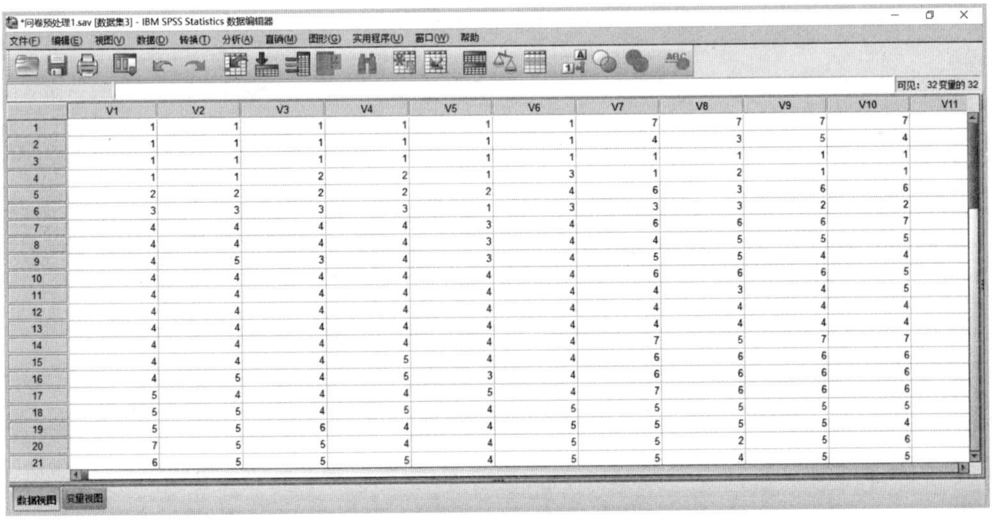

	V1	V2	V3	V4	V5	V6	V7	V8	V9	V10	V11
1	1	1	1	1	1	1	7	7	7	7	
2	1	1	1	1	1	1	4	3	5	4	
3	1	1	1	1	1	1	1	1	1	1	
4	1	1	2	2	1	3	1	2	1	1	
5	2	2	2	2	2	4	6	3	6	6	
6	3	3	3	3	1	3	3	3	2	2	
7	4	4	4	4	3	4	6	6	6	7	
8	4	4	4	4	3	4	4	5	5	5	
9	4	5	3	4	3	4	5	5	4	4	
10	4	4	4	4	4	4	6	6	6	5	
11	4	4	4	4	4	4	4	3	4	5	
12	4	4	4	4	4	4	4	4	4	4	
13	4	4	4	4	4	4	4	4	4	4	
14	4	4	4	4	4	4	7	5	7	7	
15	4	4	4	5	4	4	6	6	6	6	
16	4	5	4	5	3	4	6	6	6	6	
17	5	4	4	4	5	4	7	6	6	6	
18	5	5	4	5	4	5	5	5	5	5	
19	5	5	6	4	4	5	5	5	5	4	
20	7	5	5	4	4	5	5	2	5	6	
21	6	5	5	5	4	5	5	4	5	5	

图 3-12　“数据视图”界面

② 显然上述自动生成的变量名不能很好地反映各个变量的含义。为此进入"变量视图"界面，设置各个变量的名称。在"变量视图"界面中设置好各变量名称，分别为 PU1～PU6、PR1～PR5、IN1～IN6、SI1～SI3、UI1～UI3、PUsum，如图 3-13 所示，其中 PU1～PU6、PR1～PR5、IN1～IN6、SI1～SI3、UI1～UI3 各变量的含义在前面介绍了，PUsum 是表示"感知有用性"的 6 个变量得分之和的变量，同时设置好各个变量的类型，保存数据文件，为后期数据操作做好准备。

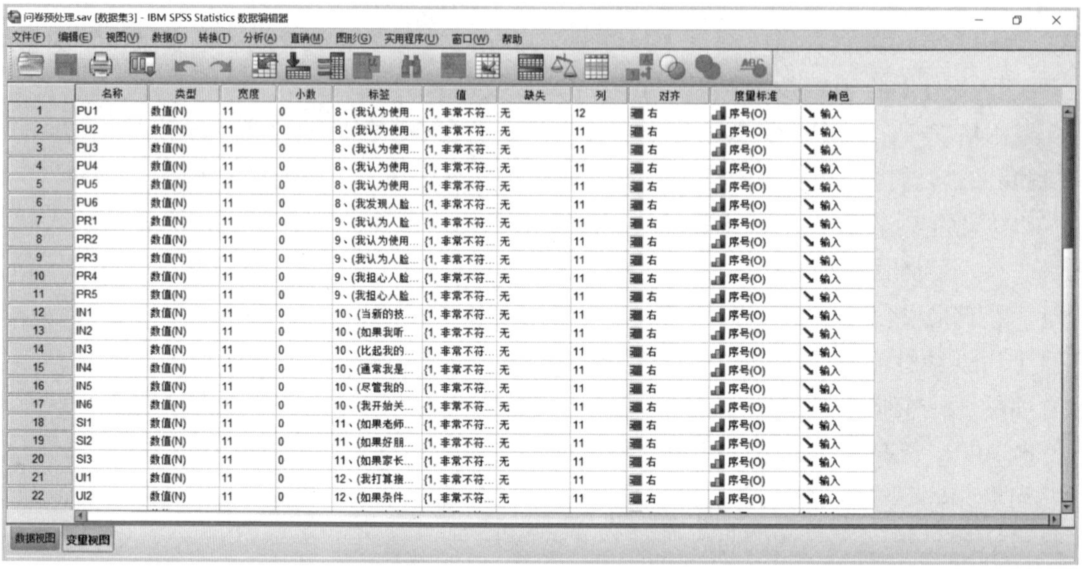

图 3-13 "变量视图"界面

③ 执行"分析"→"降维"→"因子分析"菜单命令，如图 3-14 所示，弹出"因子分析"对话框，把需要进行因子分析的变量选入"变量"框中，本例选择前 23 个变量，如图 3-15 所示。

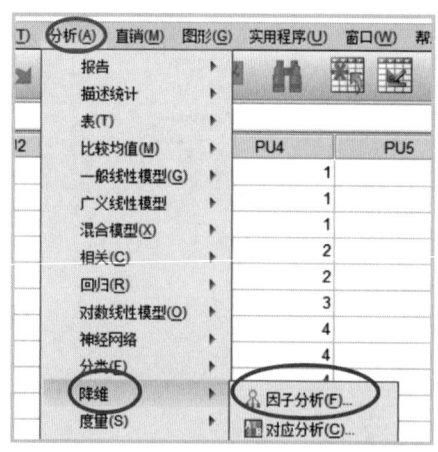

图 3-14 执行"分析"→"降维"
→"因子分析"菜单命令

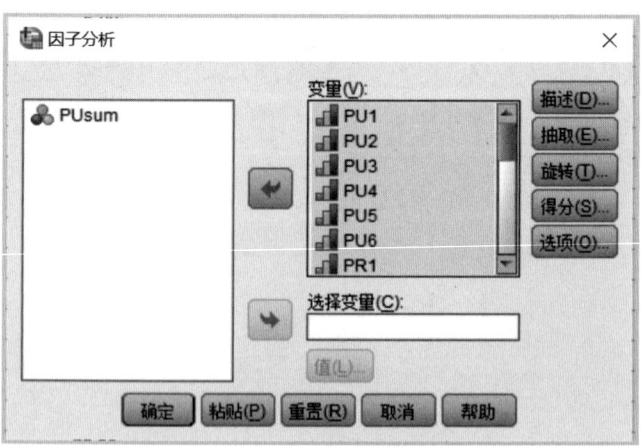

图 3-15 "因子分析"对话框

④ 单击图 3-15 中的 描述(D)... ，打开"因子分析：描述统计"对话框进行设置，把"统计量"设置为"原始分析结果"，把"相关矩阵"设置为"KMO 和 Bartlett 的球形度检验"，如图 3-16 所示。

⑤ 单击图 3-16 中的 继续 ，打开"因子分析：抽取"对话框进行设置，把"方法"设置为"主成分"（图 3-17 中显示的是"主成份"，这是程序表述的错误），把"分析"设置为"协方差矩阵"，把"输出"设置为"未旋转的因子解"和"碎石图"，把"抽取"设置为"基于特征值"，要求特征值大于 1，如图 3-17 所示。

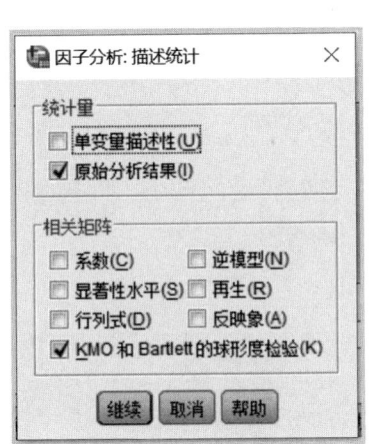
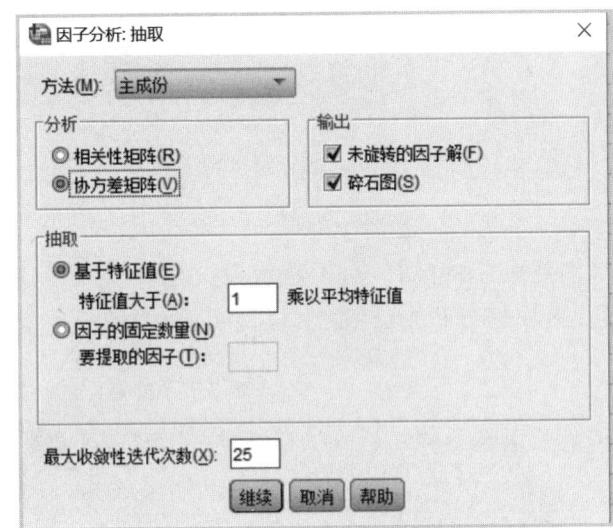

图 3-16 "因子分析：描述统计"对话框　　图 3-17 "因子分析：抽取"对话框

⑥ 单击图 3-17 中的 继续 ，打开"因子分析：旋转"对话框进行设置，把"方法"设置为"最大四次方值法"，把"输出"设置为"旋转解"，如图 3-18 所示。

⑦ 单击图 3-18 中的 继续 ，打开"因子分析：选项"对话框进行设置，把"缺失值"设置为"按列表排除个案"，把"系数显示格式"设置为"按大小排序"和"取消小系数"，小系数的标准是绝对值小于 0.50，如图 3-19 所示。

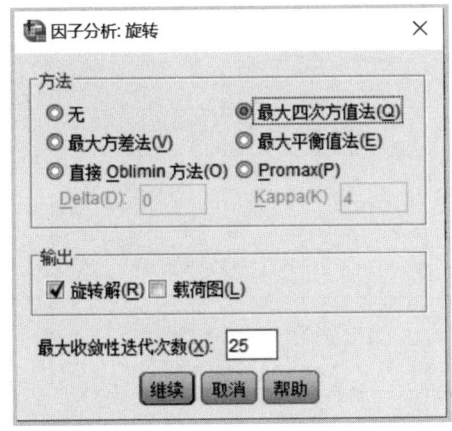
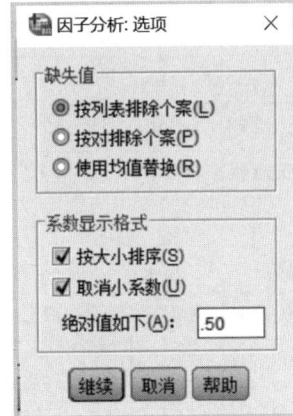

图 3-18 "因子分析：旋转"对话框　　图 3-19 "因子分析：选项"对话框

2. 观察因子分析法数据降维的结果

在执行完上述操作后,单击图3-19中的 继续 ,就会回到图3-15所示的对话框,单击对话框中的 确定 ,将根据从图3-16到图3-19所示的各项设置进行因子分析,并生成一个输出文档,该文档包含表3-4、表3-5、图3-20、表3-6所示的结果。

① 观察Kaiser-Meyer-Olkin(KMO)测量取样适当性和Bartlett球形度检验结果,它们是因子分析的判别标准。从表3-4可知,KMO值为0.781,结合前面介绍的标准,意味着可以进行因子分析。

表 3-4 KMO 测量取样适当性与 Bartlett 球形度检验结果

Kaiser-Meyer-Olkin 测量取样适当性		0.781
Bartlett 的球形度检验	大约卡方	1428.315
	df	253
	显著性	0.000

② 从表3-5可知,对于总变异数(解释总方差)来说,当提取了4个成分(即因子)的时候,累加平方和为85.623%。说明前4个成分阐释了总变异数的85.623%。

表 3-5 总变异数计算结果

成分	起始特征值			提取平方和载入			循环平方和载入		
	总计	变异%	累加%	总计	变异%	累加%	总计	变异%	累加%
1	12.610	54.826	54.826	12.610	54.826	54.826	7.070	30.738	30.738
2	3.839	16.693	71.520	3.839	16.693	71.520	5.272	22.923	53.661
3	1.755	7.631	79.150	1.755	7.631	79.150	4.169	18.124	71.785
4	1.489	6.473	85.623	1.489	6.473	85.623	3.183	13.838	85.623
5	0.766	3.330	88.952						
6	0.678	2.948	91.901						
7	0.370	1.608	93.508						
8	0.324	1.407	94.915						
9	0.273	1.186	96.101						
10	0.174	0.756	96.857						
11	0.134	0.584	97.441						
12	0.118	0.513	97.954						
13	0.111	0.481	98.435						
14	0.100	0.436	98.871						
15	0.058	0.252	99.123						
16	0.050	0.215	99.338						

(续表)

成分	起始特征值			提取平方和载入			循环平方和载入		
	总计	变异%	累加%	总计	变异%	累加%	总计	变异%	累加%
17	0.045	0.197	99.535						
18	0.034	0.149	99.684						
19	0.025	0.111	99.795						
20	0.020	0.088	99.882						
21	0.015	0.065	99.947						
22	0.006	0.028	99.975						
23	0.006	0.025	100.000						

撷取方法：主体组件分析。

③ 从图3-20所示的碎石图可知，前4个成分涵盖了主要的特征。该结果将因子载荷系数小于0.5的数值都隐掉了。但还存在因子共线性问题。表3-6所示的旋转成分矩阵也显示最终形成了4个主要的成分。只不过有些成分可以归类于两个成分，例如UI3就可以被同时归类到第1个成分和第3个成分中。此时，我们需要关注各变量在各个成分上的因子载荷系数大小，从而决定该变量更适合归类到哪个成分中。

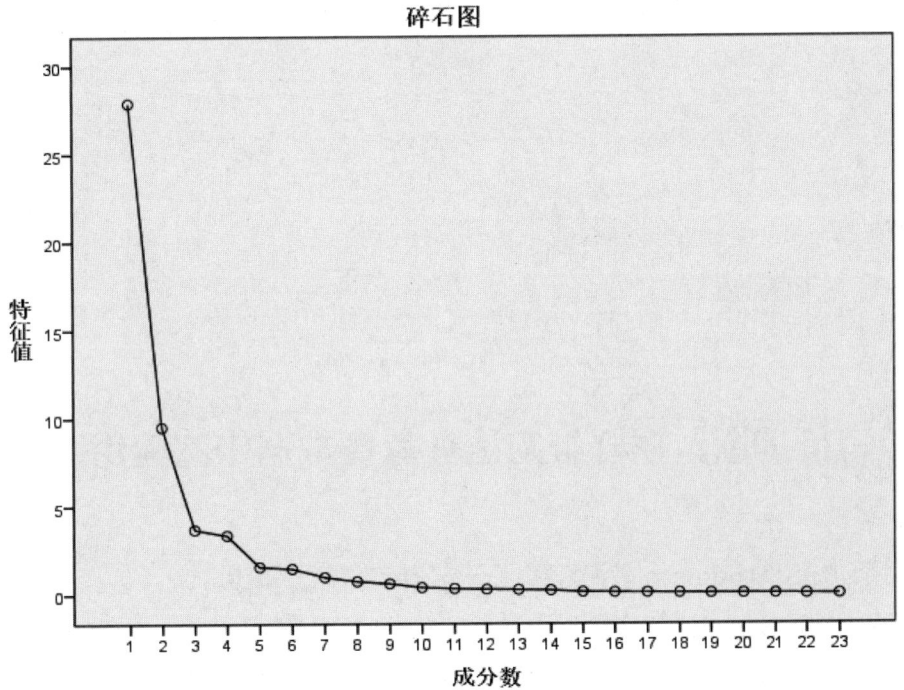

图 3-20 碎石图

表 3-6 旋转成分矩阵

	成分			
	1	2	3	4
IN3	0.926			
IN4	0.922			
IN5	0.908			
IN2	0.904			
IN6	0.903			
IN1	0.883			
SI1	0.864			
SI2	0.837			
SI3	0.825			
PU4	0.823			
PU6	0.811			
PU3	0.804			
PU2	0.783			
PU5	0.772			0.561
PU1	0.769			0.563
PR3		0.930		
PR1		0.926		
PR4		0.924		
PR2		0.883		
PR5		0.713		
UI3	0.500		0.821	
UI2	0.541		0.811	
UI1	0.601		0.744	

3.7 特征提取数据降维方法在教育数据中的应用案例 2

1. 用 SPSS Modeler 程序实现因子分析法数据降维

下面用 SPSS Modeler 程序进行操作，介绍如何进行因子分析，完成特征提取数据降维。本案例采用研究数据集"数据预处理.xlsx"文件，该数据集的数据在 3.5 节中已经介绍过，这里不再赘述。

本案例要完成的任务和 3.5 节案例要完成的任务相同，也是通过数据降维，得出影响学生最终学业成绩等级的因子。只不过本案例是采用特征提取数据降维方法，采用该方法，能以可视化的方式呈现最终结果，更具有可解释性。

注意，在使用 SPSS Modeler 程序进行因子分析数据降维时，所采用的数据集必须满足以下条件：既有输入字段，又有目标字段。

具体操作步骤如下。

① 仿照 3.5 节中有关的叙述，建立 ![]节点、![]节点和 ![]节点，并建立有关的连接，形成数据流。

② 在节点工具箱窗格的"建模"选项卡中选择"主成分分析/因子"节点，把它拖曳到数据流编辑区域中，此时数据流编辑区域中将出现一个"主成分分析/因子"节点。右击 ![]节点，打开快捷菜单，单击"连接"命令，然后单击"主成分分析/因子"节点，就在"类型"节点和"主成分分析/因子"节点之间建立了连接。经过上述操作，在数据流编辑区域中得到如图 3-21 所示的数据流。

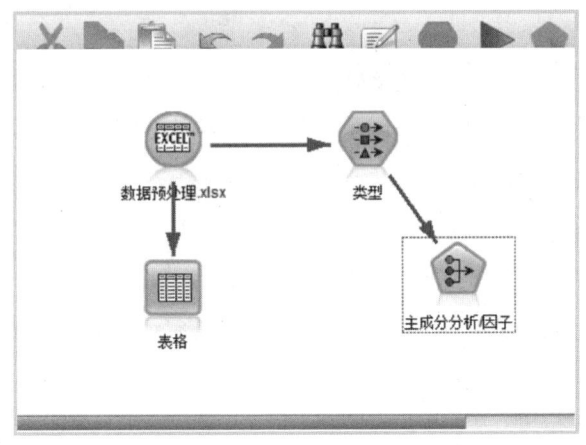

图 3-21　建立数据流

③ 设置"类型"节点：将 Class 字段的"角色"设置为"目标"，将其他所有字段的"角色"都设置为"输入"。

④ 设置"主成分分析/因子"节点："主成分分析/因子"节点的设置涉及如图 3-22 所示的对话框中的"字段""模型""专家""注解"选项卡。本案例在"字段""注解"两个选项卡中采用默认的设置，下面介绍在"模型""专家"两个选项卡中的设置。

❖ "模型"选项卡中的设置："模型"选项卡用来设置"主成分分析/因子"节点的因子提取方法，如图 3-22 所示。如果选中"使用分区数据"，表示若在设置"类型"节点的对话框中将某一个字段（为统一叙述，下面把字段称为变量）的角色设置为"分区"，即指定了"分区"变量，则以该变量的取值对样本集进行划分，否则 SPSS Modeler 程序将自动、随机地将样本集划分为训练集和测试集。"主成分分析/因子"分析操作将在训练集上进行。

图 3-22 所示的对话框中的"提取方法"下拉列表提供了 7 种提取方法，包括"主成分""未加权最小二乘法"等，默认的"提取方法"是"主成分"方法。

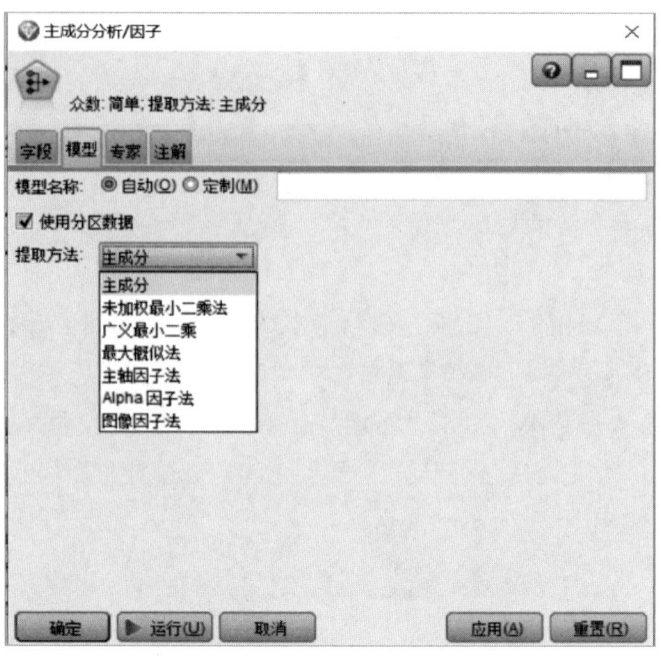

图 3-22 "主成分分析/因子"对话框的"模型"选项卡

❖ "专家"选项卡中的设置:"专家"选项卡用来设置"主成分分析/因子"节点的因子提取模式等相关参数。

"模式"设置包含"简单"和"专家"两个单选项。其中,"简单"表示根据SPSS Modeler默认的参数进行因子分析;"专家"表示根据用户自定义方式进行因子分析,如图3-23所示。本案例选中"简单"单选项。

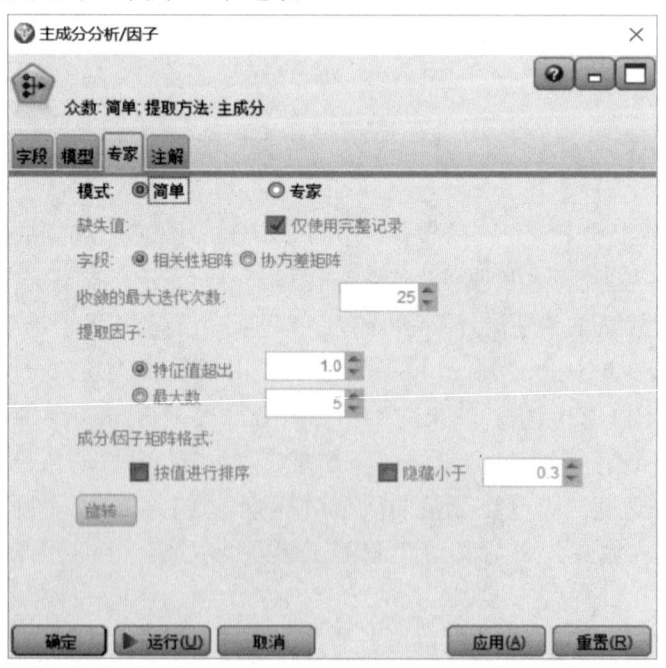

图 3-23 "主成分分析/因子"对话框的"专家"选项卡

下面对选中"专家"单选项后出现的情况进行解释。选中"专家"单选项后,图3-23中呈暗灰色显示的内容将变成深色显示,表示此时可以对它们进行操作。

"字段"设置包含"相关性矩阵"和"协方差矩阵"两个单选项。其中,"相关性矩阵"表示以原始变量的相关系数矩阵为基础进行分析和计算;"协方差矩阵"表示以原始变量的协方差矩阵为基础进行分析和计算。在"提取因子"设置中,包含"特征值超出"和"最大数"两个单选项。其中,"特征值超出"表示在提取操作中,只提取特征值大于指定值(默认为1)的因子;"最大数"表示用户可以自己指定提取多少个因子数量。单击"旋转"按钮,将弹出如图3-24所示的"因子/主成分分析:旋转"对话框,用户可以根据需要进行因子旋转设置。

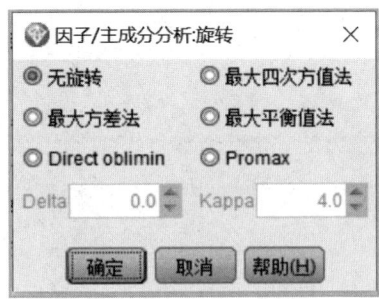

图3-24 "主成分分析/因子:旋转"对话框

⑤ 运行数据流。设置好"主成分分析/因子"节点后,右击"主成分分析/因子"节点,弹出快捷菜单,单击"运行"命令,即可得到因子分析的运行结果,如图3-25所示。对比图3-21与图3-25可以发现,后者在前者的基础上增加了一个 节点,该节点自动与"类型"节点和"主成分分析/因子"节点建立连接。

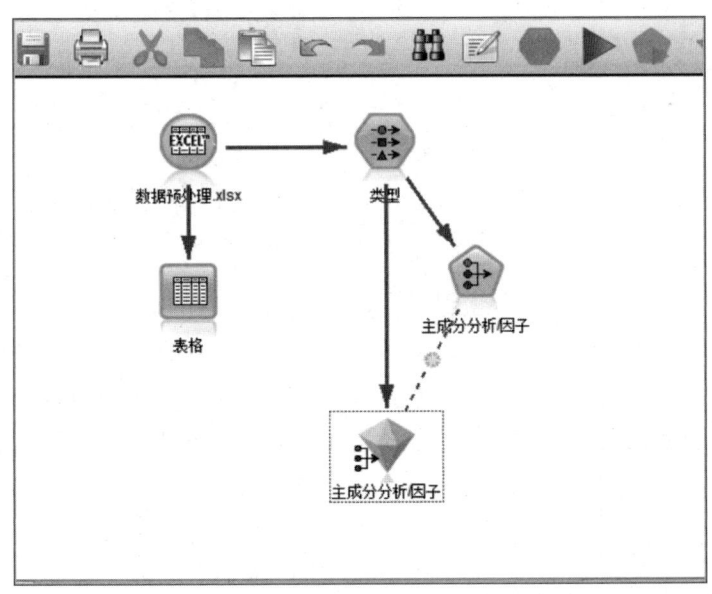

图3-25 得到因子分析的运行结果

2. 观察因子分析法数据降维的结果

① 在程序主窗口右侧的流管理窗格的"模型"选项卡中,右击 节点,打开快捷菜单,单击"浏览"命令,便可以查看因子分析的结果,因子分析的结果用"模型""摘要""高级"选项卡显示。

② 在图3-26所示的"模型"选项卡中可以看到,从本案例数据集的变量中最后提取了4个因子,选项卡中分别列出了用于各个因子的方程式。根据这些方程式,可以计算各个观测样本分别在各个因子上的得分。

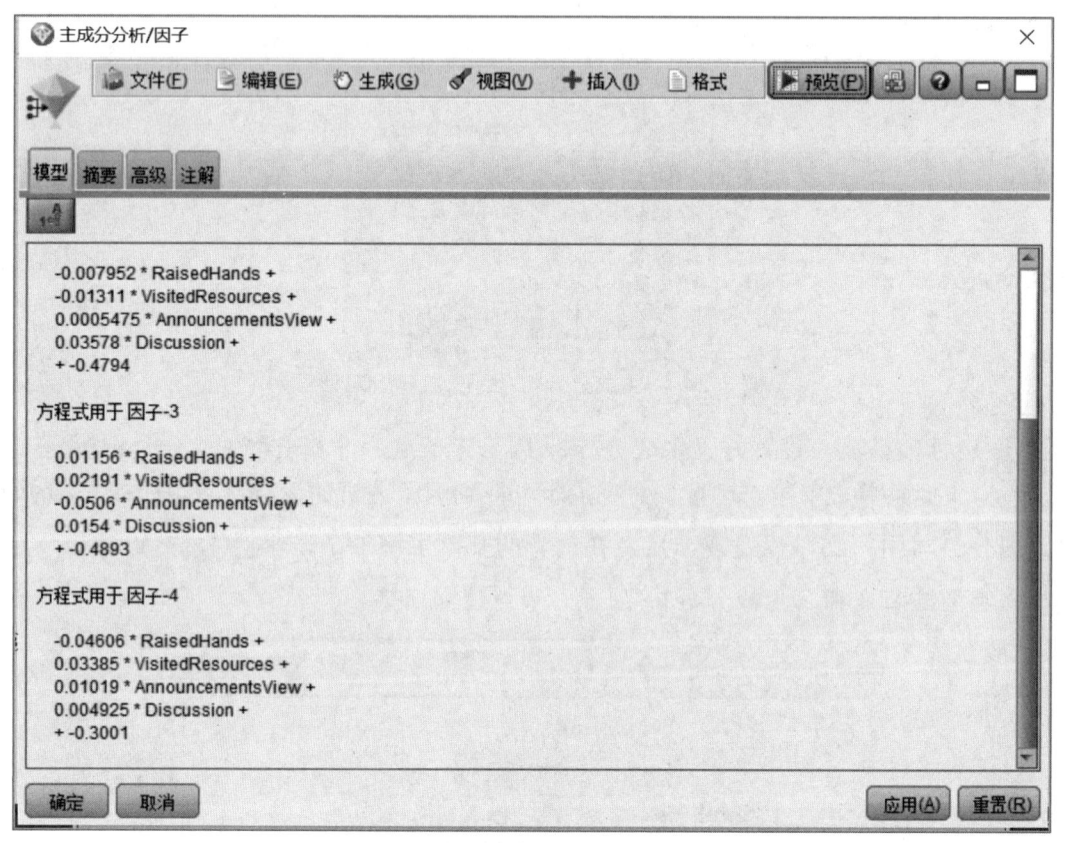

图3-26 "模型"选项卡

③ 图3-27所示的"摘要"选项卡显示了本案例模型的简单说明。

④ 图3-28所示的"高级"选项卡显示了各因子的详细信息,包括变量共同度、因子的方差贡献、因子载荷矩阵。图3-28中有3个表格,分别显示了变量的Communalities(共同度)、Total Variance Explained(方差贡献率)、Component Matrix(因子载荷矩阵)。具体详细信息如表3-7、表3-8、表3-9所示。

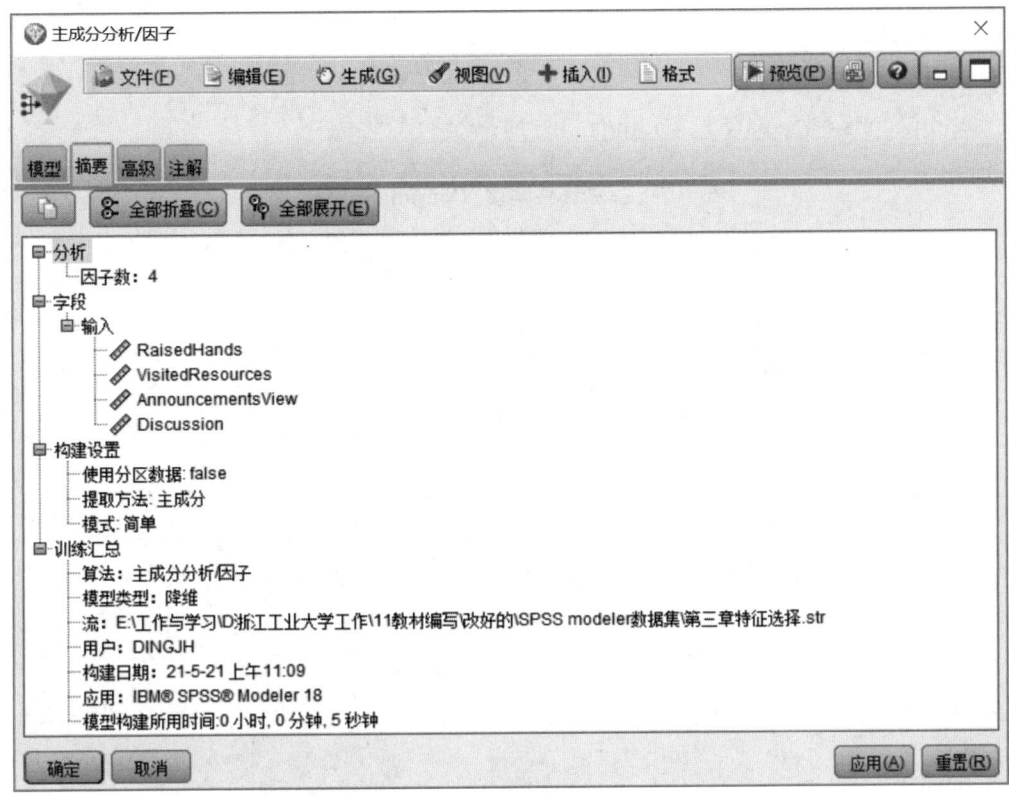

图 3-27 "摘要"选项卡

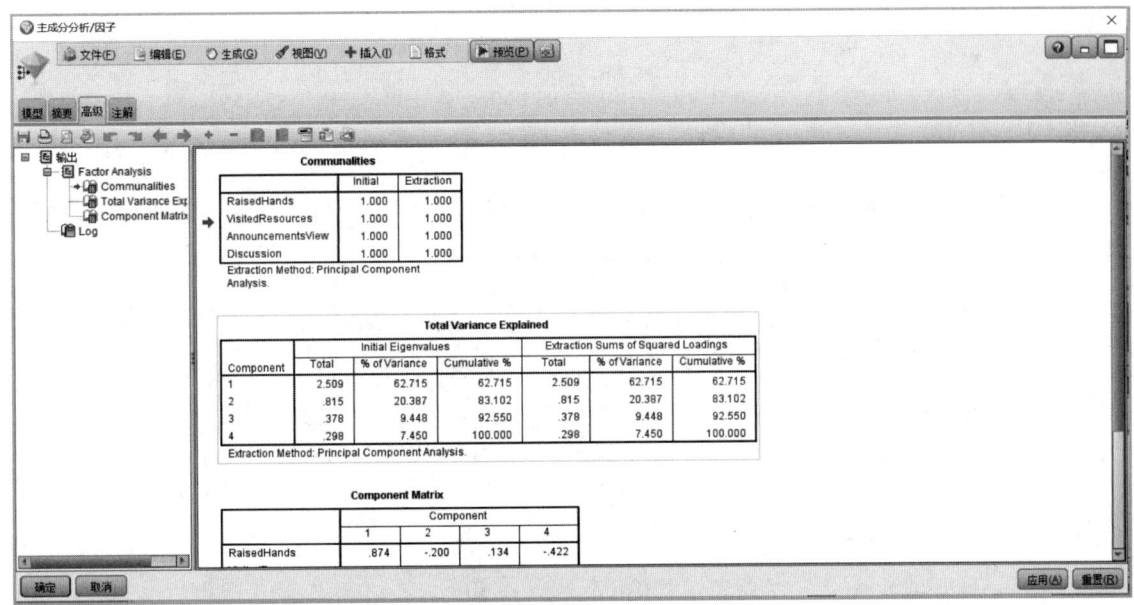

图 3-28 "高级"选项卡

表3-7给出了"主成分分析/因子"分析中各变量的共同度。在抽取4个因子前,各变量的初始共同度均为1,如表3-7的"Initial"列所示,应重点关注提取4个因子后各变量

的共同度是否发生变化,从表3-7的"Extraction"列可以看到,抽取前后各变量的共同度没有变化,仍然是4个核心因子。这必将导致表3-8所示的"Initial Eigenvalues"和"Extraction Sums of Squared Loadings"两列都没有变化。

表 3-7 各变量共同度(Communalities)

	Initial	Extraction
RaisedHands	1.000	1.000
VisitedResources	1.000	1.000
AnnouncementsView	1.000	1.000
Discussion	1.000	1.000

Extraction Method: Principal Component Analysis.

由表3-8可知,提取4个因子后,累计方差贡献率达到了100%。该结果表明此前进行的分析效果令人满意。如果在分析过程中采用"专家"模式进行因子提取,结果则可能不同。

表 3-8 4个因子的方差贡献率(Total Variance Explained)

Component	Initial Eigenvalues			Extraction Sums of Squared Loadings		
	Total	% of Variance	Cumulative %	Total	% of Variance	Cumulative %
1	2.509	62.715	62.715	2.509	62.715	62.715
2	0.815	20.387	83.102	0.815	20.387	83.102
3	0.378	9.448	92.550	0.378	9.448	92.550
4	0.298	7.450	100.000	0.298	7.450	100.000

Extraction Method: Principal Component Analysis.

表3-9所示的因子载荷矩阵体现了因子对各变量的可解释性,因子1能够很好地解释RaisedHands、VisitedResources、AnnouncementsView、Discussion变量。

表 3-9 因子载荷矩阵(Component Matrix)

	Component			
	1	2	3	4
RaisedHands	0.874	−0.200	0.134	−0.422
VisitedResources	0.830	−0.354	0.274	0.334
AnnouncementsView	0.857	0.012	−0.509	0.081
Discussion	0.567	0.807	0.161	0.041

Extraction Method: Principal Component Analysis.

⑤ 为了更清楚地看到各因子得分直方图。在图3-25的基础上再从节点工具箱窗格

的"图形"选项卡中拖曳出一个"直方图"节点到数据流编辑区域中,并让它与 节点建立连接,连接后的数据流编辑区域如图3-29所示。

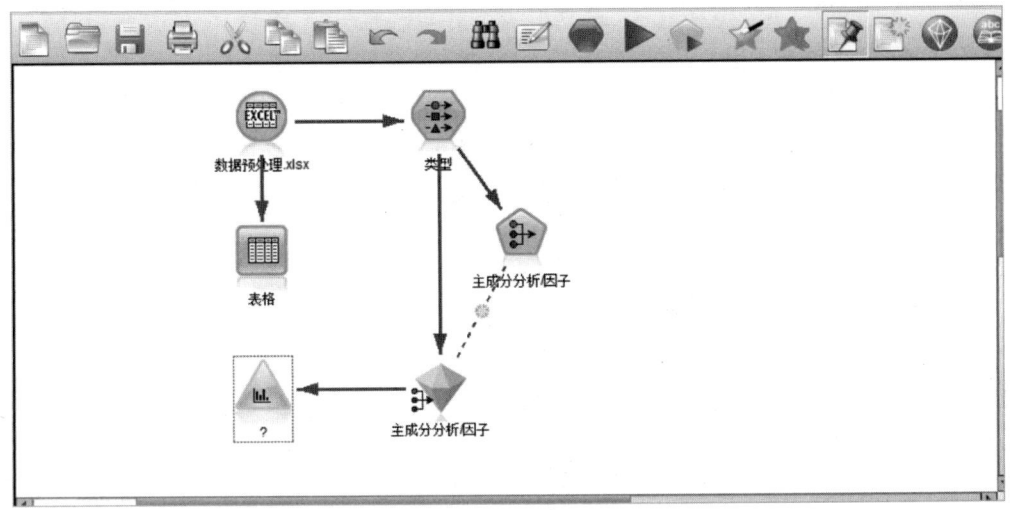

图3-29 数据流编辑区域

⑥ 右击图3-29中的 节点,弹出快捷菜单,单击"编辑"命令,弹出如图3-30所示的对话框。在"散点图"选项卡中设置"字段"属性,单击"字段"框右边的 ,打开下拉列表,选择某个字段后,可以查看其得分直方图。在图3-30所示的对话框中还可以对"颜色"进行设置,本案例中,我们选择Class字段,如图3-31所示,这意味着最终显示出来的直方图的颜色依据Class字段的不同的取值来区分。

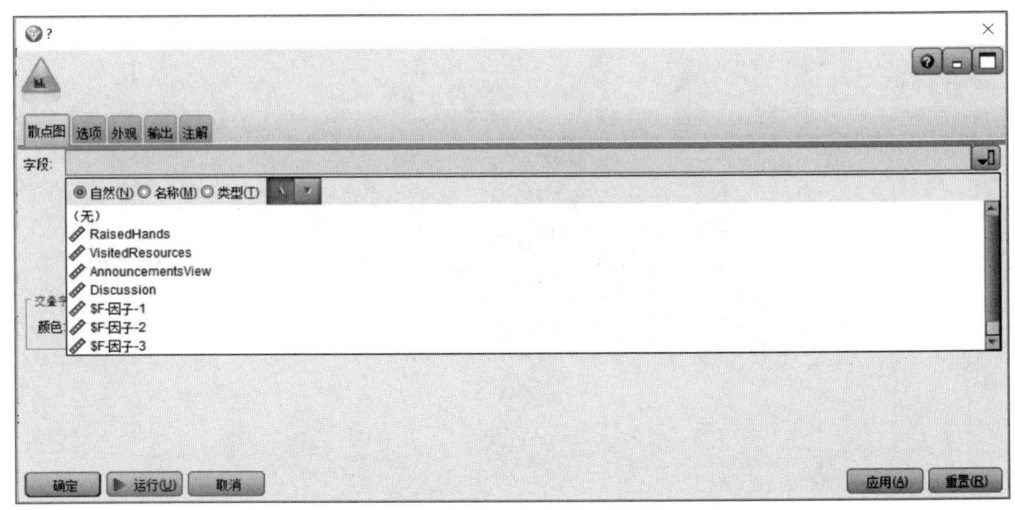

图3-30 "直方图"节点的"字段"设置

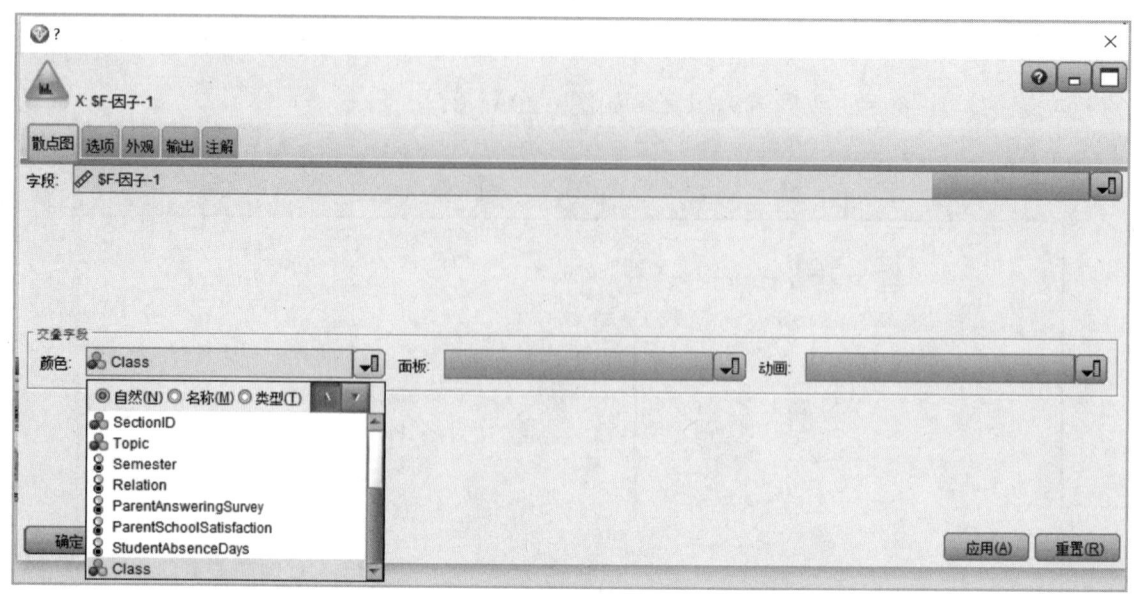

图 3-31 "直方图"节点的"颜色"设置

⑦ 在图3-30所示的对话框中选择"$F-因子-1"字段,查看"因子-1"的得分直方图。单击图3-30中的 ▶ 运行(U),将弹出如图3-32所示的"$F-因子-1的直方图#2"对话框,可以看到"$F-因子-1"(即因子-1)的得分直方图,该图用不同的颜色区分Class字段的"H""L""M"三种不同的取值。

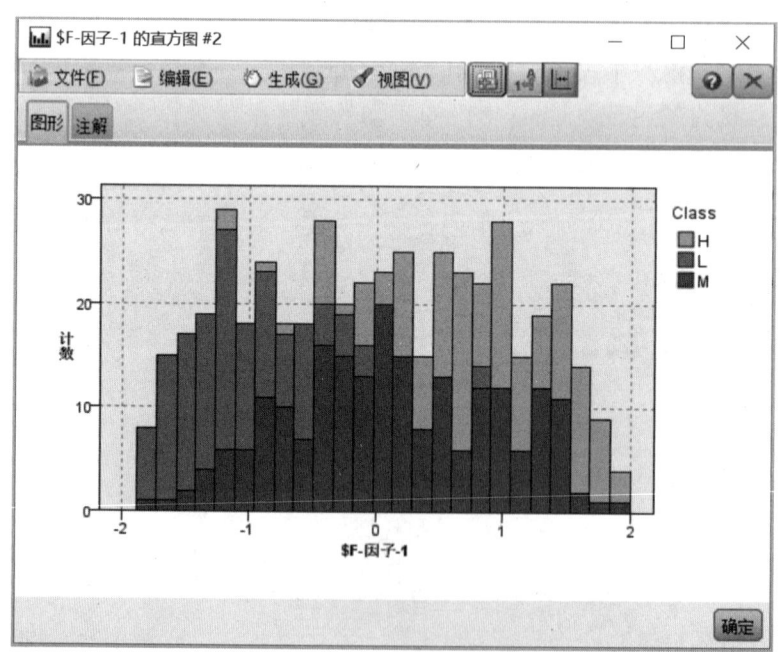

图 3-32 "$F-因子-1"(即因子-1)的得分直方图

类似地,仿照步骤⑥到步骤⑦的叙述进行操作,可以得到如图3-33所示的"因子-2""因子-3""因子-4"的得分直方图。

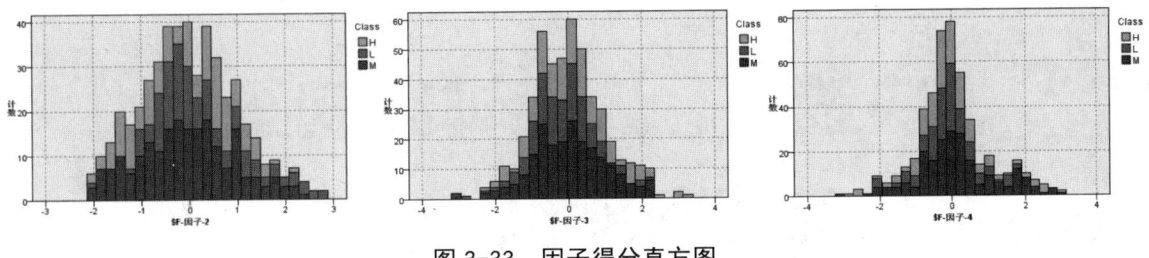

图 3-33　因子得分直方图

■本章小结

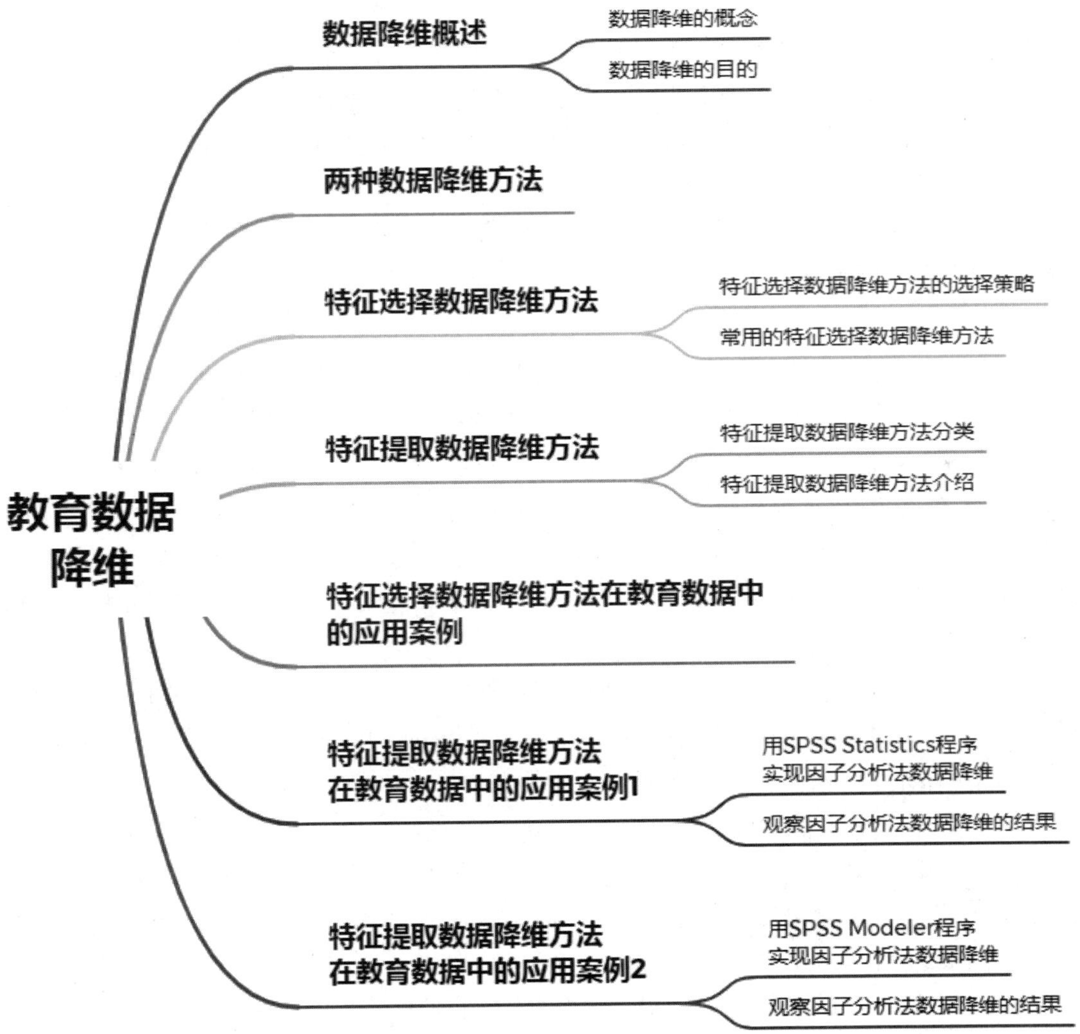

教育数据降维
- 数据降维概述
  - 数据降维的概念
  - 数据降维的目的
- 两种数据降维方法
- 特征选择数据降维方法
  - 特征选择数据降维方法的选择策略
  - 常用的特征选择数据降维方法
- 特征提取数据降维方法
  - 特征提取数据降维方法分类
  - 特征提取数据降维方法介绍
- 特征选择数据降维方法在教育数据中的应用案例
- 特征提取数据降维方法在教育数据中的应用案例1
  - 用SPSS Statistics程序实现因子分析法数据降维
  - 观察因子分析法数据降维的结果
- 特征提取数据降维方法在教育数据中的应用案例2
  - 用SPSS Modeler程序实现因子分析法数据降维
  - 观察因子分析法数据降维的结果

第4章 决策树、人工神经网络和支持向量机

分类预测是数据挖掘中非常重要且被广泛应用的技术。常用的分类预测算法有决策树、人工神经网络算法、支持向量机算法、朴素贝叶斯分类器算法、二项 Logistic 回归分析算法等。本章介绍分类预测中的决策树、人工神经网络和支持向量机。

4.1 分类预测概述

所谓分类预测,顾名思义,就是通过向现有数据学习,使模型具备对未来新数据的分类预测能力,模型的这种能力源于对现有数据所包含的分类规律的归纳和提炼。

分类预测通过有监督的学习实现。这里所说的"有监督"是指,数据中除包含作为输入角色的输入变量(也称为输入特征、输入属性)外,一定还包含作为输出角色的输出变量(也称为目标变量或输出特征、输出属性),且输出变量的取值在现有数据上是已知的,它指导着模型学习,使模型能够理解怎样对输入变量取值或组合,才能得到相对应的分类结果。

有监督的学习需要探索输入变量和输出变量之间的关系,在输出变量的监督下学习和优化算法。例如,信用评分模型就是典型的有监督的学习,输出变量为"是否违约",算法的目的是研究输入变量和输出变量之间的关系。

分类预测在数据挖掘技术中应用最为广泛,例如,垃圾邮件的分类和判断、肿瘤细胞的分辨和判断、学生在 MOOC(慕课)学习平台上学习过程中是否会辍学的分类和判断等,都是典型的分类预测应用问题。

需要注意的是:这里的分类预测包含分类和预测(也称为回归)两个方面。分析新数据在分类输出变量上的取值称为分类,而分析新数据在连续输出变量上的取值则称为回归。

事实上,分类和预测(回归)的建模原理没有本质的区别,只是由于输出变量的计量类型不同,使得预测值的具体计算方法及模型的评估方法存在差异。

4.2 决策树

1. 什么是决策树

决策树（Decision Tree）最早源于人工智能的机器学习技术，用来实现数据内在规律的探究和新数据对象的分类预测。因为决策树的核心算法比较成熟，所以很早就被各类智能决策系统采用。后来也正因为决策树具有出色的分析能力和直观易懂的结果展示等特点，才被纳入数据挖掘的范畴中。现在，它已成为备受广大数据挖掘用户青睐，使用最广泛的分类预测算法之一。

决策树利用概率分析与图论中的树，对决策中不同的方案进行比较，从而获得最优的方案。其目的是通过向数据学习，获得输入变量和输出变量在不同取值情况下的数据分类规则，进而得到规律，并对新数据对象对应的输出变量进行分类预测。当输入新数据对象时，决策树能够依据新数据对象对应的变量的取值，判断其输出变量的分类、取值。显然，决策树是一种有监督的学习模型，要求数据既包含输入变量也包含输出变量。

决策树可用来评估项目风险，是判断项目可行性的决策分析方法，是直观运用概率分析的一种图解法。由于根据这种决策过程画出的图形很像一棵树的枝干，其分析结论的展示方式类似一棵倒置的树，故称为决策树。决策树是一种树形结构，由树根（根节点）、其他内部节点（方案节点、状态节点、中间节点）、树叶（叶子结点）、树枝（分枝、方案枝、概率枝）组成。其中每个内部节点表示一个属性上的测试（或判断），每个分枝表示一个测试输出，每个树叶表示一种类别。

图 4-1 所示是一棵典型的决策树，它用来预测贷款用户是否具有偿还贷款的能力。

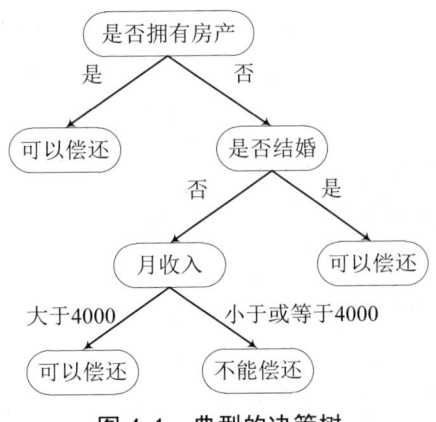

图 4-1　典型的决策树

图 4-1 中的贷款用户主要具备三个属性：是否拥有房产、是否结婚、月收入。每个内部节点都针对一个属性进行判断，叶子节点表示贷款用户是否有偿还能力。例如：用户甲没有房产，没有结婚，月收入 5000。通过决策树的根节点判断，用户甲符合右边

分枝(是否拥有房产为"否");再判断是否结婚,用户甲符合左边分枝(是否结婚为"否",本例中假设结婚的人相对来说更有责任心,更诚信,因此可以偿还贷款);然后判断月收入是否大于4000,用户甲符合左边分枝(月收入大于4000),该用户落在"可以偿还"的叶子节点上,所以预测用户甲具备偿还贷款能力。

图4-2是在SPSS Modeler程序中绘制的一棵决策树的结果,它是用来判断在MOOC学习平台上有不同学习行为习惯的人最终成绩是否可能及格的一棵决策树。我们以该决策树为例,解释决策树的组成。

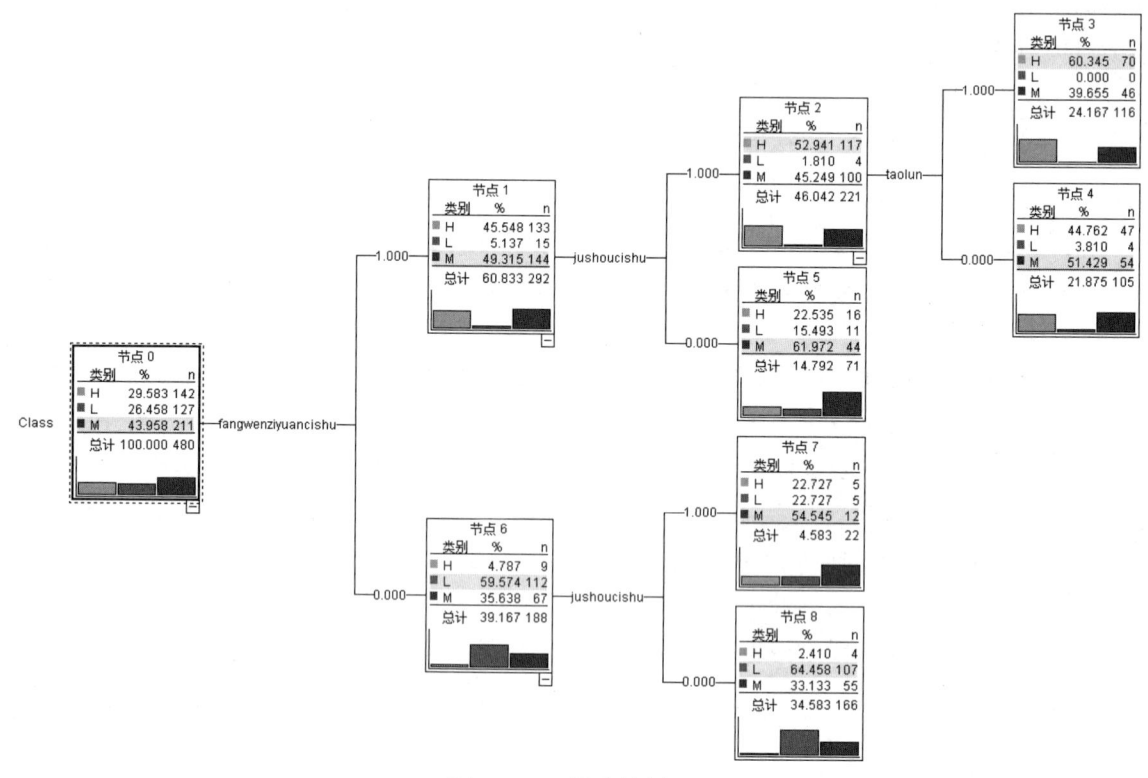

图 4-2　一棵决策树

一棵决策树通常由以下几个部分组成。

① 根节点:决策树的起始根部,表示决策树的第一个测试条件。一棵决策树有且只有一个根节点,根节点没有入边(箭头指向节点的线段称为入边),有0条或几条出边(从节点出发的带箭头的线段称为出边)。图4-2中的节点0(最左侧的一个节点)称为根节点。

② 叶子节点:决策树的最终输出结果。叶子节点只有一条入边而没有出边。图4-2中的节点3、节点4、节点5、节点7、节点8均为叶子节点。

③ 中间节点:位于根节点下,并且还有下层的节点称为中间节点。中间节点可分布在多个层中,图4-2中的节点1、节点2、节点6为中间节点。

④ 分枝:上面叙述中提到的"边",每个分枝表示判断了一个测试条件后的输出。

同层节点称为兄弟节点，如节点 1、节点 6 互为兄弟节点，节点 2、节点 5、节点 7、节点 8 互为兄弟节点。上层节点是下层节点的父节点，如节点 1 是节点 2、节点 5 的父节点。下层节点是上层节点的子节点，如节点 2、节点 5 是节点 1 的子节点。根节点没有父节点，叶子节点没有子节点。

2. 决策树的几何意义

可以将训练样本集中的每个样本看成 n 维（n 个输入变量）空间中的一个点，取不同类别的输出变量对应的点以不同形状（如圆圈或三角形）表示。从几何意义上理解，建立决策树的过程是在一定规则下，在 n 维空间中划分矩形区域的过程。决策树建好后，n 维空间将被划分成若干个小的区域。由于 n 维空间不直观，不易于理解，因此采用树形方式展现决策树。

图 4-3 所示的是一个二维空间的划分和相应的决策树。

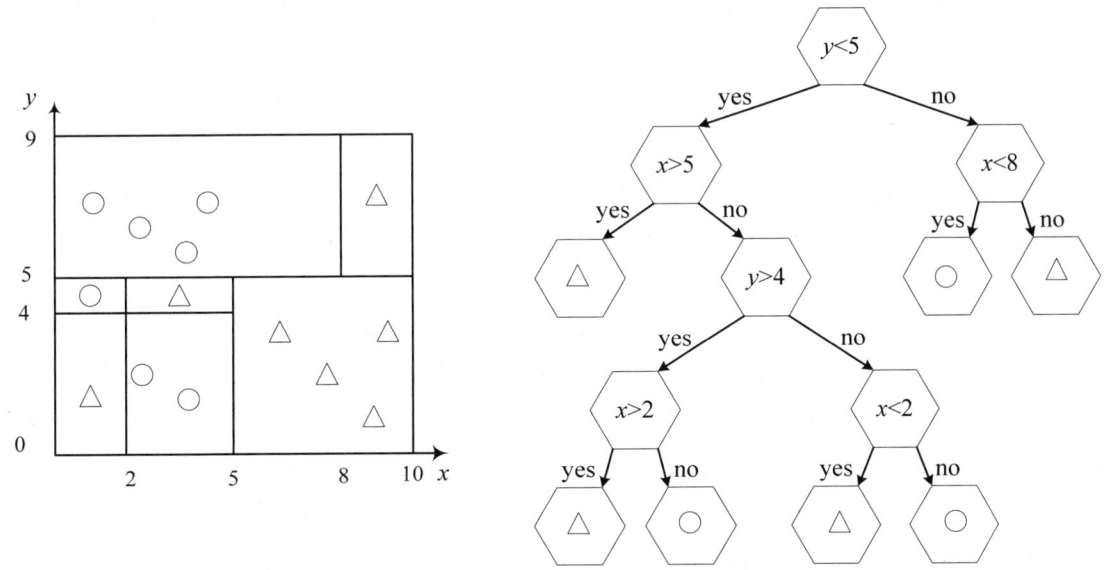

图 4-3　二维空间的划分和相应的决策树

从空间划分过程可以看到，决策树在确定每一步的空间划分标准时，都在同时兼顾即将形成的两个区域。它总是希望划分所得的两个空间包含的点尽可能"纯正"，即多数点的形状相同，尽量少地掺杂其他形状的点。也就是说，希望在两个区域同时实现这样的目标：使同一区域中尽可能多的样本输出变量取同一类别值。

3. 决策树的特点

（1）决策树体现了对样本数据不断分组的过程

决策树中每个节点均包含一定数量的观测样本。根节点包含所有的样本，其他节点的样本量依层递减。

例如，图 4-2 中的根节点（节点 0）包含全部共 480 个观测样本。对样本按 fangwenziyuancishu（访问资源次数）分为 2 组，分别为节点 1、节点 6，样本量依次为 292

和 188。对节点 1 继续按 jushoucishu（举手次数）分成两组，分别是节点 2 和节点 5，样本量依次为 221 和 71。

（2）决策树包括分类树和回归树

通常，决策树包括分类决策树和回归决策树两种，分别称为分类树和回归树。分类树和回归树分别用来对分类输出变量进行分类和对连续输出变量（也称为数值输出变量）的值进行预测，即分类树实现对分类输出变量的分类，回归树则实现对连续输出变量取值的预测。分类或回归的结果均体现在决策树的叶子节点上。分类树叶子节点所含的样本中，输出变量的众数类别就是分类结果；回归树叶子节点所含的样本中，输出变量的平均值就是预测结果。因此，对新数据进行分类预测时，只需按照决策树的层次，从根节点开始依次对新数据的变量值进行判断并进入不同的决策树分枝，直至到达叶子节点为止。

例如，图 4-2 所示是一棵分类树。树中叶子节点 8 的最终成绩预测值为低分（"L"），叶子节点 3 的最终成绩预测值为高分（"H"）。

（3）决策树体现了输入变量和输出变量取值的逻辑关系

与很多同样可以实现分类预测的算法相比，决策树的最大特点是：分类预测是基于逻辑的，即利用 IF…THEN…的形式，通过对输入变量取值的布尔运算（逻辑比较），预测输出变量的取值。

例如，图 4-2 所示决策树体现的逻辑关系如下。

  IF fangwenziyuancishu=0 AND jushoucishu=1 THEN Class="M"
  IF fangwenziyuancishu=0 AND jushoucishu=0　THEN Class="L"
  IF fangwenziyuancishu=1 AND jushoucishu=0　THEN Class="M"
  IF fangwenziyuancishu=1 AND jushoucishu=1　AND taolun=1 THEN Class="H"
  IF fangwenziyuancishu=1 AND jushoucishu=1　AND taolun=0 THEN Class="M"

逻辑比较形式表述的是一种推理规则，每个叶子节点都对应一条推理规则，这个推理规则是对新数据进行分类预测的依据。对于一个新的数据对象，按照决策树的层次预测，从根节点开始，依次根据其输入变量的值，进入决策树的不同分枝，直至叶子节点。显然，决策树具有其他模型无法媲美的直观性和易懂性。

4. 决策树的生长

决策树主要围绕以下两大核心问题展开。

① 决策树的生长，即利用训练样本集完成决策树的建立。
② 决策树的修剪，即利用测试样本集对所形成的决策树进行精简。

决策树的生长过程是对训练样本集不断分组的过程。决策树上的各个分枝是在数据不断分组的过程中逐渐生长出来的。当对某组数据继续分组不再有意义时，它所对应的分枝便不再生长；当对所有组的数据继续分组均不再有意义时，决策树的生长过程结束。此时，一棵完整的决策树便形成了。因此，决策树生长的问题之一是确定决策树的分枝准则。

图 4-4 所示为决策树从根节点生长出第 1 层分枝过程的示意图。

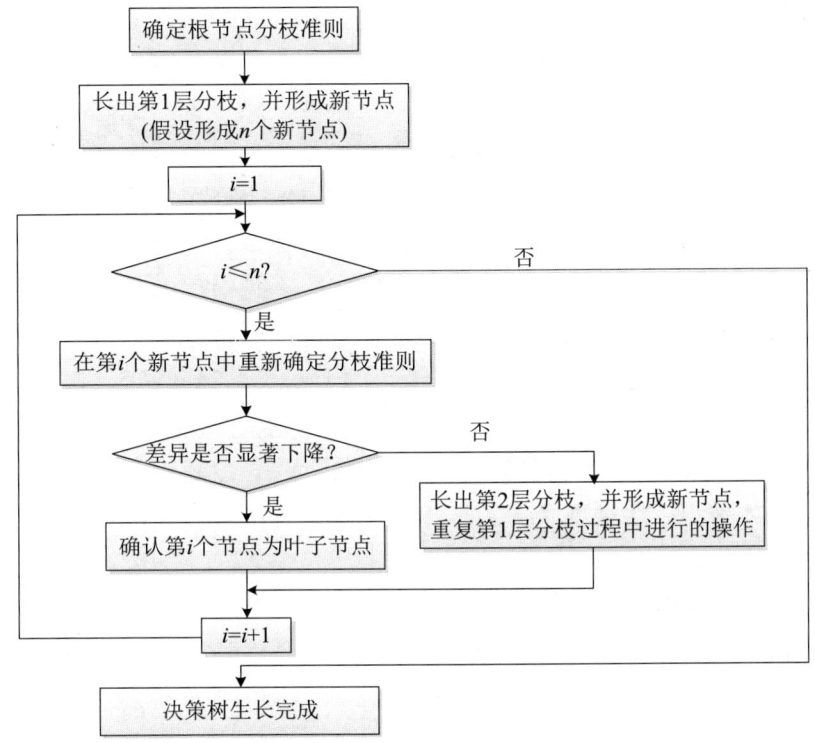

图 4-4　决策树生长过程

下面对图 4-4 进行解释。

① "差异是否显著下降？"是指新节点样本中目标变量取值的差异性是否随决策树的生长（分组继续进行）而显著减小。有效的决策树分枝（分组）应当使分枝（分组）中样本的目标变量取值尽快趋同，差异迅速下降。

② "确认第 i 个节点为叶子节点"的一般标准是，节点中样本的目标变量均为相同类别，或达到用户指定的停止生长标准。

③ "长出第 2 层分枝，并形成新节点，重复第 1 层分枝过程中进行的操作"指的是以当前的节点作为出发节点，确定该节点的分枝准则，用递归方式，继续进行类似于第 1 层分枝过程中进行的操作。

分枝准则的确定涉及下述两方面问题。

① 如何从众多的输入变量中选择一个最佳的分组变量。

② 如何从分组变量的众多取值中找到一个最佳的分割点。

不同的运用决策树的算法，如 C5.0、CHAID、QUEST、CART 等算法采用不同的策略，具体将在后面讨论。

5. 决策树的修剪

一棵完整的决策树并不一定是一棵分类预测的最佳树。主要原因是，一棵完整的决策树对训练样本特征的描述"过于精细"。

从决策树的建立过程看，随着决策树的生长，各个分枝下的节点分组所处理的样本量不断减少。根节点包含的对象是训练样本集中的全体样本，此时样本量是最大的。当第二层节点形成后，全部样本被分成若干组，于是再下层的分枝准则将基于各分组内的样本，各分组节点包含的样本量相对第一层根节点要少许多。这样的过程会不断重复，后续分枝准则的确定依据必然是多次分组后的极少样本。

随着决策树的生长和各分组样本量的不断减少，越深层的节点所体现的数据特征就越个性化，一般性就越差。极端情况下可能产生这样的推理规则："（年收入大于 50000元）且（年龄大于 50 岁）且（姓名是张三）的人购买某种商品"。这条规则的精确性是毋庸置疑的，但却失去了一般性。可见，虽然一棵完整的决策树能够准确地反映训练样本集中数据的特征，但很可能因其失去一般代表性，导致泛化能力低，从而无法用来对新数据进行分类预测，这种现象在数据挖掘中称为过拟合。解决这个问题的主要方法是对决策树进行修剪。

常用的修剪技术有预修剪（Pre-Pruning）和后修剪（Post-Pruning）两种。预修剪主要用来限制决策树的充分生长；后修剪则是在决策树充分生长完毕再剪枝，因此后修剪也称为剪枝。

预修剪最直接的方法主要有以下两种。

① 事先指定决策树生长的最大深度，决策树生长到指定深度后就不再继续生长。

② 事先指定样本量的最小值，每个节点所含样本量不应低于该值，否则相应节点不能继续分枝。

预修剪能有效阻止决策树的充分生长，但要求对变量取值分布有较清晰的把握，对参数应反复尝试，否则很可能因参数值不合理而导致决策树深度过浅，使得决策树的代表性"过于一般"，从而无法实现对新数据的准确预测。

后修剪从另一个角度解决过拟合问题。它在允许决策树充分生长的基础上，再根据一定的规则，剪去决策树中不具一般代表性的子树，它的执行过程是一个边修剪边检验的过程。用户可以事先指定一个允许的最大误差值，修剪过程中将不断计算当前决策子树的预测误差，当误差高于允许的最大值时，应停止剪枝，否则可以继续剪枝。

基于训练样本集的后修剪并不恰当。较为合理的做法是利用测试样本集评价决策树的修剪效果。当决策树在测试样本集上的错误率开始增大时，应停止剪枝。决策树的后修剪如图 4-5 所示。

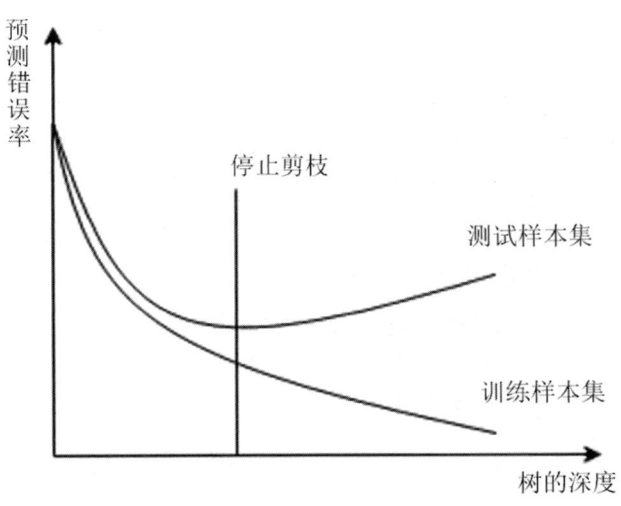

图 4-5　决策树的后修剪

图 4-5 中，在决策树生长初期，决策树在训练样本集和测试样本集上的预测错误率（也称为预测误差）会快速减小。随着树深度的继续增加，决策树在训练样本集和测试样本集上的预测误差减小速度开始放平缓。当决策树生长达一定深度后，决策树在训练样本集上的预测误差仍继续减小，但在测试样本集上的预测误差则开始增大，这表明出现了过拟合。利用后修剪技术进行剪枝，应在预测误差较低，且过拟合现象未出现（即图 4-5 中的"停止剪枝"位置）时停止。

不同的运用决策树的算法采用的剪枝策略不尽相同，SPSS Modeler 程序提供了包括 C5.0、CHAID、QUEST、CART 等经典的算法。下面将重点介绍 C5.0 算法。

4.3　C5.0 算法及其应用

C5.0 算法是在决策树的老鼻祖算法 ID3 算法基础上发展起来的。ID3 算法自 1979 年由 Quinlan 提出后，经过不断改善形成了具有里程碑意义的决策树 C4.5 算法。C5.0 算法是 C4.5 算法的商业化版本，其核心与 C4.5 相同，只是在执行效率和内存使用方面有所改进。

需要注意的是：C5.0 算法用于生成多分枝的决策树，输入变量可以是分类变量也可以是连续变量，输出变量应为分类变量。应注意不同模型对数据类型的限制。

正如 4.2 节中提到的，决策树的核心问题之一是决策树分枝准则的确定，C5.0 算法以信息增益率为标准确定最佳分组变量和分割点，其核心概念是信息熵。

1. 信息熵

信息熵是信息论中的一个基本概念。

信息论是香农（Claude E.Shannon）于1948年提出并发展起来的，主要用来解决信息传递过程中的问题，也称为统计通信理论。该理论的观点如下。

① 信息传递（通信）是通过一个由信源、信道和信宿组成的传递系统实现的。其中，信源是信息的发送端，信宿是信息的接收端。

② 传递系统存在于一个随机干扰环境之中，因此传递系统传递的信息存在随机误差。如果将发送的信息 $u_1, u_2, \cdots, u_r$ 记为 U，接收的信息 $v_1, v_2, \cdots, v_q$ 记为 V，那么信道可看成信道模型，记为 $P(U|V)$。

信道模型是一个条件概率矩阵 $P(U|V)$，称为信道传输概率矩阵，表示为

$$\begin{bmatrix} P(u_1|v_1) & P(u_2|v_1) & \cdots & P(u_r|v_1) \\ P(u_1|v_2) & P(u_2|v_2) & \cdots & P(u_r|v_2) \\ \vdots & \vdots & & \vdots \\ P(u_1|v_q) & P(u_2|v_q) & \cdots & P(u_r|v_q) \end{bmatrix}$$

上述矩阵中，$P(u_i|v_j)$ 表示当信宿收到信息 v_j 时，信源发出的信息是 u_i 的概率，且有 $\sum_{i=1}^{r} P(u_i|v_j) = 1 \ (j=1,2,\cdots,q)$。

以二元信道模型为例，它可直观地表示为图4-6所示的形式，其中的 P_{11}、P_{12}、P_{21}、P_{22} 分别表示 $P(u_1|v_1)$、$P(u_1|v_2)$、$P(u_2|v_1)$、$P(u_2|v_2)$。

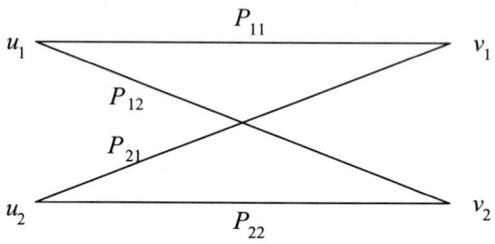

图4-6 二元信道模型

此时的信道传输概率矩阵为 $\begin{bmatrix} P_{11} & P_{21} \\ P_{12} & P_{22} \end{bmatrix} = \begin{bmatrix} P(u_1|v_1) & P(u_2|v_1) \\ P(u_1|v_2) & P(u_2|v_2) \end{bmatrix}$。

在这样的信息传递系统中，不仅干扰被理解为某种随机序列，信源发出的信息也被理解为随机的。而信息 $u_i \ (i=1,2,\cdots,r)$ 发生的概率 $P(u_i)$ 则组成了信源的数学模型，且满足 $\sum_{i=1}^{r} P(u_i) = 1$。

在实际通信前，信宿不可能确切了解信源会发出什么信息，也不可能判断信源处于什么状态，这种情形称为信宿对信源状态具有不确定性。由于这种不确定性存在于通信

之前，因而称为先验不确定性；在实际通信后，信宿收到信源发来的信息，先验不确定性才可能被消除或降低。若干扰很小，不会对传递的信息产生可察觉的影响，信源发出的信息被信宿全部收到，先验不确定性就完全消除了。但在一般情况下，干扰总会对信源发出的信息造成某种程度的破坏，导致信宿收到的信息不完全。因此，先验不确定性不能全部消除，只能部分消除，即通信结束后，信宿的状态仍然有一定程度的不确定性，这称为后验不确定性。如果后验不确定性等于先验不确定性，表示信宿根本没有收到信息；如果后验不确定性等于零，表示信宿收到了全部信息。信息是用来消除随机不确定性的，信息量的大小可由消除的不确定性大小来计量。

信息量的数学定义为

$$I(u_i) = \log_2 \frac{1}{P(u_i)} = -\log_2 P(u_i)$$

信息量的单位为 bit，它是以 2 为底的 $P(u_i)$ 的对数的相反数。

信息熵是信息量的数学期望，是信源发出信息前的平均不确定性，也称先验熵，信息熵的数学定义为

$$\text{Ent}(U) = \sum_{i=1}^{r} P(u_i) \log_2 \frac{1}{P(u_i)} = \sum_{i=1}^{r} \left(-P(u_i) \log_2 P(u_i)\right)$$

如果信息熵等于 0，表示只存在唯一的信息发送可能，即 $r=1$，i 只有 1 种取值可能，$P(u_i)=1$，这时，通信过程中不存在不确定性；如果信源发出的 r 个信息有相同的发送概率，即对所有的 u_i 都有 $P(u_i) = \frac{1}{r}$，则信息熵达到最大，即平均不确定性达最大。所以，$P(u_i)$ 差别越小，信息熵就越大，平均不确定性也越大；$P(u_i)$ 差别越大，信息熵就越小，平均不确定性也越小。

2. 信息增益

如果已知信息 **U** 的概率分布为 **P(U)**，收到信息 v_j 后，发出信息的概率分布变为 $P(U|v_j)$，则信源的平均不确定性为

$$\text{Ent}(U|v_j) = \sum_{i=1}^{r} P(u_i|v_j) \log_2 \frac{1}{P(u_i|v_j)} = \sum_{i=1}^{r} \left(-P(u_i|v_j) \log_2 P(u_i|v_j)\right)$$

$\text{Ent}(U|v_j)$ 称为后验熵，表示信宿收到信息 v_j 后所获得的对发出信息 **U** 的不确定性的度量值。由于收到的信息 **V** 是随机的，故后验熵的数学期望为

$$\text{Ent}(U|V) = \sum_{j=1}^{q} \left[P(v_j) \sum_{i=1}^{r} P(u_i|v_j) \log_2 \frac{1}{P(u_i|v_j)} \right]$$

$$= \sum_{j=1}^{q} \left[P(v_j) \sum_{i=1}^{r} \left(-P(u_i|v_j) \log_2 P(u_i|v_j)\right) \right]$$

$\text{Ent}(U|V)$ 称为条件熵或信道疑度，表示信宿收到信息 **V** 后，仍然对发出信息 **U** 存在的不确定性(后验不确定性)的度量值，这是由随机干扰引起的。

通常情况下，$\text{Ent}(U|V) < \text{Ent}(U)$。称 $\text{Gains}(U,V) = \text{Ent}(U) - \text{Ent}(U|V)$ 为信息增益，它反映的是信息消除随机不确定性的程度。

3. C5.0 决策树生长算法

前面谈到，决策树的生长过程本质是对训练样本不断分组的过程，这就必然涉及以下两方面的问题。

① 如何从众多的输入变量中选择一个最佳的分组变量。

② 如何从分组变量的众多取值中找到一个最佳的分割点。

C5.0 算法以信息论为指导，以信息增益率为标准，确定最佳的分组变量和分割点。

（1）从众多的输入变量中选择一个最佳的分组变量

下面以学习平台记录的 14 名学生的数据为例讲解算法原理。和本书配套的素材"Learning.xls"文件提供了相关的数据，该文件的一个工作表中包含 4 列，分别对应 4 个字段。其中，"学习时段"字段用变量 T_1 表示，取值为 A、B、C，分别表示上午、下午、晚上；"年龄"字段用变量 T_2 表示，其值为多少周岁；"性别"字段用变量 T_3 表示，取值为 1（代表男性）和 0（代表女性）。以上为输入变量，用来表示学生的特征；"是否合格"字段是输出变量，其值为 yes 或 no，数据如表 4-1 所示。

表 4-1 学生特征和"是否合格"的数据

变量	取 值													
学习时段 T_1	B	A	A	C	B	B	C	C	C	A	B	A	A	C
年龄 T_2	15	16	19	20	21	22	23	23	26	26	31	32	34	36
性别 T_3	1	1	0	1	0	0	0	0	1	0	1	1	0	0
是否合格	yes	yes	yes	no	yes	yes	yes	no	no	yes	no	no	yes

决策树将输出变量"是否合格"看成信源发出的信息 U，把输入变量看成信宿接收到的一系列信息 V。在实际通信之前，也就是在决策树建立之前，输出变量对信宿来讲完全是随机的，把 yes 看作 u_1，把 no 看作 u_2，其平均不确定性为

$$\text{Ent}(U) = \sum_{i=1}^{2} P(u_i) \log_2 \frac{1}{P(u_i)} = \sum_{i=1}^{2} \left(-P(u_i)\log_2 P(u_i)\right)$$

$$= -\frac{9}{14}\log_2 \frac{9}{14} - \frac{5}{14}\log_2 \frac{5}{14} \approx 0.940^{①}$$

把 T_1 中的 A 看成 t_{11}，B 看成 t_{12}，C 看成 t_{13}，在实际通信过程中，也就是决策树建立过程中，随着信宿接收到信息，也就考察了输入变量（如 T_1），则条件熵为

$$\text{Ent}(U|T_1) = \sum_{j=1}^{3} \left[P(t_{1j}) \sum_{i=1}^{2} \left(-P(u_i|t_{1j})\log_2 P(u_i|t_{1j})\right) \right]$$

---

① 本书中为了叙述方便，把一个样本集中某事件发生的次数和该样本集中所有事件发生的总次数之比近似地看作该事件发生的概率。

$$= \frac{5}{14}\left(-\frac{2}{5}\log_2\frac{2}{5} - \frac{3}{5}\log_2\frac{3}{5}\right) + \frac{4}{14}\left(-\frac{4}{4}\log_2\frac{4}{4}\right) + \frac{5}{14}\left(-\frac{3}{5}\log_2\frac{3}{5} - \frac{2}{5}\log_2\frac{2}{5}\right)$$

$$\approx 0.694$$

于是，得到信息增益为

$$\text{Gains}(U, T_1) = \text{Ent}(U) - \text{Ent}(U|T_1) \approx 0.940 - 0.694 = 0.246$$

同理，还可以计算变量 T_3 的条件熵和信息增益。

$$\text{Ent}(U|T_3) = \sum_{j=1}^{2}\left[-P(t_{3j})\sum_{i=1}^{2}\left(-P(u_i|t_{3j})\log_2 P(u_i|t_{3j})\right)\right]$$

$$= \frac{6}{14}\left(-\frac{3}{6}\log_2\frac{3}{6} - \frac{3}{6}\log_2\frac{3}{6}\right) + \frac{8}{14}\left(-\frac{6}{8}\log_2\frac{6}{8} - \frac{2}{8}\log_2\frac{2}{8}\right)$$

$$\approx 0.892$$

$$\text{Gains}(U, T_3) = \text{Ent}(U) - \text{Ent}(U|T_3) \approx 0.940 - 0.892 = 0.048$$

同样可以算出 T_2 的信息增益，最后得到，应选择信息增益较大的输入变量 T_1 作为最佳的分组变量，因为它在消除信宿对信源的平均不确定性能力方面表现最好。换言之，由此进行的样本分组，输出变量在两个组内部取值的趋同程度最高，即各组内部的 $P(u_i)$ 差别最大，这正是大家所期望的结果。同时，该思路也体现了前面谈到的同时兼顾两个划分区域的问题。

以上是根据信息增益值的大小为标准选择最佳的分组变量。事实上，以信息增益值的大小为标准选择最佳的分组变量存在一定的问题。因为根据该规则，可能出现下述问题：相较于类别取值少的输入变量，类别取值多的输入变量有更多的机会成为最佳的分组变量。

为便于读者理解，对表 4-1 中变量 T_1 的取值进行调整，将 A 拆成 A_1 和 A_2，相当于增加了一个分类值，如表 4-2 所示。

表 4-2 调整后的学生特征和"是否合格"的数据

变量	取 值													
学习时段 T_1	B	A_1	A_2	C	B	B	C	C	C	A_1	B	A_1	A_2	C
年龄 T_2	15	16	19	20	21	22	23	23	26	26	31	32	34	36
性别 T_3	1	1	0	1	0	0	0	0	1	0	1	1	0	0
是否合格	yes	yes	yes	no	yes	yes	yes	yes	no	no	yes	no	no	yes

由此计算得到的条件熵为

$$\text{Ent}(U|T_1) = \sum_{j=1}^{4} \left[P(t_{1j}) \sum_{i=1}^{2} \left(-P(u_i|t_{1j}) \log_2 P(u_i|t_{1i}) \right) \right]$$

$$= \frac{3}{14}\left(-\frac{1}{3}\log_2\frac{1}{3} - \frac{2}{3}\log_2\frac{2}{3}\right) + \frac{2}{14}\left(-\frac{1}{2}\log_2\frac{1}{2} - \frac{1}{2}\log_2\frac{1}{2}\right)$$

$$+ \frac{4}{14}\left(-\frac{4}{4}\log_2\frac{4}{4}\right) + \frac{5}{14}\left(-\frac{3}{5}\log_2\frac{3}{5} - \frac{2}{5}\log_2\frac{2}{5}\right)$$

$$\approx 0.687$$

信息增益为

$$\text{Gains}(U, T_1) = \text{Ent}(U) - \text{Ent}(U|T_1) \approx 0.940 - 0.687 = 0.253$$

显然，调整后计算得到的结果比调整前计算得到的结果增大了许多。

为解决这个问题，C5.0 算法以信息增益率作为选择标准，即不仅考虑信息增益的大小程度，还兼顾考虑为获得信息增益所付出的"代价"，信息增益率的数学定义为

$$\text{GainsR}(U, V) = \text{Gains}(U, V) / \text{Ent}(V)$$

如果输入变量 V 有较多的分类值，则它的信息熵会偏大，而信息增益率会因此降低，进而可以消除类别数目大小带来的影响。

例如，表 4-1 中 T_1 的信息增益率为

$$\text{GainsR}(U, T_1) \approx \frac{0.246}{\left(-\frac{5}{14}\log_2\frac{5}{14} - \frac{4}{14}\log_2\frac{4}{14} - \frac{5}{14}\log_2\frac{5}{14}\right)}$$

$$\approx \frac{0.246}{1.577} \approx 0.156$$

表 4-2 中 T_1 的信息增益率为

$$\text{GainsR}(U, T_1) = \frac{0.253}{\left(-\frac{3}{14}\log_2\frac{3}{14} - \frac{2}{14}\log_2\frac{2}{14} - \frac{4}{14}\log_2\frac{4}{14} - \frac{5}{14}\log_2\frac{5}{14}\right)}$$

$$\approx \frac{0.253}{1.924} \approx 0.132$$

由此可见，信息增益率虽然有变化，但和之前得到的信息增益率相比，增大不多。

计算 T_3 的信息增益率（由于调整前后 T_3 的数据没有改变，所以 T_3 的信息增益率也没有变，可直接计算），为

$$\text{GainsR}(U, T_3) = \frac{0.048}{\left(-\frac{6}{14}\log_2\frac{6}{14} - \frac{8}{14}\log_2\frac{8}{14}\right)}$$

$$\approx \frac{0.048}{0.985} \approx 0.049$$

T_3 的信息增益率仍然低于 T_1，因此还应选择 T_1 作为最佳的分组变量。

（2）输入变量中有缺失值时，如何选择最佳的分组变量

数据存在缺失值十分常见，可以在建模前，利用第 2 章介绍的方法，用 SPSS Modeler

等程序对缺失值进行处理,但不管如何处理,总无法令人完全满意,因此有必要在算法内部考虑缺失值的处理策略。

用 C5.0 算法选择最佳的分组变量时,通常将带有缺失值的样本看作临时剔除样本,并进行权数调整处理。

仍以表 4-1 所示的数据为例,但将第一个样本的"学习时段"改为缺失值,如表 4-3 所示。

表 4-3　有缺失值的学生特征和"是否合格"的数据

变量	取　　值												
学习时段 T_1	?	A	A	C	B	B	C	C	C	A	B	A	A	C
年龄 T_2	15	16	19	20	21	22	23	23	26	26	31	32	34	36
性别 T_3	1	1	0	1	0	0	0	0	1	0	1	1	0	0
是否合格	yes	yes	yes	no	yes	yes	yes	yes	no	no	yes	no	no	yes

首先,计算输出变量的平均不确定性。

$$\text{Ent}(U) = \sum_{i=1}^{2} P(u_i)\log_2 \frac{1}{P(u_i)} = -\sum_{i=1}^{2} P(u_i)\log_2 P(u_i)$$

$$= -\frac{8}{13}\log_2 \frac{8}{13} - \frac{5}{13}\log_2 \frac{5}{13} \approx 0.961$$

然后,计算关于变量 T_1 的条件熵。

$$\text{Ent}(U|T_1) = \sum_{j=1}^{3}\left[P(t_{1_j})\sum_{i=1}^{2}\left(-P(u_i|t_{1_j})\log_2 P(u_i|t_{1_j})\right)\right]$$

$$= \frac{5}{13}\left(-\frac{2}{5}\log_2 \frac{2}{5} - \frac{3}{5}\log_2 \frac{3}{5}\right) + \frac{3}{13}\left(-\frac{3}{3}\log_2 \frac{3}{3}\right) + \frac{5}{13}\left(-\frac{3}{5}\log_2 \frac{3}{5} - \frac{2}{5}\log_2 \frac{2}{5}\right)$$

$$\approx 0.747$$

再计算经权数调整的 T_1 变量的信息增益。

$$\text{Gains}(U, T_1) = \frac{13}{14}\left(\text{Ent}(U) - \text{Ent}(U|T)\right) = \frac{13}{14}(0.961 - 0.747)$$

$$\approx 0.199$$

这个信息增益值比原来计算得到的值 0.255 小了。

最后,计算信息增益率。

$$\text{GainsR}(U, T_1) = \frac{0.199}{\left(-\frac{5}{13}\log_2 \frac{5}{13} - \frac{3}{13}\log_2 \frac{3}{13} - \frac{5}{13}\log_2 \frac{5}{13}\right)} \approx \frac{0.199}{1.549} \approx 0.128$$

T_3 的信息增益率仍然低于 T_1,因此还应选择 T_1 作为最佳的分组变量。

(3) 从分组变量的众多取值中找到一个最佳的分割点

在确定了最佳的分组变量后,C5.0 算法需进一步确定分组变量最佳的分割点。此时一般要分情况讨论。

① 若最佳的分组变量是分类变量(即 SPSS Modeler 程序中所指的名义变量),则按照

该分类变量的各个值对样本进行分组，若该分类变量一共有 n 个值，则把样本分成 n 组。如上述案例，将 14 个样本按变量 T_1 的值 A、B、C 分成三个组，形成决策树的第一层（除根节点以外），这是一棵 3 叉树。

这样处理的优点是，在以后的决策树生长过程中将不会再涉及该变量。也就是说，基于该变量分枝的节点在树中只会出现一次。这样的树在逻辑上很清楚，但可能会因分枝较多导致树比较庞大。

② 若最佳的分组变量是连续变量，则需要将其转换为离散型的分类变量，即要对其进行分组处理（即 SPSS Modeler 程序中所指的"数据分箱"）。分组处理中通常以最小描述长度准则算法（Minimum Description Length Principle，MDLP）得到的最小组限值为标准，小于该值的为一组，大于或等于该值的为另一组，生成二叉树。

SPSS Modeler 程序默认遵循以上两种处理策略，但从算法适用性考虑，它允许用户决定是否需要寻找最佳分割点。若某个样本在最佳分组变量上存在缺失值，则无法确定该样本应被分配到哪个组中。C5.0 算法的处理策略是将该样本同时分配到各个组中，但它不再是"完整的 1 个"样本，而是"小于 1"的样本。也就是说，如果将各组中其他每个样本的权数看作 1 的话，则该样本的权数应小于 1，权数的值取决于各组样本所占的比例。

例如，以表 4-3 的数据为例，第 1 个样本在 T_1 上取缺失值。如果以 T_1 作为最佳的分组变量，则应形成 A、B、C 三个组，不包括第 1 个样本在内，三个组的样本数分别为：5、3、5。于是，第 1 个样本被分配到 A、B、C 三个组中的权数分别为 5/13、3/13、5/13，之后各组的样本数分别为 5+5/13、3+3/13、5+5/13。

决策树生长中将反复经历上述过程，不断对样本分组，直到对整棵树的各个分组继续进行分组不再有意义为止，一棵完整的决策树便形成了。该过程是一种典型的"贪心"搜索过程。

4. C5.0 决策树剪枝算法

一棵完整的决策树因过于"依赖"训练样本集，通常会出现过拟合的问题，使得它在测试样本集上的表现不令人满意，因此剪枝过程是必需的。C5.0 算法采用后修剪方法从叶子节点向上逐层剪枝，完成该过程的关键是对错误率进行估计及设置剪枝标准。

（1）错误率估计

通常，应在测试样本集上估计错误率并进行剪枝。但 C5.0 算法并没采用此策略，而是利用统计学置信度的思想，直接在训练样本集上估计错误率。

其基本思路是，针对每个节点，以其中的众数类别作为预测类别。假设第 i 个节点中包含 N_i 个样本，有 E_i 个预测错误的样本。于是，可利用观测得到的错误率 $f_i = E_i / N_i$，在近似正态分布假设的基础上，对该节点的真实错误率进行估计，得到该节点的估计错误率 e_i。由于对误差率的估计是在训练样本上进行的，因此应给出一个置信度 $1-\alpha$，C5.0 算法默认置信度为 1-0.25=75%。于是，真实错误率的置信度为

$$P\left(\left|\frac{f_i - e_i}{\sqrt{\frac{f_i(1-f_i)}{N_i}}}\right| < Z_{\frac{\alpha}{2}}\right) = 1 - \alpha$$

其中，$Z_{\frac{\alpha}{2}}$ 为临界值。可得第 i 个节点真实错误率的估计上限，即悲观估计为

$$e_i = f_i + Z_{\frac{\alpha}{2}}\sqrt{\frac{f_i(1-f_i)}{N_I}} \tag{4-1}$$

当 $\alpha = 0.25$ 时，$Z_{\frac{\alpha}{2}} = 1.15$。

(2) 剪枝标准

得到错误率的估计后，C5.0 算法将遵照"减少-错误 (Reduce-Error)"法判断是否需要剪枝。首先，计算待剪子树中叶子节点的加权错误率，然后与父节点的估计错误率进行比较，若大于父节点的估计错误率则可以剪掉，否则不能剪掉，即当不等式 $\sum_{i=1}^{k} p_i e_i > e$ 成立时，可以剪掉，否则不能剪掉。不等式 $\sum_{i=1}^{k} p_i e_i > e$ 中的 k 为待剪子树中叶子节点的个数，p_i 为第 i 个叶子节点所含样本量与子树所含样本量的比值，e_i 为第 i 个叶子节点的估计错误率，e 为父节点的估计错误率。

如图 4-7 中，用方框表示的各个节点为叶子节点，用椭圆表示的各个节点为中间节点，各节点括号中第 1 个数为本节点所包含的样本量 N，第 2 个数为错判样本数 E。

现在考虑是否能剪掉最下层的 3 个叶子节点。首先估计这 3 个节点的错误率，根据公式 (4-1) 进行计算，得到这三个节点对应的结果分别为：0.55、0.91、0.55；然后加权求和，得 $0.55 \times \frac{6}{14} + 0.91 \times \frac{2}{14} + 0.55 \times \frac{6}{14} \approx 0.60$，计算父节点 C 的估计错误率，结果为 0.50。由于 0.60 大于 0.50，因此可以剪掉这 3 个叶子节点。同理，考虑是否能剪掉节点 C 和其兄弟节点。对这两个节点计算估计错误率，得到 $0.50 \times \frac{14}{16} + 0.91 \times \frac{2}{16} \approx 0.55$；父节点 B 的估计错误率为 0.51，因此节点 C 和其兄弟节点仍可以剪掉，于是该决策树根节点的左子树只剩下 1 个节点 B。

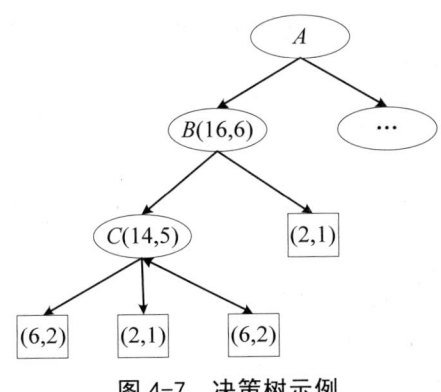

图 4-7 决策树示例

在实际操作中，置信度可以根据应用场景视情况调整。

5．C5.0 算法的推理规则集

用 C5.0 算法不但能够构造决策树，还可以生成推理规则集。

决策树与推理规则集有紧密的联系。正如前面所述，决策树的文字形式是逻辑比较，它就是推理规则。推理规则表达了输入变量取值及不同输入变量之间的逻辑与、逻辑或关系和输出变量取值的内在联系，一般表述为"如果<条件>则<结论>"这种非常直观易懂的形式。

由根节点到每个叶子节点的路径都各自组成了一条规则，<条件>是从根节点到叶子节点路径上所有节点的条件组合，<结论>是叶子节点上样本输出变量的类别，因此，从决策树中得到推理规则集就比较简便。同时，对这样产生的相互独立的多个推理规则，改变其排列顺序也不会对新数据的分类预测结果产生影响。

上述这种从决策树直接获得的推理规则集在各个规则间可能出现重复和冗余，因为由每个叶子节点都能得到一条推理规则，所以推理规则的数量往往比较庞大，这样会导致推理规则由直观易懂变得杂乱无章。因此，决策树的逻辑关系显得非常复杂，不容易通过简洁的形式表达。以图 4-8 所示的决策树为例，尽管它反映的是一种极端的情况，但能够非常深刻地说明由决策树直接获得推理规则集存在的问题。

在图 4-8 所示的决策树中，从根节点开始分别沿着各个分枝走到叶子节点，可由 7 个叶子节点得到 7 条推理规则。但是事实上，这些推理规则表达的意思与以下 3 条推理规则组成的推理规则集相同：

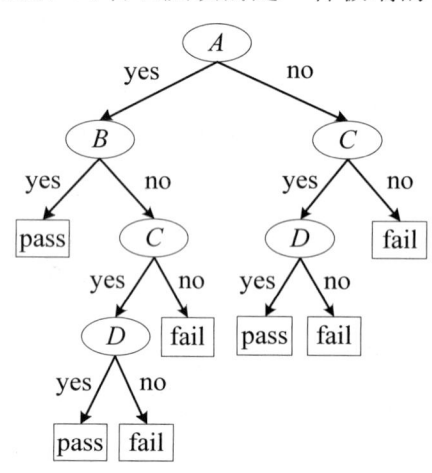

图 4-8　一棵决策树示例

　　IF *A* AND *B* THEN pass
　　IF *C* AND *D* THEN pass
　　OTHERWISE　fail

显而易见，上述推理规则集比从决策树得到的、由 7 条推理规则组成的推理规则集要简单很多。但是这个推理规则集正确实现的前提条件是按顺序执行，如果顺序出现错误，就容易得到不正确的结论。相反地，由决策树得到的推理规则集一般不会存在这种问题。

因为决策树对逻辑推理的表述较烦琐，因此，推理规则集通常并不直接来自决策树，而来自自己生成的算法。

Cendrowska 于 1987 年提出的 PRISM（Patient Rule Induction Space Method）算法是生成推理规则的一般算法，该算法是一种"覆盖"算法，所生成的推理规则集在训练样本集上达到了 100%的正确率。

该算法的基本思路为：确定输出变量中的一个类别(称为期望类别)后，完成以下步骤。

① 在当前样本范围(开始时为全部样本)内，寻找一条推理规则，使其能够在最大限度覆盖属于该类别的样本。

所谓最大限度，是指在尽量不覆盖属于其他类别样本的前提下，尽可能多地覆盖属于期望类别的样本。如果推理规则共覆盖 M 个样本，其中有 N 个样本属于期望类别，那么确定规则的标准是使正确覆盖率(N/M)达到最大。当出现两条规则有相等的正确覆盖率时，应选择正确覆盖数较大的规则。当然，因为一条规则很可能覆盖了属于其他类别的样本，所以只有一个条件的推理规则通常是不充分的，需要在它的基础上继续附加相应的逻辑与条件。

② 在 M 个样本范围内，按照正确覆盖率最大的原则确定附加条件，得到一个小一些的样本范围。在此基础上不断附加逻辑与条件，不断缩小样本范围，直到推理规则不再覆盖属于其他类别的样本时，一条推理规则就形成了。

③ 从当前样本集合中剔除已经被正确覆盖的样本，并检查剩余样本中是否有属于期望类别的样本。如果有，则重新回到第①步，否则结束。

上述思路体现的原则称为正确覆盖率最大原则。

实施 PRISM 算法的过程是一个逐渐缩小样本空间，最后定位到期望类别的过程，其思路可用图 4-9 解释。

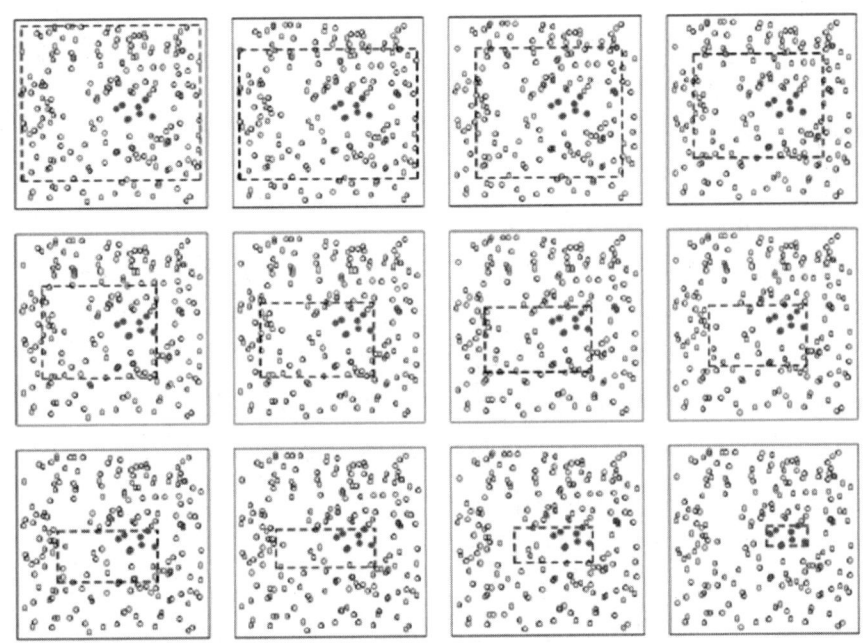

图 4-9　PRISM 算法思路示例

在图 4-9 中，浅色样本点属于一类，深色样本点为另一类。通过不断增加条件，逐渐缩小样本空间，最后得到深色样本点这一分类的推理规则。

下面举例说明。

对表 4-1 所示的数据，如果只考虑"学习时段"和"性别"两个输入变量，并指定 yes 为期望类别，可以得到以下结果。

"学习时段"值为 A 时，覆盖了 5 个样本，对应的"是否合格"值为 yes 的有 2 个，即正确覆盖 2 个样本，正确覆盖率为 2/5；同理，"学习时段"值为 B 时，正确覆盖率为 4/4；"学习时段"值为 C 时，正确覆盖率是 3/5；"性别"值为 0 时，正确覆盖率为 6/8，"性别"值为 1 时，正确覆盖率为 3/6。根据正确覆盖率最大原则，得到如下的推理规则：

  IF 学习时段=B THEN 是否合格=yes

由于其中已经不包含错误样本，该规则生成完毕。剔除已被正确覆盖的 4 个样本，得到缩小了范围的样本如表 4-4 所示。

表 4-4 缩小了范围的样本 1

变量	取值								
学习时段 T_1	A	A	C	C	C	C	A	A	A	C
年龄 T_2	16	19	20	23	23	26	26	32	34	36
性别 T_3	1	0	1	0	0	1	0	1	0	0
是否合格	yes	yes	no	yes	yes	no	no	no	no	yes

由于表 4-4 中仍包括期望类别 yes，因此继续生成下一个新的推理规则。此时，"学习时段"值为 A 时，正确覆盖率为 2/5，"学习时段"值为 C 时，正确覆盖率为 3/5，"性别"值为 0 时，正确覆盖率为 4/6，"性别"值为 1 时，正确覆盖率为 1/4。于是，初步得到下述推理规则：

  IF 性别=0 THEN 是否合格=yes

显然，这个推理规则覆盖了错误样本，所以要附加逻辑与条件。此时的样本范围是表 4-4 中灰色的部分。其中，"学习时段"值为 A 时，正确覆盖率为 1/3，"学习时段"值为 C 时，正确覆盖率为 3/3，于是，推理规则可以修正为

  IF 性别=0 AND 学习时段=C THEN 是否合格=yes

由于该规则中不包含错误样本，所以该规则生成完毕。再剔除已被正确覆盖的 3 个样本，得到进一步缩小了范围的样本如表 4-5 所示。

表 4-5 缩小了范围的样本 2

变量	取值						
学习时段 T_1	A	A	C	C	A	A	A
年龄 T_2	16	19	20	26	26	32	34
性别 T_3	1	0	1	1	0	1	0
是否合格	yes	yes	no	no	no	no	no

由于表 4-5 中仍包括期望类别 yes，因此继续生成下一条新的推理规则。此时，"学习时段"值为 A 时，正确覆盖率为 2/5，"学习时段"值为 C 时，正确覆盖率为 0/2，"性别"值为 0 时，正确覆盖率为 1/3，"性别"值为 1 时，正确覆盖率为 1/4。于是，初步得到下述推理规则：

  IF 学习时段= A THEN 是否合格= yes

显然，这个推理规则依然覆盖了错误的样本，所以要附加逻辑与条件。此时的样本范围是表 4-5 中灰色的部分。其中，"性别"的值为 0 时，正确覆盖率为 1/3，"性别"的值为 1 时，正确覆盖率为 1/2，于是，推理规则可以修正为

  IF 学习时段= A AND 性别= 1 THEN 是否合格 = yes

然而，这个推理规则仍覆盖了错误样本，按理应该继续附加逻辑与条件，但此时已无法再附加逻辑与条件了。因此，该规则无法达到 100%的正确率，是一条无效规则，应舍弃。

经过上面的步骤，可以生成如下所述的关于输出变量结果为 yes 的推理规则集：

  IF 学习时段=B THEN 是否合格=yes

  IF 性别= 0 AND 学习时段= C THEN 是否合格= yes

同理，可生成输出变量为其他取值的推理规则集。

根据上述过程可知，推理规则和决策树的生成策略存在差别，具体表现在以下两个方面。

① 推理规则总是以期望类别的最大正确覆盖率为标准，在一个时刻只考虑一个类别，而决策树则同时兼顾变量的各个类别。

② 推理规则的生成是有先后顺序的，因此推理规则集本质是一个决策序列。依次执行推理规则，一旦满足了某一条推理规则，就不再考察下一条推理规则。事实上，有时也可以忽略推理规则集的顺序性，将各条推理规则看成相互独立的事务。

但是，可能会出现一些特殊情况，例如，一个样本同时满足不同类别的推理规则的条件，或者没有任何推理规则适合于某一样本。对前者，通常的做法是采取规则投票，将样本归类为得票最多或平均置信度最高的类别；对后者，通常将样本归类为样本中的众数类别。

推理规则集的精简过程应遵循测试样本集的实际情况，精简推理规则集的算法很多，常用一种的算法如下。

① 找出每条推理规则覆盖的所有样本，暂时去掉所有样本中的一个逻辑与条件，形成一个新规则。

② 计算此时新的推理规则的正确覆盖率和错误率。如果该新规则的错误率不高于原规则的错误率，则去掉相应的逻辑与条件，然后继续再去掉其他的逻辑与条件，直到去掉后的规则错误率高于去掉前为止。

③ 检查所有已被精简的推理规则中是否存在重复的规则，若存在重复规则，则去掉。

4.4 决策树应用案例

下面以和本书配套的"DRUG1n.csv"数据文件作为运用决策树进行案例实践的素材。该数据文件包含 Age、Sex、BP、Cholesterol、Na、K、Drug 七个字段，分别表示年龄、性别、血压值、胆固醇水平、钠指标、钾指标和正在用何种药物进行治疗。本案例研究的目的是找出用药的规则。

下面介绍实施过程。

1. 建立数据流

① 启动 SPSS Modeler 程序。从节点工具箱窗格的"源"选项卡中拖曳出"变量文件"节点到数据流编辑区域中，右击"变量文件"节点，在弹出的快捷菜单中单击"编辑"命令，将其关联到数据文件"DRUG1n.csv"。此时，"变量文件"节点的名称变为"DRUG1n"。该数据文件包含 Na 字段和 K 字段的具体数据，分别代表钠和钾的指标。由于钠指标和钾指标的比值对用药很重要，因此本研究需要计算出这个比值，这就需要使用"导出"节点。为此，从节点工具箱窗格的"字段"选项卡中拖曳出"导出"节点到数据流编辑区域中，让其与"DRUG1n"节点建立连接，然后右击"导出"节点，在弹出快捷菜单中单击"编辑"命令，弹出设置"导出"节点的对话框。本案例将导出后的新字段命名为"Na_to_K"，把"导出为"设置为"公式"，在"公式"框中输入"Na/K"，表示用 Na 字段的值和 K 字段的值相除后的结果作为"Na_to_K"字段的取值，结果如图 4-10 所示。

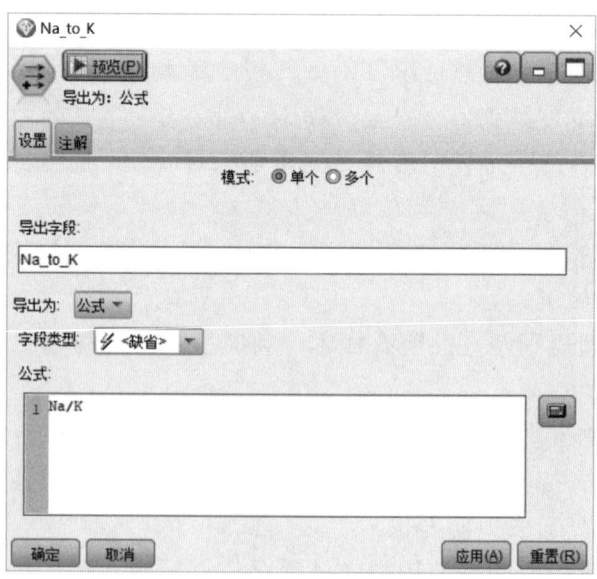

图 4-10 设置"导出"节点

② 通过"过滤器"节点过滤掉无关变量。从节点工具箱窗格的"字段选项"选项卡中拖曳出"过滤器"节点到数据流编辑区域中,并让其与"Na_to_K"节点建立连接,右击"过滤器"节点,在弹出的快捷菜单中单击"编辑"命令,打开设置"过滤器"节点的对话框。按 4-11 的左图所示,设置好"过滤器"节点,保留 Age、Sex、BP、Cholesterol、Drug 字段以及通过上一步骤新生成的"Na_to_K"字段,丢弃 Na 字段和 K 字段。接下来,从节点工具箱窗格的"字段选项"选项卡中拖曳出"类型"节点到数据流编辑区域中,并让其与"过滤器"节点建立连接,右击"类型"节点,在弹出的快捷菜单中单击"编辑"命令,弹出设置"类型"节点的对话框。按图 4-11 的右图所示,设置好"类型"节点,将 Age、Sex、BP、Cholesterol、Na_to_K 五个字段的"角色"设置为"输入",将 Drug 字段的"角色"设置为"目标"。

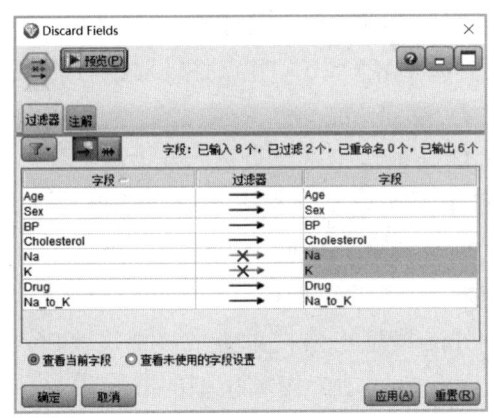 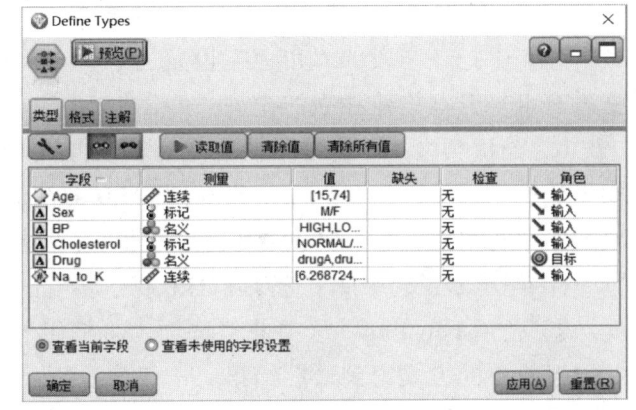

设置"过滤器"节点　　　　　　　　　　　设置"类型"节点

图 4-11　设置"过滤器"节点和"类型"节点

③ 为了能更准确地评估模型结果,用户需要对数据集分区。从节点工具箱窗格的"字段选项"选项卡中拖曳出"分区"节点到数据流编辑区域中,并让其与"类型"节点建立连接。右击"分区"节点,在弹出的快捷菜单中单击"编辑"命令进行相关设置。本案例选择 70%的样本作为训练集,剩下 30%的样本作为测试集。设置好分区后,在节点工具箱窗格的"建模"选项卡中找到"C5.0"节点,把它拖曳到数据流编辑区域中,并让它与"分区"节点建立连接,得到的数据流如图 4-12 所示。因为在前面的操作中,已经把 Drug 字段的"角色"设置为"目标",因此在数据流编辑区域中,该"C5.0"节点自动被命名为"Drug"节点。

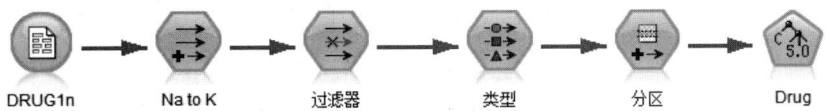

图 4-12　数据流

④ 双击"Drug"节点(即本案例中的"C5.0"节点),弹出一个对话框,在对话框的"字段"选项卡中选择"使用预定义角色"。

下面重点介绍第④步中提到的对话框的"模型"选项卡及"成本"选项卡。

2. "模型"选项卡

"模型"选项卡如图 4-13 所示。

下面对"模型"选项卡的选项进行解释。

① 使用分区数据:如果使用了"分区"节点或预定义了分区字段,则选中此复选项,意味着将在训练集上进行模型训练,在测试集上进行模型评估。

② 为每个分割构建模型:选中此复选项,意味着若在"类型"节点中把某字段的"角色"设置为"拆分"(定义为分割字段),则模型将为该字段下的每个分割单独构建一个模型。例如,若在某数据集中存在"教育水平"字段(包括 1~5 五种水平),并在"类型"节点中把该字段的"角色"设置为"拆分"后,那么"C5.0"节点将针对五种不同受教育水平分别构建独立的模型。

③ 输出类型:设定结果的生成和输出方式,输出类型包括"决策树"及"规则集"。如果选中"决策树"单选项,将利用 C5.0 算法进行模型构建,并输出"树状结果";如果选中"规则集"单选项,将利用 PRISM 算法进行模型构建,并输出"规则分类结果"。

④ 组符号:选中此复选项,C5.0 算法将尝试根据分组变量的取值,合并相似的结果。

⑤ 使用 boosting:选中此复选项,将使用 boosting 模型组装技术生成多棵决策树,并通过投票的方式得到最后结果。一般情况下,选中此复选项将提高模型的准确率。

⑥ 交叉验证[②]:选中此复选项,将用交叉验证的方式对模型进行评估。

⑦ 模式:"C5.0"节点提供了"简单"模式及"专家"模式,用于模型构建。

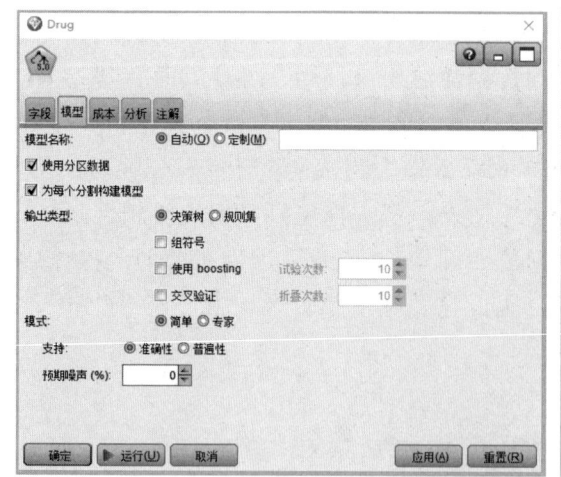 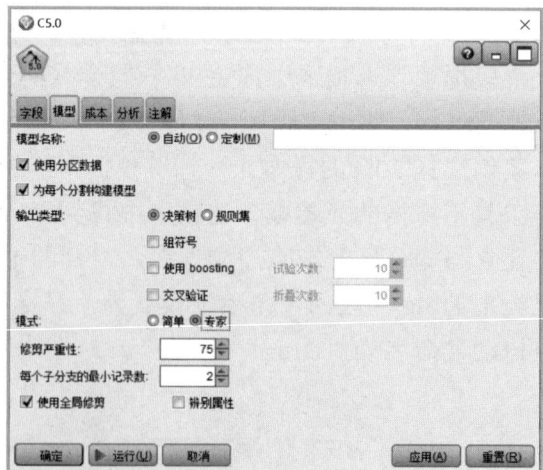

图 4-13 "模型"选项卡的"简单"模式和"专家"模式

---

② 交叉验证(Cross Validation)也称为循环估计(Rotation Estimation),是统计学上将样本切割成较小子集的一种方法。

"简单"模式包含下述选项。

❖ 支持：用来选择决策树的生成模式，包括"准确性"和"普遍性"。选择"准确性"单选项，将生成一个比较详尽而精确的模型，但也可能产生过拟合的问题；选择"普遍性"单选项，将生成一个比较精简而具普遍适应性的模型，但该模型在训练集上的精度可能下降。

❖ 预期噪声：指定训练集中噪声样本的数量。

"专家"模式包含下述选项。

❖ 修剪严重性：通过数值设置决策树的修剪程度，该值越大，得到的决策树越精简。

❖ 每个子分支的最小记录数：指定允许分枝的条件，只有当待分枝节点的各个子分枝包含的记录数(样本数)均大于设置的最少记录数时，才允许该节点生长出新的分枝。对此项进行设置，有助于防止发生过拟合问题。（图 4-13 的右图中的"每个子分支"应为"每个子分枝"。）

❖ 使用全局修剪：C5.0 算法的剪枝分为局部剪枝和全局剪枝两种，选中此复选项，则对全局执行剪枝。

❖ 辨别属性：选中此复选项，意味着在使用算法前先进行自变量的有效性评估，若建模前发现某个自变量与因变量的关系不大，则剔除该自变量后建模。

3. "成本"选项卡

"成本"选项卡如图 4-14 所示，主要用来设定错误成本代价。在本例中，不使用代价敏感的学习方法[③]，可以不选中"使用错误分类成本"复选项。

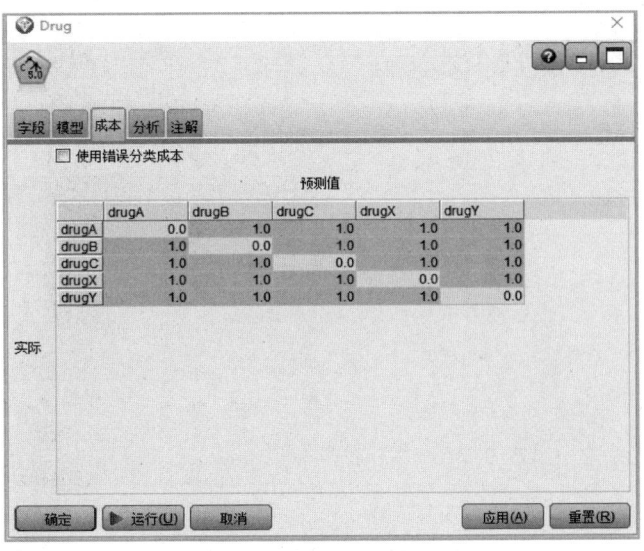

图 4-14 "成本"选项卡

---

③ 代价敏感的学习方法是机器学习领域中的一种方法，在分类时，它主要考虑不同的分类错误在导致不同的惩罚力度时，如何训练分类器。例如在对病人进行医疗时，"将病人误诊为健康人的代价"与"将健康人误诊为病人的代价"不同，用这种学习方法可以针对这种情形考虑如何进行分类。

4. 查看操作结果

本案例按图 4-13 的左图和图 4-14 所示进行设置，设置结束后单击 ▶ 运行(U)，即可在数据流编辑区域中生成一个 节点。双击 节点，可以打开"Drug"对话框查看模型运行结果。

首先看到的是如图 4-15 所示的"模型"选项卡，该选项卡的左边窗格中显示由模型得到的推理规则集，右边窗格中显示预测变量重要性。

在左边窗格中可以看到逐层递进的推理规则条件，窗格上方有一些工具按钮，解释如下。

：用来复制推理规则集中的结果。

：用来切换推理规则集中展示的内容，可以选择使用变量名及值名，也可以选择变量标签名及值标签名。

：用来确定在下方显示的推理规则集结果中要显示的层数。

：用来更加灵活地展开或折叠某个具体的层次。

：用来在下方文字推理规则的右方展示每条推理规则对应的样本数量及对应的准确率。

：用来在某条推理规则的下方显示该推理规则的详细信息，包括该推理规则一共有几层、每层的内容以及样本数。

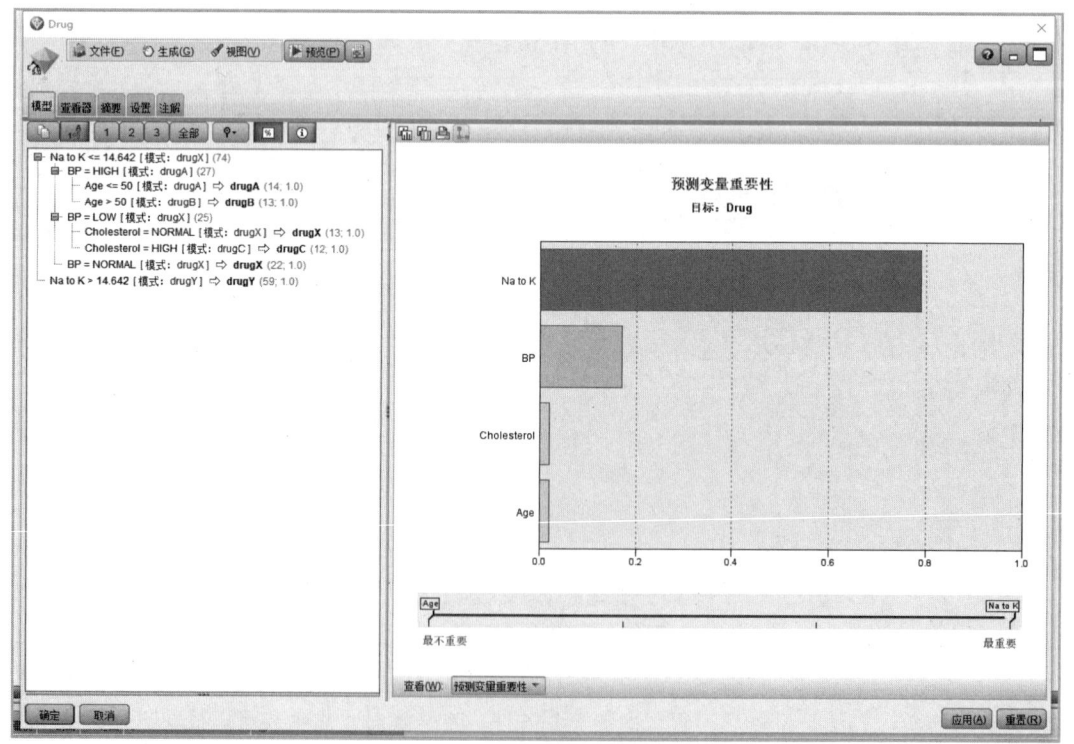

图 4-15　模型运行结果

图 4-15 左边窗格中的推理规则集的具体内容如图 4-16 所示

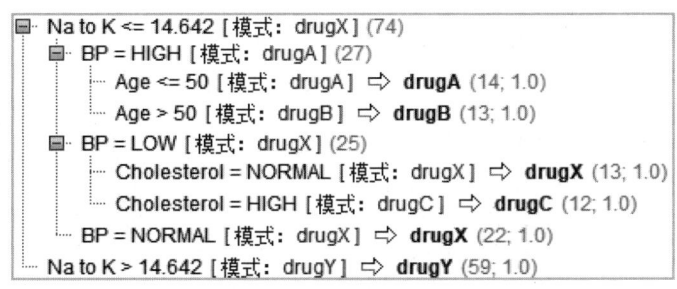

图 4-16 推理规则集

下面对图 4-16 所示的推理规则集进行解释，这个推理规则集包含 6 条推理规则。

① 当患者血液中 Na_to_K 的值小于或等于 14.642 时，如果其血压较高，且年龄小于或等于 50 岁，则该患者应使用 A 药物，在训练样本中，有 14 个患者的情况符合这条推理规则，并且所有患者使用的都是 A 药物，本规则的准确率为 100%。

② 当患者血液中 Na_to_K 的值小于或等于 14.642 时，如果其血压较高，且年龄大于 50 岁，则该患者应使用 B 药物，在训练样本中，有 13 个患者的情况符合这条推理规则，并且所有患者使用的都是 B 药物，本规则的准确率为 100%。

③ 当患者血液中 Na_to_K 的值小于或等于 14.642 时，如果其血压较低，且胆固醇水平正常，则该患者应使用 X 药物，在训练样本中，有 13 个患者的情况符合这条推理规则，并且所有患者使用的都是 X 药物，本规则的准确率为 100%。

④ 当患者血液中 Na_to_K 的值小于或等于 14.642 时，如果其血压较低，且患者胆固醇水平较高，则该患者应使用 C 药物，在训练样本中，有 12 个患者的情况符合这条推理规则，并且所有患者使用的都是 C 药物，本规则的准确率为 100%。

⑤ 当患者血液中 Na_to_K 的值小于或等于 14.642 时，如果其血压正常，则该患者应使用 X 药物，在训练样本中，有 22 个患者的情况符合这条推理规则，并且所有患者使用的都是 X 药物，本规则的准确率为 100%。

⑥ 当患者血液中 Na_to_K 的值大于 14.642 时，该患者应使用 Y 药物，在训练样本中，有 59 个患者的情况符合这条推理规则，并且所有患者使用的都是 Y 药物，本规则的准确率为 100%。

如图 4-15 所示，在右边窗格显示的预测变量重要性结果中，可以看到变量重要性的排序为：Na_to_K、BP、Cholesterol、Age。

如果想更直观地查看决策树，可以进入"查看器"选项卡，如图 4-17 所示，在该选项卡中，可以通过 工具按钮，用多种不同的方式查看决策树。

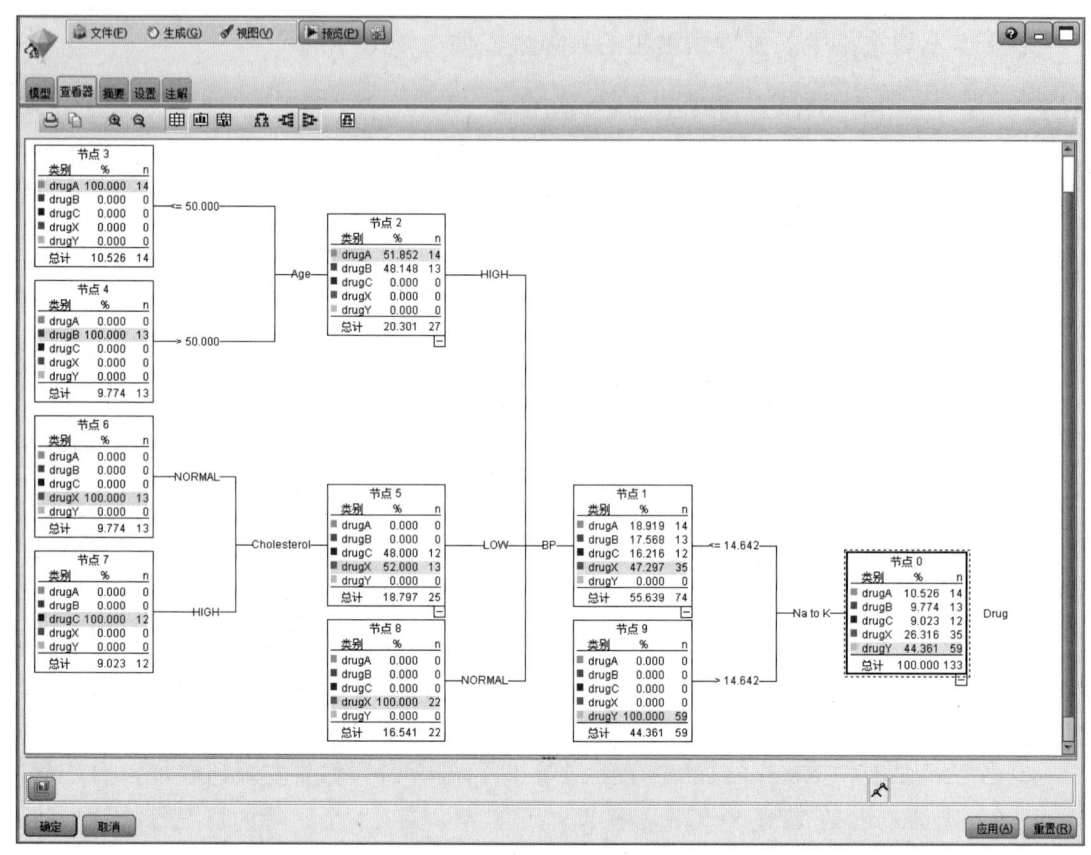

图 4-17 "查看器"选项卡

为了进一步评估模型结果,可以使用"分析"节点输出混淆矩阵[④]。从节点工具箱窗格的"输出"选项卡中拖曳出"分析"节点到数据流编辑区域中,在 节点后连接"分析"节点。右击"分析"节点,在弹出的快捷菜单中单击"编辑"命令,弹出如图 4-18 所示的"分析"对话框,进入对话框的"分析"选项卡,选中"重合矩阵(用于字符型目标的字段)"复选项。

单击图 4-18 中的 运行(U) ,即可得到最终分析结果,如图 4-19 所示,分析结果显示,使用本模型得到的推理规则集在训练集和测试集上运行的准确率都达到了 100%。

---

④ 混淆矩阵是一个 n 行 n 列的矩阵,也称为误差矩阵,它是表示精度评价的一种标准格式。具体评价指标有总体精度、制图精度、用户精度等,这些精度指标从不同的侧面反映图像分类的精度。

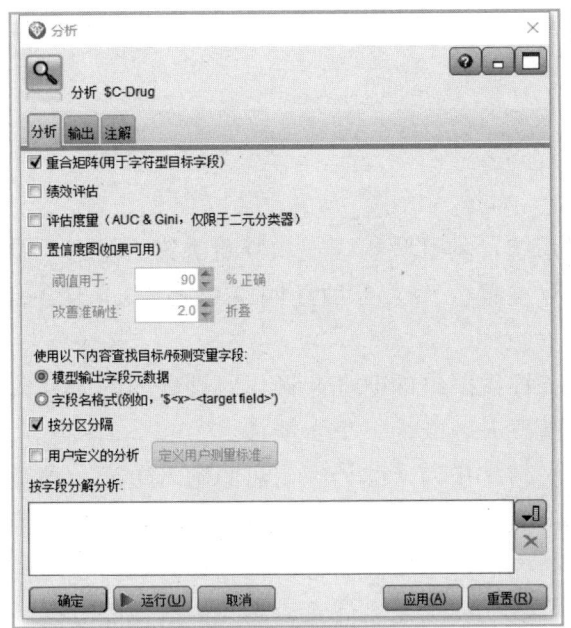

图 4-18 “分析”对话框的“分析”选项卡

'分区'	1_培训		2_测试	
正确	133	100%	67	100%
错误	0	0%	0	0%
总计	133		67	

'分区'= 1_培训	drugA	drugB	drugC	drugX	drugY
drugA	14	0	0	0	0
drugB	0	13	0	0	0
drugC	0	0	12	0	0
drugX	0	0	0	35	0
drugY	0	0	0	0	59

'分区'= 2_测试	drugA	drugB	drugC	drugX	drugY
drugA	9	0	0	0	0
drugB	0	3	0	0	0
drugC	0	0	4	0	0
drugX	0	0	0	19	0
drugY	0	0	0	0	32

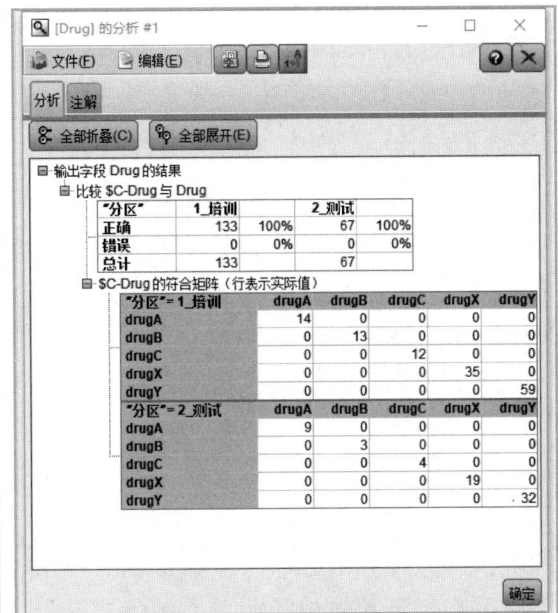

图 4-19 分析结果

若要获得每条记录的预测结果和预测置信度，可以在节点后连接“表格”节点，运行后就能够得到详细结果。如图 4-20 所示，其中，以“$C-”“$CC-”开头的字段分别存放分类预测值和预测置信度。

	Age	Sex	BP	Cholesterol	Drug	Na to K	分区	$C-Drug	$CC-Drug
1	23	F	HIGH	HIGH	drugY	25.355	1_培训	drugY	1.000
2	47	M	LOW	HIGH	drugC	13.093	1_培训	drugC	1.000
3	47	M	LOW	HIGH	drugC	10.114	1_培训	drugC	1.000
4	28	F	NORMAL	HIGH	drugX	7.798	2_测试	drugX	1.000
5	61	F	LOW	HIGH	drugY	18.043	1_培训	drugY	1.000
6	22	F	NORMAL	HIGH	drugX	8.607	1_培训	drugX	1.000
7	49	F	NORMAL	HIGH	drugY	16.275	1_培训	drugY	1.000
8	41	M	LOW	HIGH	drugC	11.037	1_培训	drugC	1.000
9	60	M	NORMAL	HIGH	drugY	15.171	1_培训	drugY	1.000
10	43	M	LOW	NORMAL	drugY	19.368	1_培训	drugY	1.000
11	47	F	LOW	HIGH	drugC	11.767	1_培训	drugC	1.000
12	34	F	HIGH	NORMAL	drugY	19.199	1_培训	drugY	1.000
13	43	M	LOW	HIGH	drugY	15.376	2_测试	drugY	1.000
14	74	F	LOW	HIGH	drugY	20.942	1_培训	drugY	1.000
15	50	F	NORMAL	HIGH	drugX	12.703	2_测试	drugX	1.000
16	16	F	HIGH	NORMAL	drugY	15.516	2_测试	drugY	1.000
17	69	M	LOW	NORMAL	drugX	11.455	1_培训	drugX	1.000
18	43	M	HIGH	HIGH	drugA	13.972	1_培训	drugA	1.000
19	23	M	LOW	HIGH	drugC	7.298	1_培训	drugC	1.000
20	32	F	HIGH	NORMAL	drugY	25.974	1_培训	drugY	1.000
21	57	M	LOW	NORMAL	drugY	19.128	1_培训	drugY	1.000
22	63	M	NORMAL	HIGH	drugY	25.917	2_测试	drugY	1.000
23	47	M	LOW	NORMAL	drugY	30.568	1_培训	drugY	1.000

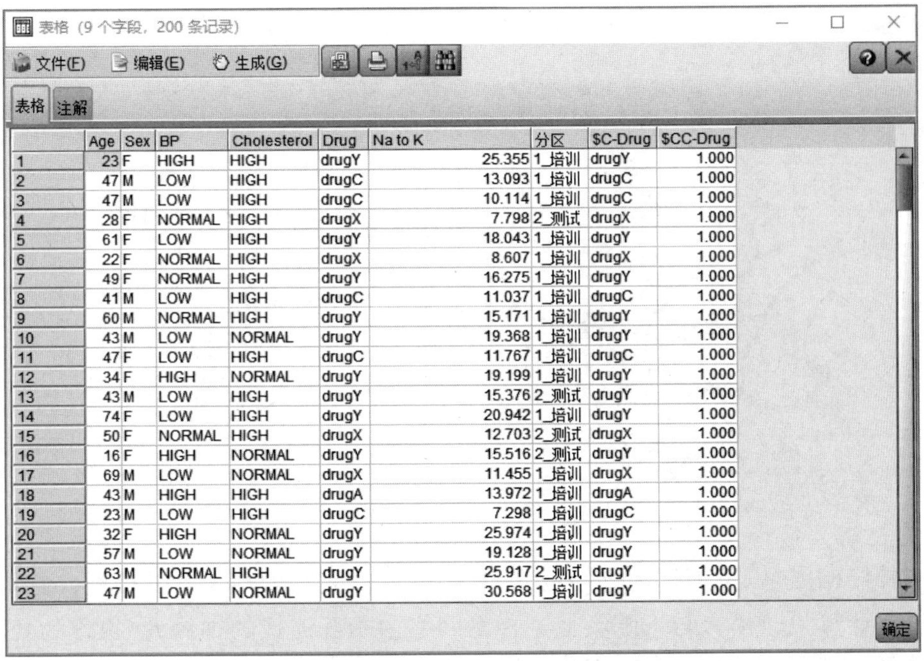

图 4-20 每条记录的预测结果和预测置信度

4.5 人工神经网络

1. 人脑和人工神经网络概述

人脑是一个高度复杂的非线性并行处理系统,具有联想推理和判断决策的能力,对人脑活动机理的研究一直是人类面临的一种挑战,而人工神经网络(Artificial Neural Network,ANN)研究的对象正是人脑。

人脑处理信息的基本单元是神经元,人工神经网络的研究起源于对神经元的研究,旨在通过探究人脑的工作机制,使机器能够模拟人脑成为一个智能体。

通常认为,人脑智慧的核心在于其连接机制。作为人脑处理信息的基本单元,神经元的结构如图 4-21 所示,它以细胞体为主体,包含许多向周围延伸的不规则的、树枝状纤维构成的神经细胞,其形状很像一颗枯树的枝干,主要由树突、轴突和突触组成。树突能接收来自其他神经元发出的信息,当来自多个神经元的信息达到某种条件的时候,树突就会产生兴奋,此时,突触会将突触囊中储存的称为"神经介质"的化学物质传递给其他神经元,并对其他神经元的活动产生刺激或抑制作用。这个传递过程并非一成不变,当某个神经元多次接收到来自同一个神经元的"神经介质"时,它的反应速度和程度会改变,并调整自己的兴奋条件。神经元对于接收到的刺激或者抑制是有记忆的,是可以"学习"的。婴儿出生后大脑不断发育的过程就是"学习"的过程,通过对外界信息不断调整或加强神经元之间的连接强度,最终形成稳定成熟的连接结构。

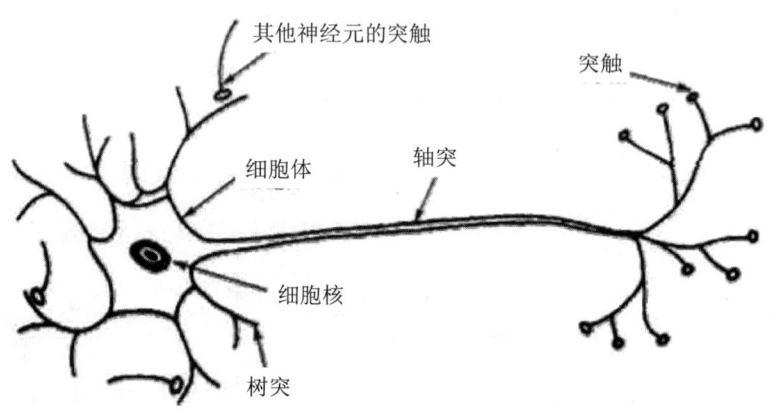

图 4-21 神经元结构

人工神经网络(以下简称为神经网络)是一种模拟人脑的抽象计算模型,它模拟人脑的思维进行计算机建模。与人脑类似,神经网络由相互连接的神经元(也称为处理单元)组成。如果将神经网络看成一张图,则处理单元也可以称为节点,而边则是节点之间的连接,它们揭示了各节点之间的关联性,边的权值则体现了节点间关联性的强弱。

2. 神经网络的种类

神经网络的种类有不同的划分方式。

(1) 从拓扑结构角度划分

根据网络的层次数，神经网络可分为两层神经网络、三层神经网络和多层神经网络。典型的两层神经网络和三层神经网络分别如图 4-22 的左图和右图所示。

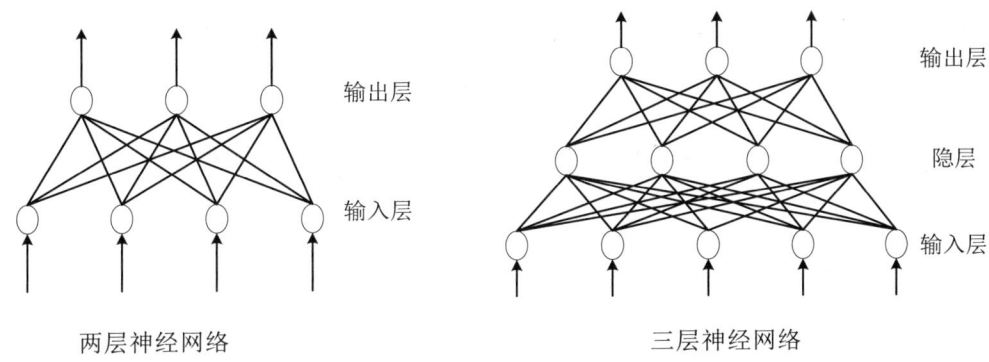

图 4-22 典型的两层神经网络和三层神经网络

神经网络的底层称为输入层，顶层称为输出层，中间层称为隐层，网络的层数和每层中处理单元的数量，决定了网络的复杂程度。如果某一层接收了其他层的输入，那么，提供输入的层就称为该层的上层；反之，若某一层向其他层输出了数据，那么接收数据的层就称为发送数据的层的下层。

神经网络中的处理单元通常按层次分布于神经网络的输入层、隐层和输出层中，因而又分别称为输入节点、隐节点和输出节点。

① 输入节点负责接收和处理训练样本集中各输入的变量值，输入节点的个数取决于输入变量的个数。

② 隐节点负责对非线性样本进行线性变换，隐层的层数和节点个数可自行指定。

③ 输出节点给出关于目标变量的分类预测结果，输出节点个数依具体问题而定。

例如，SPSS Modeler 程序神经网络的分类预测应用规定，当目标变量为取值 A 和 B 的二分类型的变量时，输出节点个数为 1，输出值为 1 时表示 A 类，输出值为 0 时表示 B 类；当目标变量为取值 A、B、C 的多分类型的变量时，输出节点个数可为 3，每个节点的输出值为 1 或 0。3 个输出节点的结果组成二进制数，如 100 表示 A，010 表示 B，001 表示 C 等。如果目标变量为连续型的变量，只设置一个输出节点即可。

(2) 从连接方式角度划分

神经网络的连接包括层间连接和层内连接，连接强度用权值表示。层间的连接方式可以分为下述两种。

① 前馈式神经网络：这种神经网络的连接是单向的，上层节点的输出是下层节点的输入。B-P（Back-Propagation）反向传播网络和 Kohonen 网络都属于前馈式神经网络，目前数据挖掘软件中的神经网络大多为前馈式神经网络。

② 反馈式神经网络：这种神经网络除单向连接外，输出节点的输出又作为输入节点的输入。如 Hopfield 网络，包括离散型反馈神经网络(Discrete Hopfield Neural Network，DHNN)和连续型反馈神经网络(Continuous Hopfield Neural Network，CHNN)等。

层内连接方式是指神经网络同层节点之间相互连接。

3. 神经网络中的节点和功能

神经网络的重要元素是节点。输入节点比较特殊，只负责数据输入，且没有上层节点与之相连。除此之外的其他节点，都可以接收上层节点的输出作为本节点的输入，对输入进行处理后给出本节点的输出。

将神经网络放大看，具有输出的完整的节点由加法器和激活函数(Activation Function)两部分组成。例如，一个包含 4 个输入节点、2 个隐节点和 1 个输出节点的三层神经网络表示的一个神经网络中的处理单元如图 4-23 所示，其中的每个椭圆各表示一个节点。

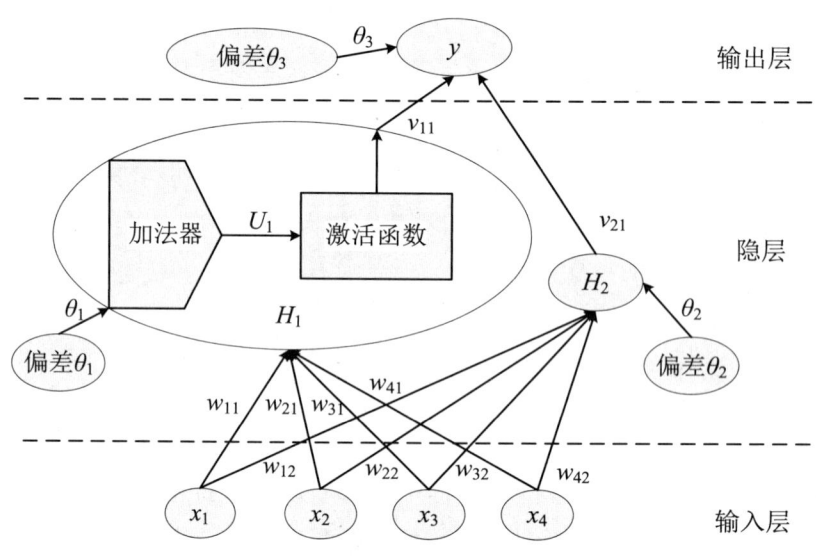

图 4-23 神经网络中的处理单元

（1）加法器

图 4-23 所示的神经网络的处理单元中的输入用带下标的 x 表示，输出用 y 表示，隐层节点与输入层节点的连接权值用带下标的 w 表示，输出层节点与隐层节点的连接权值用带下标的 v 表示，节点的偏差用带下标的 θ 表示，则隐层中第 j 个节点的加法器的输出结果 U_j 的定义为

$$U_j = \sum_{i=1}^{p} w_{ij} x_i + \theta_j$$

上式中，p 表示上层节点的个数，x_i 表示上层第 i 个节点的输出，由于上层每个节点的输出都作为本节点的输入，因此有 p 个输入，w_{ij} 为上层第 i 个节点与本层第 j 个节点的

连接权值。从定义可知，加法器的作用是完成对自身输入的线性组合，θ_j 可看成线性组合中的常数项。其中的关键是连接权值 w_{ij} 的确定。

（2）激活函数

第 j 个节点激活函数的定义为

$$y_j = f(U_j)$$

其中，y_j 是激活函数值，也是节点的输出。函数 f 的参数是加法器的输出结果 U_j，f 的具体形式通常如下：

① $[0,1]$ 阶跃函数：$f(U_j) = \begin{cases} 1, & U_j > 0 \\ 0, & U_j \leq 0 \end{cases}$。

② $[-1,1]$ 阶跃函数：$f(U_j) = \begin{cases} 1, & U_j > 0 \\ -1, & U_j \leq 0 \end{cases}$。

③ $(0,1)$ 型 Sigmoid 函数：$f(U_j) = \dfrac{1}{1+e^{-U_j}}$。

④ $(-1,1)$ 型 Sigmoid 函数：$f(U_j) = \dfrac{1-e^{-U_j}}{1+e^{-U_j}}$。

这四种激活函数的图像如图 4-24 所示。

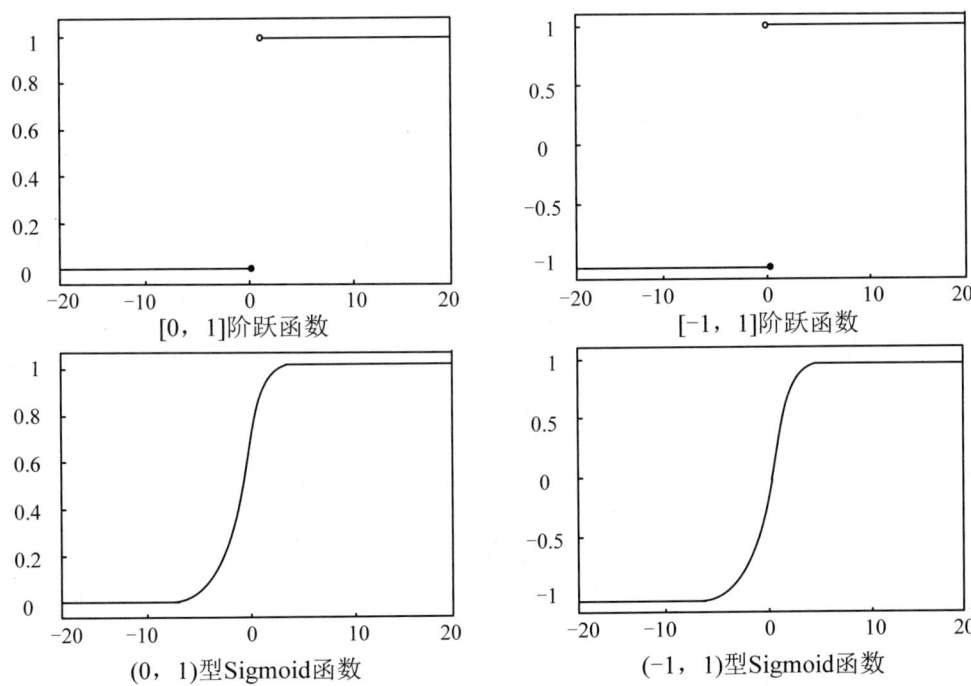

图 4-24　四种激活函数的图像

激活函数的作用是将加法器的输出结果映射到一定的取值范围内。

下面用一个简单的例子进行说明。如图 4-25 所示，设节点 1、2、3 的偏差均为 0，激活函数均为 $(0,1)$ 型 Sigmoid 函数。x_1，x_2 分别为上层节点的输出，每个上层节点都分出两条连接边，各条连接边的连接权值为相应边上的数字。

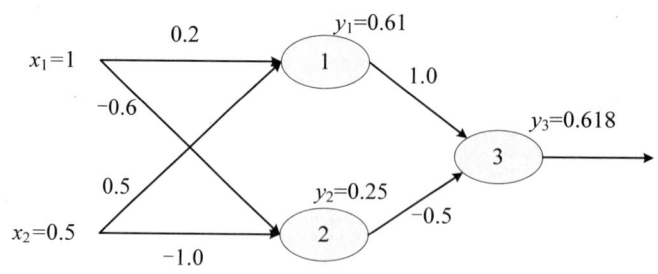

图 4-25　节点的输入和输出实例

对于节点 1，加法器的输出结果为 $U_1 = 1 \times 0.2 + 0.5 \times 0.5 = 0.45$，激活函数的运算结果为 $y_1 = f(0.45) = 0.61$。

对于节点 2，加法器的输出结果为 $U_2 = 1 \times (-0.6) + 0.5 \times (-1.0) = -1.1$，激活函数的运算结果为 $y_2 = f(-1.1) = 0.25$。

对于节点 3，加法器的输出结果为 $U_3 = 0.61 \times 1.0 + 0.25 \times (-0.5) = 0.485$，激活函数的运算结果为 $y_3 = f(0.485) = 0.618$。

神经网络在处理单元上的计算虽然简单，但随着处理单元个数和层数增多，计算工作量将剧增。因此，神经网络的处理难度取决于网络结构的复杂程度。

(3) 节点的意义

在加法器和激活函数的共同作用下，节点起一个超平面的作用。从几何意义上讲，如果有 p 个输入变量，可以将训练样本集中的每个样本看成 p 维特征空间（p 个输入变量）中的一个点。那么，一个节点就是一个超平面。理想情况下，一个超平面将 p 维特征空间划分为两部分，处于超平面一侧的所有样本点为一类，处于超平面另一侧的所有样本点为另一类，由此可实现二值分类。多个节点是多个超平面，它们互相平行或相交，将 p 维特征空间划分成若干区域。理想情况下，处于不同区域的样本点均分属于不同的类别，这样就可以实现多值分类。

训练神经网络模型的关键是如何确定一个超平面。由前面的讨论可知，超平面是由加法器的输出结果 $U_J = \sum_{i=1}^{p} w_{ij} x_i + \theta_j$ 确定的。其中连接权值非常关键，它不仅能描述超平面，还能区分不同的超平面。超平面的最终目标是正确划分样本点，为实现此目标应找到该目标下最恰当的连接权值。通常，由随机的连接权值所确定的超平面无法实现既定目标，所以神经网络需要不断地向训练样本学习，进而不断地调整连接权值，使超平面不断地向正确的方向移动，最终定位到期望的位置上。

节点中激活函数的作用是数值映射，它决定超平面两侧的类别值，或决定取各类别值的概率。

训练神经网络模型的过程本质上是一个寻找最佳超平面的过程，也是一个不断调整连接权值的过程。

4. 建立神经网络的一般步骤

建立神经网络的一般步骤是：数据准备、确定网络结构、确定连接权值。

(1) 数据准备

输入变量的数量级别将直接影响连接权值的确定、加法器的计算结果及最终的分类预测结果，对连续变量数据的标准化处理是数据准备阶段的主要任务之一，神经网络中输入变量的取值范围通常要求在 0～1 之间。

数据的标准化处理一般采用极差法，若 x_i 和 x_i' 分别是标准化处理前后的数据，则有

$$x_i' = \frac{x_i - x_{\min}}{x_{\max} - x_{\min}}$$

其中，$x_{\max}$ 和 $x_{\min}$ 分别为输入变量的最大值和最小值。

另外，神经网络只能处理连续型的输入变量。对分类型的输入变量，SPSS Modeler 程序的处理策略是：对具有 k 个类别的分类变量，将其转换成 k 个取值为 0 或 1 的数值变量后再处理，k 个数值变量的组合将代表原来的分类值。

这样的处理策略会使神经网络的输入节点增加，模型训练效率下降。对此，SPSS Modeler 程序采用二进制编码策略减少变量的个数，具体做法如下。

① 各个类别按照二进制编码。例如，分类变量如果有 A、B、C、D 四个值，可以依次用 001、010、011、100 这四个二进制编码表示。

② 按照以下公式确定变量的个数：

$$n = [\log_2 k] + 1$$

上式中，$[\log_2 k]$ 表示对 $\log_2 k$ 的值取整后的结果。例如，若某个分类变量的类别值个数为 7，则只需要 3 个变量即可表示，如表 4-6 所示。

表 4-6 分类变量的值和对应的二进制编码变量

样本号	变量的值	变量 1	变量 2	变量 3
1	A	0	0	1
2	B	0	1	0
3	C	0	1	1
4	D	1	0	0
5	E	1	0	1
6	F	1	1	0
7	G	1	1	1

对于二分类型的变量，只需要把它转换成一个取值为 0 或 1 的数值变量即可。

(2) 确定网络结构

通常情况下，神经网络的层数和每层的节点数决定了网络的复杂程度，其中的关键指标是隐层层数和隐层包含的节点(称为隐节点)的个数。隐层层数和隐节点个数越多，神经网络的复杂程度也越高。

层数较少的简单网络结构在学习时收敛速度较快，但分类预测的准确度较低；而层数较多的复杂网络结构，分类预测的准确度较高，但存在不能收敛的问题。因此，对网络结构的复杂度和模型训练效率的权衡要加以关注。

理论上，虽然使用多层的网络能够获得更精准的分析结果，但实验表明，使用两个以上隐层的网络会使问题的解决过程变得相当复杂，而且包含多个隐层的网络有时不易得到最优解。所以，除非实际问题需要，选择具有一个隐层的网络往往是最合适的。

对于隐节点的个数，目前没有权威的确定准则。通常，问题越复杂需要的隐节点就越多。从另一个角度讲，对于同一个问题，隐节点越多，学习过程就越不容易收敛，计算量就越大，而且可能产生过拟合问题。

在很多数据挖掘软件中，网络结构不一定在模型建立之前就完全确定下来，往往先给出一个粗略的网络结构，然后再在模型训练过程中逐步调整。

(3) 确定连接权值

神经网络建立的过程是通过恰当的网络结构，探索输入变量和目标变量间复杂关系的过程，这是实现对新数据对象分类预测的前提。神经网络能够通过对已有样本的反复分析和学习，掌握输入变量和目标变量取值之间关系的规律，并将其体现到连接权值中。因此，网络结构确定后，神经网络训练的核心便是如何确定连接权值。

通常情况下，确定连接权值的基本步骤如下。

① 初始化连接权值。

默认情况下，连接权值的初始值为一个随机数。该随机数的取值范围来自[-0.5, 0.5]上的正态分布，其值接近于 0。

这里需要进行以下解释。

❖ 初始值接近 0 的原因如下：对于 Sigmoid 激活函数，开始时神经网络会退化为近似线性的模型。因此，模型训练的思路是从简单的、接近线性的模型开始，然后随连接权值的变化进行调整，变成复杂的、非线性的模型。

❖ 在一个较小的区间而非较大区间内给定初始连接权值的原因是防止各连接权值的差异过大。若某些连接权值很小，则在有限次迭代过程中，相应节点中的激活函数可能只采用线性模型；若某些连接权值很大，则相应节点可能只通过很少次迭代过程，连接权值就基本稳定。这样导致的后果是所有连接权值无法同时达到最终的稳定，从而使某些连接权值达到了稳定态，而另一些连接权值还没有达到稳定态，这就使得目标变量对某些变量的预测精度较高，而对另外一些变量的预测精度较低，无法实现对各节点的均衡学习。

② 计算各处理单元的加法器输出结果和激活函数值，得到样本的分类预测值。

③ 比较样本的分类预测值与实际值并计算误差，如果误差小于某个指定的较小的值，则认为当前的连接权值是合理的连接权值；否则，返回第②步。

从以上叙述可知，连接权值的调整和相应的计算过程是反复进行的，直到预测结果与目标变量实际值的误差收敛到一个指定的较小的值为止。此时，一组相对合理的连接权值才最终被确定下来，于是，超平面也就被确定下来了。

4.6 神经网络应用案例

下面以和本书配套的"数据预处理.xlsx"数据文件为例,建立学生成绩的预测模型,探究通过 SPSS Modeler 程序实现神经网络的具体操作。该数据集在前面章节已经介绍过。本案例要完成的任务是探索哪些因素是影响学生最终成绩是否合格的主要因素。

1. 操作过程

① 导入数据源:启动 SPSS Modeler 程序,从节点工具箱窗格的"源"选项卡中拖曳出"Excel"节点到数据流编辑区域中。右击"Excel"节点,在弹出的快捷菜单中单击"编辑"命令,导入"数据预处理.xlsx"文件。

② 设置各字段的"角色":从节点工具箱窗格的"字段选项"选项卡中拖曳出"类型"节点到数据流编辑区域中,并让其与"Excel"节点建立连接。右击"类型"节点,在弹出的快捷菜单中单击"编辑"命令,打开"类型"对话框,设置各字段的"角色",把 Nationality、PlaceofBirth、GradeID、Topic、Relation、RaisedHands、VisitedResources、AnnouncementsView、Discussion、StudentAbsenceDays 字段的"角色"设置为"输入",把 Class 字段的"角色"设置为"目标";把 Gender、StageID、SectionID、Semester、ParentAnsweringSurvey、ParentSchoolSatisfaction 字段的"角色"设置为"无"。

③ 设置分区:为了能够更准确地评估模型结果,需要对数据集中的数据分区。从节点工具箱窗格的"字段选项"选项卡中拖曳出"分区"节点到数据流编辑区域中,并让其与"类型"节点建立连接。右击"分区"节点,在弹出的快捷菜单中单击"编辑"命令,进行相关设置。本案例选择 70%的样本作为训练集,剩下 30%的样本作为测试集。

④ 选择模型:设置好分区后,从节点工具箱窗格的"建模"选项卡中拖曳出"类神经网络"节点(即"人工神经网络"节点)到数据流编辑区域中,并让它与"分区"节点建立连接,得到如图 4-26 所示的数据流。因为在前面的操作中,已经把 Class 字段的"角色"设置为"目标",因此在数据流编辑区域中,该"类神经网络"节点自动被命名为"Class"节点。

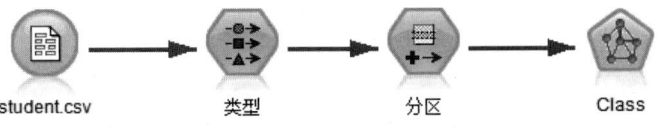

图 4-26 数据流

⑤ 设置模型:右击"Class"节点,在弹出的快捷菜单中单击"编辑"命令,打开"Class"对话框。首先选择"字段"选项卡,如图 4-27 所示进行设置;"构建选项""模型选项""注释"选项卡都按默认状态进行设置。

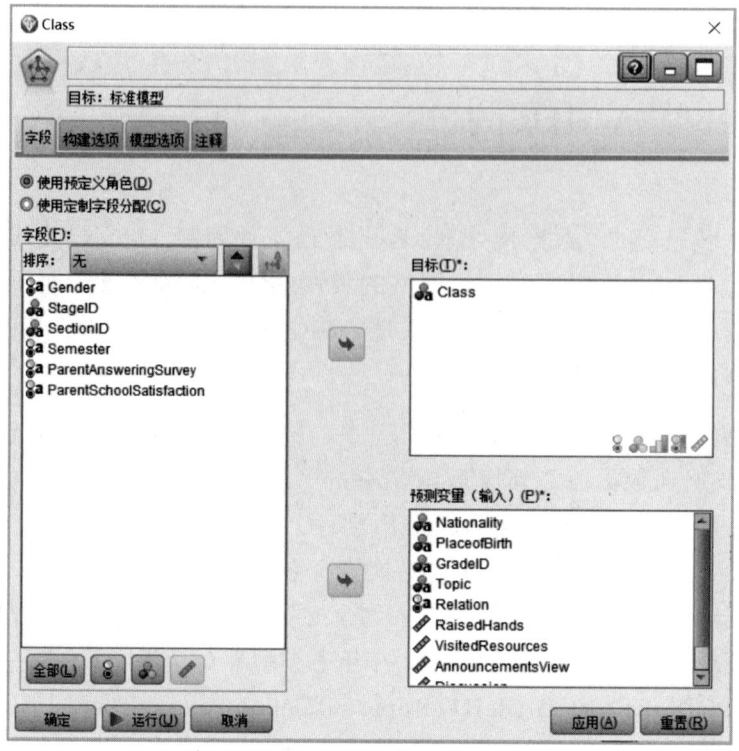

图 4-27 在"字段"选项卡进行设置

⑥ 运行模型:单击图 4-27 中的 ▶运行(U),得到运行结果,这时在数据流编辑区域中将生成一个 节点,双击该节点,弹出如图 4-28 所示的界面。在该界面中可以看到模型概要、预测变量重要性、混淆矩阵、神经网络的层次结构等。

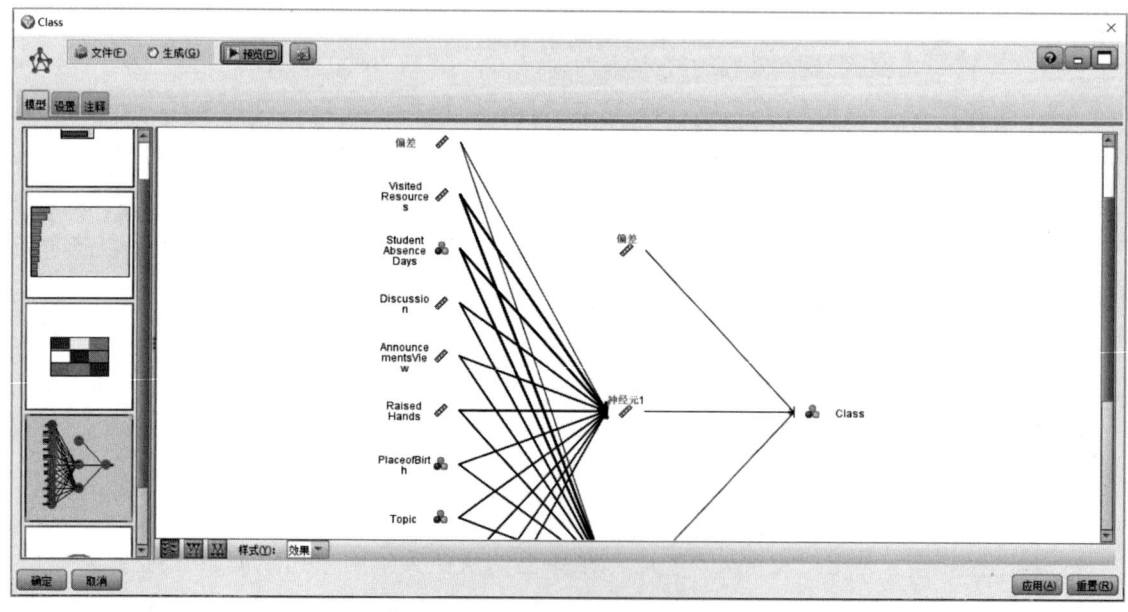

图 4-28 运行结果界面

2. 查看结果

本案例的模型是一个三层神经网络,有 1 个隐层,隐层中包含 2 个隐节点(神经元 1、神经元 2),如图 4-29 所示。

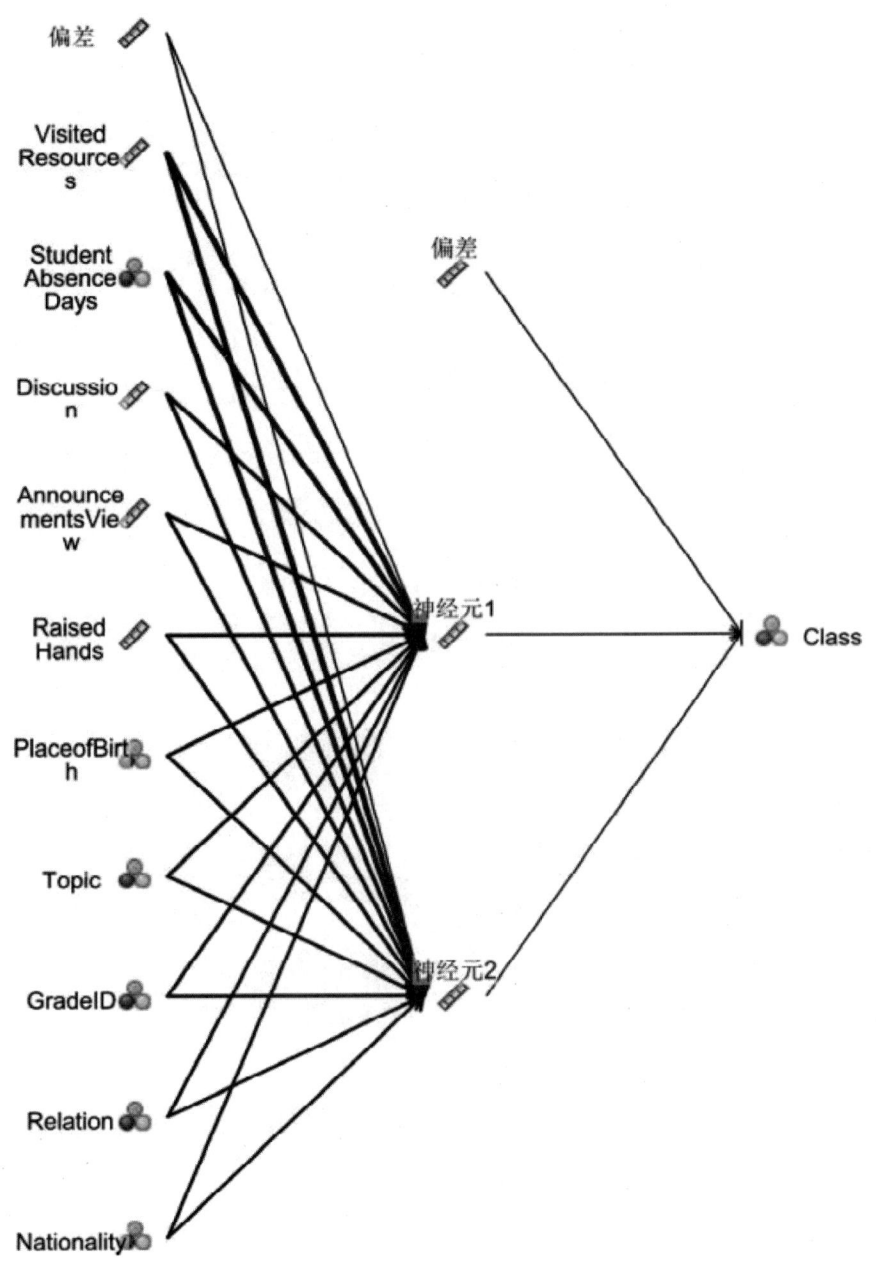

图 4-29 神经网络

经敏感性分析得到如图 4-30 所示的预测变量重要性结果,比较重要的变量是 VisitedResources(访问资源次数)、StudentAbsenceDays(学生上课缺席天数)、

Discussion（参与讨论次数）、AnnouncementsView（查看通知次数）、RaisedHands（举手次数）等。此外，还能得到如图 4-31 所示的模型的混淆矩阵，模型预测的总体正确率为 80.7%，比较理想，主要表现为对成绩的预测精度较好，若要追求更好的效果，可适当增加隐层数和节点数。

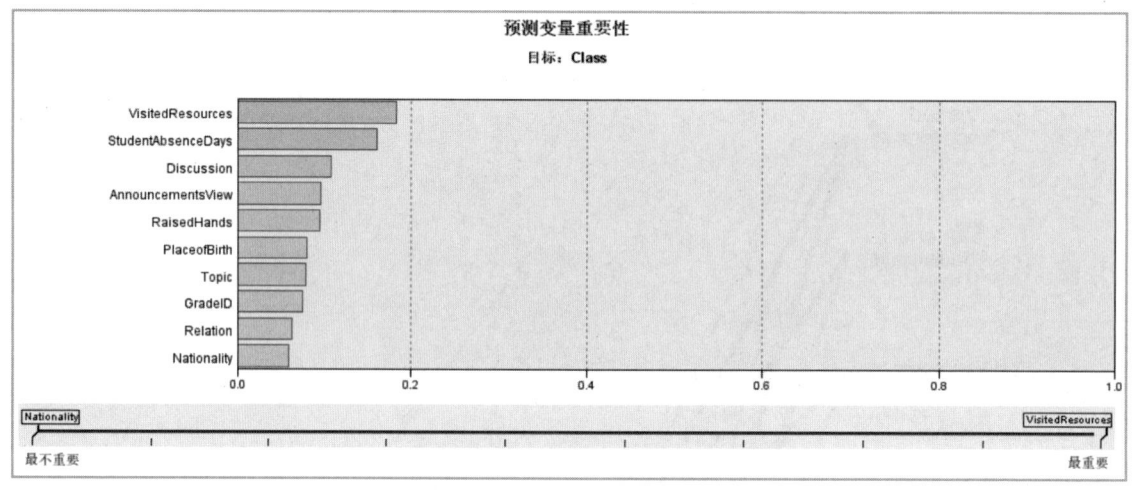

图 4-30　预测重要性结果排序

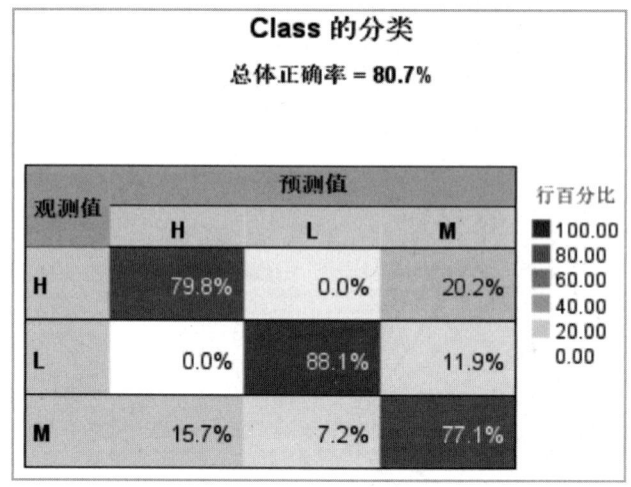

图 4-31　模型的混淆矩阵

将流管理窗格"模型"选项卡中神经网络的模型计算结果拖曳到数据流编辑区域中，与"表格"节点连接，可得到各个样本观测的预测结果。以"$N-""$NC-"开头的变量分别存放分类预测值和预测置信度。

3. 注意事项

① 对于二分类型的目标变量，若输出节点的计算值大于或等于 0.5，则预测分类值为 1；若输出节点的计算值小于 0.5，则预测分类值为 0。第 i 个样本观测的预测置信度计算公式为

$$C_i = |0.5 - y'_i| \times 2$$

其中，y'_i 表示对第 i 个样本观测的输出节点计算结果（激活函数值）。

这种预测置信度的计算方法是依据"差距"原则得到的，还可以根据"对数"原则计算预测置信度，根据该原则，二分类型的目标变量的预测置信度计算公式为

$$C_i = \frac{1}{1+e^{-y'_i}}$$

② 对于多分类型的目标变量，其预测类别取决于计算结果最大的输出节点，该节点预测分类值为 1，其余为 0。依据"差距"原则计算预测置信度，所得的预测置信度就是最大值与次大值的差值。

例如，若目标变量有红色、蓝色、白色、黑色 4 个值，则用 4 个输出单元的组合结果值表示 4 个不同的值。如果 0100 表示蓝色，而神经网络给出的相应 4 个输出节点计算结果分别为 0.32、0.85、0.04、0.27，因为在第 2 个位置上的分量取值最大，所以预测分类值为 0100，即为蓝色，且预测置信度为 0.85-0.32=0.53。

对于多分类型的目标变量，根据"对数"原则计算预测置信度的公式比较复杂，这里不详细介绍。

③ 对于连续类型的目标变量，不计算预测置信度。

4.7 支持向量机

支持向量机（Support Vector Machine，SVM）是在统计学习理论（Statistical Learning Theory，SLT）基础上发展起来的一种数据挖掘方法，1992 年由 Boser、Guyon 和 Vapnik 提出，在解决小样本、非线性和高维的回归及二分类问题上有较大优势。

支持向量机分为支持向量分类机和支持向量回归机。顾名思义，支持向量分类机用来研究输入变量与二分类型目标变量的关系及预测，简称为支持向量分类（Support Vector Classification，SVC）；支持向量回归机用来研究输入变量与连续类型目标变量的关系及预测，简称为支持向量回归（Support Vector Regression，SVR）。

1. 支持向量分类

支持向量分类以训练集为数据对象，通过分析输入变量和二分类型的目标变量之间的数量关系，对与训练集同分布的新样本的目标变量进行分类预测。

（1）支持向量分类的数据和目标

设支持向量分类的分析对象是包含 p 个样本的训练集，每个样本有 n 个输入变量（特征、属性）和一个输出变量（目标变量）。将训练集记为 $(\boldsymbol{X}_1, \boldsymbol{X}_2, \cdots, \boldsymbol{X}_p)$，第 i 个样本的输入变量值以列向量 $\boldsymbol{X}_i = (x_{1i}, x_{2i}, x_{3i}, \cdots, x_{ni})^{\mathrm{T}}$ $(i=1,2,\cdots,p)$ 表示，每个元素均为标准化

值。观测到的输出变量是取值为+1或-1的二值变量，记为y_i。训练集D是如下的一个$(n+1) \times p$矩阵

$$D = \begin{bmatrix} x_{11} & x_{12} & x_{13} & \cdots & x_{1p} \\ x_{21} & x_{22} & x_{23} & \cdots & x_{2p} \\ \vdots & \vdots & \vdots & & \vdots \\ x_{n1} & x_{n2} & x_{n3} & \cdots & x_{np} \\ y_1 & y_2 & y_3 & \cdots & y_p \end{bmatrix}$$

将训练集中的p个样本看成n维特征空间中的p个点，可以用不同形状（或颜色）的点代表输出变量的不同类别的取值，为叙述方便，我们也把各个样本分别称为各个观测点。支持向量分类的建模目的就是以训练集为研究对象，在n维特征空间中找到一个超平面，它能将两类样本，即两类观测点有效分开。

以二维特征空间为例，超平面为一条直线，如图4-32所示。

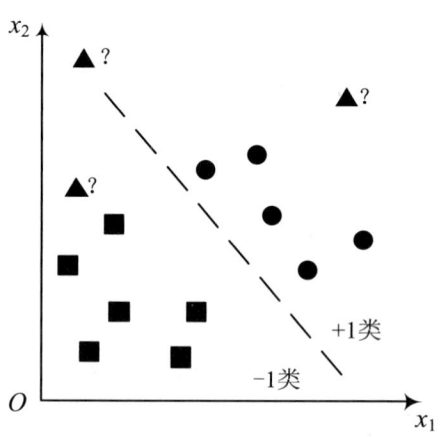

图4-32 支持向量分类的目标示意图

在图4-32中，圆点表示观测点对应的类别的输出为$y = +1$，正方形点表示观测点对应的类别的输出为$y = -1$，三角形点表示观测点对应的类别的输出y的取值未知。显然在支持向量分类中，输出变量的预测值取决于这些观测点位于虚线的哪一侧。在图4-32中，位于虚线右上方的三角形点所代表的观测点，其对应输出变量的类别预测值为+1；位于虚线左下方的三角形点所代表的观测点，其对应输出变量的类别预测值为-1；位于虚线延长线上的三角形点所代表的观测点，其对应输出变量的类别预测值暂无法判断。

由上面的叙述可知，支持向量分类的基本目标与实现分类的神经网络具有一致性。所以，这里的超平面定义也与神经网络的分类节点的加法器相同，如果设$W = \begin{bmatrix} w_1 \\ w_2 \\ \vdots \\ w_n \end{bmatrix}$，超

平面可以用 $b+W^TX=0$ 表示,其中,参数 b 为截距,参数 W^T 决定了超平面的位置,一个超平面将 n 维特征空间划分为两部分。

将样本(观测点)的输入变量值代入 $b+W^TX$。显然,使 $b+W^TX \neq 0$ 的观测点应位于超平面的两侧。这里规定,使 $b+W^TX>0$ 的观测点都位于超平面的某一侧,其输出变量 y 的预测值等于+1;使 $b+W^TX<0$ 的观测点都位于超平面的另一侧,其输出变量 y 的预测值等于-1;使 $b+W^TX=0$ 的观测点落在超平面上,无法确定其输出变量 y 的预测值。

可以按照神经网络提供的一般方法确定参数 b 和 W^T,通过不断迭代求出超平面的最优解。然而,采取这样的方法确定超平面可能出现以下问题:若训练集中的两类样本能够被超平面分开,那么可能找到多个这样的超平面。

以二维特征空间为例,如图 4-33 所示,有多个超平面(多条直线)可以将正方形点和圆点分开。那么,其中的哪个超平面应是支持向量分类的超平面呢?答案是:最大边界超平面是支持向量分类的超平面。

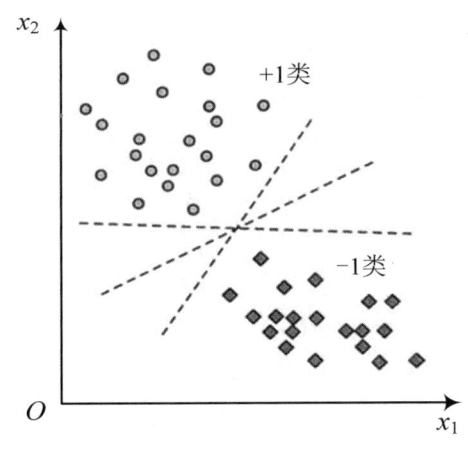

图 4-33　多个超平面示意图

所谓最大边界超平面,就是距两个类别(-1 类和+1 类)的边界观测点最远的超平面。下面以二维特征空间为例具体进行讲解。对于图 4-33 中的任一条直线,计算训练集中所有样本(观测点)到直线的垂直距离。两类中各自与直线距离最短的观测点(如图 4-34 的左图中的 1、2 和 3 点及右图中的 A、B 和 C 点),视为处在平行于该直线的一对边界线上(如图 4-34 的左图和右图中分别所示的两条实线)。实际情况下,可能存在多对平行的边界线,可以形象地将它们比喻为两块"厚板",找到相距最远的一对平行边界线,即最厚的"厚板",最大边界线就是同时垂直于这对"厚板"的线段的垂直平分线,如图 4-34 的左图中所示的虚线,两个类别的边界观测点 1、2 和 3 距它是最远的。把上面的叙述推广到 n 维特征空间,把直线换成超平面,就得到最大边界超平面的概念。

找到最大边界超平面 $b+W^TX=0$ 后,预测新观测点 X^* 的输出变量时,只需要将它的输入变量的值 $X^*=\left(x_1^*, x_2^*, \cdots, x_n^*\right)^T$ 代入 $b+W^TX$,并判断计算结果的正负即可。若 $b+W^TX^*>0$,则输出变量的预测值 $\hat{y}^*=1$;若 $b+W^TX^*<0$,则 $\hat{y}^*=-1$。

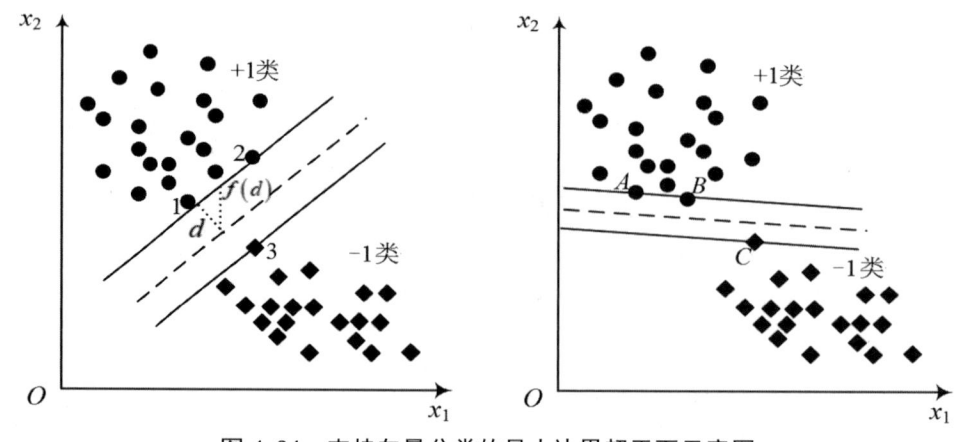

图 4-34　支持向量分类的最大边界超平面示意图

最大边界超平面应具有如下特点。

① 最大边界超平面不仅距训练集中位于边界上的观测点(称为边界观测点)最远(在处理之前,应对输入变量做预处理,以消除不同数量级的输入变量对距离计算的影响),而且距测试集中的边界观测点也最远。

将"厚板"一半的"厚度"记为 d,测试集中某个样本的观测值为 X_i,若其输出变量 $y_i=1$,则不仅有 $b+W^T X_i>0$ 成立,也有 $b+W^T X_i \geq 0+f(d)$ 成立,$f(d)$ 是 d 的函数,可以形象地理解为通过 $f(d)$ 来实现最大超平面 $b+W^T X=0$ 在坐标系中的上下平移;若其输出变量 $y_i=-1$,则不仅有 $b+W^T X_i<0$ 成立,也有 $b+W^T X_i \leq 0-f(d)$ 成立。同理,对新样本点的观测值 X^*,若 $b+W^T X^*>0$,则意味着 $b+W^T X^* \geq 0+f(d)$;若 $b+W^T X^*<0$,则意味着 $b+W^T X^* \leq 0-f(d)$。采用这种方式做出正确预测的可能性较高。

② 最大边界超平面仅取决于两个类别的边界观测点。例如,图 4-34 的左图中的最大边界超平面仅取决于观测点 1、2、3。最大边界超平面对这些观测点位置的移动极为"敏感",且仅"依赖"于这些数量极少的观测点。这些点称为支持向量。

(2) 支持向量分类的两种情况

确定最大边界超平面时,存在线性可分样本和线性不可分样本两种情况。对于线性可分样本,又可以分为线性可分问题和广义线性可分问题。

① 线性可分样本:线性可分样本即样本观测点可以被超平面线性分开的样本。对这类样本,还需要考虑样本完全线性可分和样本无法完全线性可分两种情况。前者意味着特征空间中的两类样本观测点彼此不"交融",可以找到一个超平面将两类样本的观测点完全正确地分开,如图 4-34 所示,这种情况称为线性可分问题;后者表示特征空间中的两类样本点彼此"交融",无法找到一个超平面将两类样本观测点完全正确地分开,如图 4-35 所示,这种情况称为广义线性可分问题。

② 线性不可分样本。线性不可分样本即样本观测点无法被超平面线性分开,如图 4-36 所示。对这种情况,不存在能将两类样本分开的直线(超平面),只存在某种曲线(超曲面)能将两类样本分开。

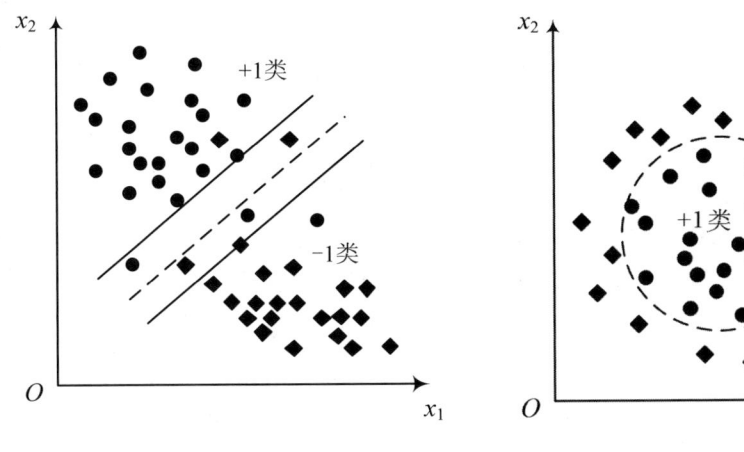

图 4-35　广义线线性可分问题示意图　　图 4-36　线性不可分样本示意图

2. 支持向量回归

支持向量回归以训练样本集为数据对象,通过分析输入变量和连续输出变量之间的数量关系,对新观测数据的输出变量值进行预测。

(1) 支持向量回归概述

支持向量回归与统计学中的回归分析一脉相承,有共同的分析目标。

回归分析以样本数据为研究对象,分析输入变量(自变量)和输出变量(因变量)之间的对应关系,并用回归直线或回归平面直观展示这种对应关系,用回归方程准确量化这种对应关系。回归分析的目标就是通过样本数据估计回归方程的参数,进而确定回归直线或回归平面的位置。支持向量回归也是如此。

一元线性回归与二元线性回归如图 4-37 所示。

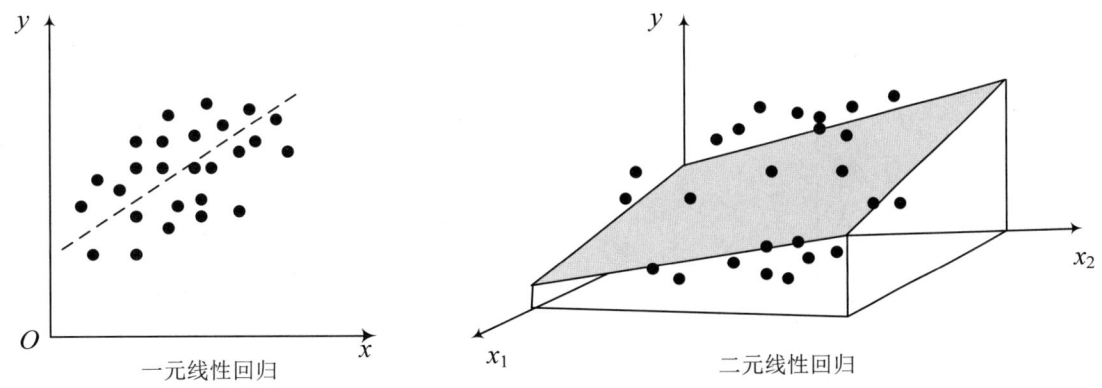

图 4-37　一元线性回归与二元线性回归

图 4-37 的左图显示的是一个输入变量 x 的情况,图中的虚线为一元线性回归中的回归直线,在支持向量回归中的一般表示形式为 $y=b+wx$,其中 y 为输出变量,x 为输入变量,b 为截距,w 为斜率。图 4-37 的右图显示的是两个输入变量 x_1,x_2 的情况,此时,

出现二元线性回归中的回归平面，在支持向量回归中的一般表示形式为 $y = b + w_1 x_1 + w_2 x_2$。类似地，当有 p 个输入变量时，线性回归超平面或支持向量回归超平面的一般表示形式为

$$y = b + \sum_{i=1}^{p} w_i x_i = b + \boldsymbol{W}^{\mathrm{T}} \boldsymbol{X}$$

如果在 p 维特征空间中无法找到一个对样本数据拟合良好的超平面，则需沿用线性不可分问题下的支持向量分类思想，通过核函数，间接将样本非线性映射到高维空间中，并在其中寻找超平面，这个平面在原来的低维空间中看起来是一个曲面。

与回归分析的预测类似，支持向量回归中，对于新样本 $\boldsymbol{X}^*$，其输出变量的预测值为 $\hat{y}^* = b + \boldsymbol{W}^{\mathrm{T}} \boldsymbol{X}^*$。

（2）支持向量回归的基本思想

支持向量回归与统计学中的回归分析（以下简称为回归分析）有相同的分析目标，但在超平面的参数确定策略上存在不同。

在满足残差零均值和等方差的前提下，回归方程的参数估计通常采用最小二乘法，以使输出变量的实际值与预测值间的离差平方和最小为原则，求解回归方程的参数，即求解损失函数⑤达到最小值时的参数，如下所示。

$$\min_{b,w} \sum_{i=1}^{n} e_i^2 = \sum_{i=1}^{n} (y_i - \hat{y}_i)^2 = \sum_{i=1}^{n} \left(y_i - b - \sum_{j=1}^{p} w_j x_{ij} \right)^2$$

上式中，$\hat{y}_i$ 为第 i 个样本的输出变量预测值，其中 $e_i = (y_i - \hat{y}_i)$ $(i = 1, 2, \cdots, n)$ 表示实际值和预测值的偏差，为便于计算，定义一个误差函数 e_i^2，$e_i^2 = (y_i - \hat{y}_i)^2$ $(i = 1, 2, \cdots, n)$，它是样本输出变量实际值与其预测值的偏差 $e_i = y_i - \hat{y}_i$ 的平方，一元线性回归分析中的偏差 e_i 如图 4-38 所示。

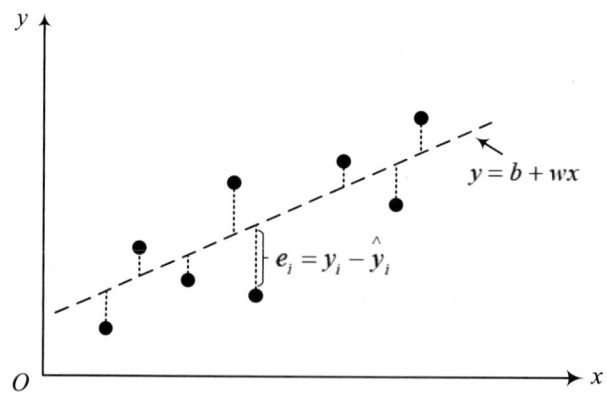

图 4-38 输出变量实际值与预测值的偏差

---

⑤ 损失函数用来评价模型的预测值和真实值不一样的程度，通常情况下，损失函数取值越小，模型的性能也越好。不同的模型用的损失函数一般不一样。

支持向量回归同样遵循损失函数最小原则下的超平面参数估计，但为了降低过拟合风险，采用 ε - 不敏感损失函数。回归分析中，每个观测的误差函数都计入损失函数；而支持向量回归中，误差函数的绝对值（也称为绝对偏差）小于或等于指定的 ε 值的观测点给损失函数带来的"损失"将被忽略，即不对损失函数做出贡献，这样的损失函数称为 ε - 不敏感损失函数。

具体说，所谓 ε - 不敏感损失函数，是指当观测点对应的输出变量的实际值与其预测值的偏差的绝对值不大于事先给定的 ε 时，则认为该观测点不对损失函数贡献"损失"，损失函数对此呈不敏感"反应"。

ε - 不敏感损失函数的损失贡献和损失之间的关系如图 4-39 所示。

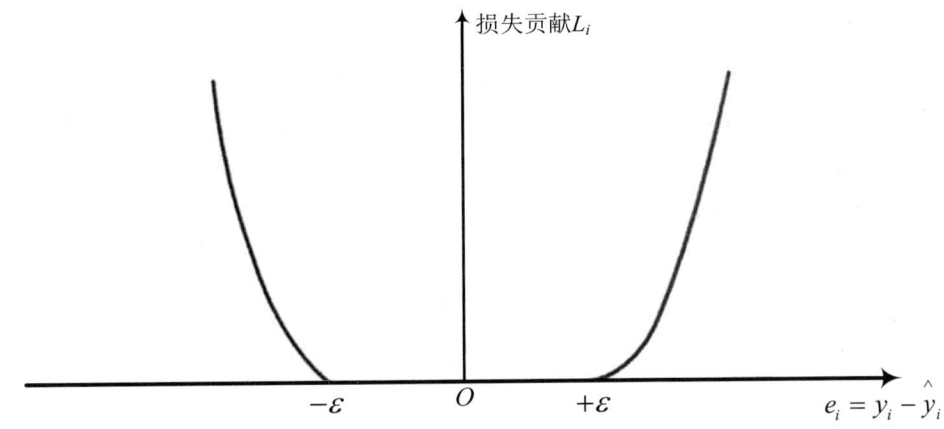

图 4-39　ε - 不敏感损失函数的损失贡献和损失的关系

图 4-39 中，当绝对偏差 $|e_i|$ 大于 ε 时，损失贡献的值随 $|e_i|$ 的增加而增加。第 i 个观测对损失函数的贡献为 $L_i = \left[\max\left(0, |e_i| - \varepsilon\right)\right]^2$，损失函数为 $L = \sum_{i=1}^{n} L_i$。

直观来讲，图 4-40 中的虚线表示支持向量回归超平面。超平面两侧竖直距离为 2ε 的两条平行实线所代表的两个超平面中间的区域称为 ε - 带。落入 ε - 带中的样本点，其误差将被忽略。ε - 带是不为损失函数贡献任何损失的区域。图 4-40 中 ξ_i 和 ξ_i^* 称为松弛变量，它们的含义在后面介绍。

超平面的参数求解以损失函数最小化为原则，由于损失函数忽略落入 ε - 带中的观测样本的误差，因此，这些观测点对超平面没有影响。而那些位于 ε - 带外的观测点将决定超平面，是支持向量，其拉格朗日乘子[⑥] a_i 不等于 0。推而广之，在有多个输入变量的情况下，ε - 带会演变为一个柱形的"管道"，"管道"内观测点的误差将被忽略，支持向量是位于"管道"外的观测点，其拉格朗日乘子 a_i 不等于 0。

---

⑥ 拉格朗日乘子法是求函数 $f(x_1, x_2, \cdots)$ 在某一约束条件下的极值的方法。其主要思想是引入一个新的参数 λ（即拉格朗日乘子），将约束条件与 $f(x_1, x_2, \cdots)$ 联系在一起，使能配成与变量数量相等的等式方程，从而求出当 $f(x_1, x_2, \cdots)$ 达到极值时各个变量的值。拉格朗日乘子反映了当约束条件变化时，目标函数极值的变化情况。

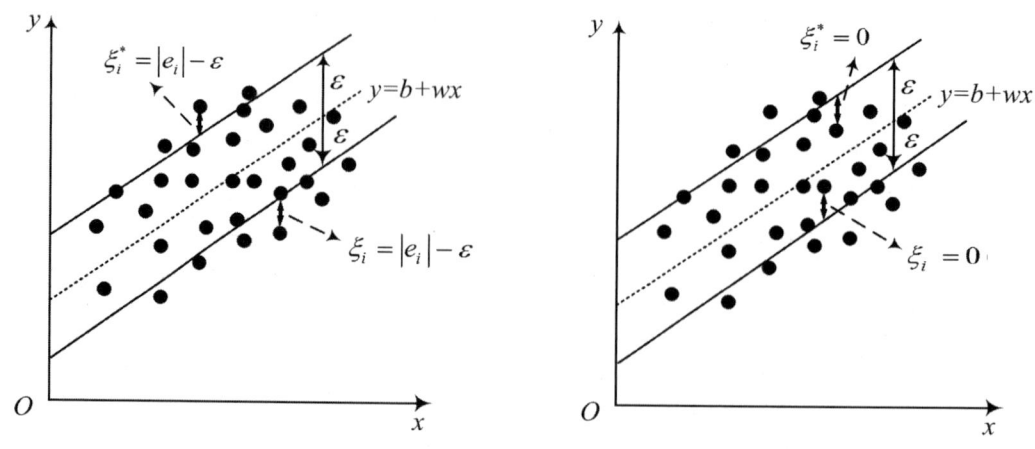

图 4-40　ε - 带和松弛变量

在这里，ε 的值很重要，ε 过大的极端情况是"管道"过粗，所有观测点均位于"管道"内，没有一个是支持向量。此时，超平面应位于输出变量的均值位置上，它垂直于 y 轴，是一个"最平"的超平面。该情况下，无论输入变量如何取值，所有观测点的预测值均取训练样本输出变量的均值，超平面的预测偏差大，不具有实用价值。

另一方面，ε 过小的极端情况是"管道"过细，所有观测点均位于"管道"外，都是支持向量，都影响回归超平面，即为普通回归。这显然违背了支持向量回归降低过拟合风险的设计初衷。

所以，需要权衡过拟合风险和预测偏差。一方面通过适当增加 ε 的值，尽量降低过拟合风险，另一方面损失函数值也不能过高。

为此，类似于广义线性可分下的支持向量分类，支持向量回归引入松弛变量进行偏差测度，为了区分，用 ξ_i 或 ξ_i^* 分别表示当超平面位于第 i 个观测点上方或下方时的松弛变量值，并将它们定义为观测点距"管道"壁竖直方向上的距离，ξ_i 和 ξ_i^* 的值均为 $\max(0, |e_i| - \varepsilon)$，如图 4-40 所示，"管道"内部观测点的松弛变量值为 0。根据 KKT（Karush-Kuhn-Tucker）条件[⑦]可知，松弛变量体现了 ε - 不敏感损失函数的基本应用思想。

在上述松弛变量定义下，约束条件为

$$(b + \boldsymbol{W}^T \boldsymbol{X}_i) - y_i \leq \varepsilon + \xi_i \quad (i = 1, 2, \cdots, n)$$
$$y_i - (b + \boldsymbol{W}^T \boldsymbol{X}_i) \leq \varepsilon + \xi_i^* \quad (i = 1, 2, \cdots, n)$$
$$\xi_i \geq 0, \xi_i^* \geq 0 \quad (i = 1, 2, \cdots, n)$$

参照广义线性可分问题中的目标函数，支持向量回归的目标函数一般定义为

---

⑦ KKT 条件是解决最优化问题时用到的一种条件。通常是指对于给定的某一函数，求其在指定作用域上的全局最小值。提到 KKT 条件一般会附带的提一下拉格朗日乘子，二者均是求解最优化问题中用到的一些方法，不同之处在于应用的情形不同。

$$\min \frac{1}{2}\|W\|^2 + \frac{C}{n}\sum_{i=1}^{n}(\xi_i^2 + \xi_i^{*2})$$

目标函数中的可调参数 C（大于零）是一种损失惩罚参数，用来平衡模型复杂度和损失（即预测误差）。当参数 C 较大或极大时，意味着将对错判给予较高的惩罚，允许的 ε 较小。从另一角度看，当可调参数 C 极大时，目标函数 $\min \frac{1}{2}\|W\|^2 + \frac{C}{n}\sum_{i=1}^{n}(\xi_i^2 + \xi_i^{*2})$ 中第 2 项远大于第 1 项，从而导致第 1 项可基本忽略，因此，如果要使目标函数取得极小化的值，就需要使 $\sum_{i=1}^{n}(\xi_i^2 + \xi_i^{*2})$ 达到极小化的取值，此时模型较复杂，且"管道"细；反之，当可调参数 C 较小或接近 0 时，意味着将对错判给予较低的惩罚，允许的 ε 较大，此时目标函数 $\min \frac{1}{2}\|W\|^2 + \frac{C}{n}\sum_{i=1}^{n}(\xi_i^2 + \xi_i^{*2})$ 中的第 2 项接近于 0，从而导致第 2 项可基本忽略，因此，如果要使目标函数取得极小化的值，就需要使 $\|W\|$ 达到极小值，此时模型较为简单，"管道"粗。综上所述，太小或太大的参数 C 都是不恰当的，一般可通过 N 折交叉验证的方式确定参数 C 的值。

4.8 支持向量机应用案例

下面以和本书配套的研究数据集"数据预处理.xlsx"文件为例，建立学生成绩的预测模型，介绍用 SPSS Modeler 程序进行支持向量机的具体操作。

1. 操作过程

① 导入数据源：启动 SPSS Modeler 程序，从节点工具箱窗格的"源"选项卡中拖曳出"Excel"节点到数据流编辑区域中。右击"Excel"节点，在弹出快捷菜单中单击"编辑"命令，导入数据集"数据预处理.xlsx"文件。

② 设置各字段的"角色"：从节点工具箱窗格的"字段选项"选项卡中拖曳出"类型"节点到数据流编辑区域中，并让其与"Excel"节点建立连接。右击"类型"节点，在弹出的快捷菜单中单击"编辑"命令，打开"类型"对话框，设置各字段的"角色"，把 Nationality、PlaceofBirth、GradeID、Topic、Relation、RaisedHands、VisitedResources、AnnouncementsView、Discussion、StudentAbsenceDays 字段的"角色"设置为"输入"，把 Class 字段的"角色"设置为"目标"；把 Gender、StageID、SectionID、Semester、ParentAnsweringSurvey、ParentSchoolSatisfaction 字段的"角色"设置为"无"。

③ 设置分区：为了能更准确地评估模型结果，需要对数据集中的数据分区。从节点工具箱窗格的"字段选项"选项卡中拖曳出"分区"节点到数据流编辑区域中，并让它与"类型"节点建立连接。右击"分区"节点，在弹出的快捷菜单中单击"编辑"命

令进行相关设置。本案例选择70%的样本作为训练集，剩下的30%的样本作为测试集。

④ 选择模型：设置好分区后，从节点工具箱窗格的"建模"选项卡中拖曳出"SVM"节点（即"支持向量机"节点）到数据流编辑区域中，并让它与"分区"节点建立连接，得到如图4-41所示的数据流，"SVM"节点的名称变为"Class"。

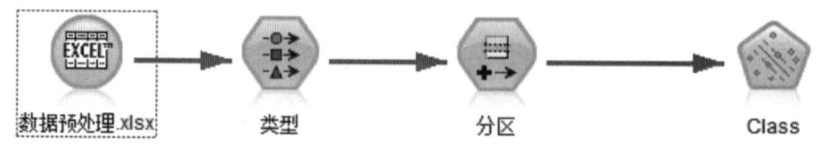

图 4-41　数据流

⑤ 右击"Class"节点，在弹出的快捷菜单中单击"编辑"命令，打开设置"Class"节点的对话框，"专家"选项卡是这个对话框中最重要的选项卡，如图4-42所示。

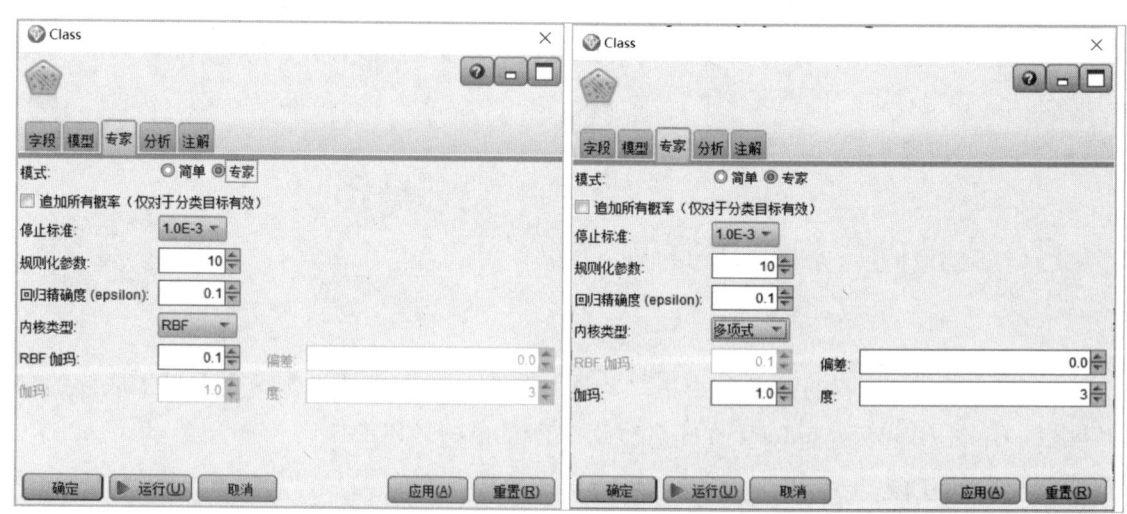

"内核函数"设置为"RBF"时　　　　　　　"内核函数"设置为"多项式"时

图 4-42　"Closs"节点对话框的"专家"选项卡

下面对图4-42所示的选项卡中的各个选项进行解释。

❖ 模式：选中"简单"单选项，表示按SPSS Modeler程序默认的参数建模；选中"专家"单选项，可手动设置模型参数，此时，各参数均呈可设置状态。

❖ 追加所有概率（仅对于分类目标有效）：在支持向量分类中，选中该选项，表示计算输出变量取各类别值的概率；否则，只计算输出变量取某一个类别值的概率。

❖ 停止标准：用来指定参数求解过程中停止迭代的条件。默认值为 0.001（即 1.0E-3），最小值为0.000001（即 1.0E-6）。由于采用经典的二次规划方法求解参数时，同时求解 n 个拉格朗日乘子将涉及很多次迭代，计算量很大。因此SPSS Modeler程序采用 SMO（Sequential Minimal Optimization）序列最小优化算法求解，其基本思路是每次只更新两个拉格朗日乘子进行迭代，获得最终解。本选项指定拉格朗日乘子的更新小于该值时，停止迭代。减小该值，模型精度将得到改善，但建模时间会增长。
- ❖ 规则化参数：用来指定支持向量机目标函数中参数 C 的值，默认为 10，较为合理的值在 1～10 之间。增加该值将改善模型精度，但可能导致过拟合。
- ❖ 回归精确度(epsilon)：用来指定支持向量回归中的 ε 值。
- ❖ 内核类型：用来指定核函数，默认为径向基核函数 RBF(Radial Basis Function)。

注意：如图 4-42 的左图所示，当指定"内核类型"为"RBF"时，可以设置"RBF 伽马"参数，而"伽马"参数不可设置(对应的选项呈灰色)；当指定"内核类型"为"多项式"或"Sigmoid"时，可以设置"伽马"参数，而"RBF 伽马"参数不可设置(对应的选项呈灰色)；当指定"内核函数"为"线性"时，"RBF 伽马"参数和"伽马"参数均不可设置(它们均呈灰色)。

- ❖ RBF 伽马：即指定 RBF γ，其经验值在 $\dfrac{3}{n} \sim \dfrac{6}{n}$ 之间，n 为输入变量的个数。

增大 γ 可提高预测精度，但可能导致过拟合。RBF γ 主要定义了单个样本对整个分类超平面的影响，当取值较小时，单个样本对整个分类超平面的影响比较小，整个模型的支持向量较少；反之，当取值较大时，单个样本对整个分类超平面的影响比较大，整个模型的支持向量也会多。

- ❖ 伽马：当指定"内核类型"为"多项式"或"Sigmoid"时，应指定参数伽马(即 γ)的值。同样，当取值较小时，单个样本对整个分类超平面的影响比较小，整个模型的支持向量较少；反之，当取值较大时，单个样本对整个分类超平面的影响比较大，整个模型的支持向量也会多。
- ❖ 偏差：当指定"内核类型"为"多项式"或"Sigmoid"时，应指定偏差的值。
- ❖ 度：当指定"内核类型"为"多项式"或"Sigmoid"时，应指定度的值，以确定映射空间的维度，通常该值不应大于 10。

在本案例中，我们在"专家"选项卡中选择"简单"模式。

⑥ 进入"分析"选项卡，选中模型评估下的"计算预测变量重要性"复选项。

⑦ 经过上述操作设置好"Class"节点后，单击图 4-42 中的 ▶运行(U)，可以得到运行结果，这时在数据流编辑区域中会生成一个 节点。

2. 查看结果

双击 节点，弹出如图 4-43 所示的界面。在该界面中可以看到模型概要、预测变量重要性等。

图 4-43 所示的"模型"选项卡按照各变量对 Class 这一字段预测的重要性排序，较为重要的变量依次是 RaisedHands(举手次数)、StudentAbsenceDays(学生上课缺席天数)、VisitedResources(访问资源次数)、AnnouncementsView(查看通知次数)、Discussion(参与讨论次数)、Topic(主题)、PlaceofBirth(出生地)等。

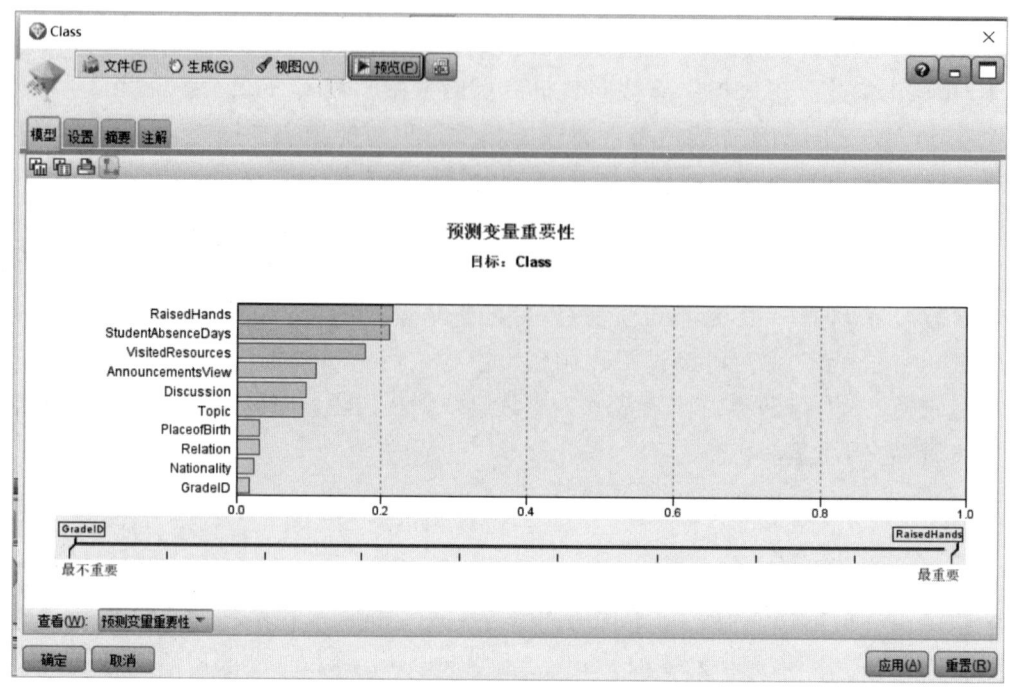

图 4-43　预测变量重要性结果

在模型结果节点后连接“表格”节点，右击“表格”节点，弹出快捷菜单，单击“运行”命令，便能得到各条记录详细的预测结果。如图 4-44 所示，其中以“$S-”开头的变量给出了目标变量的预测值。在支持向量分类中，以“$SP-”开头的变量给出了类别预测置信值的水平。

	olSatisfaction	StudentAbsenceDays	Class	分区	$S-Class	$SP-Class
1		Under-7	M	1_培训	M	0.918
2		Under-7	M	1_培训	M	0.911
3		Above-7	L	1_培训	L	0.761
4		Above-7	L	2_测试	M	0.590
5		Above-7	M	1_培训	M	0.859
6		Above-7	M	1_培训	M	0.867
7		Above-7	L	1_培训	L	0.947
8		Under-7	M	1_培训	M	0.917
9		Under-7	M	1_培训	M	0.880
10		Under-7	M	1_培训	M	0.928
11		Under-7	H	1_培训	H	0.821
12		Under-7	M	1_培训	M	0.846
13		Above-7	L	2_测试	L	0.851
14		Above-7	L	1_培训	L	0.943
15		Above-7	H	2_测试	M	0.889
16		Under-7	M	2_测试	M	0.895
17		Above-7	M	1_培训	L	0.577
18		Above-7	M	1_培训	M	0.858
19		Under-7	M	1_培训	M	0.874
20		Under-7	H	1_培训	H	0.525

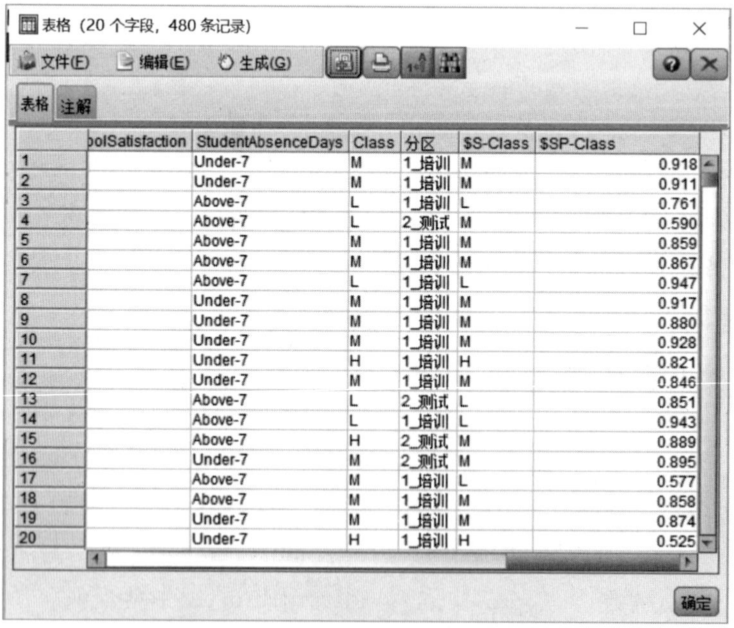

图 4-44　各条记录详细的预测结果

本章小结

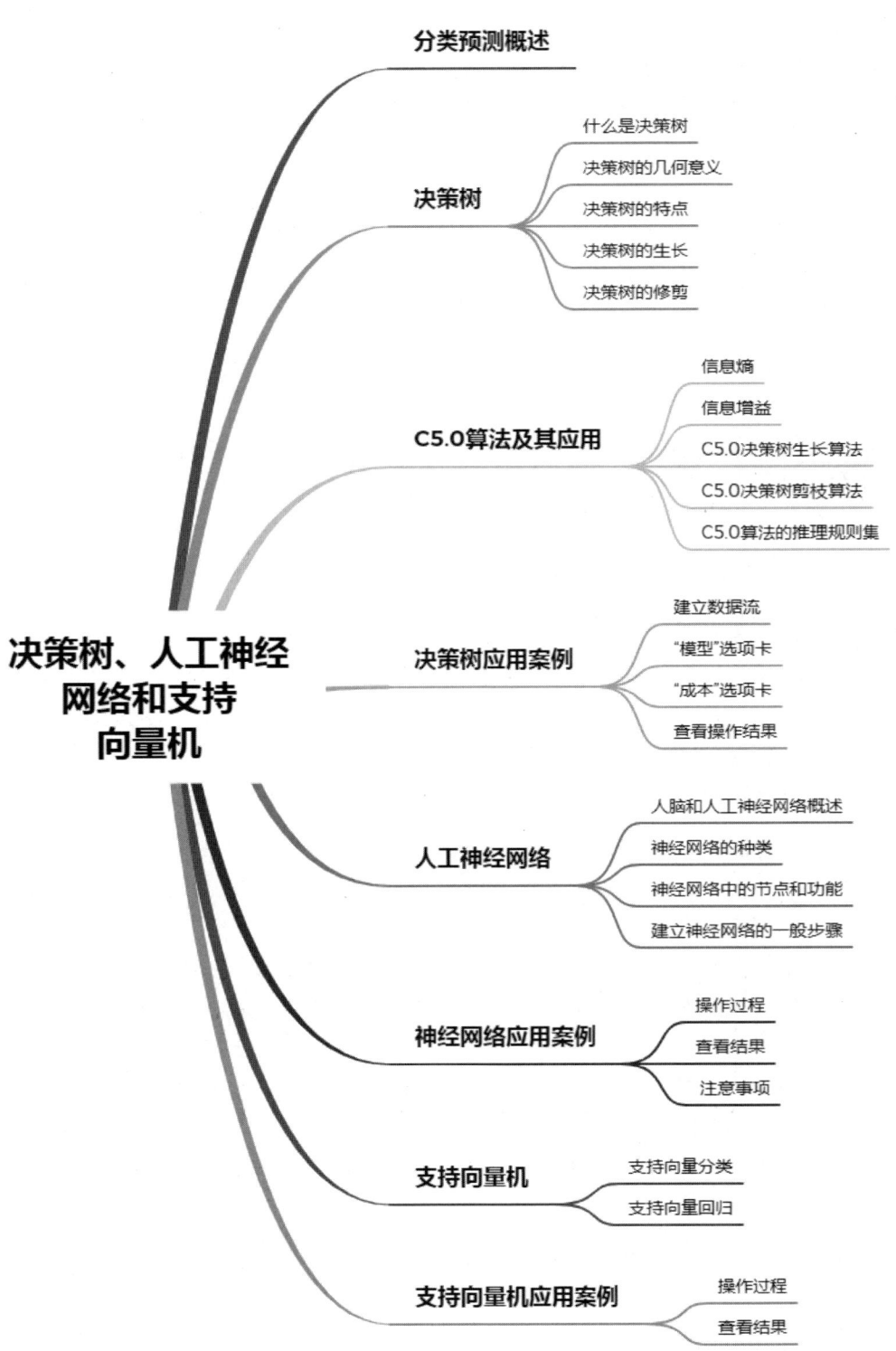

第 5 章 朴素贝叶斯分类器、贝叶斯网络和二项 Logistic 回归

本章介绍分类预测中的朴素贝叶斯分类器、贝叶斯网络和二项 Logistic 回归。贝叶斯定理、贝叶斯分类和朴素贝叶斯分类三者之间既有联系又有区别。

5.1 贝叶斯概率和贝叶斯定理

1. 贝叶斯概率

贝叶斯概率是一种不同于经典概率的主观概率。经典概率反映的是事物的客观特征,这种概率不随人们主观意识的变化而变化。而贝叶斯概率是人们对事物发生概率的主观估计,取决于先验知识的正确性和后验知识的丰富性,它随人们主观意识的改变而改变,随人们掌握信息的变化而变化。

例如,对于投掷硬币问题,经典的统计定义概率反映的硬币某一面朝上的概率,是重复进行 n 次投币试验时,硬币某一面朝上的次数与投币总次数之比随 n 的增大而不断接近的一个常数。由此可知,经典概率是事物物理属性的体现,不会随人们主观意识的变化而变化。但由于获取经典概率需要进行大量独立重复的试验,因此对许多现实问题来讲是无法实现的。

对于投掷硬币问题,贝叶斯概率反映的是人们相信某一面朝上的置信程度,取决于先验不确定性及其数据对先验不确定性的修正。例如,由于最初人们对投掷硬币时正面是否朝上是不确定的,因此最直接的做法是投掷若干次,利用得到的投掷结果减小先前认识的不确定性。

2. 贝叶斯定理

求贝叶斯概率的贝叶斯方法的过程是：首先，用先于试验数据的概率描述最初的不确定性；然后，将其和试验数据相结合，产生一个后于数据的修订了的概率。因此，贝叶斯概率是一个主观概率，先验知识和后期信息(数据)是获得贝叶斯概率估计的关键。

同时，更重要的是，贝叶斯方法认为不确定性必须用概率来描述，且不确定性的表述必须与概率论的运算规则相结合。如果设 $P(A)$ 和 $P(B)$ 分别是随机事件 A 和 B 发生的概率，当事件 A 与事件 B 独立时，有 $P(AB)=P(A)P(B)$；当事件 A 与事件 B 不独立时，有 $P(AB)=P(B)P(A|B)=P(A)P(B|A)$。于是，得到下述公式表示的贝叶斯定理。

$$P(A|B)=\frac{P(A)P(B|A)}{P(B)}=\frac{P(A)P(B|A)}{\sum_{i=1}^{n}P(A_i)P(B|A_i)}$$

上式中，$P(A)$ 为先验概率，$P(A|B)$ 为后验概率，$P(B|A)$ 为条件概率。这里，A 为离散的分类型随机变量，有 n 个可能取值，上述贝叶斯定理对应的式子也称为贝叶斯公式。

后验概率可看作一种简化的效用函数，最大后验概率假设是决策的依据。

5.2 朴素贝叶斯分类器

在贝叶斯定理的基础上，人们设计出了贝叶斯分类器，贝叶斯分类器是一类分类算法的总称，这类算法均以贝叶斯定理为基础，故统称为贝叶斯分类器，其对应的分类称为贝叶斯分类。有很多种贝叶斯分类器，朴素贝叶斯分类器是贝叶斯分类器的一种，也是最简单、最常用的分类器。

朴素贝叶斯分类器的目标是在训练样本集的基础上，学习和归纳输入变量以及目标变量取值之间的规律，以实现对目标变量值的分类预测。朴素贝叶斯分类器中的"朴素"二字是指它假设输入变量是相互独立的，因此对实际应用情境有所约束，如果变量之间存在关联，使用朴素贝叶斯分类器分类，准确率会降低，不过在大部分情况下，朴素贝叶斯分类器的分类效果都不错。

以下叙述中把朴素贝叶斯分类器简称为朴素贝叶斯分类。

1. 朴素贝叶斯分类的数据输入

设有 n 个输入变量，记为 $x_1, x_2, \cdots, x_n$，它们可以是离散分类型变量，也可以是连续数值型变量，下面讨论输入变量是离散分类型变量的情况。设输入变量为 $\boldsymbol{X}=(x_1, x_2, \cdots, x_n)$，$\boldsymbol{X}$ 中的每个分变量 x_i ($i=1,2,\cdots,n$) 有 r 个可能的取值，记为 $x_{i_1}, x_{i_2}, \cdots, x_{i_r}$。目标变量(输出变量) y 是分类型变量，有 k 个可能的取值，记为 $y_1, y_2, \cdots, y_k$。

例如，在对橙子的甜与不甜进行判断时，把输入变量设置为 $X=(x_1, x_2, x_3)$，x_1 表示橙子大小，x_2 表示橙子颜色，x_3 表示橙子有没有脐（是不是脐橙）。x_1 有 3 个可能的取值，记为 $x_{1_1}, x_{1_2}, x_{1_3}$，其中，$x_{1_1}$ 表示大，x_{1_2} 表示中等，x_{1_3} 表示小。把目标变量设置为 y，代表橙子是否甜，y 有两个可能的取值，记为 y_1, y_2，其中，y_1 表示甜，y_2 表示不甜。

我们以 $P(x_1=s_1, x_2=s_2, \cdots, x_n=s_n)$ 表示变量 X 取 $(s_1, s_2, \cdots, s_n)$ 值时的概率，简记为 $P(s_1, s_2, \cdots, s_n)$；以 $P(y=y_j | x_1=s_1, x_2=s_2, \cdots, x_n=s_n)$ 表示在变量 X 取 $(s_1, s_2, \cdots, s_n)$ 值的条件下，变量 y 取 y_j 值的概率，简记为 $P(y_j | s_1, s_2, \cdots, s_n)$。

2. 朴素贝叶斯分类的过程

首先，在给定样本输入变量值的条件下，预测其目标变量的类别，根据贝叶斯定理可得

$$P(y_j | s_1, s_2, \cdots, s_n) = \frac{P(y_j) P(s_1, s_2, \cdots, s_n | y_j)}{\sum_{i=1}^{k} (P(y_i) P(s_1, s_2, \cdots, s_n | y_i))} \quad (j=1, 2, \cdots, k)$$

其次，由于输入变量之间有条件独立的假设，即 $P(s_1, s_2, \cdots, s_n | y_j) = \prod_{i=1}^{n} P(s_i | y_j)$ $(j=1, 2, \cdots, k)$，代入上面的公式，得后验概率为

$$P(y_j | s_1, s_2, \cdots, s_n) = \frac{P(y_j) \prod_{i=1}^{n} P(s_i | y_j)}{\sum_{j=1}^{k} \left(P(y_j) \prod_{i=1}^{n} P(s_i | y_j) \right)} \quad (j=1, 2, \cdots, k)$$

最后，根据最大后验概率原则，目标变量应预测为 k 个后验概率值中最大的概率值对应的类别。

3. 朴素贝叶斯分类算法

下面，分步骤叙述朴素贝叶斯分类算法的过程。

（1）数据对象定义

假设训练集 S 的输出变量有 k 个可能的值，表示为 $y=\{y_1, y_2, \cdots, y_k\}$，让每个值对应一个类别，每个类别中包含若干样本，每个样本又是一个有 n 维属性的数据对象，表示为 $X=(x_1, x_2, \cdots, x_n)$。

（2）预测数据对象 X 所属类别

已知待分类数据对象 X，根据计算公式 $\underset{y_j \in \{y_1, y_2, \cdots, y_k\}}{\operatorname{argmax}} \left(P(y_j | X) \right)$ 预测其所属类别，这里的 $\underset{y_j \in \{y_1, y_2, \cdots, y_k\}}{\operatorname{argmax}} \left(P(y_j | X) \right)$ 表示 $P(y_1 | X), P(y_2 | X), \cdots, P(y_k | X)$ 中的最大值对应的 $y_j | X$。具体做法是：在已知待分类数据对象 X 的情况下，计算 X 分别属于 $y_1, y_2, \cdots, y_k$ 的概率，选取其中概率的最大值，此时所对应的 y_j 即为 X 所属的类别。

(3) 根据贝叶斯定理，计算 $P(y_j|X)$

根据计算公式 $P(y_j|X) = \dfrac{P(X|y_j)P(y_j)}{P(X)}$ 可知，计算过程中，分母 $P(X)$ 相对于 $P(y_j|X)$ 可认为是一个常数。因此，若想得到 $P(y_j|X)$ 的最大值，只要分子 $P(X|y_j)P(y_j)$ 达到最大值即可。若数据对象类别的先验概率未知，即 $P(y_j)$ 未知，则通常假定 X 属于 $y_1, y_2, \cdots, y_k$ 的概率是相等的，即 $P(y_1)=P(y_2)=\cdots=P(y_k)$。

根据朴素贝叶斯定理的假设，数据对象 X 的各属性相互独立，因此有

$$P(X|y_j) = \prod_{i=1}^{n} P(x_i|y_j) = P(x_1|y_j)P(x_2|y_j)\cdots P(x_n|y_j)$$

(4) 分情况计算 $P(x_i|y_j)$

① 若属性 A_i 是离散属性或分类属性。训练集中属于 y_j 这一类别的数据对象在属性 A_i 下共有 p 个不同取值；而如果训练集中属于类别 y_j，且在属性 A_i 下取值为 x_i 的数据对象共有 q 个，则 $P(x_i|y_j) = \dfrac{q}{p}$。

② 若属性 A_i 是连续属性。通常假设连续属性均服从均值为 μ、标准差为 σ 的高斯分布，即

$$G(x, \mu, \sigma) = \dfrac{1}{\sqrt{2\pi}\sigma} e^{\dfrac{-(x-\mu)^2}{2\sigma^2}}$$

那么，$P(x_i|y_j) = G(x_i, \mu_{y_j}, \sigma_{y_j})$，其中，$\mu_{y_j}$、$\sigma_{y_j}$ 分别表示训练集中属于类别 y_j 的数据对象在属性 A_i 下的均值和标准差。

5.3 朴素贝叶斯分类应用案例

本节分别以双变量和多变量情形阐述朴素贝叶斯分类计算过程。

1. 双变量朴素贝叶斯分类应用案例

下面以为本书配套的素材"Learning.xls"文件为例，介绍双变量朴素贝叶斯分类的计算方法。"Learning.xls"文件的内容是某一学习平台的记录，文件中记录了 14 名学生的数据。本案例只考虑两个特征输入变量（字段）：x_1（性别）和 x_2（学习时段），而 y（是否合格）为目标变量（字段），数据如表 5-1 所示。

表 5-1　学生特征输入变量和"是否合格"目标变量的数据

变量	取值														
性别	1	1	0	1	0	0	0	0	1	0	1	1	0	0
学习时段	B	A	A	C	B	B	C	C	C	A	B	A	A	C
是否合格	yes	yes	yes	no	yes	yes	yes	no	no	yes	no	no	no	yes

现在利用朴素贝叶斯分类预测性别为 1、学习时段为 A 的新学习者"是否合格"。因为变量 y 的值包括 yes（合格）和 no（不合格）两种，具有不确定性。为减小这种不确定性，应收集数据，观察学习者的相关特征，并以此修正先前的不确定性，得到后验概率。

下面根据贝叶斯定理，分别计算性别为 1、学习时段为 A 的学习者得到 yes 和 no 的可能性（在这里把它们视为概率）。

性别为 1、学习时段为 A 的学习者得到 yes 的可能性为

$$P(y = \text{yes} \mid x_1 = 1, x_2 = \text{A})$$

$$= \frac{P(y = \text{yes}) P(x_1 = 1, x_2 = \text{A} \mid y = \text{yes})}{P(y = \text{yes}) P(x_1 = 1, x_2 = \text{A} \mid y = \text{yes}) + P(y = \text{no}) P(x_1 = 1, x_2 = \text{A} \mid y = \text{no})}$$

$$= \frac{P(y = \text{yes}) P(x_1 = 1, x_2 = \text{A} \mid y = \text{yes})}{\sum_{j=1}^{2} \left(P(y = y_j) P(x_1 = 1, x_2 = \text{A} \mid y = y_j) \right)}$$

在朴素贝叶斯分类中，由于默认输入变量 x_1（性别）和 x_2（学习时段）相互独立，因此，性别为 1、学习时段为 A 的学习者得到 yes 的可能性为

$$P(y = \text{yes} \mid x_1 = 1, x_2 = \text{A})$$

$$= \frac{P(y = \text{yes}) P(x_1 = 1 \mid y = \text{yes}) P(x_2 = \text{A} \mid y = \text{yes})}{\sum_{j=1}^{2} \left(P(y = y_j) P(x_1 = 1 \mid y = y_j) P(x_2 = \text{A} \mid y = y_j) \right)}$$

同理，性别为 1、学习时段为 A 的学习者得到 no 的可能性为

$$P(y = \text{no} \mid x_1 = 1, x_2 = \text{A})$$

$$= \frac{P(y = \text{no}) P(x_1 = 1 \mid y = \text{no}) P(x_2 = \text{A} \mid y = \text{no})}{\sum_{j=1}^{2} \left(P(y = y_j) P(x_1 = 1 \mid y = y_j) P(x_2 = \text{A} \mid y = y_j) \right)}$$

参数采用极大似然估计[①]，得

$$P(y = y_j) = \hat{P}(y = y_j) = \frac{N_{y_j}}{N}$$

---

① 所谓极大似然估计，指的是已知某个随机样本满足某种概率分布，但对其中具体的参数尚不清楚，为此进行若干次试验并观察试验结果，利用试验结果推出参数的估计值。本质上，极大似然估计是一种求模型中未知参数估计值的方法，它构造一个包含未知参数的似然函数，并求出在似然函数的值达到最大时未知参数的估计值。似然函数的函数值实际上也是一个概率值，反映了在所估计的参数的总体中，抽到特定样本的可能性，其取值范围在区间(0，1)内。

$$P(x_i = x_{i_l} | y = y_j) = \hat{P}(x_i = x_{i_l} | y = y_j) = \frac{N_{y_j x_{i_l}}}{N_{y_j}}$$

上面的两个式子中，N 为训练样本集的样本量；N_{y_j} 为训练样本集中目标变量取 y_j 值的样本量；$N_{y_j x_{i_l}}$ 为训练样本集中的输入变量 x_i 取第 l 个值（通常记作 x_{i_l}），且目标变量取 y_j 值时的样本量。

根据表 5-1，得

$$P(y = \text{yes} | x_1 = 1, x_2 = \text{A})$$

$$= \frac{P(y = \text{yes})P(x_1 = 1 | y = \text{yes})P(x_2 = \text{A} | y = \text{yes})}{\sum_{j=1}^{2}\left(P(y = y_j)P(x_1 = 1 | y = y_j)P(x_2 = \text{A} | y = y_j)\right)}$$

$$= \frac{\frac{9}{14} \times \frac{3}{9} \times \frac{2}{9}}{\frac{9}{14} \times \frac{3}{9} \times \frac{2}{9} + \frac{5}{14} \times \frac{3}{5} \times \frac{3}{5}} = \frac{10}{37}$$

$$P(y = \text{no} | x_1 = 1, x_2 = \text{A})$$

$$= \frac{P(y = \text{no})P(x_1 = 1 | y = \text{no})P(x_2 = \text{A} | y = \text{no})}{\sum_{j=1}^{2}\left(P(y = y_j)P(x_1 = 1 | y = y_j)P(x_2 = \text{A} | y = y_j)\right)}$$

$$= \frac{\frac{5}{14} \times \frac{3}{5} \times \frac{3}{5}}{\frac{9}{14} \times \frac{3}{9} \times \frac{2}{9} + \frac{5}{14} \times \frac{3}{5} \times \frac{3}{5}} = \frac{27}{37}$$

于是，根据最大后验概率原则，这个新学习者的"是否合格"被预测为 no。

需要说明的是，根据计算过程不难发现，如果某个参数估计值为 0，则可能导致后验概率为 0。为此，通常采用下述的方法进行调整[②]。

$$P(x_{i_l} | y_j) = P(\hat{x}_{i_l} | y_j) = \frac{N_{y_j x_{i_l}} + 1}{N_{y_j} + r_i}$$

上式中，r_i 表示变量 x_i 所有可能取值的个数。

另外，如果输入变量为连续的数值型变量时，$P(x_{i_l} | y_j)$ 为条件概率密度。

因为 $P(y_j | s_1, s_2, \cdots, s_n)$ 与 $P(y_j, s_1, s_2, \cdots, s_n)$ 成正比，因此，整个概率计算的核心是计算给定目标变量条件下输入变量的联合概率。根据概率乘法公式

$$P(s_1, s_2, \cdots, s_n) = P(s_1)P(s_2 | s_1)P(s_3 | s_1, s_2) \cdots P(s_n | s_1, s_2, \cdots, s_{n-1})$$

可知，联合概率的计算与变量的排列顺序有关。由于最坏情况下，对 n 个变量有 $n!$ 种排列方式，因此，联合概率的计算复杂度是较高的。

---

② 如果训练样本集中的样本数量充分大，对每一类别下所有划分（包括概率为零的划分）的计数加 1，既不会对结果产生明显的影响，并且解决了概率为零时给运算带来的不便。

虽然由于朴素贝叶斯分类中对输入变量有各自独立的假设，使得相应的计算变得比较方便，且在实际应用中有较为出色的表现，但它的假设条件仍显得苛刻。一般情况下，输入变量各自独立的假设很可能不成立。此外，无法回避的一个问题仍是它的联合概率计算的复杂度较高。

于是，研究者开始探索各种有效途径，希望既能够直观地表示变量的联合概率分布，又便于简化分类预测时的计算，由此诞生了我们 5.4 节要介绍的贝叶斯网络模型。

2. 多变量朴素贝叶斯分类应用案例

现在用下面给出的案例介绍多变量朴素贝叶斯分类的计算方法。

现假设青春期男生是否能被女生欣赏受 4 个因素影响，分别是身材、性格、身高和是否上进。若有一位男生在这 4 个维度的取值分别是：胖、性格不好、矮、不上进，请你预测该男生是否能赢得女生的欣赏。

在本案例中，输入变量是"体型""性格""身高""是否上进"，输出变量是"是否被欣赏"。为简化叙述，"体型"用变量 b 表示，取值 0 表示瘦，取值 1 表示胖；"性格"用变量 t 表示，取值 0 表示性格好，取值 1 表示性格不好；"身高"用变量 h 表示，取值 0 表示高，取值 1 表示矮；"是否上进"用变量 u 表示，取值 0 表示上进，取值 1 表示不上进；"是否被欣赏"用变量 y 表示，取值 0 表示被欣赏，取值 1 表示不被欣赏。

为解决这个问题，先调研并获得包含 12 个样本的训练集数据，结果如表 5-2 所示。

表 5-2 训练集数据

b(体型)	t(性格)	h(身高)	u(是否上进)	y(是否被欣赏)
0	1	1	1	1
1	0	1	0	1
0	0	1	0	0
1	0	0	0	0
0	1	1	0	1
1	1	1	1	1
0	0	0	1	0
1	0	0	0	0
0	0	0	0	0
1	1	0	0	0
0	0	1	1	1
0	0	1	1	1

这是一个典型的分类问题，将其转化为数学问题就是计算并比较两个概率：$P($被欣赏|胖,性格不好,矮,不上进$)$ 与 $P($不被欣赏|胖,性格不好,矮,不上进$)$ 的大小，即计算并比较 $P(y=0|b=1,t=1,h=1,u=1)$ 与 $P(y=1|b=1,t=1,h=1,u=1)$，进而预测该男生是否被欣赏的答案。下面，我们只介绍 $P(y=0|b=1,t=1,h=1,u=1)$ 的计算过程，请读者自己计算 $P(y=1|b=1,t=1,h=1,u=1)$，然后比较两者的大小，得出结论。

根据贝叶斯定理，得到

$$P(y=0|b=1,t=1,h=1,u=1)$$
$$=\frac{P(b=1,t=1,h=1,u=1|y=0)P(y=0)}{P(y=0)P(b=1,t=1,h=1,u=1|y=0)+P(y=1)P(b=1,t=1,h=1,u=1|y=1)}$$

4 个输入变量 b、t、h、u 相互独立，即它们满足朴素贝叶斯分类的独立性条件假设，因此得到

$$P(b=1,t=1,h=1,u=1|y=0)$$
$$=P(b=1|y=0)P(t=1|y=0)P(h=1|y=0)P(u=1|y=0)$$

由此得到

$$P(y=0|b=1,t=1,h=1,u=1)$$
$$=\frac{P(b=1|y=0)P(t=1|y=0)P(h=1|y=0)P(u=1|y=0)P(y=0)}{P(b=1,t=1,h=1,u=1)}$$

下面对训练集数据进行整理。

输出结果为 0 的样本数据如表 5-3 所示。

表 5-3　训练集中输出结果为 0 的样本数据

b(体型)	t(性格)	h(身高)	u(是否上进)	y(是否被欣赏)
0	0	1	0	0
1	0	0	0	0
0	0	0	1	0
1	0	0	0	0
0	0	0	0	0
1	1	0	0	0

由表 5-3 可知 $P(y=0)=\frac{6}{12}=\frac{1}{2}$。

当 $b=1$ 时，输出结果为 0 的样本数据如表 5-4 所示。

表 5-4　当 $b=1$ 时，训练集中输出结果为 0 的样本数据

b(体型)	t(性格)	h(身高)	u(是否上进)	y(是否被欣赏)
1	0	0	0	0
1	0	0	0	0
1	1	0	0	0

由表 5-4 可知 $P(b=1|y=0)=\frac{3}{6}=\frac{1}{2}$。

当 $t=1$ 时，输出结果为 0 的样本数据如表 5-5 所示。

表5-5 当 $t=1$ 时，训练集中输出结果为0的样本数据

b(体型)	t(性格)	h(身高)	u(是否上进)	y(是否被欣赏)
1	1	0	0	0

由表 5-5 可知 $P(t=1|y=0) = \frac{1}{6}$。

当 $h=1$ 时，输出结果为 0 的样本数据如表 5-6 所示。

表5-6 当 $h=1$ 时，训练集中输出结果为0的样本数据

b(体型)	t(性格)	h(身高)	u(是否上进)	y(是否被欣赏)
0	0	1	0	0

由表 5-6 可知 $P(h=1|y=0) = \frac{1}{6}$。

当 $u=1$ 时，输出结果为 0 的样本数据如表 5-7 所示。

表5-7 当 $u=1$ 时，训练集中输出结果为0的样本数据

b(体型)	t(性格)	h(身高)	u(是否上进)	y(是否被欣赏)
0	0	0	1	0

由表 5-7 可知 $P(u=1|y=0) = \frac{1}{6}$。

而

$$P(b=1, t=1, h=1, u=1)$$
$$= P(y=0)P(b=1,t=1,h=1,u=1|y=0) + P(y=1)P(b=1,t=1,h=1,u=1|y=1)$$
$$= \frac{1}{2} \times \frac{1}{2} \times \frac{1}{6} \times \frac{1}{6} \times \frac{1}{6} + \frac{1}{2} \times \frac{1}{3} \times \frac{1}{2} \times 1 \times \frac{2}{3}$$

因此，可以得到

$$P(y=0 | b=1, t=1, h=1, u=1) = \frac{\frac{1}{2} \times \frac{1}{6} \times \frac{1}{6} \times \frac{1}{6} \times \frac{1}{2}}{\frac{1}{2} \times \frac{1}{2} \times \frac{1}{6} \times \frac{1}{6} \times \frac{1}{6} + \frac{1}{2} \times \frac{1}{3} \times \frac{1}{2} \times 1 \times \frac{2}{3}} = \frac{1}{49}$$

参照上述过程，可以计算出 $P(y=1|b=1,t=1,h=1,u=1) = \frac{48}{49}$。因为 $\frac{48}{49} > \frac{1}{49}$，所以可以推断，该男生不被女生欣赏。

5.4 贝叶斯网络

贝叶斯网络(Bayesian Network)于 1985 年由 Judea Pearl 首先提出，它是一种概率图模型，又称为信念网络(Belief Network)或有向无环图模型(Directed Acyclic Graphical

Model)。贝叶斯网络是一种模拟人类推理过程中因果关系的不确定性处理模型,其网络拓扑结构是一个有向无环图③。

贝叶斯网络最初应用于人工智能领域中专家系统的知识表示。它以因果关系图的形式,展现专家知识中各因素的内在因果关系。图 5-1 所示就是 1988 年由 Lauritzen 和 Spiegelhater 提出的被称为"Asia"模型的因果关系图中的一部分,用于帮助诊断病人的病情。图 5-1 中的各个节点(圆圈)分别对应各个变量,例如,吸烟节点表示病人是一个吸烟者,亚洲旅游节点表示病人最近曾到亚洲旅游过(当时认为去亚洲旅游存在感染肺结核的风险)。有向线段表示因果关系,例如,吸烟会增加患支气管炎和患肺癌的概率,患肺癌的概率与年龄有关,患支气管炎和患肺结核容易导致呼吸困难,患肺结核和患肺癌均会导致肺部 X 光片异常(简称为 X 光片异常)等。

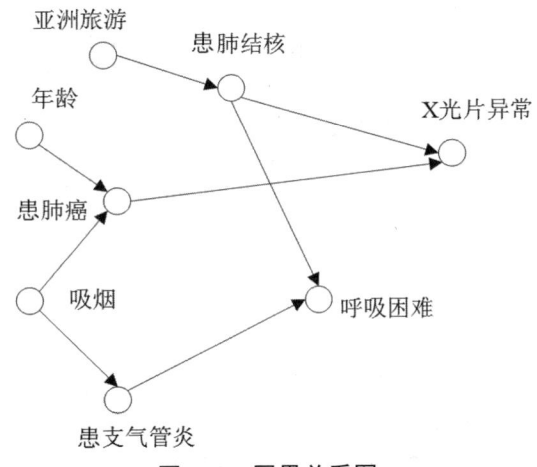

图 5-1 因果关系图

贝叶斯网络以图形的方式直观地表示各事物之间的因果关系和相关程度,而各事物之间的因果关系和相关程度可以从各领域专家的知识中获得,因此,贝叶斯网络可运用于因果关系的展示并进行分类预测。使用贝叶斯网络,除了能从庞大的数据中寻找输入变量之间的相互关系并以恰当的网络结构直观展示这些关系外,还能推导出输入变量的不同组合取值对目标变量产生的影响。经典的贝叶斯网络包括朴素贝叶斯网络、TAN 贝叶斯网络和马尔科夫覆盖网络。

1. 贝叶斯网络及其概率关系

贝叶斯网络本质是一个有向图,它根据某个系统中涉及的随机变量是否条件独立绘制而得。贝叶斯网络主要用来描述随机变量之间的条件依赖,用圆圈(节点)表示随机变量(Random Variables),用带箭头的连线表示条件依赖(Conditional Dependencies)。节点表示随机变量$(x_1, x_2, \cdots, x_n)$,它们可以是能直接观察到的显变量或不能直接观察到的隐变量、未知参数等。把具有因果关系(或非条件独立)的变量或命题用带箭头的连线连接

---
③ 如果一个有向图无法从某个顶点出发经过若干条边回到该顶点,则这个图称为有向无环图。

起来，若两个节点间以一个带箭头的连线连接在一起，表示两个随机变量具有因果关系，或非条件独立，其中一个节点是因，另一个节点是果，这样的两个节点就会产生一个条件概率值。例如，假设节点 E 直接影响节点 H，则用从节点 E 指向节点 H 的带箭头的连线建立节点 E 到节点 H 的有向弧 (E,H)，权值（即连接强度）用条件概率 $P(H|E)$ 表示，如图 5-2 所示。

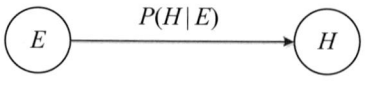

图 5-2 双节点的贝叶斯网络

此外，对于任意的随机变量，其联合概率可由各自的局部条件概率分别相乘而得出，如下所示

$$P(x_1, x_2, \cdots, x_n) = P(x_1)P(x_2|x_1)\cdots P(x_n|x_1, x_2, \cdots, x_{n-1})$$

如图 5-3 所示，便是一个简单的贝叶斯网络。

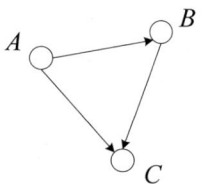

图 5-3 一个简单的贝叶斯网络

因为 A 导致 B，A 和 B 导致 C，所以有
$$P(A,B,C) = P(A)P(B|A)P(C|A,B)$$

图 5-4 所示的贝叶斯网络中各个节点中的单词的含义如下：Smoking 表示吸烟，简记为 S；Lung Cancer 表示患肺癌，简记为 C；X-ray 表示 X 光片异常，简记为 X；Bronchitis 表示患支气管炎，简记为 B；Dyspnea 表示呼吸困难，简记为 D。

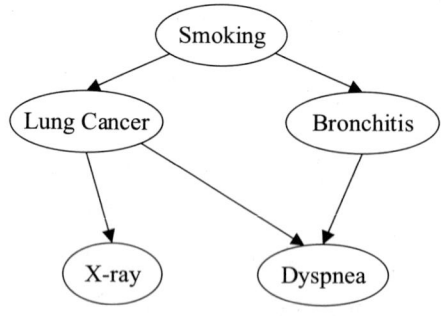

图 5-4 贝叶斯网络

从图 5-4 可以知道，一个人在吸烟的情况下可能导致患肺癌，患肺癌可能导致 X 光片异常；还可以知道，一个人在吸烟的情况下可能导致患支气管炎，患支气管炎可能导致呼吸困难，患肺癌也有可能导致呼吸困难。

用 $C=0$ 表示 Lung Cancer 不发生,即没有患肺癌,用 $C=1$ 表示 Lung Cancer 发生,即患肺癌;用 B 等于 0 表示 Bronchitis 不发生,即没有患支气管炎,用 $B=1$ 表示 Bronchitis 发生,即患支气管炎;用 $P(D=0)$ 表示 Dyspnea 不发生的概率,用 $P(D=1)$ 表示 Dyspnea 发生的概率,关于发生 Dyspnea 的概率如表 5-8 所示。

表 5-8 关于发生 Dyspnea 的概率

变量		概 率	
C	B	$P(D=0)$	$P(D=1)$
0	0	0.9	0.1
0	1	0.3	0.7
1	0	0.2	0.8
1	1	0.1	0.9

2. 贝叶斯网络的形式

按照箭头的指向,可将贝叶斯网络的结构分成 head-to-head 形式(汇连形式)、tail-to-tail 形式(分连形式)、head-to-tail 形式(顺连形式)三种形式。

(1) head-to-head 形式

head-to-head 形式的贝叶斯网络如图 5-5 所示。

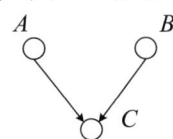

图 5-5 head-to-head 形式的贝叶斯网络

在图 5-5 中,当 C 已知时,信息可以在 A、B 间传递,A、B 相互关联;当 C 未知时,A、B 间的信息通道被阻断(Blocked),A、B 相互独立。

下面通过一个例子进行解释。例如,A 表示患肺癌,B 表示患支气管炎,C 表示呼吸困难。在 C 已知时,如已知某人出现呼吸困难症状,得知其患支气管炎,呼吸困难就会被认为很可能是患支气管炎这一事件导致的,从而对其患癌事件的信度会降低。同理,若知道某人患了肺癌,呼吸困难也就有了合理的解释,从而对其患支气管炎这一事件的信度也会降低。而在 C 未知时,即不确定某人是否出现呼吸困难症状,得知其患支气管炎不会改变对其患癌事件的信度,即 A、B 相互独立。所以,在 C 已知时,A、B 相互关联;在 C 未知时,A、B 相互独立。

(2) tail-to-tail 形式

tail-to-tail 形式的贝叶斯网络如图 5-6 所示。

图 5-6 tail-to-tail 形式的贝叶斯网络

在图 5-6 中，当 C 已知时，信息不能在 A、B 间传递，A、B 间的信息通道被阻断，A、B 相互独立；当 C 未知时，信息可以在 A、B 间传递，A、B 相互关联。

下面通过一个例子进行解释。例如，A 表示患肺癌，C 表示吸烟，B 表示患支气管炎。在 C 已知时，如已知某人不吸烟，则不会认为其患肺癌和患支气管炎这两个事件之间相互关联。但是，在 C 未知时，即不确定某人是否有吸烟行为，若知道其患了肺癌，则会增加对其有吸烟行为这一事件的信度，从而会进一步担心其可能患支气管炎。所以，在 C 已知时，A、B 相互独立；在 C 未知时，A、B 相互关联。

（3）head-to-tail 形式

head-to-tail 形式的贝叶斯网络如图 5-7 所示。

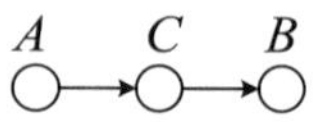

图 5-7　head-to-tail 形式的贝叶斯网络

在图 5-7 中，当 C 已知时，对 A 的了解不会影响对 C 的信度，进而也不会影响对 B 的信度，A、B 之间的信息通道被阻断，A、B 相互独立；当 C 未知时，对 A 的了解会影响对 C 的信度，进而影响对 B 的信度，信息可以在 A、B 间传递，A、B 相互关联。

下面通过一个例子进行解释。例如，A 表示去亚洲旅游过，C 表示患肺结核，而 B 表示 X 光片异常。在 C 已知时，如已知某人没有患肺结核，则知道其曾经去亚洲旅游过不会影响对其患肺结核事件的信度，进而也不会增加对其 X 光片异常事件的信度。同理，如知道某人 X 光片异常，也不会增加对其曾经去亚洲旅游过事件的信度。反之，在 C 未知时，即不确定某人是否患有肺结核，若知道其 X 光片异常，则会增加对其患肺结核事件的信度，进而增加了对其曾经去亚洲旅游过事件的信度。同理，若被告知某人去亚洲旅游过，则也会增加对其患肺结核事件的信度，进而增加对其 X 光片异常事件的信度。

这种 head-to-tail 形式的贝叶斯网络其实就是一个链式网络，如图 5-8 所示。

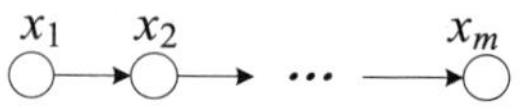

图 5-8　head-to-tail 链式网络

根据上面对 head-to-tail 形式的贝叶斯网络的介绍，我们已经知道，在给定 x_i 的条件下，x_{i+1} 的分布和 $x_1, x_2, \cdots, x_{i-1}$ 独立，这意味着：x_{i+1} 的分布状态只和 x_i 有关，和其他变量独立。通俗来说，如果当前状态只跟上一状态有关，跟上一个状态之前的状态无关，那么这种顺次演变的随机过程就称为马尔科夫链（Markov chain）。

上面叙述的三个实例对应的贝叶斯网络的形式分别如图 5-9 所示。

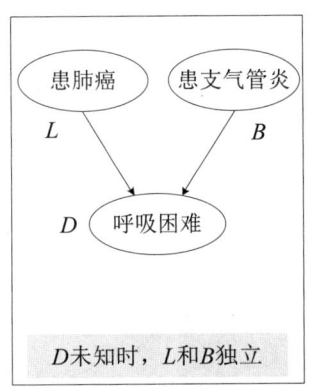 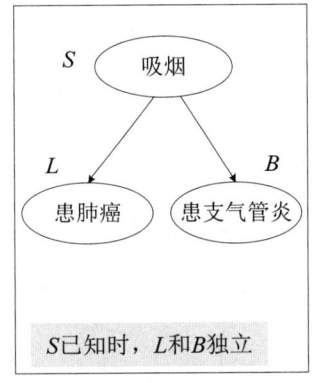 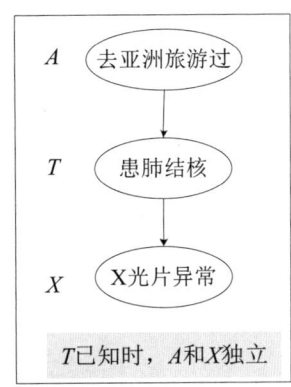

图 5-9　三个实例分别对应的贝叶斯网络的三种形式

图 5-9 的左图对应 head-to-head 形式,当 D 未知时,L 和 B 独立;中图对应 tail-to-tail 形式,当 S 已知时,L 和 B 独立;右图对应 head-to-tail 形式,当 T 已知时,A 和 X 独立。

5.5　贝叶斯网络应用案例

下面以为本书配套的学生参加某次社会公益活动的数据"Students.xls"文件为例,说明在 SPSS Modeler 程序中使用贝叶斯网络的具体操作。

本案例的分析目标是,分别利用 TAN 贝叶斯网络和马尔可夫覆盖贝叶斯网络,研究哪些因素是影响学生参与社会公益活动的显著因素。其中,"是否参与"是目标变量。

1. 操作过程

① 启动 SPSS Modeler 程序,从节点工具箱窗格的"源"选项卡中拖曳出"Excel"节点到数据流编辑区域中,并读入数据。

② 设置变量:从节点工具箱窗格的"字段选项"选项卡中拖曳出"类型"节点到数据流编辑区域中,在"类型"节点与"Excel"节点之间建立连接,利用"类型"节点,设置"是否参与"字段的"角色"为目标变量,设置其他字段的"角色"为输入变量。

③ 从节点工具箱窗格的"建模"选项卡中拖曳出"贝叶斯网络"节点到数据流编辑区域中,让其与"类型"节点建立连接。然后右击"贝叶斯网络"节点,在弹出的快捷菜单中单击"编辑"命令,打开设置"贝叶斯网络"节点的对话框进行操作,该对话框的有关内容在下面介绍。

④ 单击对话框中的 ,在数据流编辑区域中生成一个表示结果的节点,双击该节点可以查看详细的分析结果。

2. 设置"贝叶斯网络"节点的对话框

上面的第③步操作中打开的对话框中有两个重要的选项卡,分别是"模型"选项卡和"专家"选项卡。

(1)"模型"选项卡

"模型"选项卡用来指定贝叶斯网络的类型、设置节点参数的估计方法等,如图 5-10 所示。

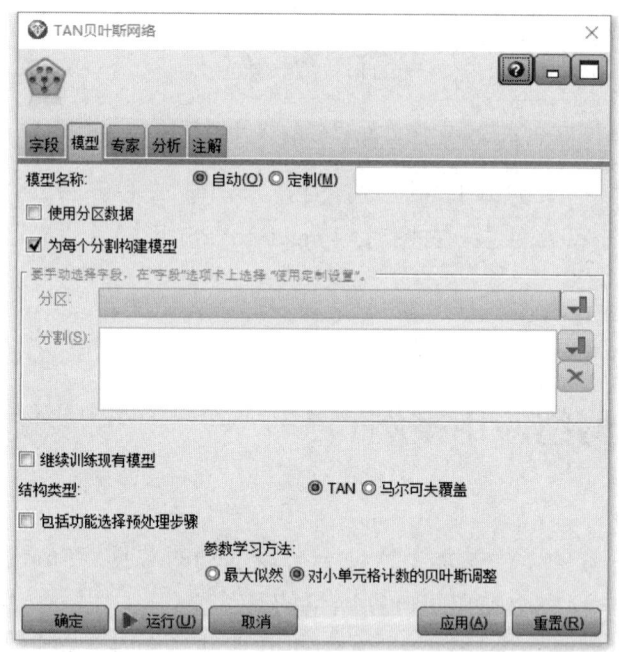

图 5-10 设置"贝叶斯网络"节点的对话框中的"模型"选项卡

下面介绍"模型"选项卡中有关选项的功能。

① 如果选中"继续训练现有模型"复选项,表示在上次模型结果的基础上,重新修正和调整模型,它只用于重新计算节点参数集合,通常不能修改原有网络的结构,如增加或删除节点及节点之间的连线等。因此,如果选中该项,无论数据如何变化,所得到的网络结构都不会改变,否则不应选中该项。

② "结构类型"选项包含两个单选项,选中"TAN"单选项,表示建立 TAN 贝叶斯网络;选中"马尔科夫覆盖"单选项,表示建立马尔可夫覆盖贝叶斯网络。

③ 选中"包括功能选择预处理步骤"复选项,表示允许利用"专家"选项卡,通过筛选,删除对目标变量无显著意义的输入变量后再建模。

④ "参数学习方法"选项用来指定节点参数的估计方法,包含"最大似然"和"对最小单元格计数的贝叶斯调整"两种参数估计方法。如果选中"最大似然"单选项,则很可能因为训练样本集较小造成很多参数的条件概率估计为 0;如果选中"对最小单元格计数的贝叶斯调整"单选项,则表示对模型进行调整。

(2)"专家"选项卡

"专家"选项卡用来设置模型的其他参数,在该选项卡里选中"专家"单选项后的结果如图 5-11 所示。

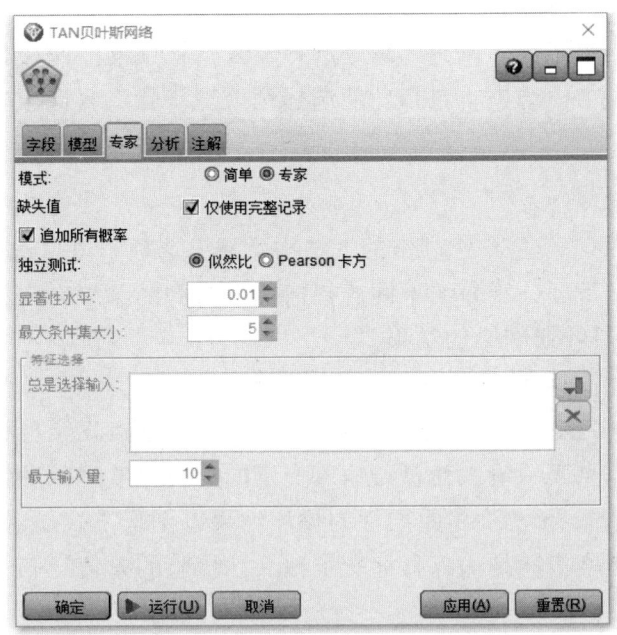

图 5-11 设置"贝叶斯网络"节点的对话框中的"专家"选项卡

下面介绍"专家"选项卡中有关选项的功能。

① "缺失值"选项用来指定训练样本存在缺失值时的处理策略。如果选中"仅使用完整记录"复选项,表示只利用完整的观测记录建立模型,忽略带有缺失值的样本;如果不选中此项,则首先参照 Gibbs 抽样法插补缺失值,然后再建立模型。

Gibbs 抽样法属于马尔可夫蒙特卡洛模拟算法,它以物理学家吉布斯的名字命名,参照 Gibbs 抽样法处理缺失值的基本思路是,利用已有数据插补缺失值,使得有缺失值的训练样本集成为没有缺失值的、相对完整的训练样本集。

② 如果选中"追加所有概率"复选项,表示给出样本目标变量取各个类别值的概率;否则,只给出预测类别的概率。

③ "独立测试"选项用来对输入变量和目标变量的独立性进行测试,测试结果显著的输入变量将被剔除。"独立测试"选项包括"似然比"单选项和"Pearson 卡方"单选项,用来指定对变量进行独立性测试的方法。如果在"模型"选项卡里选中了"包括功能选择预处理步骤"复选项,允许对输入变量进行筛选,则"独立测试"选项有效。

④ "显著性水平"选项给出上述独立性测试的显著性水平 α,默认值为 0.01。只有在"模型"选项卡里选中的结构类型为"马尔可夫覆盖"时,才能对本项进行设置。

⑤ "最大条件集大小"选项:在马尔可夫覆盖贝叶斯网络的结构学习中,变量的条件独立性测试会涉及条件变量。通常只需要考虑一个条件变量,当然也可以同时考虑多个。

但在变量较多的情况下,会影响算法的执行效率。只有在"模型"选项卡里选中的结构类型为"马尔可夫覆盖"时,才能对本项进行设置。

⑥ "特征选择"栏:在"总是选择输入"框中,可以用手工操作选择成为贝叶斯网络节点的变量;"最大输入量"表示给定一个值(默认为10),贝叶斯网络节点(变量)个数不能超过该值,用手工操作选到"总是选择输入"框中的变量个数也不应大于该值。只有在"模型"选项卡中选中"包括功能选择预处理步骤"复选项时,才能对本项进行设置。

3. 结果解读

在图 5-10 所示的"模型"选项卡的"结构类型"选项里可以选择 TAN 马尔可夫覆盖 中的任何一种建立网络,下面分别介绍不同选择情况下得到的结果。

(1) 选择 TAN 贝叶斯网络的结果

选择 TAN 贝叶斯网络的结果如图 5-12 所示。

图 5-12 中左窗格显示的是 TAN 贝叶斯网络。深色节点表示目标变量,是其余各节点的父节点。浅色节点表示输入变量。输入变量的重要程度也以颜色深浅表示,颜色越深,表示重要程度越高。预测变量重要性的排序结果以图形方式显示在窗口的右窗格中。输入变量重要性的测度指标是输入目标变量独立性检验的 P 值经归一化处理后的结果。

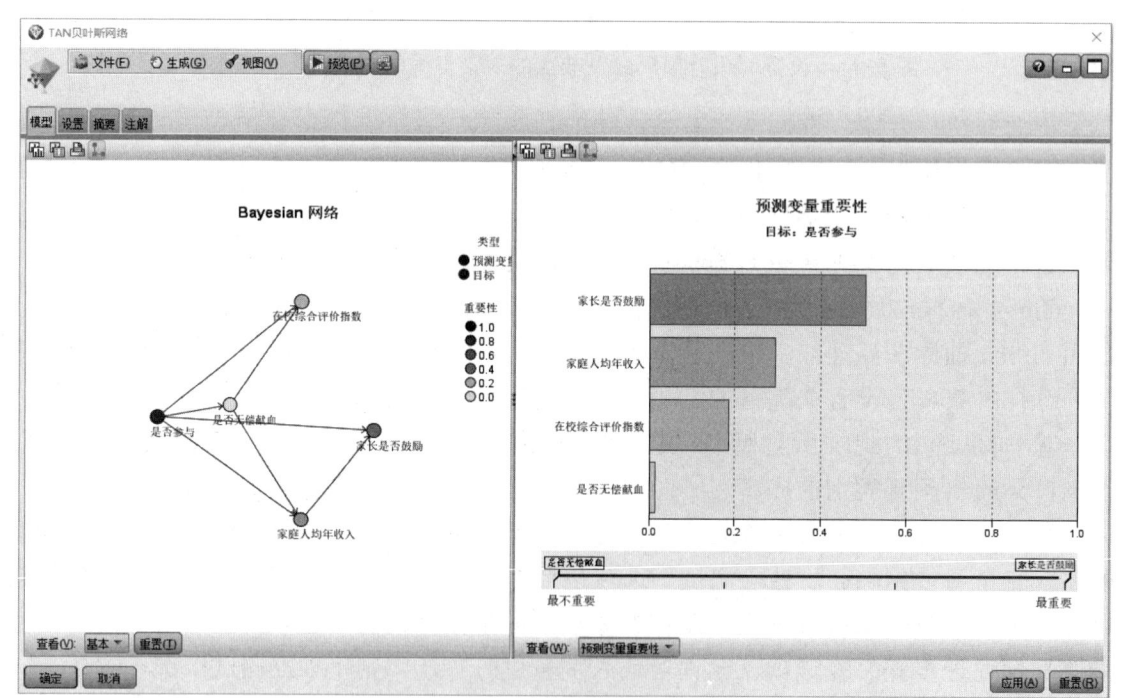

图 5-12 选择 TAN 贝叶斯网络的结果

从结果来看,本例中,影响学生是否参与社会公益活动最重要的因素是"家长是否鼓励",其次是"家庭人均年收入"和"在校综合评价指数","是否无偿献血"的作用不大。"是否无偿献血"是"在校综合评价指数"和"家庭人均年收入"的父节点，说明"是否无偿献血"主要依赖于这两个变量，它对是否参与社会公益活动的作用并不完全取决于自身，还受到"在校综合评价指数"和"家庭人均年收入"的影响。另外，"家庭人均年收入"对学生是否参与社会公益活动的影响作用还取决于"家长是否鼓励"，也就是说，"家庭人均年收入"固然重要，但还要看家长的态度。

(2) 选择马尔可夫覆盖贝叶斯网络的结果

选择马尔可夫覆盖贝叶斯网络的结果如图 5-13 所示，本例中只有目标变量（"是否参与"）和"家长是否鼓励"两个节点。其他变量对应的节点，因为均不是马尔可夫覆盖贝叶斯网络的变量，所以没有显示出来。

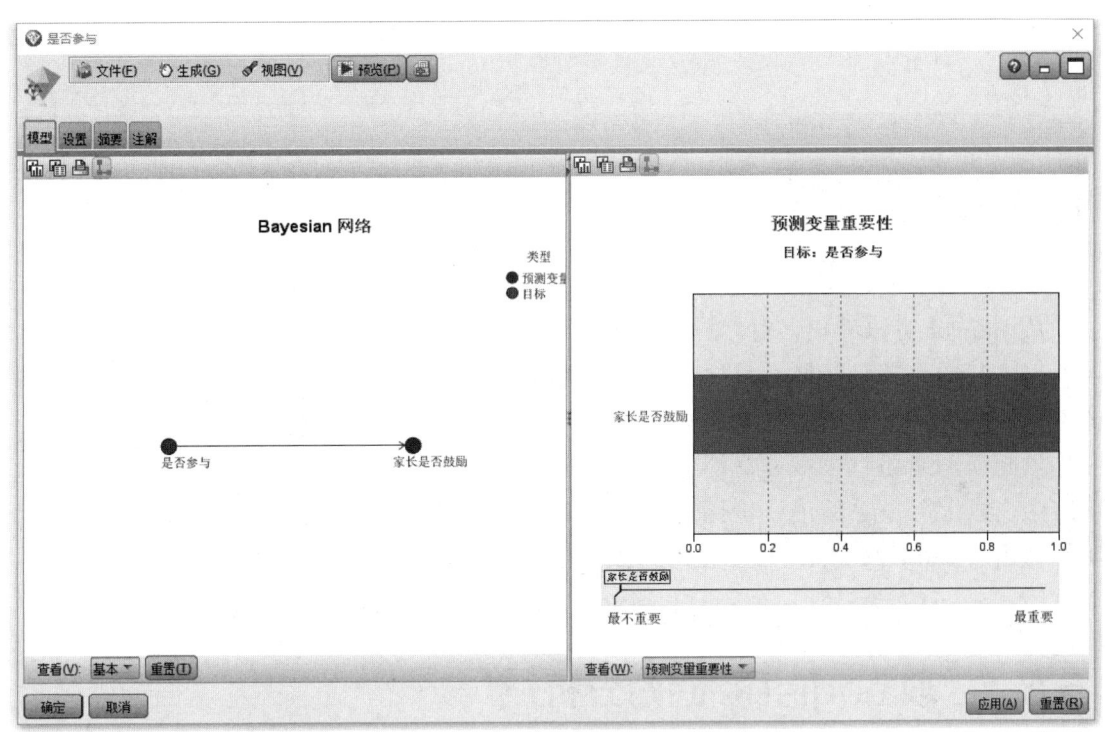

图 5-13　选择马尔可夫覆盖贝叶斯网络的结果

马尔可夫覆盖贝叶斯网络更多考虑了输入变量之间的条件独立性，因而更有利于找到对目标变量有重要影响的因素。为浏览各个样本的预测值，从节点工具箱窗格的"输出"选项卡中把"表格"节点拖曳到数据流编辑区域中，让其与结果节点建立连接，然后右击"表格"节点，在弹出的快捷菜单中单击"运行"命令，便可以查看预测结果，其中以"$B-$"和"$BP-$"开头的变量分别存放预测类别和预测概率（贝叶斯后验概率）。

为了更好地介绍马尔可夫覆盖贝叶斯网络，下面给出基于电信客户数据建立的客户流失问题的马尔可夫覆盖贝叶斯网络，如图 5-14 所示。

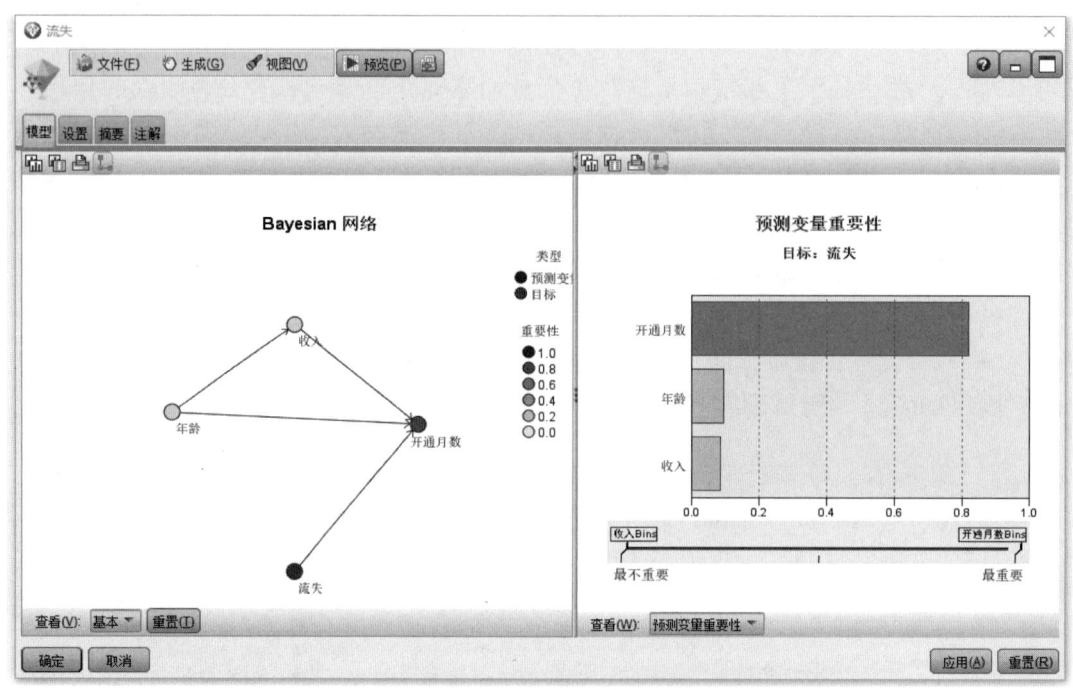

图 5-14　客户流失问题的马尔可夫覆盖贝叶斯网络

从图 5-14 可以看出，对客户"流失"产生影响的变量有"开通月数""年龄""收入"，"开通月数"变量的重要性最大。对一个新客户来说，预测他是否会流失，仅需计算"流失"变量和其他马尔可夫覆盖贝叶斯网络变量的联合概率即可。

贝叶斯网络还有很多丰富的内容，例如，如何利用马尔可夫覆盖实现变量的聚类、网络中变量因果关系的进一步探究、贝叶斯网络结构的选择及学习过程合理性的理论证明等。由于 SPSS Modeler 程序没有涉及这些内容，本书也不详细讨论了。

5.6　二项 Logistic 回归分析

数据挖掘的实际应用中，分类预测问题极为普遍，分析方法种类繁多，如前面讨论的决策树、人工神经网络、支持向量机、朴素贝叶斯分类器、贝叶斯网络等。其实，统计学对分类预测问题也有一套严谨的研究思路和方法，如 Logistic 回归分析和判别分析等，本节重点讨论二项 Logistic 回归分析。

回归分析探索目标变量与输入变量之间的相关性，一般线性回归模型揭示目标变量与输入变量之间的数量关系，其基本要求是目标变量应是数值型变量。例如，在利用回归分析方法研究学习投入水平对考试分数的影响时，考试分数这一目标变量就是数值型变量。

然而，实际应用中并非所有的目标变量都是数值型的，相当多的问题是分析一个或多个变量对一个非数值型的分类型变量产生什么影响。

例如,在利用回归分析方法研究 MOOC 学习平台上某一门课程的学习者的不同特征如何影响其在该门课程中能否拿到合格证书的结果时,可以把学习者的学习时长、参与讨论次数、平时做题成绩、观看视频次数、年龄等因素作为输入变量,而把是否合格(用 1 表示合格,用 0 表示不合格)作为目标变量,在这里,目标变量是一个典型的二分类型变量。

当二分类型或多分类型变量作为目标变量的角色出现在回归分析中时,将出现以下问题。

① 目标变量不满足一般线性回归模型的取值要求。
② 违背回归模型的前提假设。
③ 不满足回归分析的同方差假定。

理论上,线性回归分析中对输入变量的取值没有限制,这将导致由输入变量的线性组合计算得到的目标变量能取到 $(-\infty, +\infty)$ 的所有可能值;如果目标变量为二分类型变量,那么建立一般的线性回归模型将出现诸多问题。例如残差不再服从正态分布。由于目标变量只有 0 和 1 两个取值,对于任一给定的输入变量 x,残差也只取两种值,残差服从离散型分布而非正态分布,而只有残差服从正态分布,才能保证模型的回归系数 β_1 服从正态分布,才有可能进行回归系数的假设检验和建立置信区间。因此,当该条件无法满足时,就无法进行相应的统计判断。

总之,当二分类型或多分类型变量以回归分析中的目标变量角色出现时,由于不满足一般线性回归模型对目标变量取值的要求,且违背回归模型的前提假设,因此,无法直接借助回归模型进行研究。为了应对这种情况,我们通常采用的方法是进行 Logistic 回归分析。

当目标变量是二分类型变量时,采用二项 Logistic 回归模型;当目标变量是多分类型变量时,采用多项 Logistic 回归模型。Logistic 回归分析是多元线性回归分析方法不断发展的成果。

1. 二项 Logistic 回归方程概述

当目标变量(记作 y)是取值为 0 或 1 的二分类型变量时,虽然无法直接采用一般线性回归模型建模,但可以充分借鉴其理论模型和分析思路,通过以下方法建模。

① 一元线性回归方程为 $\hat{y} = \beta_0 + \beta_1 x$,当输入变量 x 取某个值时,可以用上述回归方程预测目标变量 y 的值(记为 $\hat{y}$)。当目标变量为 0 或 1 的二分类型变量时,一元线性回归方程是当输入变量 x 取某个值时,对目标变量 y 等于 1 的概率的预测。

因此,可利用一般线性回归模型(可以是一元,也可以是多元)对目标变量取值为 1 的概率 P 建模,此时回归方程目标变量的实际取值范围为区间 $(0, 1)$,一元线性回归方程的一般形式为

$$P(y=1) = \beta_0 + \beta_1 x$$

② 由于概率 P 的取值范围为区间 $(0,1)$，而一般线性回归方程目标变量的取值范围为 $(-\infty,+\infty)$。因此要对概率 P 合理进行变换，使其取值范围与一般线性回归模型吻合后，就可以利用一般线性回归模型进行相关研究。

③ 采用一般线性回归模型建立的回归方程中，概率 P 与输入变量之间的关系是线性的。但实际应用中，它们之间往往是一种非线性关系。

例如，在 MOOC 学习平台的课程学习中，学习者最后是否合格的概率通常不会随学习时间的增加而线性增加。一般表现为，在学习时间增加的初期，合格的可能性增加较为缓慢；当学习时间增加到某个水平后，合格的可能性会快速增加；当学习时间再增加到另一阶段时，合格的可能性增加到某个水平后会基本保持稳定。

因此，这种变化关系是非线性的，由此给出的启示是：对概率 P 的转换应采用非线性转换。

基于上述分析，可采用下述的 Logit 变换（也称为对数单位转换）进行处理。

① 将 P 按下式变换成 Ω

$$\Omega = \frac{P}{1-P}$$

上式中的 Ω 称为优势（Odds），即某事件发生的概率与不发生的概率之比，优势是一个非负实数，如果它大于 1，表示事件发生的概率比不发生的概率大；如果它小于 1，表示事件发生的概率比不发生的概率小；如果它在 1 附近，表示事件发生的概率与不发生的概率大致相同。把 P 变换成 Ω 是一个非线性变换。同时，Ω 是 P 的单调函数，保证了 Ω 和 P 增长（或下降）的一致性，使模型易于解释，如图 5-15(a) 所示，优势的取值范围为 $(0,+\infty)$。

② 将 Ω 变换成 $\ln \Omega$（即 Logit P），得

$$\ln \Omega = \ln \frac{P}{1-P}$$

变换结果如图 5-15(b) 所示，Logit P 即为 $\ln \Omega$。从图中可以看出 Logit P 与 Ω 的增长（或下降）仍然是一致的，且取值范围为 $(-\infty,+\infty)$。

经过图 5-15(b) 到 5-15(c) 的变换可以看出，Logit P 与一般线性回归方程目标变量的取值范围相吻合。

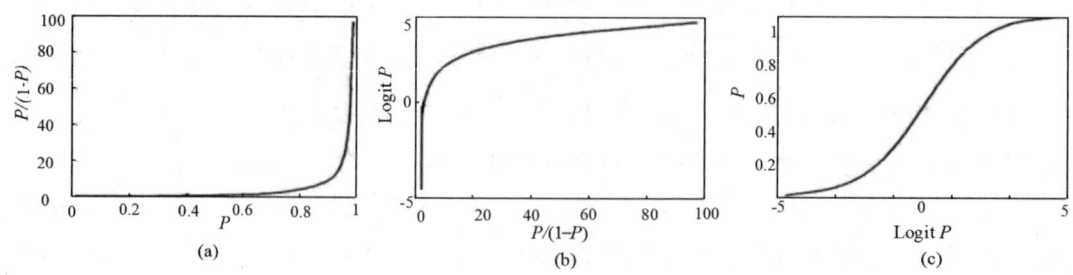

图 5-15　Logit 变换中变量的函数关系

经过 Logit 变换后，就可以利用一般线性回归模型建立目标变量与输入变量之间的多元分析[④]模型了，即

$$\text{Logit } P = \beta_0 + \sum_{i=1}^{n} \beta_i x_i$$

上式中，n 为输入变量的个数，上式称为 Logistic 回归方程或 Logit 模型。

显然 Logit P 与输入变量之间是线性关系。那么 P 与输入变量之间是否呈上述分析中的非线性关系呢？

将 Ω 代入，有

$$\ln \Omega = \ln \frac{P}{1-P} = \beta_0 + \sum_{i=1}^{n} \beta_i x_i$$

于是有

$$\frac{P}{1-P} = \exp\left(\beta_0 + \sum_{i=1}^{n} \beta_i x_i\right) [⑤]$$

$$P = \frac{\exp\left(\beta_0 + \sum_{i=1}^{n} \beta_i x_i\right)}{1 + \exp\left(\beta_0 + \sum_{i=1}^{n} \beta_i x_i\right)}$$

$$P = \frac{1}{1 + \exp\left[-\left(\beta_0 + \sum_{i=1}^{n} \beta_i x_i\right)\right]}$$

最后得到的公式恰好是一个 (0, 1) 型 Sigmoid 函数，很好地体现了概率 P 和输入变量之间的非线性关系。于是可以计算目标变量取 1 的概率，通常来说，如果概率大于或等于 0.5，则目标变量的预测值为 1，否则预测值为 0。

2. 二项 Logistic 回归方程系数的含义

从形式上看，Logistic 回归方程与一般线性回归方程的形式相同，可以用类似的方法理解和解释 Logistic 回归方程系数的含义。即当其他输入变量保持不变时，输入变量 x_i 每增加一个单位，将引起 Logit P 增加（或减小）β_i 个单位。

由于 Logit P 无法直接观察且计量单位也无法确定，因此通常以 Logistic 分布的标准差（该值为 1.8138）作为 Logit P 的测度单位。

但重要的是，在模型的实际应用中，人们关心的是由输入变量的变化而引起的事件发生概率 P 变化的程度。由于 P 与 Logit P 呈单调一致性，如图 5-15(c) 所示。因此，当输入变量 x_i 增加（或减小）时，也会带来概率 P 的增加（或减小），但这种增加（或减小）的幅度是非线性的，它与输入变量的当前取值相关。因此在实际应用中，人们通常更关心输入变量对 Ω（优势）带来的影响。

---

④ 多元分析是研究多个自变量与因变量相互关系的统计理论和方法。又称为多变量分析。
⑤ $\exp(x)$ 表示 e^x。

例如，如果吸烟组（记为 A 组）中患肺癌的概率是 0.25，不吸烟组（记为 B 组）中患肺癌的概率是 0.10。此时 A 组患肺癌与不患肺癌概率的比值（优势）是 $\frac{0.25}{1-0.25}=\frac{1}{3}$，而 B 组患肺癌与不患肺癌概率的比值（优势）是 $\frac{0.1}{1-0.1}=\frac{1}{9}$。那么这两组的优势比为 $\frac{1}{3}/\frac{1}{9}=3$，它近似地表示本次测试中吸烟比不吸烟对患肺癌概率产生的影响。

进一步，建立 Logistic 回归方程。如果用目标变量 y 表示是否患肺癌（1 表示患，0 表示不患），当只考虑一个输入变量 x_1（表示是否吸烟，1 表示吸烟，0 表示不吸烟）时，建立的 Logistic 回归方程为

$$\text{Logit}\left[P(y=1)\right]=\beta_0+\beta_1 x_1$$

显然，该 Logistic 回归方程的形式就与回归方程的一般形式 $P(y=1)=\beta_0+\beta_1 x$ 一致了。于是，以吸烟为输入变量的 Logistic 回归方程为

$$\text{Logit}[P(y=1)]=\ln\frac{P(y=1|x_1=1)}{1-P(y=1|x_1=1)}=\beta_0+\beta_1 x_1=\beta_0+\beta_1\times 1=\beta_0+\beta_1$$

以不吸烟为输入变量的 Logistic 回归方程为

$$\text{Logit}[P(y=1)]=\ln\frac{P(y=1|x_1=0)}{1-P(y=1|x_1=0)}=\beta_0+\beta_1 x_1=\beta_0+\beta_1\times 0=\beta_0$$

如果把吸烟组（A 组）与不吸烟组（B 组）的优势比记为 $\text{OR}_{A,B}$，计算结果为

$$\text{OR}_{A,B}=\frac{\dfrac{P(y=1|x_1=1)}{1-P(y=1|x_1=1)}}{\dfrac{P(y=1|x_1=0)}{1-P(y=1|x_1=0)}}=\frac{e^{(\beta_0+\beta_1)}}{e^{\beta_0}}=e^{\beta_1}$$

可见，两组的优势比与 Logistic 回归方程的输入变量的回归系数有关。吸烟组患肺癌的可能性是不吸烟组的近似 e^{β_1} 倍。也就是说，e^{β_1} 的含义比 β_1 更直观，反映的是输入变量取不同值时导致的目标变量取值概率的变化率。

当 Logistic 回归方程确定后，有

$$\Omega=\exp\left(\beta_0+\sum_{i=1}^{n}\beta_i x_i\right)$$

现在我们来研究，当除了 x_i 的其他输入变量都保持不变时，x_i 变化一个单位对 Ω 的影响。如果将 x_i 变化一个单位后的优势设为 Ω^*，则有

$$\Omega^*=\exp\left(\beta_i+\beta_0+\sum_{i=1}^{n}\beta_i x_i\right)=\Omega\exp(\beta_i)$$

于是有

$$\frac{\Omega^*}{\Omega}=\exp(\beta_i)$$

由此可知，当除了 x_i 的其他输入变量的值保持不变时（分析某因素变化所产生的影响时，必须在对其他因素加以控制的前提下才有意义），x_i 增加一个单位后得到的优势是原来优势的 $\exp(\beta_i)$ 倍，即优势比为 $\exp(\beta_i)$。再进行一般化处理，当 x_i 增加 i 个单位

后得到的优势与原来优势的比值为

$$\frac{\Omega^*}{\Omega} = \exp(i\beta_i)$$

利用优势比，能够近似地解释输入变量的值变化后对目标变量取值概率产生的影响。

例如，如果目标变量 y 表示在 MOOC 学习平台中学习 C 课程时能否合格（1 表示合格，0 表示不合格），输入变量有 3 个，x_1 表示是否学完 C 课程所有的视频内容（1 表示学完，0 表示未学完），x_2 表示已经在 MOOC 学习平台中修到的学分数，x_3 表示性别（1 表示男，0 表示女），则建立的 Logistic 回归方程为

$$\text{Logit}[P(y=1)] = \beta_0 + \beta_1 x_1 + \beta_2 x_2 + \beta_3 x_3$$

为研究是否学完 C 课程所有的视频内容对学习 C 课程能否合格的影响，只有控制在 MOOC 学习平台中已经修到学分数和学生的性别时才有意义。假设 A 组为学完 C 课程所有的视频内容，在 MOOC 学习平台中已经修到的学分数为 15，性别为男的学生；B 组为未学完 C 课程所有的视频内容，在 MOOC 学习平台中已经修到的学分数为 15，性别为男的学生。则把 A、B 两组的数据代入方程得到的结果分别为

$$\text{Logit}[P(y=1)] = \beta_0 + \beta_1 \times 1 + \beta_2 \times 15 + \beta_3 \times 1$$
$$\text{Logit}[P(y=1)] = \beta_0 + \beta_1 \times 0 + \beta_2 \times 15 + \beta_3 \times 1$$

两组的优势比为

$$\text{OR}_{A,B} = e^{(1-0)\beta_1 + (15-15)\beta_2 + (1-1)\beta_3} = e^{\beta_1}$$

这里的优势比是在控制了在 MOOC 学习平台中已经修到的学分数和学生性别的前提下进行的，结果更具有说服力。

3. 二项 Logistic 回归方程的检验

二项 Logistic 回归方程的参数求解采用极大似然估计法。

为方便数学上的处理，通常对似然函数值取自然对数，得到对数似然函数。当似然函数值最大为 1 时，对数似然函数取到最大值 0。似然函数值 L 和对数似然函数值 $\ln L$ 的关系如图 5-16 所示。

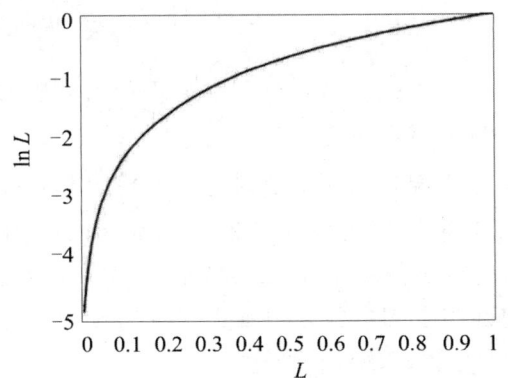

图 5-16　似然函数值 L 和对数似然函数值 $\ln L$ 的关系

追求似然函数值达到最大的过程也是追求对数似然函数值最大的过程。对数似然函数值越大，意味着模型拟合样本数据的可能性越大，所得模型的拟合优度越高；相反，对数似然函数值越小，意味着模型拟合样本数据的可能性越小，所得模型的拟合优度越低。

为简化叙述，下文中在不会引起误解的情况下，把 Logistic 回归方程简称为回归方程。

（1）回归方程的显著性检验

对回归方程进行显著性检验的目的是检验输入变量全体与 Logit P 的线性关系是否显著，是否可以用线性模型拟合。其原假设是，各回归系数同时为 0，输入变量的全体与 Logit P 的线性关系不显著。

回归方程显著性检验的基本思路是：若方程中的诸多输入变量对 Logit P 的线性解释有显著意义，那么回归方程对样本的拟合程度将显著提高。

可以采用对数似然比测量拟合程度是否提高。

若将未引入输入变量 x_i 到回归方程前的对数似然函数记为 $\ln L$，而引入输入变量 x_i 到回归方程后的对数似然函数记为 $\ln L_{x_i}$，则两者的比为 $\dfrac{\ln L}{\ln L_{x_i}}$（称为对数似然比）。若对数似然比与 1 无显著差异，则说明引入输入变量 x_i 后，输入变量全体对 Logit P 的线性解释程度无显著改善；若对数似然比远大于 1，则说明引入输入变量 x_i 后，输入变量全体与 Logit P 之间的线性关系显著提升。

按照统计推断的思想，此时应关注对数似然比的分布。但由于对数似然比的分布是未知的，因此通常关注 $-\ln\left(\dfrac{L}{L_{x_i}}\right)^2$ 的值。其中，L 和 L_{x_i} 分别为回归方程引入输入变量 x_i 前后的似然函数。$-\ln\left(\dfrac{L}{L_{x_i}}\right)^2$ 在原假设成立的条件下近似服从自由度为 1 的卡方分布，也称为似然比卡方。于是有

$$-\ln\left(\dfrac{L}{L_{x_i}}\right)^2 = -2\ln\dfrac{L}{L_{x_i}} = -2\ln L - \left(-2\ln L_{x_i}\right) = 2\ln L_{x_i} - 2\ln L$$

似然比卡方反映了在引入输入变量 x_i 到回归方程前后对数似然函数值的变化幅度，该值越大表明引入输入变量 x_i 越有意义。

进一步来说，如果似然比卡方的观测值对应的概率 P 值小于给定的显著性水平 α，则应拒绝原假设，即认定目前回归方程中各回归系数不同时为零，输入变量的全体与 Logit P 之间的线性关系显著；反之，若对应的概率 P 值大于给定的显著性水平 α，则应接受原假设，即认定目前回归方程中各回归系数同时为零，输入变量全体与 Logit P 之间的线性关系不显著。

(2) 回归系数的显著性检验

对 Logistic 回归系数进行显著性检验的目的是逐个检验回归方程中各输入变量是否与 Logit P 存在显著线性关系。其原假设是 $\beta_i = 0$，即相应的输入变量 x_i 与 Logit P 之间的线性关系不显著。

回归系数的显著性检验采用的检验统计量是 Wald 统计量，数学定义为

$$\text{Wald}_i = \left(\frac{\beta_i}{S_{\beta_i}}\right)^2$$

上式中，β_i 是输入变量 x_i 对应的回归系数，S_{β_i} 是回归系数的标准误差，$S_{\beta_i} = \sqrt{P(1-P)/n}$，$P$ 为样本中目标变量取 1 的概率，n 为样本量。Wald 统计量近似服从自由度等于 1 的卡方分布。

若某输入变量 x_i 的 Wald_i 统计量对应的概率 P 值小于给定的显著性水平 α，则应拒绝原假设，即认定该输入变量 x_i 的回归系数与零有显著差异，进而可以推出该输入变量 x_i 与 Logit P 之间的线性关系显著，应保留在回归方程中；反之，若某输入变量 x_i 的 Wald_i 统计量观测值对应的概率 P 值大于给定的显著性水平 α，则应接受原假设，即认定某输入变量的回归系数与零无显著差异，该输入变量与 Logit P 之间的线性关系不显著，不应保留在回归方程中。

值得注意的是，若输入变量存在多重共线性，则会对 Wald 统计量产生影响。在回归系数绝对值较大时，Wald 统计量的标准误差有扩大的现象，会造成 Wald 统计量的观测值减小，不易拒绝原假设，进而使那些对 Logit P 有解释意义的变量没能保留在回归方程中，在确定输入变量自动筛选策略时应考虑这个问题。另外，也可借助上述回归方程显著性检验的卡方检验方法，对相应回归系数进行检验。

(3) 回归方程的拟合优度检验

在 Logistic 回归分析中，可以从下述的可解释性和错判率两个方面对拟合优度进行考察。

① 若方程可以解释目标变量较大部分的方差，则说明拟合优度高；反之，则说明拟合优度低。这与一般线性回归分析是相同的。

② 由回归方程计算出预测值与实际值之间的吻合程度，可以用来判断方程总体错判率的高低。若错判率低，则说明拟合优度高；反之，则说明拟合优度低。

衡量拟合优度常用的指标有：Cox & Snell R^2 统计量、Nagelkerke R^2 统计量、混淆矩阵、Hosmer-Lemeshow 统计量。下面分别进行介绍。

① Cox & Snell R^2 统计量与一般线性回归分析中的 R^2 有相似之处，它反映了回归方程的拟合优度，Cox & Snell R^2 的数学定义为

$$\text{Cox \& Snell } R^2 = 1 - \left(\frac{\ln L_0}{\ln L_k}\right)^{\frac{2}{n}}$$

上式中，$\ln L_0$ 为回归方程中只包含常数项时的对数似然值；$\ln L_k$ 为当前回归方程的对数

似然值；n 为样本量。由于 Cox & Snell R^2 取值范围不易确定，因此使用时不方便，需要修正，于是出现了 Nagelkerke R^2 统计量。

② Nagelkerke R^2 统计量是修正的 Cox & Snell R^2 统计量，也反映了回归方程的拟合优度。Nagelkerke R^2 的数学定义为

$$\text{Nagelkerke } R^2 = \frac{\text{Cox \& Snell } R^2}{1-(\ln L_0)^{\frac{2}{n}}}$$

Nagelkerke R^2 的取值范围为区间$(0,1)$，越接近于1，说明回归方程的拟合优度越高；越接近于0，说明回归方程的拟合优度越低。

③ 混淆矩阵用矩阵的形式展示模型实际观测值与预测值的吻合程度。混淆矩阵在 SPSS Modeler 程序中的一般输出形式如表 5-9 所示。

表 5-9 混淆矩阵在 SPSS Modeler 程序中的一般输出形式

观测值	预测值		
	0	1	正确率
0	f_{11}	f_{12}	$\dfrac{f_{11}}{f_{11}+f_{12}}$
1	f_{21}	f_{22}	$\dfrac{f_{22}}{f_{21}+f_{22}}$
总体正确率	\multicolumn{3}{c}{$\dfrac{f_{11}+f_{22}}{f_{11}+f_{12}+f_{21}+f_{22}}$}		

表 5-9 中的 f_{11}、f_{12}、f_{21}、f_{22} 组成了一个 2 行 2 列的矩阵 $\begin{bmatrix} f_{11} & f_{12} \\ f_{21} & f_{22} \end{bmatrix}$，它称为混淆矩阵。其中，$f_{11}$ 是观测值为 0 且预测值也为 0 的样本个数，f_{12} 是观测值为 0 但预测值为 1 的样本个数，f_{21} 是观测值为 1 但预测值为 0 的样本个数，f_{22} 是观测值为 1 且预测值也为 1 的样本个数。可以通过对它们进行计算得到正确率，用来评价模型的好坏，正确率越高意味着模型越好。

④ Hosmer-Lemeshow 统计量。Logistic 回归方程给出的是在输入变量取值确定的条件下，目标变量取值为 1 的概率值。若模型拟合效果较好，则对实际值为 1 的样本应给出高的概率预测值，对实际值为 0 的样本应给出低的概率预测值。可以对概率预测值分组，将样本分为 k 组，生成 Hosmer-Lemeshow 统计量交叉列表。Hosmer-Lemeshow 统计量交叉列表在 SPSS Modeler 程序中的一般输出形式如表 5-10 所示。

表 5-10　Hosmer-Lemeshow 统计量交叉列表

组	目标变量				合　计
	0		1		
	观测值	期望值	观测值	期望值	
1					
2					
3					
…					
k					

在表 5-10 中，每一组目标变量的每个取值(0 和 1)都分别对应两个值：观测值和期望值。观测值也称为实际值，是指该组落入目标变量相应取值里的样本数，即目标变量实际值取 0 或 1 的样本量；期望值也称为预测值，是指该组的目标变量相应取值的样本量的修正值。"合计"列的值是目标变量取值 0 和 1 的观测值之和，它也等于目标变量取值 0 和 1 的期望值之和。

SPSS Modeler 程序在表 5-10 所示的数据的基础上，计算对数似然比卡方，得到 Hosmer-Lemeshow 统计量，它服从 $k-2$ 个自由度的卡方分布，k 为组数。

Hosmer-Lemeshow 统计量的值越小，表明样本实际值和预测值的总体差异越小，拟合优度越高(拟合效果越好)；反之，则表明拟合优度越低(拟合效果越差)。Hosmer-Lemeshow 检验的原假设是观测值的分布与期望值的分布无显著差异。使用 SPSS Modeler 程序可以给出 Hosmer-Lemeshow 统计量的概率 P 值。若概率 P 值小于给定的显著性水平 α，即观测值的分布与期望值的分布有显著差异，表明模型拟合效果差，此时应拒绝原假设；反之，如果概率 P 值大于给定的显著性水平 α，即两个分布的差异不显著，表明模型拟合效果好，此时应接受原假设。

4. 二项 Logistic 回归分析中的虚拟变量

通常的回归分析中，输入变量是数值型变量，它们对目标变量有线性解释作用。实践中，目标变量的值不仅受数值型变量影响，也受分类型变量影响。例如，在 MOOC 学习平台中学习某课程的最终学习成绩是否合格不仅受学习时长、参与讨论次数、提交作业次数等数值型变量影响，还可能受性别、专业等分类型变量影响。

分类型变量通常不能像数值型变量那样直接作为输入变量进入回归方程，因为其各个类别之间是非等距的。一般需将其转化为虚拟变量(或称哑变量)后再参与分析。

分类型变量参与回归分析的主要目的是研究各类别对目标变量影响的差异性。设置虚拟变量就是将分类型变量的各个类别分别以 0、1 二值变量的形式重新编码，用 1 表示属于该类，用 0 表示不属于该类。

例如，性别这个分类型变量有两个类别值(男或女)，可将这两个类别值分别以 0、1 二值变量的形式重新编码。如设置变量 x_1 表示是否为男，取 1 表示是男，取 0 表示不是男。设置变量 x_2 表示是否为女，取 1 表示是女，取 0 表示不是女。容易发现，对于一个只有两个类别值的分类型变量，只要设置一个虚拟变量就完全可以识别样本的取值。如只设置变量 x_1 表示是否为男，取 1 表示是男；取 0 表示不是男，则必然是女，此时，女是参照类别。同样，也可以只设置变量 x_2 表示是否为女，取 1 表示是女；取 0 表示不是女，则必然是男，此时，男是参照类别。

一般来说，对于具有 k 个类别的分类型变量，当确定参照类别后，只需设置 $k-1$ 个虚拟变量即可。于是在回归分析时，分类型输入变量自身并不参与回归分析，取而代之的是 $k-1$ 个虚拟变量。回归方程中各虚拟变量回归系数的含义是相对于参照类别，各个类别对目标变量平均贡献的差异，由此可进一步研究各类别对目标变量的平均贡献差异。

5.7 二项 Logistic 回归分析应用案例

下面用和本书配套的"MOOClearner.sav"文件，介绍使用 SPSS Modeler 程序进行二项 Logistic 回归分析的具体操作。"MOOClearner.sav"文件记录了学习者在 MOOC 学习平台中学习某课程的特征数据和最终成绩是否合格的数据，文件中包括 480 个样本数据，变量为 Class(表示是否合格，1 为合格，0 为不合格)、Gender(表示性别，1 为男，2 为女)、StageID(表示学段，1 为小学，2 为初中，3 为高中)和 Discussion(表示参与讨论次数)。变量 Discussion 为数值型变量，其他变量为分类型变量，本案例分析的目标是，建立学生最终成绩是否合格的预测模型，分析影响最终成绩是否合格的因素。

1. 操作过程

① 导入数据：启动 SPSS Modeler 程序，从节点工具箱窗格的"源"选项卡中拖曳出"Statistic 文件"节点到数据流编辑区域中，右击"Statistic 文件"节点，在弹出的快捷菜单中单击"编辑"命令，导入"MOOClearner.sav"文件。

② 设置变量(字段)：从节点工具箱窗格的"字段选项"选项卡中拖曳出"类型"节点到数据流编辑区域中，利用设置"类型"节点的对话框的"测量"列，设置变量(字段)Class 的测量类型为二分类型(在程序中表示为"标记")，标志为 ，其他变量(字段)的测量类型保持默认值不变(Discussion 为数值型，在程序中表示为"连续")；在"角色"列设置 Class 为"目标"，设置 Gender、StageID、Discussion 为"输入"，如图 5-17 所示。

③ 构建模型：从节点工具箱窗格的"建模"选项卡中拖曳出"Logistic"节点到数据流编辑区域中，让其与"类型"节点建立连接。右击"Logistic"节点，在弹出快捷菜单中单击"编辑"命令，弹出设置"Logistic"节点的对话框，在该对话框中可以设置节点的参数。该对话框中的"模型"和"专家"是两个重要的选项卡，在后面对它们进行详细介绍。

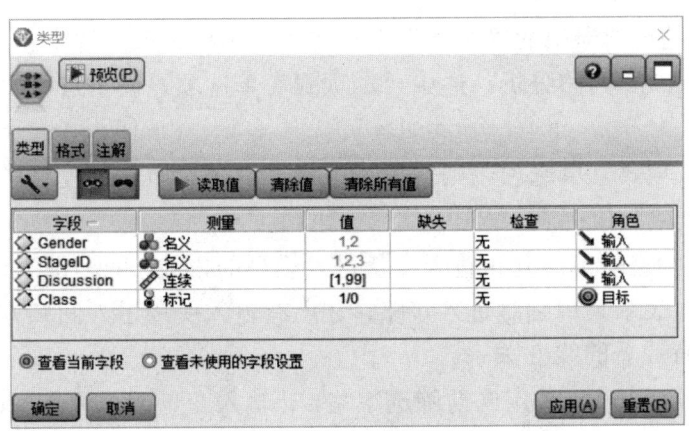

图 5-17 设置"类型"节点

④ 设置完节点的参数后,单击对话框中的 运行(U),在数据流编辑区域中生成一个表示结果的节点,双击该节点可以查看详细结果,如何查看在后面介绍。

2. 设置"Logistic"节点的对话框

上面的第③步中操作打开的对话框中有两个重要的选项卡,分别是"模型"选项卡和"专家"选项卡。

(1)"模型"选项卡

"模型"选项卡如图 5-18 所示,它用来设置 Logistic 回归模型的主要参数。

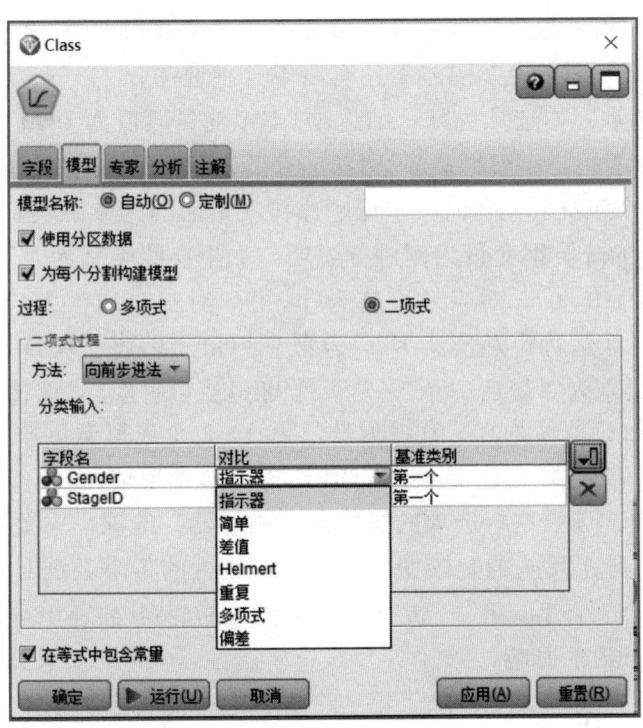

图 5-18 "模型"选项卡

图 5-18 所示的选项卡中的"过程"选项包含两个单选项,选中"多项式"单选项,表示进行多项 Logistic 回归分析;选中"二项式"单选项,表示进行二项 Logistic 回归分析。

如果选中"二项式"单选项,则选项卡中将显示"二项式过程"栏,其中包括"方法"选项和"分类输入"列表。

① "方法"选项提供下述几种输入变量进入模型的方式,即提供下述几种建模方法。

❖ "进入法":表示采用强制进入策略,让所有输入变量进入回归方程,无论变量与 Logit P 之间是否有显著的线性关系。

❖ "向前步进法":表示采用向前筛选策略,让输入变量逐个进入回归方程。开始时,回归方程中只含常数项,然后选择模型中对数似然值增大幅度最大,且通过统计显著性检验的输入变量进入回归方程。该过程将反复进行,直到没有输入变量可进入回归方程为止。

❖ "后退步进法":表示采用向后筛选策略,将输入变量逐个剔除出回归方程。开始时所有输入变量都进入回归方程。然后选择使模型的对数似然值增大幅度最小,且通过统计显著性检验认为贡献不显著的输入变量,将其剔除出回归方程。该过程将反复进行,直到没有输入变量可剔除出回归方程为止。

上述过程中,某个变量进出方程的依据是它是否达到服从卡方分布的比分检验(Score Test)的显著性水平。大样本下其检验结果与 Wald 检验一致。

② "分类输入"列表对分类型变量的参照类别逐个进行说明。变量名显示在"字段名"列中。在"对比"列指定参照方案,有以下几种选项。

❖ "指示器"选项:本选项为默认的选项(虚拟变量取值为 0 或 1),选中这一选项时,要在"基准类别"列指定参照类别。"第一个"表示类别值按字母顺序排在第一的为参照类别;"最后一个"表示类别值按字母顺序排在最后的为参照类别。下面以类别数为 3,值为 A、B、C 的分类型变量为例进行说明。如果参照类别为"第一个",则两个虚拟变量对应 A 取值为$(0,0)$,对应 B 取值为$(0,1)$,对应 C 取值为$(1,0)$。于是,第 1、2 个虚拟变量的回归系数 β_1 和 β_2 表示 B、C 类别对 Logit P 的影响比 A 类别分别多 β_1 和 β_2 个单位;如果参照类别为"最后一个",则两个虚拟变量对应 A 取值为$(1,0)$,对应 B 取值为$(0,1)$,对应 C 取值为$(0,0)$。于是,第 1、2 个虚拟变量的回归系数 β_1 和 β_2 表示 A、B 类别对 Logit P 的影响比 C 类别分别多 β_1 和 β_2 个单位。

❖ "简单"选项:选中这一选项的操作同"指示器"选项,主要区别在 β_0。如果不考虑其他输入变量,则 β_0 反映的是该变量除参照类别外的每个类别对 Logit P 的平均影响(下面提到的"差值""Helmert""重复"选项都是如此),而选中"指示器"选项反映的是参照类别对 Logit P 的影响。

❖ "差值"选项:表示该变量除了第一个类别之外的每个类别与参照类别对 Logit P 影响的平均水平进行比较,它是 Helmert 的反向对比。此时"基准类别"列无效。

❖ "Helmert"选项:表示该变量除了最后一个类别之外的每个类别与参照类别对

Logit P 影响的平均水平进行比较，此时"基准类别"列无效。

❖ "重复"选项：表示该变量除了第一个类别之外的每个类别与前一个类别对 Logit P 影响的平均水平进行比较。此时"基准类别"列无效。

(2)"专家"选项卡

"专家"选项卡如图 5-19 所示，它用来设置模型的高级参数和输出项目。

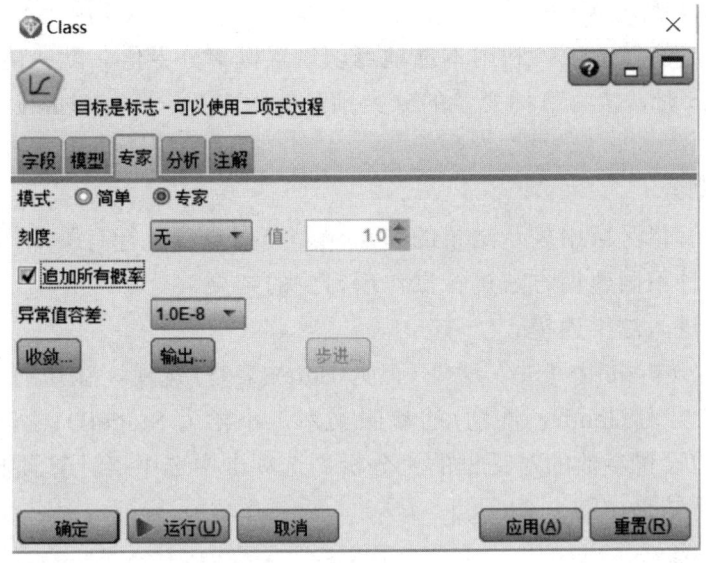

图 5-19 "专家"选项卡

① "追加所有概率"选项：选中本选项，表示计算样本输出变量取各类别的概率；否则，只计算预测类别的概率，该选项只对多项 Logistic 回归有效。

② "输出"按钮：用于指定输出哪些 Logistic 回归分析的结果，Logistic 回归分析的输出结果如图 5-20 所示。

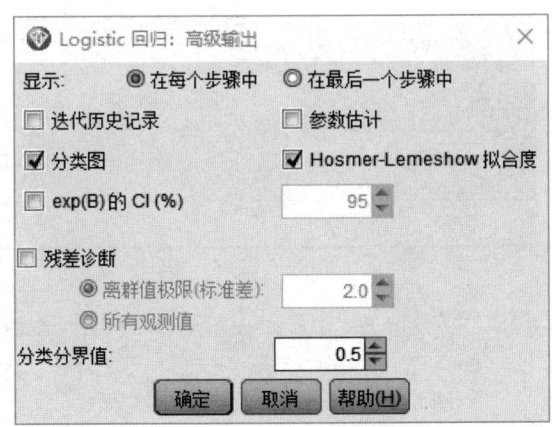

图 5-20 Logistic 回归分析的输出结果

图 5-20 中有关选项的含义如下。

❖ "显示"选项包含两个单选项，选中"在每个步骤中"，表示输出建模过程中每一步的结果；选中"在最后一个步骤中"，表示只输出最终的结果。

❖ "分类图"复选项：选中本复选项，表示绘制目标变量的预测类别图。

❖ "Hosmer-Lemeshow 拟合度"复选项：选中本复选项，表示输出 Hosmer-Lemeshow 拟合优度指标。

❖ "exp(B)的 CI(%)"复选项：选中本复选项，可以设置输出 exp(回归系数)的置信区间，默认为 95%。

❖ "分类分界值"选项：利用本选项可以设置概率分界值。默认情况下，预测概率值大于或等于 0.5 时，认为目标变量的分类预测值为 1；小于 0.5 时，认为目标变量的分类预测值为 0。

3. 结果解读

双击数据流编辑区域中表示结果的节点，可以查看进行有关操作后得到的结果，下面解读采用两种不同建模方法进行操作后得到的结果。

（1）采用"进入法"建模

下面给出的分析采用"进入法"（记为 Enter 策略）建模，让所有输入变量进入回归方程，并指定男为 Gender(性别)的参照类别，小学为 StageID(学段)的参照类别。在图 5-18 所示的设置参数的对话框的"分析"选项卡中选中"计算预测变量重要性"，Logistic 回归分析结果如图 5-21 所示。

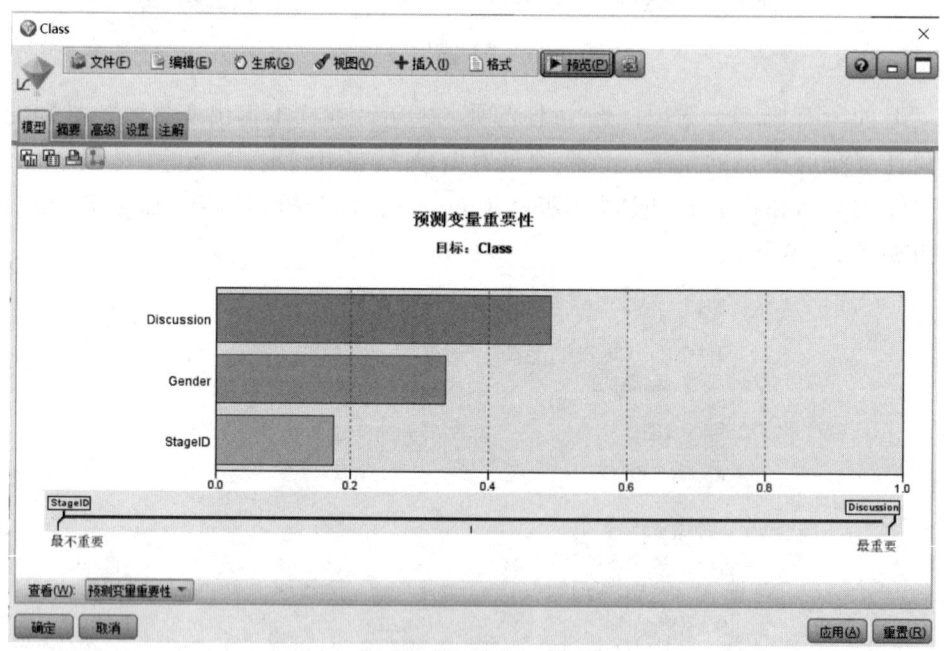

图 5-21　Logistic 回归分析结果

图 5-21 给出了预测变量重要性的排序结果，其中对是否合格影响最大的因素是变量 Discussion，其次是变量 Gender 和 StageID，它们分别表示参与讨论次数、性别、学段。

在图 5-21 所示的界面中，进入"高级"选项卡查看详细的计算结果，可以看到如

表 5-11 到表 5-18 所示的结果(表 5-11 到表 5-18 均为程序中呈现的表格形式)。

表 5-11 显示了虚拟变量的取值编码及分布情况。由分类变量派生出的虚拟变量分别显示在最后两列。例如，变量 StageID 派生出两个虚拟变量，两个变量的值均为 0 时，表示小学，两个变量的值分别为 1 和 0 时，表示初中，两个变量的值分别为 0 和 1 时，表示高中；变量 Gender 派生出一个虚拟变量，1 表示女，0 表示男。

表 5-11 案例分析(Enter 策略)结果 1
Categorical Variables Codings

		Frequency	Parameter coding	
			(1)	(2)
StageID	1	199	.000	.000
	2	248	1.000	.000
	3	33	.000	1.000
Gender	1	305	.000	
	2	175	1.000	

表 5-12 显示了 Logistic 回归分析初始阶段(第 0 步，方程中只有常数项，其他回归系数为 0)的混淆矩阵。可以看到，353 人实际合格且模型预测正确，正确率为 100%；127 人实际不合格但模型均预测错误，正确率为 0%，模型总的预测正确率为 73.5%。

表 5-12 案例分析(Enter 策略)结果 2
Classification Table

			Predicted		
			Class		Percentage
	Observed		0	1	Correct
Step 0	Class	0	0	127	.0
		1	0	353	100.0
	Overall Percentage				73.5

表 5-13 显示了回归方程中如果只有常数项时回归系数方面的指标，各数据项的含义如下："B"为回归系数，"S.E."为回归系数标准误差，"Wald"为 Wald 统计量的观测值，"df"为自由度，"Sig."为概率 P 值、"Exp(B)"为优势比。由于此时模型中未包含任何输入变量，该表没有实际意义。

表 5-13 案例分析(Enter 策略)结果 3
Variables in the Equation

		B	S.E.	Wald	df	Sig.	Exp(B)
Step 0	Constant	1.021	0.103	97.397	1	0.000	2.776

表 5-14 显示了待进入方程的各输入变量的情况，各数据项的含义如下："Score"为

Score 检验统计量的观测值,"df"为自由度,"Sig."为概率 P 值。可以看到,如果下一步"Gender(1)"(表示性别)进入方程,则 Score 检验统计量的观测值为 23.074,概率 P 值为 0.000。如果显著性水平 α 设置为 0.05,由于"Gender(1)"的概率 P 值小于显著性水平 α,所以"Gender(1)"能顺利进入方程。

表 5-14 案例分析(Enter 策略)结果 4
Variables not in the Equation

			Score	df	Sig.
Step 0	Variables	Gender(1)	23.074	1	.000
		StageID	6.899	2	.032
		StageID(1)	5.852	1	.016
		StageID(2)	.092	1	.762
		Discussion	35.345	1	.000
	Overall Statistics		57.045	4	.000

表 5-15 显示了采用"进入法"时回归方程显著性检验的总体情况,各数据项的含义如下:"Chi-square"表示与前一步相比的似然比卡方的观测值,"df"表示自由度,"Sig."表示概率 P 值。可以看到,本步所选变量均进入方程,与前一步相比,似然比卡方的观测值为 63.092,概率 P 值为 0.000。如果显著性水平 α 设置为 0.05,由于概率 P 值小于显著性水平 α,应拒绝原假设,即认为所有回归系数不同时为 0,输入变量的全体与 Logit P 之间的线性关系显著,采用该模型是合理的。表 5-15 的"Chi-square"列显示了三个似然比卡方值。其中,"Step"行是本步与前一步相比的似然比卡方值,"Block"行是本块(Block)与前一块相比的似然比卡方值,"Model"行是本模型与前一模型相比的似然比卡方值。在本例中,由于没有设置输入变量块,且输入变量是一次性强制进入模型的,所以三行结果相同。

表 5-15 案例分析(Enter 策略)结果 5
Omnibus Tests of Model Coeddicients

		Chi-square	df	Sig.
Step1	Step	63.092	4	0.000
	Block	63.092	4	0.000
	Model	63.092	4	0.000

表 5-16 显示了当前模型拟合优度方面的指标,第 2 列(标题为"-2Log likelihood")表示-2 倍的对数似然函数值,第 3 列表示 Cox & Snell R^2 值,第 4 列表示 Nagelkerke R^2 值。-2 倍的对数似然函数值越小,则模型的拟合优度越高。从表 5-16 可以看出该值较大,模型的拟合优度并不理想,且 Cox & Snell R^2 较小,也说明模型的拟合优度不高。

表 5-16 案例分析(Enter 策略)结果 6

Model Summary

Step	−2Log likelihood	Cox&Snell R Square	Nagelkerke R Square
1	491.593[a]	0.123	0.180

a. Estimation terminated at iteration number 2 because log-likelihood dereased by less than 1.000 percent.

表 5-17 显示了当前模型的混淆矩阵。在实际不合格的 127 人中,模型正确预测了 27 人,错误预测了 100 人,正确率为 21.3%;在实际合格的 353 人中,模型正确预测了 343 人,错误预测了 10 人,正确率为 97.2%。模型总的预测正确率为 77.1%。与此前得到的数据相比,不合格的预测准确度提升,合格的预测准确度下降了,但模型的总体预测准确度上升了。

表 5-17 案例分析(Enter 策略)结果 7

Classification Table

			Predicted		
			Class		Percentage Correct
Observed			0	1	
Step1	Class	0	27	100	21.3
		1	10	343	97.2
	Overall Percentage				77.1

表 5-18 显示了当前模型中各回归系数方面的指标。可以看出,如果显著性水平 α 设置为 0.05,因为"StageID(2)"的 Wald 统计量对应的"Sig."值大于显著性水平 α,因此应接受原假设,认定该回归系数与 0 无显著差异,它与 Logit P 的线性关系是不显著的,不应保留在方程中。由于方程中包含了不显著的输入变量,模型不可用,应重新建模。

表 5-18 案例分析(Enter 策略)结果 8

Variables in the Equation

		B	S.E.	Wald	df	Sig.	Exp(B)
Step 1[a]	Gender(1)	1.145	0.261	19.229	1	0	3.142
	StageID			5.325	2	0.07	
	StageID(1)	0.525	0.231	5.189	1	0.023	1.691
	StageID(2)	0.097	0.47	0.043	1	0.836	1.102
	Discussion	0.024	0.005	25.9	1	0	1.024
	Constant	−0.494	0.232	4.524	1	0.033	0.61

a. Variable(s) entered on step 1: Gender, StageID, Discussion.

(2) 采用"向前步进法"建模

下面给出的分析采用基于极大似然估计的"向前步进法"(记为 Forward 策略)筛选输入变量，Logistic 回归分析结果如图 5-22 所示。

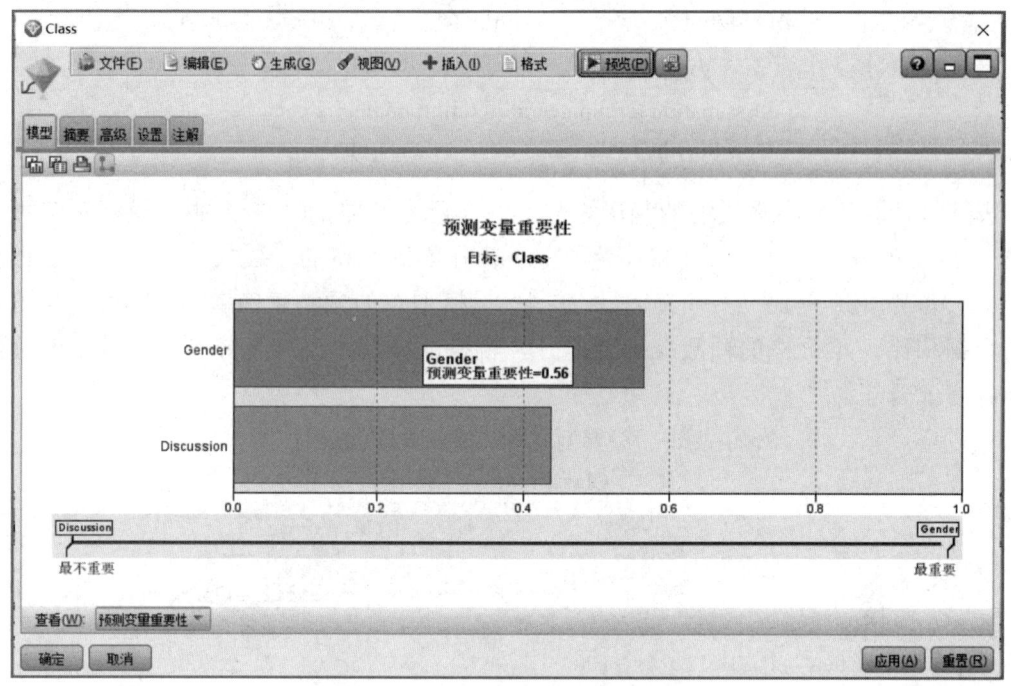

图 5-22　Logistic 回归分析结果

由图 5-22 可知，变量 Gender(性别)和变量 Discussion(参与讨论次数)对 Class(是否合格)有决定作用，变量 StageID(学段)在图中没有出现，表明其作用很小。进入图 5-22 所示的界面中的"高级"选项卡，可以查看详细计算结果。

表 5-19 显示了变量逐步筛选过程中对数似然比卡方检验的结果，用于回归方程的显著性检验。

表 5-19　案例分析(Forward 策略)结果 1

Omnibus Tests of Model Coefficients

		Chi-square	df	Sig.
Step 1	Step	37.693	1	0.000
	Block	37.693	1	0.000
	Model	37.693	1	0.000
Step 2	Step	20.008	1	0.000
	Block	57.701	2	0.000
	Model	57.701	2	0.000

下面结合表 5-19 和表 5-20，共同分析 Logistic 回归过程。

首先是零模型，即任何变量都没进入，只有常数项进入的模型。在本例中，-277.342

为零模型的对数似然函数值。

然后是包含常数项和变量 Discussion 的模型，即"Step 1"中的模型。如果此时剔除变量 Discussion 将使-2 倍的对数似然函数值增大 37.693，由于它表示的是-2 倍的对数似然函数值，因此实际上表示其值减少了 37.693，这个减少值是因为变量 Discussion 进入模型而引起的。

接下来是包含常数项、变量 Gender 和变量 Discussion 的模型，即"Step 2"中的模型。此时如果剔除 Gender，则-2 倍的对数似然函数值将增大 20.008（如同前述，实际上表示其值减少 20.008），这是在"Step 1"基础上因为变量 Gender 进入模型而引起的。

SPSS Modeler 给出的最终模型是"Step 2"的结果，可以看到，如果把显著性水平 α 设置为 0.05，由于各步的概率 P 值均小于显著性水平 α。因此，此时模型中的输入变量全体与 Logit P 的线性关系显著，模型合理。

表 5-20　案例分析（Forward 策略）结果 2

Model if Term Removed

Variable		Model Log Likelihood	Change in-2 Log Likelihood	df	Sig. of the Change
Step 1	Discussion	-277.342	37.693	1	0.000
Step 2	Gender	-258.496	20.008	1	0.000
	Discussion	-265.025	33.065	1	0.000

表 5-21 显示了输入变量筛选的过程和对各输入变量的回归系数进行检验的结果。可以看到，最终的模型（Step 2）中包含了表示性别的变量 Gender(1) 和表示参与讨论次数的变量 Discussion，各回归系数显著性检验的 Wald 统计量对应的"Sig."值都小于显著性水平 α，均拒绝原假设，意味它们与 Logit P 的线性关系显著，应保留在方程中。

表 5-21　案例分析（Forward 策略）结果 3

Variables in the Equation

		B	S.E.	Wald	df	Sig.	Exp(B)
Step 1[a]	Discussion	0.024	0.004	30.581	1.000	0.000	1.025
	Constant	0.063	0.186	0.113	1.000	0.736	1.065
Step 2[b]	Gender(1)	1.087	0.258	17.773	1.000	0.000	2.965
	Discussion	0.024	0.005	28.634	1	0.000	1.025
	Constant	-0.248	0.202	1.502	1	0.220	0.78

a. Variable(s) entered on step 1: Discussion.
b. Variable(s) entered on step 2: Gender.

表 5-22 显示，一直到最后，表示学段的变量 StageID 也没有引入方程。这是因为，

如果把变量 StageID 引入方程，会导致相应的 Score 检验的"Sig."值（本例中是 0.066）大于显著性水平 α，从而无法拒绝原假设。

表 5-22　案例分析（Forward 策略）结果 4
Variables not in the Equation

			Score	df	Sig.
Step 1	Variables	Gender(1)	19.713	1	0.000
		StageID	4.303	2	0.116
		StageID(1)	4.215	1	0.040
		StageID(2)	0.070	1	0.792
	Overall Statistics		25.687	3	0.000
Step 2	Variables	StageID	5.429	2	0.066
		StageID(1)	5.379	1	0.020
		StageID(2)	0.157	1	0.692
	Overall Statistics		5.429	2	0.066

表 5-23 显示了模型拟合优度方面的测度指标。最终模型的-2 倍的对数似然函数值为 496.984，仍然较高，说明模型的拟合优度不甚理想。同时，Nagelkerke R^2 也较小，说明模型的拟合优度一般。

表 5-23　案例分析（Forward 策略）结果 5
Model Summary

Step	-2log likelihood	Cox & Snell R Square	Nagelkerke R Square
1	516.992[a]	0.076	0.110
2	496.984[a]	0.113	0.165

a. Estimation terminated at iteration number 2 because log-likelihood decreased by less than 1.000 percent.

表 5-24 和表 5-25 显示了 Hosmer-Lemeshow 检验的结果，在最终模型中，Hosmer-Lemeshow 统计量的观测值为 36.832，"Sig."值为 0.000，小于显著性水平 α，因此拒绝原假设，认定由样本实际值得到的分布与预测值得到的分布有显著差异，模型拟合优度不够好。虽然与 Nagelkerke R^2 的结果看似不一致，但该结果是从统计检验的角度得到的，而 Nagelkerke R^2 仅是一般的描述性指标。

表 5-24　案例分析（Forward 策略）结果 6
Hosmer-Lemeshow Test

Step	Chi-square	df	Sig.
1	22.816	8	0.004
2	36.832	8	0.000

表 5-25 案例分析（Forward 策略）结果 7
Contingency Table for Hosmer and Lemeshow Test

		Class = 0		Class = 1		Total
		Observed	Expected	Observed	Expected	
Step 1	1	36	23.134	16	28.866	52
	2	15	20.282	35	29.718	50
	3	15	18.570	36	32.430	51
	4	10	15.069	37	31.931	47
	5	8	11.811	33	29.189	41
	6	11	12.410	38	36.590	49
	7	13	9.978	36	39.022	49
	8	9	7.234	39	40.766	48
	9	5	5.879	45	44.121	50
	10	5	4.001	38	38.999	43
Step 2	1	33	23.285	12	21.715	45
	2	23	21.675	24	25.325	47
	3	10	16.028	30	23.972	40
	4	13	16.944	36	32.056	49
	5	19	13.995	31	36.005	50
	6	4	11.228	45	37.772	49

表 5-26 显示了各模型的混淆矩阵。第一个模型的总体正确率为 73.5%，对最终合格的学习者人群预测的准确率极高，但对最终不合格的学习者人群预测的准确率极低；第二个模型的总体正确率为 78.3%，对最终合格的学习者人群预测的准确率下降了，但对最终不合格的学习者人群预测的准确率提高了。从应用角度看，第二个模型较第一个模型的应用性略强些。

表 5-26 案例分析结果 8
Classification Table

	Observed		Predicted		
			Class		Percentage Correct
			0	1	
Step1	Class	0	0	127	0.0
		1	0	353	100.0
	Overall Percentage				73.5
Step1	Class	0	30	97	23.6
		1	7	346	98.0
	Overall Percentage				78.3

图 5-23 显示了 Logistic 回归分析的预测类别图，图中符号 0 表示实际不合格，1 表示实际合格，每个符号代表 2 个样本。概率预测值大于或等于 0.5 的样本属于合格类，小于 0.5 的属于不合格类。

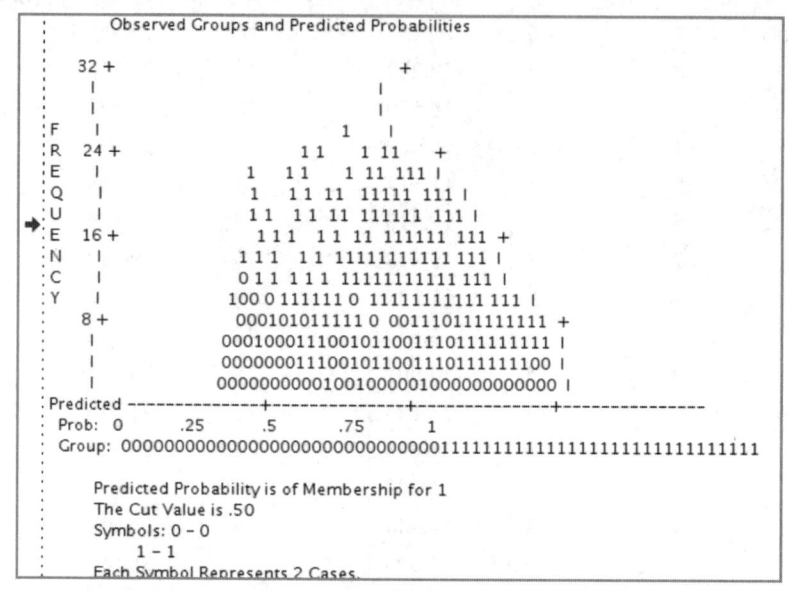

图 5-23　Logistic 回归分析的预测类别图

总之，该模型的预测效果不太令人满意，原因是，仅通过变量 Discussion（参与讨论次数）和变量 Gender（性别）预测是否合格是不全面的，还应考虑其他因素。尽管如此，该模型仍可以用于分析最终成绩是否合格与变量 Discussion（参与讨论次数）和变量 Gender（性别）之间的关系。依据表 5-21 可写出下述的 Logistic 回归方程。

$$\text{Logit} P = -0.248 + 0.024 \text{Discussion} + 1.087 \text{Gender}(1)$$

上述回归方程反映了在其他特征相同的情况下，表示性别的变量 Gender(1) 在 MOOC 学习平台中是影响最终成绩是否合格的主要因素。本案例中性别的参照类别是男，因此 1 表示女，Gender(1) 的系数为 1.087，表示女性学生较男性学生使 $\text{Logit} P$ 平均增长 1.087 个单位。结合优势比可知，女性学生的优势是男性学生的 2.965 倍，女性学生更倾向最终成绩合格。

综上分析，StageID（学段）对成绩是否合格并无显著影响，较男性学生来说，女性学生在实际学习中成绩合格的可能性更大，且参与讨论次数多的学生比其他学生成绩合格的可能性更大。

如果希望浏览各样本观测的具体预测结果，可将模型计算结果加到数据流中，利用节点工具箱窗格"输出"选项卡中的"表格"节点查看，以"SL-"和"SLP-"开头的变量分别为分类的预测结果和置信水平，SLP-0 和 SLP-1 分别是预测结果为 0 和 1 的置信度，即取 0 或 1 的概率值，SLP-0+SLP-1=1。这里，若 SLP-0 大于 SLP-1，则预测结果为 0，否则预测结果为 1。

■ 本章小结

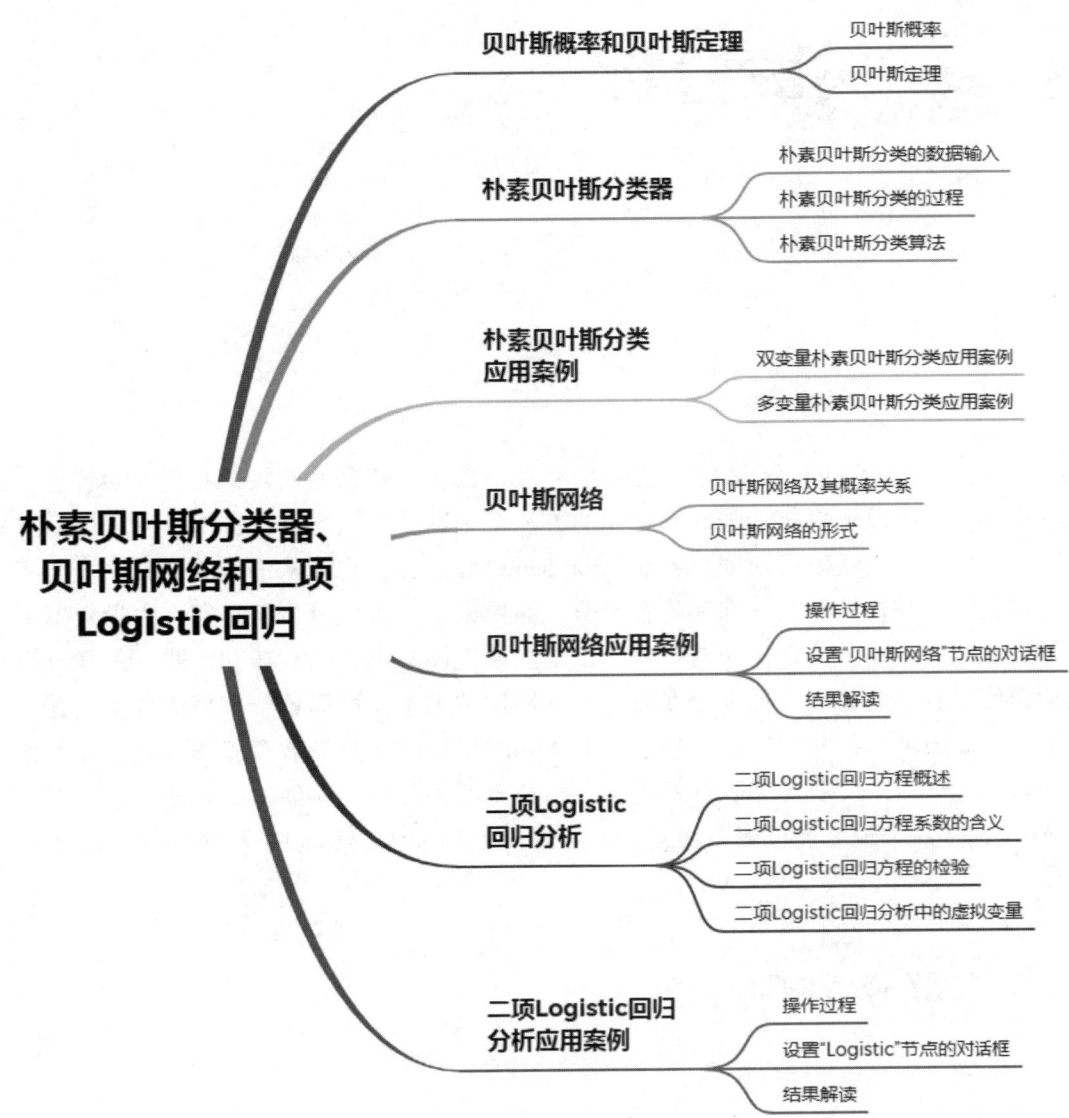

第6章 关联分析

世界上万事万物间存在着千丝万缕的联系，挖掘这些联系的规律有很大的价值。关联分析就是一种发现事物之间联系规律的方法。关联分析是数据挖掘中一项基础而重要的技术，也称为关联规则挖掘（Association Rule Mining），它能从浩瀚的数据中发现变量之间有趣的、潜在的关联规则和隐含价值。简单来说，关联分析就是发现大量数据中存在的关联关系或相关关系，即若干事物中某些属性同时出现的规律和模式。关联分析是一种无监督的学习算法，也是众多教育数据挖掘技术中一种简单、实用的技术，它在教育数据挖掘中使用得非常广泛。使用 SPSS Modeler 程序能帮助教育工作者对教育数据进行关联分析。本章主要对关联分析进行介绍和讲解，分析经典的啤酒和尿布的案例，介绍 Apriori 算法，最后通过两个案例，介绍如何使用 SPSS Modeler 程序进行关联分析。

6.1 关联分析概述

1. 什么是关联分析

关联分析从大量的数据中发现和挖掘项集之间的关联关系，它最早由 Agrawal 等人在 1993 年提出。

销售行业可以用关联分析技术寻找不同商品（项）之间的联系，从而从大量的交易数据中发现不同商品之间的联系规律。例如，通过分析顾客放入购物篮中不同商品之间的联系，分析顾客的购买习惯，并发现哪些商品会被众多顾客频繁地在同一时间购买，进而制订相应的销售策略，对销售方案进行改进。例如，可以根据分析结果设计商品价格表，调整货架上商品的摆放，对相关商品进行捆绑促销等。现在许多电商平台也会根据用户的浏览记录、购买记录、购买习惯和放入购物车的商品，分析消费者的购买习惯，从而向用户推荐他可能需要的商品。

关联分析的经典故事就是啤酒和尿布的故事。20世纪90年代的美国沃尔玛超市中，管理人员在分析超市销售数据时，发现了一个令人难以理解的现象：啤酒和尿布这两种看上去毫无关系的商品经常出现在同一销售记录中，这种独特的现象引起了管理人员的注意。经过深入调查，发现这种现象大多出现在年轻的父亲身上。当时美国有孩子的家庭中，一般是母亲在家中照看婴儿，而父亲去超市购买生活用品。父亲们在为孩子购买尿布的同时，往往会顺便购买啤酒来犒劳自己。这样，啤酒和尿布这两种看上去不相干的商品经常出现在同一个销售记录中的现象就发生了。沃尔玛的管理人员对此进行分析：一位父亲若在某个超市中只能买到这两种商品中的一种，那他很有可能会放弃在这个超市购物而去另一家商店，直到可以一次同时买到啤酒和尿布为止。沃尔玛超市开始在卖场将啤酒和尿布摆放在相近的区域中，让年轻的父亲可以同时找到这两种商品，并很快完成购物。对沃尔玛超市而言，也可以让这些客户一次购买两种商品，而不是一种商品，从而提高销售收入，这就是啤酒和尿布的故事。

还有其他一些反映商品间简单关联关系的例子，例如，80%购买面包的顾客会购买牛奶，收入水平较高的男性往往会选择知名品牌的服装，这些都是简单的因果关系。而与时间有关的关联，即具有先后顺序的关联，称为序列关联，例如，70%购买了洗衣机的顾客，会在随后的一段时间内购买洗衣机槽、洗衣液等；而80%购买了考研英语辅导书的顾客，会在一段时间内购买考研政治辅导书。

尽管关联分析始于商业上对购物篮的分析，但作为数据挖掘领域的热点分析方法，它的应用却不止于此。其他应用关联分析的领域还包括：商业与金融、人口普查、工程技术、医疗保健、宏观决策支持、电子商务、保险、交通事故分析、通信等。

2. 频繁项集和关联规则

关联分析在包含大规模数据的数据集中寻找关联关系。这些关系可以分为两种形式，分别是频繁项集和关联规则。它们是两种递进的抽象形式，并且前者是后者的抽象基础。

(1) 频繁项集

k个元素组成的一个集合称为k项集(k Item Sets)。

在所有训练元组中同时出现的次数超过人工定义的阈值的项集称为频繁项集(Frequent Item Sets)，它是指经常在一起出现的、共现性很高的项的集合。在多个集合中，频繁出现的项，就是频繁项(Frequent Item)。项的个数最多的频繁项集称为极大频繁项集(Maximal Frequent Item Sets)，它的任何超集[①]都是非频繁项集，换言之，如果不

[①] 如果一个集合S_2中的每一个元素都在集合S_1中，且集合S_1中可能包含S_2中没有的元素，则集合S_1就是S_2的一个超集，反过来说，S_2是S_1的子集。如果S_1是S_2的超集，且S_1包含S_2中没有的元素，则S_1是S_2的真超集，反过来说，S_2是S_1的真子集。

存在包含当前频繁项集的频繁超集，则当前频繁项集就是极大频繁项集。频繁项集一般暗示了某些事物总是结伴或成对出现，即共现。这种共现关系可能是因果关系，也可能是相关关系。

频繁项集挖掘是数据挖掘研究课题中一个很重要的概念。它可以揭示在数据集中经常在一起出现的元素（也称为变量），为可能的决策提供支持。频繁项集挖掘是完成关联规则挖掘、相关性分析、因果关系挖掘等许多重要数据挖掘任务的基础。频繁项集挖掘有很广泛的应用，例如前面介绍过的购物篮数据分析，除此之外，还应用在交叉购物、个性化网站建设、网络入侵检测等方面。

当前，针对频繁项集挖掘算法的研究大致有以下四个特征。

① 在遍历方向上，采取自底向上、自顶向下或混合遍历的方式。
② 在搜索策略上，采取深度优先或广度优先策略。
③ 在项集的产生上，着眼于是否会产生候选项集。
④ 在数据库的布局方式上，从垂直和水平两个方向考虑数据库的布局。

研究表明，不存在任何一种挖掘算法，能同时对所有的定义域和数据类型都优于其他挖掘算法。换言之，只存在针对具体应用场景和计算环境的较优秀算法，不存在针对任何应用场景和计算环境的最优算法。

(2) 关联规则

关联规则（Association Rules）用来表示因果关系或者相关关系，它关注的是事物之间的互相依赖和条件先验关系，暗示了事物组内某些属性不仅共现，而且还存在明显的相关和因果关系。

假设 I 是一个项（Item）的集合，简称为项集合，给定一个包含事务（Transaction）的集合 T，T 中的每个事务包含 I 的一个子集并且有一个唯一的标识符 TID（Transaction ID），设 X 和 Y 分别是 I 的子集，如果在事务集合 T 中存在一些同时包含 X 与 Y 的事务，就称 X 和 Y 之间存在关联关系。关联关系用关联规则描述，描述 X 和 Y 之间存在关联关系的规则记为规则 $X \rightarrow Y$，其中，X 称为规则的前项，Y 称为规则的后项。一般情况下，如果同时包含 X 与 Y 的事务的个数和事务集合中事务总数的比值比较高（通常超过了某个阈值，下面将详细介绍），就认为 X 和 Y 之间的关联关系比较强。

我们以一个超市为例来解释上面的叙述：项的集合 I 是超市中所有商品的集合，超市和顾客的一个交易是一个事务，所有的交易组成的集合就是事务集合 T。每个交易由交易标识符 TID 和若干商品组成，这些商品构成了 I 的一个子集。对所有的交易进行分析后，如果发现购买了某些商品（构成集合 X）的顾客同时购买了另一些商品（构成集合 Y），就认为集合 X 中包含的商品和集合 Y 中包含的商品存在关联关系。一般情况下，如果这一类交易的个数和交易总数的比值比较高，就认为集合 X 中包含的商品和集合 Y 中包含的商品的关联关系比较强。

一般情况下用支持度（Support）、置信度（Confidence）、提升度（Lift）三个指标来度量一个关联规则。

① 支持度：在一个事务集合 T 中，同时包含项集合 I 的子集 X 和子集 Y 的事务发生的概率称为规则 $X\to Y$ 的支持度。如果用 $|T|$ 表示集合 T 中的事务总数，用 $|T(X,Y)|$ 表示集合 T 中同时包含 X 和 Y 的事务的个数，用频率近似地表示概率，那么规则 $X\to Y$ 的支持度可以表示为 $S_{X\to Y}=\dfrac{|T(X,Y)|}{|T|}$。一般情况下，支持度越大，表示关联关系越强，当支持度很小时，说明该关联关系对应的关联规则不具有一般性。

② 置信度：一个事务集合中，在包含 I 的子集 X 的事务中包含 I 的子集 Y 的事务发生的概率称为规则的置信度，如果用 $|T(X)|$ 表示包含 I 的子集 X 的事务的个数，那么规则 $X\to Y$ 的置信度可以表示为 $C_{X\to Y}=\dfrac{|T(X,Y)|}{|T(X)|}$。

一个表示强关联关系的关联规则应该具有较高的支持度和置信度。若某规则的支持度较高但置信度较低，说明规则的可信程度较差；若某个规则的置信度较高但支持度较低，说明该规则不具有普遍性，即实际应用价值不大。例如，在 1000 个学习行为事务中，只有 1 个学生在 MOOC 学习系统替老师发布了一次通知，同时也只有他替老师点了一次名。虽然规则"发布通知→点名"的置信度达到了 100%，但由于其支持度只有 0.1%，因此该规则缺乏普遍性。

为了筛选出具有一定支持度和置信度的关联规则，应该给定一个最小支持度和最小置信度的标准，这种标准称为阈值。只有当关联规则 $X\to Y$ 的支持度不小于最小支持度阈值（Minimum Support Threshold，MST）并且置信度也不小于最小置信度阈值（Minimum Confidence Threshold，MCT）时，该关联规则才有效。这些阈值是根据数据挖掘需要，人为设置的标准。阈值设置的合理性很重要，若支持度阈值太小，关联规则不具有代表性；若置信度阈值太小，关联规则可信度不高。反之，若支持度阈值过大或置信度阈值过大，会导致无法找到满足要求的关联规则。

关联规则置信度和支持度的计算与统计中的列联表密切相关，表 6-1 是一个典型的列联表，其中 X 表示前项，Y 表示后项。

表 6-1 典型的列联表

X	Y		
	1	0	合计
1	f_{11}	f_{12}	$f_{11}+f_{12}$
0	f_{21}	f_{22}	$f_{21}+f_{22}$
合计	$f_{11}+f_{21}$	$f_{12}+f_{22}$	$f_{11}+f_{12}+f_{21}+f_{22}$

对于关联规则 $X\to Y$，支持度为 $\dfrac{f_{11}}{f_{11}+f_{12}+f_{21}+f_{22}}$，置信度为 $\dfrac{f_{11}}{f_{11}+f_{12}}$，前项支持度（即 X 取 1 的事务个数与事务总数的比值）为 $\dfrac{f_{11}+f_{12}}{f_{11}+f_{12}+f_{21}+f_{22}}$，后项支持度（即 Y 取 1 的事

务个数与事务总数的比值) 为 $\dfrac{f_{11}+f_{21}}{f_{11}+f_{12}+f_{21}+f_{22}}$。

由于关联规则的支持度和置信度只能度量关联规则的有效性，并不能度量其实用性，为此还需要增加提升度这一指标。

③ 提升度：置信度与后项支持度的比值，计算公式如下。

$$L_{X\to Y}=\dfrac{C_{X\to Y}}{S_Y}=\dfrac{\dfrac{|T(X,Y)|}{|T(X)|}}{\dfrac{|T(Y)|}{|T|}}$$

提升度体现了出现项子集 X 对出现项子集 Y 的影响程度，一般要大于 1 才有实际意义。

除了以上三个度量指标外，在关联规则中还有许多重要概念。项集是属性、值对的集合，一般情况下在实际操作中会省略属性，直接以值的形式存在；候选项集是用来获取频繁项集的候选项的集合，候选项集中满足支持度条件的项集保留，不满足支持度条件的舍弃。

下面通过表 6-2 所示的某超市交易的记录为例说明以上介绍的关联分析：交易(对应事务)集合中包含了 4 个交易，它们的标识符 TID 分别是 T100、T200、T300、T400，总的商品(对应项)集合为 I={I1，I2，I3，I4，I5}。因为共有 4 个交易，而同时包含 I1 和 I4 的交易只有一个，因此规则 I1→I4 的支持度为 1/4=25%。有 2 个交易包含 I1，而同时包含 I1 和 I4 的交易有 1 个，因此规则 I1→I4 的置信度为 1/2=50%，它表示 50%的顾客在购买 I1 的同时还会购买 I4。如果这两个数值分别不小于最小支持度阈值和最小置信度阈值，则认为规则 I1→I4 表示了强关联关系。

表 6-2 某超市交易记录

TID(交易)	Items(项)
T100	I1，I2，I5
T200	I2，I4
T300	I2，I3
T400	I1，I2，I4

3. 教育数据挖掘中的关联分析

在教育领域中，关联分析有十分广泛的应用。例如，一些在线教育平台根据学习者的行为日志和浏览记录，通过关联分析挖掘出其学习行为模式和规律后，不仅能发现学生的行为模式和学习风格，也能挖掘出学习者行为背后的认知需求，精准地构建学习者需求画像，从而能更好地为学习者推荐满足其显性需求和隐性需求的学习资源和服务。

一般来说，教育数据挖掘中的关联分析主要包括关联规则挖掘(Association Rule

Mining)和序列模式挖掘(Sequential Pattern Mining)。

关联规则挖掘根据学生行为特性和内容的关联关系，向学习者推荐其可能感兴趣的内容。关联规则挖掘在教育中有很多应用，例如，老师可以根据学生在答题过程中的共现型错误，分析这些错误的类型，并追踪这些错误类型对应的知识点和知识链，通过弄清这些知识点、知识链和错误之间的关联关系，探寻学生出错的根源，设计出有针对性的教学方法；根据学生的共现型错误，挖掘典型性错误出现的模式，帮助教师了解学生的答题习惯和兴趣关联……

序列模式挖掘用来捕捉时间上相继出现的连续事件之间的关联关系，挖掘出一系列事件发生的内在联系。序列模式挖掘在教育中也有很多应用，例如，通过学习日志文件记录学生在某网站中的一系列点击流，可以预测学生的学习行为习惯；根据学生在学习论坛中针对各个问题的发帖序列，可以挖掘出该学习论坛中解决群体问题的模式；根据学生在电子书包中的翻页跳转轨迹、记笔记的方式、做标记的习惯等，可以挖掘出学生的阅读习惯……

通过关联分析还可以发现学生表现和课程序列之间的关联关系，从而合理地安排或调整课程开课顺序，或者通过学生行为分析，发现哪些教学策略可以带来更好的学习效果。以关联分析为基础产生的评价分析称为教学分析，旨在帮助研究人员建立自动化系统，对学生的学习情况进行分析并以可视化形式呈现分析结果，通过挖掘教育系统的教与学数据来帮助教师调整教学计划和策略。

对于在线学习，通过关联分析，还能对学习者的学习行为进行预测，这是一种基于学习者之前的学习序列和相关信息数据，推断学习者进行下一次学习的时间和相关学习内容的挖掘分析。一些线上学习平台还会进行学习者访问模式预测，这种预测基于学习者之前到访在线学习的信息，推断学习者下次最可能从哪些媒体渠道进入网站，从而在相应的媒体渠道投放推广信息和超链接。除此之外还有关键字搜索预测，这种预测基于用户上次在学习页面输入的关键字具体内容和搜索关键字的时间，推断用户下次最可能搜索哪些关键字。

6.2　Apriori 算法

1994 年，美国学者 Agrawal 和 Srikant 提出了挖掘商品关联关系的计算方法——Apriori 算法。Apriori 算法是通过分析购物篮中的商品集合，找出商品之间关联关系的算法。使用该算法，能根据商品之间的关联关系，找出客户的购买行为。沃尔玛从上个世纪 90 年代尝试将 Apriori 算法引入 POS 机数据分析，并获得了成功。Apriori 算法经过不断完善，已成为现在数据挖掘中简单关联规则挖掘的核心算法。

Apriori 算法是最具有影响力的、挖掘关联规则的算法,是第一个关联规则挖掘算法,也是经典的关联规则挖掘算法之一。Apriori 算法没有复杂的理论推导,简单明了,易于实现,已被广泛应用于商业、网络安全等领域。它利用逐层搜索的迭代方法找出事务集合中项集间的关系,并推演形成规则。推演过程由连接与剪枝组成,涉及项集的频率和频繁项集两个概念。项集的频率是指包含该项集的事务出现的次数;频繁项集(也简称为频集)是指所有支持度大于或等于最小支持度的项集。

Apriori 算法的实现过程主要包括两个步骤:①产生频繁项集;②依据频繁项集产生关联规则。Apriori 算法提高挖掘关联规则效率的关键就是挖掘出频繁项集,它使用频繁项集的先验知识,通过逐层搜索的迭代方法,从 $k-1$ 项集探索 k 项集。

① 产生频繁项集:通过扫描事务集合,找出所有的频繁 1 项集的集合,把该集合记为 L_1,然后根据 L_1 找出所有的频繁 2 项集的集合 L_2,再根据 L_2 找 L_3,如此下去,直到不能再找到任何频繁 k 项集为止。

② 产生关联规则:从所有的频繁项集中,筛选出支持度大于或等于最小支持度和置信度大于或等于最小置信度的频繁项集,从而导出强关联规则,即产生最有价值和最有意义的关联规则。通过 Apriori 算法挖掘出的关联规则属于单维、单层、布尔关联规则。

1. **Apriori 算法遵循的两条重要规律**

① 频繁项集的子集必为频繁项集:如果一个集合是频繁项集,则它的所有子集都是频繁项集。例如,若一个集合 $\{a,b\}$ 是频繁项集,即 a、b 同时出现在一个事务中的次数大于或等于最小支持度,则它的子集 $\{a\}$ 和 $\{b\}$ 在一个事务中分别出现的次数必定大于或等于最小支持度,即 $\{a\}$ 和 $\{b\}$ 都是频繁项集。

② 非频繁项集的超集一定是非频繁项集:如果一个集合不是频繁项集,则它的所有超集都不是频繁项集。例如,若 A 不是频繁项集,即 A 在一个事务中出现的次数小于最小支持度,则它的任何超集在一个事务中出现的次数必定小于最小支持度,因此其超集必定不是频繁项集。

2. **Apriori 算法的连接和剪枝步骤**

① 连接步骤:假设有两个 $k-1$ 项集,每个项集按值的字母顺序排序。如果两个 $k-1$ 项集的前 $k-2$ 项相同,而最后一项不同,则称它们是可连接的,即可以把这两个 $k-1$ 项集连接成一个 k 项集。例如,两个 3 项集 $\{a,b,c\}$ 和 $\{a,b,d\}$ 的前 2 项相同,均为 a 和 b,只有最后一项不同,则可以连接它们生成一个 4 项集 $\{a,b,c,d\}$;而 3 项集 $\{a,b,c\}$ 和 $\{a,d,e\}$ 就不能连接生成一个 4 项集。本步骤要对所有可连接的 $k-1$ 项集进行连接。

② 剪枝步骤:完成上一步骤后执行本步骤。若一个项集的某个子集不是频繁项集,则该项集肯定也不是频繁项集。例如,若存在 3 项集 $\{a,b,c\}$,如果它的 2 项子集 $\{a,b\}$ 的支持度小于最小支持度,则 $\{a,b,c\}$ 的支持度显然也小于最小支持度。因此,若一个项集中有一个子集不是频繁项集,那么该项集就应该被舍弃。

3. Apriori 算法流程

第一步：单趟扫描事务集合，计算出各个 1 项集的支持度，按支持度不低于用户设定阈值的标准，得到频繁 1 项集的集合 L_1。让 $k=2$。

第二步：由频繁 $k-1$ 项集生成频繁 k 项集。具体又分为以下 3 步。

① 连接步：为找出 L_k（所有频繁 k 项集的集合），通过将 L_{k-1}（所有频繁 $k-1$ 项集的集合）中各个可连接的元素（每个元素都是一个 $k-1$ 项集）两两相连接（称为 L_{k-1} 与自身连接），产生频繁 k 项集的候选集合，候选集合记作 C_k。这样得到的 C_k 是 L_k 的超集，也就是说，C_k 的成员可能是也可能不是频繁项集。

具体来说，如果用 l_i 表示 L_{k-1} 中的元素，用 $l_i[j]$ 表示 l_i 中的第 j 项。假设 Apriori 算法对事务集合中的元素都按字典次序排序，即对于 $k-1$ 项集 l_i，有 $l_i[1]<l_i[2]<\cdots<l_i[k-1]$，则 l_1 和 l_2 可连接以及将 l_1 和 l_2 连接的具体含义如下。

如果

$(l_1[1]=l_2[1])$&&$(l_1[2]=l_2[2])$&&$\cdots$&&$(l_1[k-2]=l_2[k-2])$&&$(l_1[k-1]\neq l_2[k-1])$

就认为 l_1 和 l_2 是可连接的，连接 l_1 和 l_2 产生的结果是 $\{l_1[1],l_1[2],\cdots,l_1[k-1],l_2[k-1]\}$，这里假设 $l_1[k-1]<l_2[k-1]$。

② 剪枝步：扫描 C_k 中的各个 k 项集，判断它的支持度是否大于或等于最小支持度，如果某个 k 项集的支持度大于或等于最小支持度，则认为该候选 k 项集是频繁项集。为了正确实现剪枝，可以利用前述的 Apriori 性质：任一频繁项集的所有非空子集也必须是频繁的；反之，如果某个候选集的非空子集不是频繁的，那么该候选集肯定不是频繁的，从而可以将其从 C_k 中删除。

③ 让 k 的值增加 1，返回第①步，直到不能再生成频繁 k 项集为止。

4. Apriori 算法案例

某超市交易记录如表 6-3 所示。

表 6-3　某超市交易记录

TID	Items	TID	Items
T100	I1，I2，I5	T600	I2，I3
T200	I2，I4	T700	I1，I3
T300	I2，I3	T800	I1，I2，I3，I5
T400	I1，I2，I4	T900	I1，I2，I3
T500	I1，I3		

我们确定最小支持度为 0.2，通过 Apriori 算法产生频繁项集的过程如表 6-4 到表 6-6 所示。

表 6-4　生成频繁 1 项集 L_1 (S 为支持度)

1 项集 C_1	计数	S		频繁 1 项集 L_1	计数	S
{I1}	6	66.7%		{I1}	6	66.7%
{I2}	7	77.8%	⇒	{I2}	7	77.8%
{I3}	6	66.7%		{I3}	6	66.7%
{I4}	2	22.2%		{I4}	2	22.2%
{I5}	2	22.2%		{I5}	2	22.2%

表 6-5　生成频繁 2 项集 L_2 (S 为支持度)

2 项集 C_2	计数	S		频繁 2 项集 L_2	计数	S
{I1, I2}	4	44.4%		{I1, I2}	4	44.4%
{I1, I3}	4	44.4%		{I1, I3}	4	44.4%
{I1, I4}	1	11.1%				
{I1, I5}	2	22.2%	⇒	{I1, I5}	2	22.2%
{I2, I3}	4	44.4%		{I2, I3}	4	44.4%
{I2, I4}	2	22.2%		{I2, I4}	2	22.2%
{I2, I5}	2	22.2%		{I2, I5}	2	22.2%
{I3, I5}	1	11.1%				

表 6-6　生成频繁 3 项集 L_3 (S 为支持度)

3 项集 C_3	计数	S		频繁 3 项集 L_3	计数	S
{I1, I2, I3}	2	22.2%		{I1, I2, I3}	2	22.2%
{I1, I2, I5}	2	22.2%	⇒	{I1, I2, I5}	2	22.2%
{I1, I3, I5}	1	11.1%				
{I2, I3, I5}	1	11.1%				

① 生成频繁 1 项集 L_1。先得到候选 1 项集 C_1 为{{I1}, {I2}, {I3}, {I4}, {I5}}；然后进入剪枝步骤，从表 6-4 可知，这 5 个候选集的支持度均大于 0.2。所以不需要剪枝，因此 L_1 为{{I1}, {I2}, {I3}, {I4}, {I5}}。

② 生成频繁 2 项集 L_2。首先从连接步骤开始，得到候选 2 项集 C_2 (C_2 由 L_1 与自身连接产生) 为{{I1, I2}, {I1, I3}, {I1, I4}, {I1, I5}, {I2, I3}, {I2, I4}, {I2, I5}, {I3, I4}, {I3, I5}, {I4, I5}}(因为{I3, I4}和{I4, I5}的计数为 0，所以未把它们列入表 6-5 的左表中)；然后进入剪枝步骤，根据表 6-5，删除候选集中支持度小于 0.2 的 2 个候选集{I1, I4}, {I3, I5}。最后得到 L_2 为{{I1, I2}, {I1, I3}, {I1, I5}, {I2, I3}, {I2, I4}, {I2, I5}}。

③ 生成频繁 3 项集 L_3。首先从连接步骤开始，得到候选 3 项集 C_3 (C_3 是由 L_2 与自身连接产生)。然后进入剪枝步骤，根据表 6-6，删除候选集中支持度小于 0.2 的 2 个候选集{I1, I3, I5}, {I2, I3, I5}。最后得到 L_3 为{{I1, I2, I3}, {I1, I2, I5}}。注意，由于

Apriori 算法使用逐层搜索技术，给定候选 k 项集后，只需检查它们各个元素是否为频繁项集就可以了。

④ 由于表 6-3 中只有一个交易 T800 包含了 4 项，所以它不可能是频繁项集，故生成了频繁 3 项集 L_3 后，整个计算过程就可以结束了。算法的输出结果应该是：L_1，L_2，L_3 集合，其中的每个项都是一个频繁模式。例如我们得到一个频繁项集 {I1，I2，I3}，能够提取哪些关联规则呢？{I1，I2}→{I3}，表示购买了 I1、I2 的用户中还购买了 I3。{I1，I2，I3} 出现的次数为 2，{I1，I2} 出现的次数为 4，故 {I1，I2}→{I3} 的置信度为 2/4=50%。类似地，可以算出：{I1，I3}→{I2} 的支持度为 50%，{I2，I3}→{I1} 的支持度为 50%；{I1}→{I2，I3} 的支持度为 33%，{I2}→{I1，I3} 的支持度为 28.6%；{I3}→{I1，I2} 的支持度为 33%。也就是说，系统可以将 I1、I2、I3 组合在一起，作为一个套餐推荐给用户，因为这 3 个商品频繁地被一起购买。

5. Apriori 算法的缺点和优化

根据上文的介绍可以看出，利用 Apriori 算法挖掘关联规则基本上分两步完成。第一步找出所有的频繁项集，第二步由频繁项集产生强关联规则。虽然 Apriori 算法是第一个也是最常见的挖掘关联规则的算法，但 Apriori 算法也存在一些缺点。

① 由频繁 $k-1$ 项集自连接生成的候选的频繁 k 项集包含的元素数量巨大。

② 在对候选 k 项集中的元素进行验证时，需要对整个事务集合进行扫描，该过程非常耗时。

在剪枝步骤中，对候选 k 项集中的每个元素需要在事务集合中进行验证来决定其是否留下，这个验证过程是算法性能的一个瓶颈。验证中要求多次扫描事务集合，如果事务集合的数据量巨大，将极大地增加算法的空间复杂度和时间复杂度。在这个过程中，有时候可能需要重复扫描事务集合，这将进一步增加时间消耗。

SPSS Modeler 程序采用了 Christian Borgelt 对 Apriori 算法改进的算法，其特点如下。

① 只能处理分类型变量，无法处理数值型变量。

② 数据可以按事务表方式存储，也可以按事实表方式存储。

③ 算法旨在提高关联规则的产生效率。

当前学术界针对生成频繁项集的算法提出了以下几种优化算法。

① 基于划分的算法。

② 基于散列的算法。

③ 基于采样的算法。

④ 减少事务的个数。

其中基于划分的算法是先把数据集从逻辑上分成几个互不相交的分片，每次单独考虑一个分片并对它生成所有的频繁项集，然后把生成的频繁项集合并，用来生成所有可能的频繁项集，最后计算这些项集的支持度。基于划分的算法需要关注分片大小，在使用计算机程序实现算法时，要保证每个分片可以被放入内存。对每个分片产生频繁项集后，再合并生成全局的候选 k 项集。基于划分的算法是可以高度并行运算的，可以把每一个分片分别分配给不同的处理器生成频繁项集。当多个处理器并行处理这些分片时，可以通过多个处理器共享一个杂凑树来产生频繁项集。

在教育数据挖掘中，使用 Apriori 算法通常已经可以解决大部分的关联规则挖掘问题。特别是对于计算机知识掌握得比较薄弱的研究者而言，执行算法改进对他们来说相对较困难。因此，他们应该选择一个有意义的教学问题和教育领域的数据集，利用现有算法执行关联规则挖掘和分析处理，从而改进教学、优化教学流程。

6.3 经典应用案例——购物篮关联分析

关联分析在数据挖掘中的应用非常广泛。

许多商业企业在日复一日的运营中积累了大量的交易数据。例如，超市的收银台每天都收集大量的顾客购物数据，从这些数据中可以了解顾客的购买行为，以便更好地进行商品促销、库存管理和顾客关系管理。

下面以一个超市的交易数据为分析对象，用 SPSS Modeler 程序对数据进行关联分析，学习如何使用 Apriori 算法对数据进行关联分析，目标是挖掘不同商品之间的关联关系和分析顾客在购买了某些商品后，还可能购买其他哪些商品的行为模式。

1. 打开文件，观察数据

① 启动 SPSS Modeler 程序，执行"文件"→"打开"菜单命令，弹出如图 6-1 所示的"打开"对话框，利用该对话框找到 SPSS Modeler 程序安装目录下的"baskrule.str"数据流文件（本案例中，"baskrule.str"文件在"D:\Program Files\IBM\SPSS\Modeler\18.0\Demos\streams"文件夹中，见图 6-1 中间的那个框中显示的内容），双击"baskrule.str"文件名，打开该文件。"baskrule.str"数据流文件中包含了一个数据源文件"BASKETS1n"。在 SPSS Modeler 程序中，一个数据流通常包含一个数据源和对这个数据源的一系列处理。

② 本案例中，因为"D:\Program Files\IBM\SPSS\Modeler\18.0\Demos\streams"文件夹里的文件都是事先已经处理好的数据流文件，因此打开"baskrule.str"文件后，在程序窗口的数据流编辑区域中会自动呈现完整的数据流，用来实现关联规则挖掘和分类两个功能，如图 6-2 所示。图 6-2 的左边的框中显示的是利用 Apriori 算法实现的关联规则挖掘，图 6-2 的右边的框中显示的是利用 C5.0 算法实现的决策树分类。

图 6-1 "打开"对话框

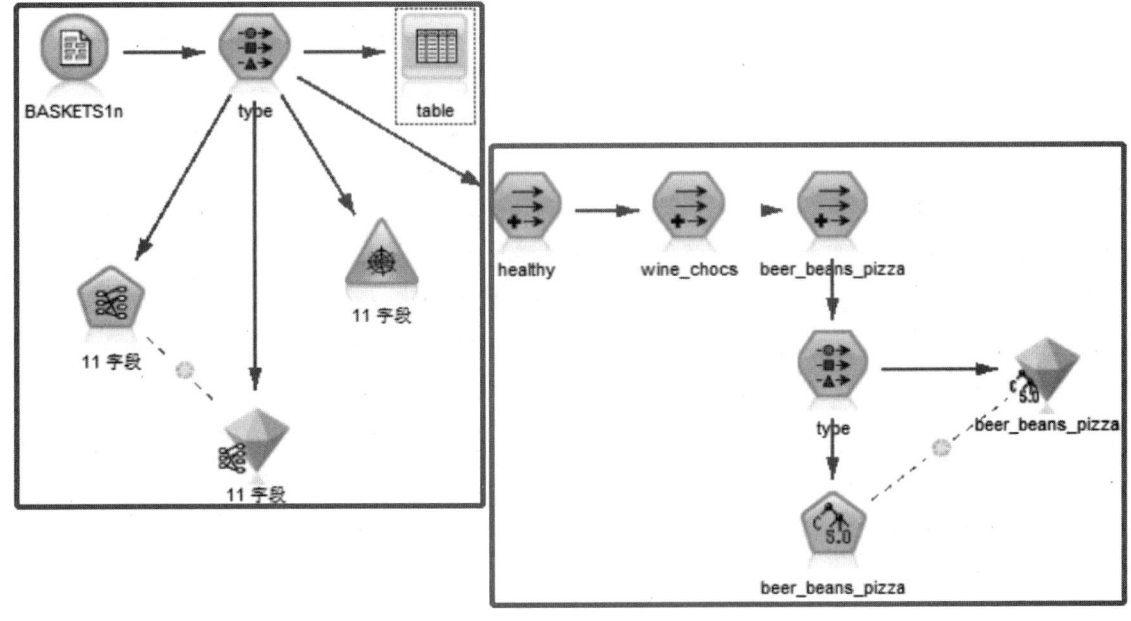

图 6-2 "baskrule.str"数据流文件中的数据流

③ 从节点工具箱窗格的"输出"选项卡中拖曳出"表格"节点到数据流编辑区域中。右击"BASKETS1n"数据源节点,在弹出的快捷菜单中单击"连接"命令,在"BASKETS1n"数据源节点和刚拖曳出的"表格"节点之间建立连接。

④ 右击表示表格的节点 ![table],在弹出的快捷菜单中单击"预览"命令,就能看到"BASKETS1n"数据源节点所表示的数据文件中的所有字段和部分记录,如图6-3所示。

cardid	value	pmethod	sex	homeown	income	age	fruitveg	freshmeat	dairy	cannedveg	cannedmeat	frozenmeal	beer	wine	softdrink	fish	confectionery
39808	42.712	CHEQUE	M	NO	27000	46	F	T	T	F	F	F	F	F	F	T	T
67362	25.357	CASH	F	NO	30000	28	F	F	F	F	F	F	F	F	F	F	T
10872	20.618	CASH	M	NO	13200	36	F	F	F	F	F	T	F	T	F	T	F
26748	23.688	CASH	F	NO	12200	26	F	F	T	F	F	F	F	F	F	F	F
91609	18.813	CARD	M	YES	11000	24	F	F	F	F	F	F	F	F	F	F	F
26630	46.487	CARD	F	NO	15000	35	F	T	F	F	F	F	F	F	F	F	F
62995	14.047	CASH	F	YES	20800	30	T	F	F	F	F	F	F	T	F	F	F
38765	22.203	CASH	M	YES	24400	22	F	F	F	F	F	F	T	F	F	F	F
28935	22.975	CHEQUE	F	NO	29500	46	T	F	F	F	F	T	F	F	F	F	F
41792	14.569	CASH	M	NO	29600	22	T	F	F	F	F	F	F	F	F	F	F
59480	10.328	CASH	F	NO	27100	18	T	T	T	T	F	F	F	F	F	F	F
60755	13.780	CASH	F	YES	20000	48	T	F	F	F	F	F	F	F	F	F	F
70998	36.509	CARD	M	YES	27300	43	F	F	T	T	F	F	F	F	F	F	F
80617	10.201	CHEQUE	F	YES	28000	43	F	F	F	F	F	F	F	F	T	F	F
61144	10.374	CASH	M	NO	27400	24	T	F	T	F	F	F	F	F	F	F	F
36405	34.822	CHEQUE	F	YES	18400	19	F	F	F	F	F	T	T	T	F	F	F
76567	42.248	CARD	M	YES	23100	31	F	T	F	F	T	F	F	F	F	F	F
85699	18.169	CASH	F	YES	27000	29	F	F	F	F	F	F	F	T	F	F	F
11357	10.753	CASH	F	YES	23100	26	F	F	F	F	F	F	F	T	F	F	F
97761	32.318	CARD	F	YES	25800	38	T	F	F	F	F	F	F	T	F	T	F
20362	31.720	CASH	M	YES	25100	38	F	F	F	F	T	F	F	F	T	F	F

图6-3 "BASKETS1n"节点所表示的数据文件中的数据

图6-3中所示的数据包括18个字段,共1000条记录,每条记录代表一个交易,每条记录由两大部分组成。

第一部分是顾客的个人信息,主要包括 cardid(会员卡号)、value(交易金额)、pmethod(支付方式)、sex(性别)、homeown(是否户主)、income(收入)、age(年龄)。

第二部分是顾客一次购买的商品的信息,主要包括 fruitveg(果蔬),freshmeat(鲜肉)等,均为二分类型的变量,取值 T 表示购买,取值 F 表示未购买。

本案例对数据源节点所包含的数据进行分析的目标是,掌握哪些商品最有可能被同时购买,对购买的商品进行关联分析,即确定客户购买的商品之间关联性的强弱,也就是分析客户在购买一种商品时,购买另一种商品的概率是多少。

首先根据数据确定关联分析字段,在提供的数据中,将选择记录中能够体现是否购买某商品的字段进行关联分析,其中表示顾客个人信息的 cardid、value、pmethod、sex、homeown、income、age 字段不是本次分析关注的字段。能够被用来进行分析的字段为 fruitveg(果蔬)、freshmeat(鲜肉)、dairy(乳制品)、cannedveg(罐装蔬菜)、cannedmeat(罐装肉)、frozenmeal(冷冻食品)、beer(啤酒)、wine(酒)、softdrink(软饮料)、fish(鱼)、confectionery(甜食)。

2. 查看字段类型设置

右击表示类型的节点 ，在弹出的快捷菜单中单击"编辑"命令，弹出如图 6-4 所示的对话框，对话框中显示了各个字段的"测量"类型和"角色"类型设置，本案例不对前 7 项个人信息进行分析，前 7 个字段的"角色"均设置为"无"，剩余的 11 个字段的"角色"设置成"任意"。

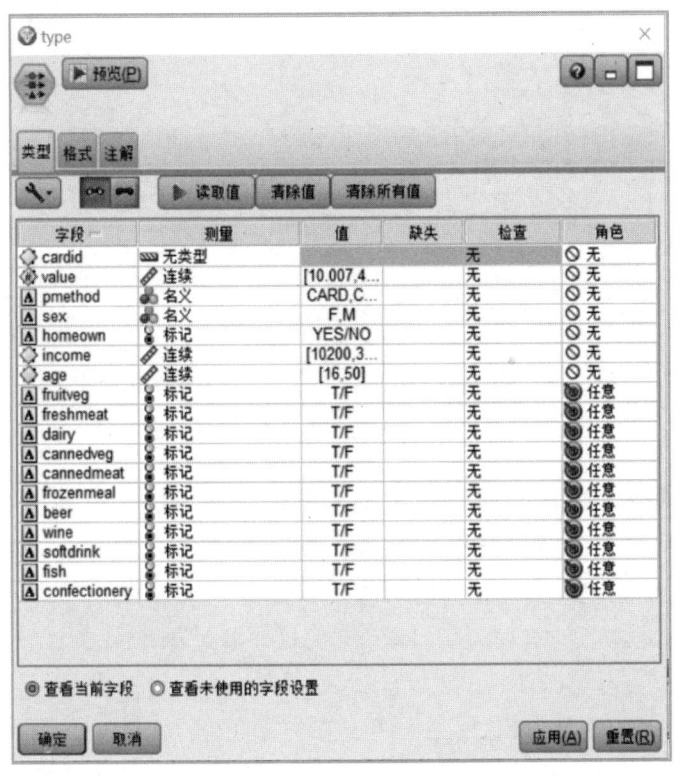

图 6-4　查看字段类型设置

3. 查看字段对应的网状图

以下操作对各字段间共线性关系大小进行可视化展示，得到 11 个字段之间的网络关系。

① 右击表示网状图的节点 ，在弹出快捷菜单中单击"编辑"命令，弹出一个对话框。

② 进入对话框的"散点图"选项卡，选择"网络"单选项，在"字段"列表框中导入需要分析的 11 个字段，选中"仅显示 true 值标志"复选项，把"线值为"项设置为"绝对"，如图 6-5 所示。

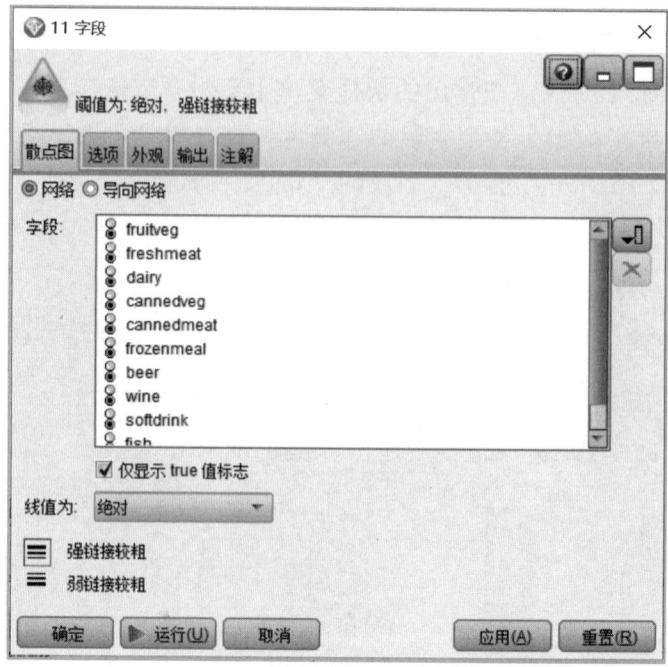

图 6-5 在"散点图"选项卡中进行设置

③ 进入对话框的"选项"选项卡进行设置,选中"仅显示高于下值的链接"单选项,设置其值为"50",这意味着只显示高于 50 个链接数的链接,选中"网络显示"项中的"圆形布局"单选项,如图 6-6 所示。

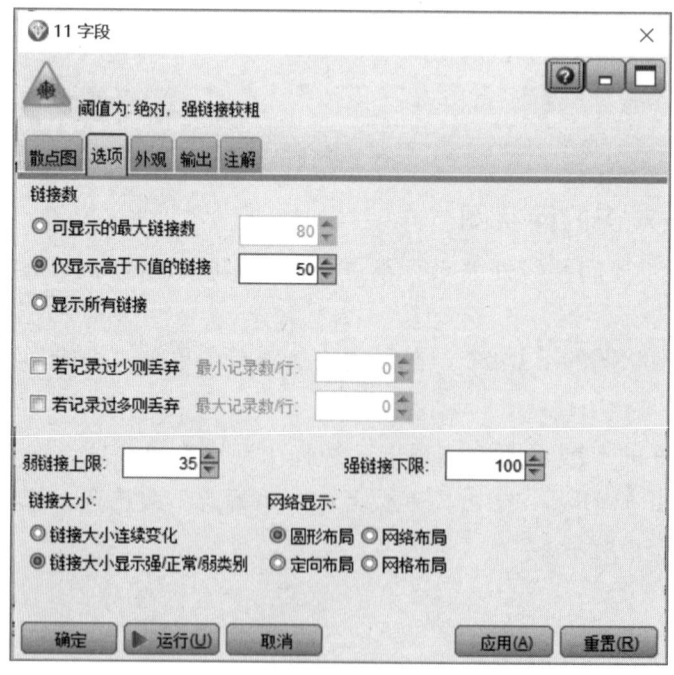

图 6-6 在"选项"选项卡中进行设置

④ 单击图 6-6 所示的对话框中的 ▶运行(U)，将按图 6-6 所示的设置，以"圆形布局"显示网状图，如 6-7 所示。网状图显示了各字段之间的相关性，图中两点之间的连线越粗，表示这两者的相关性越强；图中仅显示了链接数大于 50 的链接，即链接数大于或等于 51 的链接，本例中最大的链接数为 174。可以通过拖动对话框下部滑动条中的游标，设置并查看位于某两个数值之间的链接。

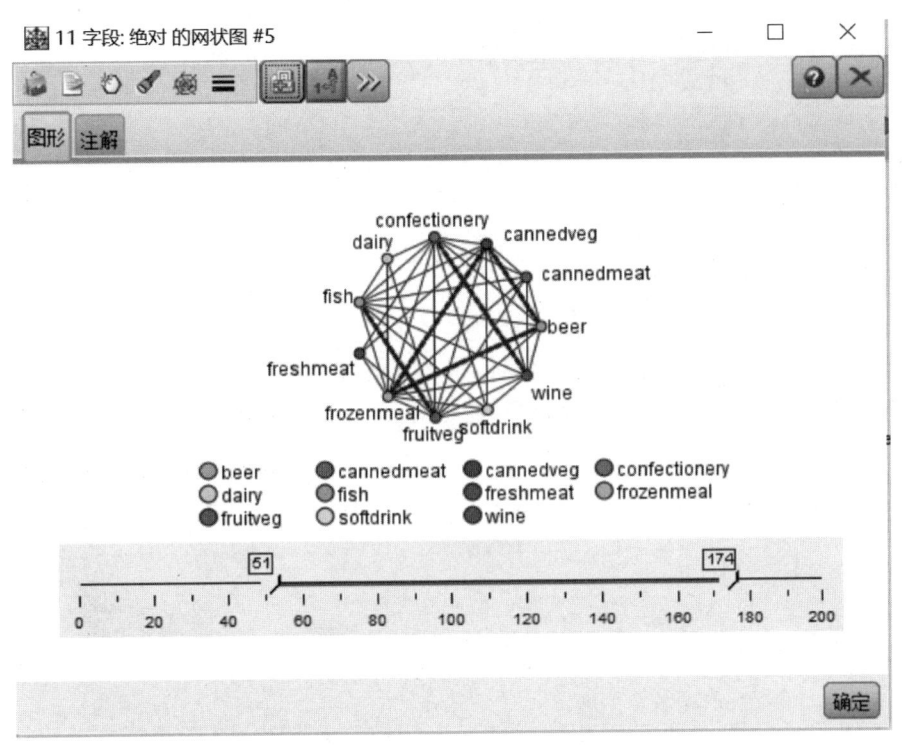

图 6-7　网状图

4. 对"Apriori"节点进行设置

① 右击数据流编辑区域中的"Apriori"节点 ，在弹出的快捷菜单中单击"编辑"命令，弹出一个对话框。对"字段"选项卡按照默认状态进行设置；进入"模型"选项卡，按图 6-8 所示，设置好"最低条件支持度""最小规则置信度""最大前项数"选项的值，用来防止关联规则过于复杂，使用该选项可以设置前项中包含的最大项数，默认为 5；如果选中"仅包含标志变量的 true 值"复选项，则表示只显示项目出现时的规则，而不显示项目不出现时的规则，本案例关心商品的连带购买，因此选中该选项。

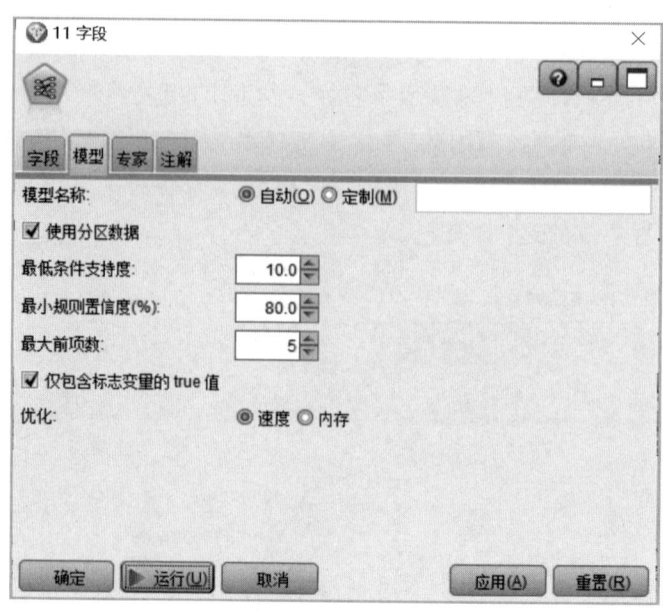

图 6-8 对"Apriori"节点的设置

② 单击图 6-8 所示的对话框中的 ▶运行(U)，将生成表示结果的节点，双击，得到如图 6-9 所示的结果，从中可以查看不同的前项和后项之间的支持度、置信度等信息，即可以查看不同商品之间存在的关联关系。本案例中一共产生了 3 条关联规则。

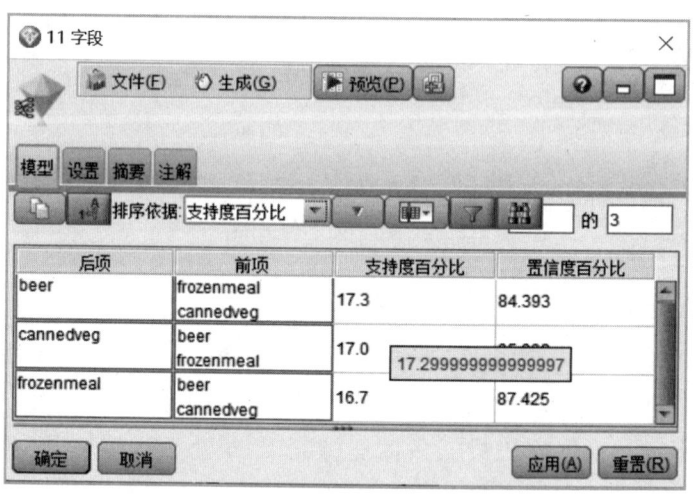

图 6-9 查看不同商品之间的关联关系

③ 单击"排序依据"框右端的下拉箭头，可以打开一个下拉列表选择排序依据，如图 6-10 所示，可以分别选择"支持度百分比""置信度百分比""规则支持百分比""后项""增益""部署能力"为排序依据。以"支持度百分比"为例，本案例产生了若干条关联规则，其中购买前项 frozenmeal、cannedveg 和后项 beer 的关联关系最强且最可被接受，因此这三类商品是最可能同时销售的商品，根据这个结果，可以对这三类商品进行捆绑促销或进行其他处理，从而增加超市的销售量。

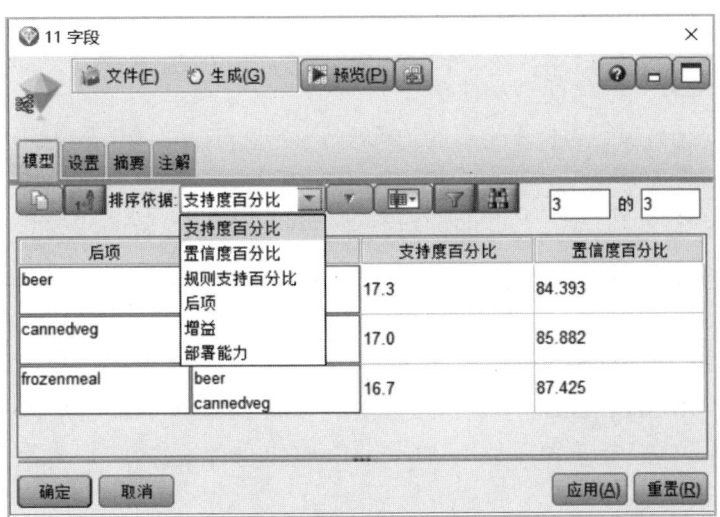

图 6-10　选择排序依据

关联规则是对样本隐含规律的一种归纳和总结。对本例来说，它是对一些客户购买行为规律的总结。这些规律体现了大部分顾客的购买习惯，有一定的可信度。但值得注意的是，这些关联规则是基于特定训练样本集得出的，它是否具有一般的推广价值，要考虑超市周边环境是否改变、季节是否改变、顾客是否有大批迁徙、物价和收入水平是否有较大波动等很多因素。同时，由于关联规则本身并没有关于预测精度和误差的评价指标，因此通常不直接用于预测。

6.4　教育应用案例——学习行为关联分析

在教育数据挖掘中，使用关联分析可以进行学习行为关系挖掘，例如：学习者在在线学习平台上的浏览行为会形成大量的数据记录，与购物篮的关联分析类似，对学习者浏览的相关内容进行关联分析，可以找到学习者在线学习行为的共同特征，从而在网页设置上可以将大多数学习者都学习的资源放置在醒目的区域，也可以根据学习者浏览和查找数据的记录，为学习者推荐个性化学习资源，防止学习者在海量的在线学习资源中迷航、发生信息过载，进而导致辍学等。关联分析不仅对在线学习资源平台有重要价值，也能帮助教师和教研人员在教学实施和教学研究中挖掘隐含的学习模式和认知规律。

随着在线教育的发展，在线学习越来越多地发生在各种教育情境中，这为深入研究学习者的学习行为带来了新的契机。在在线学习中，学习者能根据自己的喜好进行自主学习和探究性学习，学习行为自然地得以呈现，网络也提供了记录学习者隐性学习行为的手段。这些学习行为中潜在的关联关系和底层规则，能体现学习中微妙而复杂的逻辑关系，能反映学习者真实的认知过程与学习情况，是教师或其他评价机制不易捕获到的。

挖掘隐藏在在线学习平台记录中学习者学习行为数据背后的规则，能够成为跟踪教学、评价教学以及改进教学最佳的数据来源。

下面介绍的案例使用和本书配套的"数据预处理.xlsx"文件作为研究数据集，该数据集的组成在前面章节中已介绍过。数据集中包含 480 条学习行为信息，本案例分析的目标是，探究哪些学习行为最有可能同时发生，即确定学习者的学习行为之间是否存在关联性，更具体地说，就是当某一种学习行为发生时，另一种学习行为发生的概率是多少。

首先根据数据确定关联分析字段，在本数据集中，有 4 个字段反映学习者的学习行为，分别是：RaisedHands（举手次数）、VisitedResources（访问资源次数）、AnnouncementsView（查看通知次数）、Discussion（参与讨论次数），本案例旨在探索这 4 者之间的关联关系。

1. 导入数据源并查看数据类型

① 启动 SPSS Modeler 程序，从节点工具箱窗格的"源"选项卡中拖曳出"Excel"节点到数据流编辑区域中，右击该节点，在弹出的快捷菜单中单击"编辑"命令，导入"数据预处理.xlsx"文件。

② 从节点工具箱窗格的"字段选项"选项卡中拖曳出"类型"节点到数据流编辑区域中，在该节点与"Excel"节点间建立连接。

③ 右击"类型"节点，在弹出的快捷菜单中单击"编辑"命令，弹出如图 6-11 所示的"类型"对话框。从"测量"列可以看到，待分析的 4 个字段都是连续型变量，从"值"列可以看到，待分析的 4 个字段的取值范围分别为 $[0.0, 100.0]$、$[0.0, 99.0]$、$[0.0, 98.0]$、$[1.0, 99.0]$。

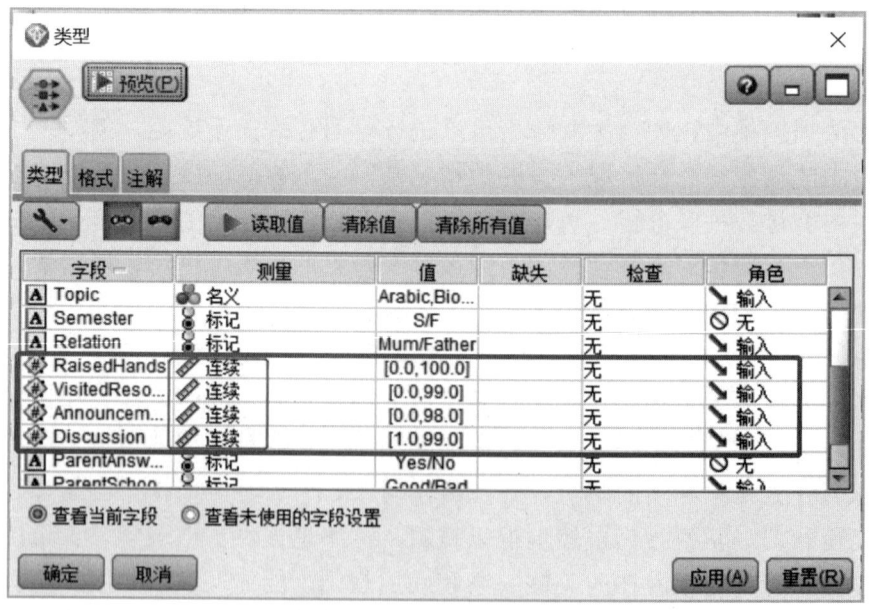

图 6-11 "类型"对话框

2. 调整数据类型

由于本数据集中的 RaisedHands（举手次数）、VisitedResources（访问资源次数）、AnnouncementsView（查看通知次数）、Discussion（参与讨论次数）这 4 个字段都是连续型变量，而本章介绍的 Apriori 算法只能处理二分类型的变量，因此需要用户将要分析的 4 个连续型字段转换为二分类型字段。下面以字段 RaisedHands 为例，介绍怎样转换。我们设定，当 RaisedHands 的值大于或等于 50 的时候，其导出字段（名称由用户自行定义，本例中定义为 jushou）取值为 1；否则，其导出字段取值为 0。具体操作步骤如下。

① 从节点工具箱窗格拖曳出"字段选项"选项卡中的"导出"节点到数据流编辑区域中，此时数据流编辑区域中会出现一个"导出"节点，将该节点与"类型"节点建立连接。

② 右击表示导出的节点，在弹出的快捷菜单中单击"编辑"命令，弹出"导出"对话框，在对话框中依次设置"导出字段""导出为"等选项，如图 6-12 所示。

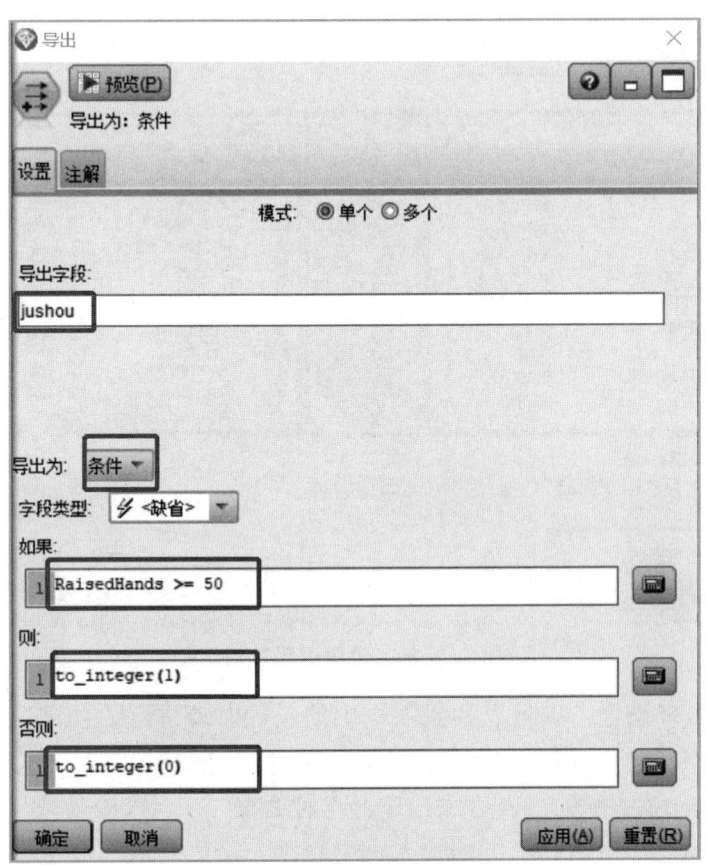

图 6-12 "导出"对话框

下面说明在"导出"对话框进行的操作。

❖ "导出字段"用来定义对原始字段进行导出处理之后得到的字段名称，本案例中，原始字段名称是 RaisedHands，我们将导出字段的名称定义为 jushou。

❖ 单击"导出为"框右端的下拉箭头，可以打开一个下拉列表设置导出方式，可以选择"公式""标记""名义""状态""计数""条件"等选项，本案例中选择"条件"。

❖ 用"如果"框设置条件。具体方法是，单击"如果"框右侧的表达式构建器按钮 ▣。弹出如图 6-13 所示的"表达式构建器"对话框。对话框上部的输入框用来输入表达式。输入框的左下方是"一般函数"列表，提供了各类函数。在"一般函数"列表右面提供了各种操作符。输入框的右下方是"字段"列表，提供了可供选择的字段。对话框下部有一个"保存之前检查表达式"复选项，选中该复选项，表示在保存输入的表达式之前，程序会自动对表达式进行语法检查，一般应选中该项。本案例中，双击选中"字段"列表中的"RaisedHands"字段，然后单击中间框中的">="操作符，在对话框上部的输入框中便会出现一个表达式"RaisedHands >="，在">="右侧输入"50"，选中"保存之前检查表达式"复选项，单击 确定 ，便可以对表达式进行语法检查。

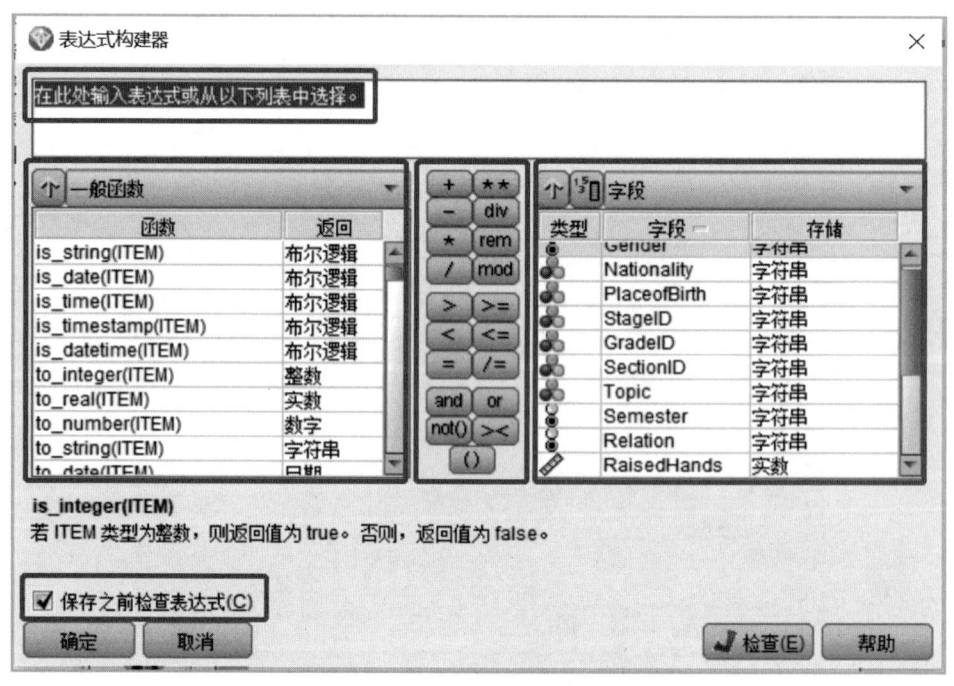

图 6-13 "表达式构建器"对话框

❖ "则"框用来设置当满足"如果"框中的条件时要进行的处理，本案例中，要把满足条件时导出字段的值设置为1。为此，单击"则"框右侧的表达式构建器按钮▣，同样会弹出如图 6-13 所示的"表达式构建器"对话框，在"一般函数"列表中双击选中"to_integer(ITEM)"，对话框上方的输入框中出现一个表达式"to_integer(?)"，把它修改为"to_integer(1)"，选中"保存之前检查表达式"复选项，单击 确定 ，便可以对表达式进行语法检查。

❖ "否则"框用来设置当不满足"如果"框中的条件时要进行的处理，仿照上面的叙述把它设置为"to_integer(0)"。

③ 全部设置好之后，得到如图 6-12 所示的结果。单击图 6-12 中的 确定 ，就完成了“导出”操作，这样，当 RaisedHands 字段取值大于或等于 50 的时候，由其导出的 jushou 字段取值为 1；否则，由其导出的 jushou 字段取值为 0。

④ 为了观察“导出”操作的效果，从节点工具箱窗格的“输出”选项卡中拖曳出“表格”节点到数据流编辑区域中，让其与“导出”节点建立连接。然后右击表示表格的节点，在弹出的快捷菜单中单击“预览”命令，就能看到数据表格中新增了一个“jushou”字段列和这个字段中所取的值，如图 6-14 所示。

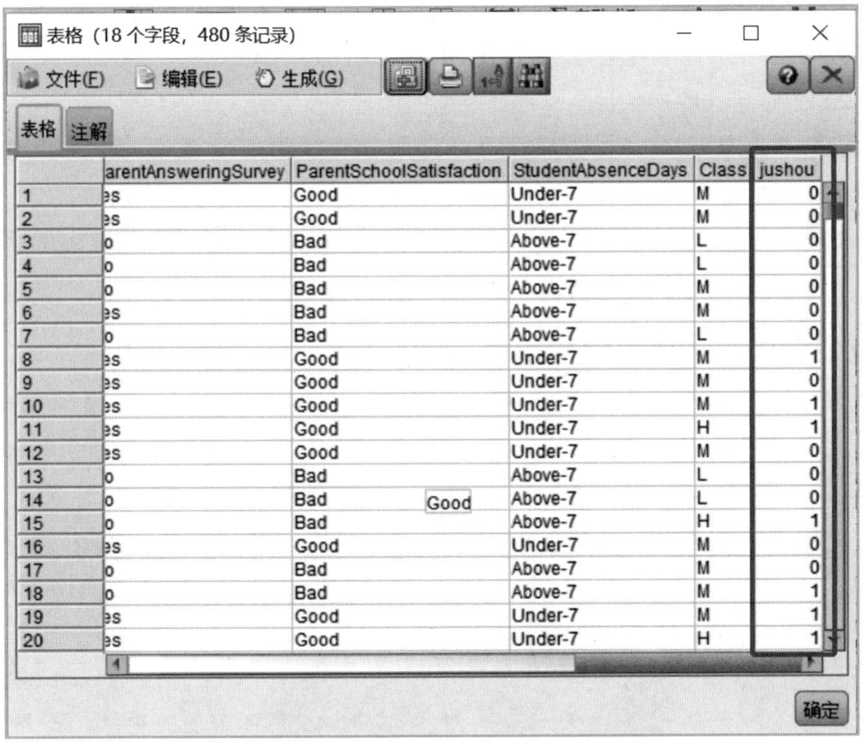

	arentAnsweringSurvey	ParentSchoolSatisfaction	StudentAbsenceDays	Class	jushou
1	es	Good	Under-7	M	0
2	es	Good	Under-7	M	0
3	o	Bad	Above-7	L	0
4	o	Bad	Above-7	L	0
5	o	Bad	Above-7	M	0
6	es	Bad	Above-7	M	0
7	o	Bad	Above-7	L	0
8	es	Good	Under-7	M	1
9	es	Good	Under-7	M	0
10	es	Good	Under-7	M	1
11	es	Good	Under-7	H	1
12	es	Good	Under-7	M	0
13	o	Bad	Above-7	L	0
14	o	Bad	Above-7	L	0
15	o	Bad	Above-7	H	1
16	es	Good	Under-7	M	0
17	o	Bad	Above-7	M	0
18	o	Bad	Above-7	M	1
19	es	Good	Under-7	M	1
20	es	Good	Under-7	H	1

图 6-14　导出后新增了“**jushou**”字段列

⑤ 依此类推，把 VisitedResources、AnnouncementsView、Discussion 这 3 个连续型取值的字段分别导出为 fangwenziyuan、kantongzhi、taolun 字段。

⑥ 从节点工具箱窗格拖曳出“字段选项”选项卡中的“类型”节点到数据流编辑区域中，此时数据流编辑区域中会出现一个“类型”节点，将该节点与“导出”节点建立连接。

⑦ 右击表示类型的节点，在弹出的快捷菜单中单击“编辑”命令，弹出如图 6-15 所示的“类型”对话框。单击 读取值 ，可以看到 jushou、fangwenziyuan、kantongzhi、taolun 这 4 个字段的“测量”列中仍然显示为“连续”，它们的“值”显示为[0，1]。只有将这 4 个字段的“测量”列的内容设置为“标记”，才能把这 4 个字段的数值类型由连续型变为二分类型。

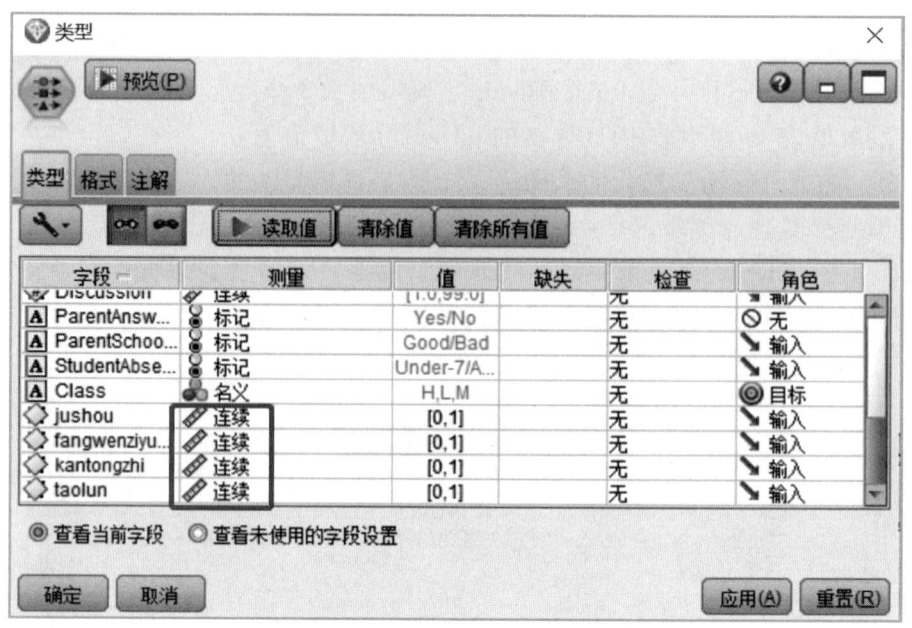

图 6-15 "类型"对话框

3. 设置分区，选择和设置模型

① 设置分区：调整好数据类型后，为了能更准确地评估模型结果，需要对数据集中的数据分区。为此，在"类型"节点后面连接"分区"节点，并选择 70% 的样本作为训练集，剩下 30% 的样本作为测试集。

② 选择模型：在节点工具箱窗格的"建模"选项卡中找到"Apriori"节点，并把它拖曳到数据流编辑区域中，并让它与"分区"节点建立连接，得到的数据流如图 6-16 所示，图中右端的 即为"Apriori"节点。

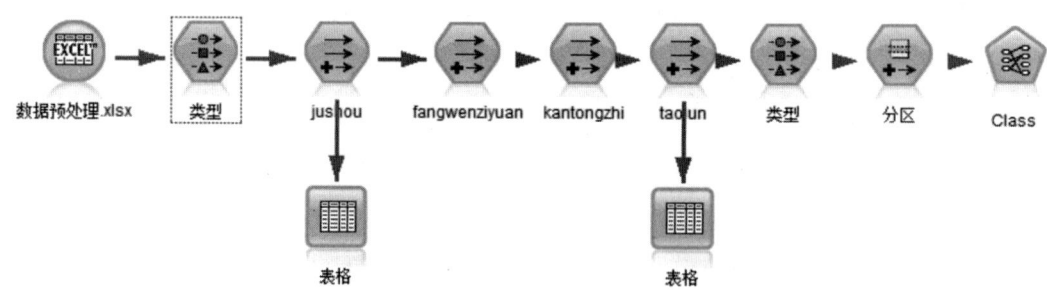

图 6-16 数据流

③ 设置模型：右击表示 Apriori 的节点 ，在弹出的快捷菜单中单击"编辑"命令，弹出一个对话框。进入"字段"选项卡，选中"使用定制字段分配"单选项，分别单击"后项"和"前项"框右边的按钮 ，选择 jushou、fangwenziyuan、kantongzhi、taolun 这 4 个字段，把它们都既设置为"后项"，也设置为"前项"，如图 6-17 所示。"模型""专家""注解"三个选项卡都按照默认状态设置。

4. 查看运行结果

单击图 6-17 中的 运行(U)，得到关联分析结果，如图 6-18 所示，可以从关联分析结果中查看不同的前项和后项之间的规则支持度、置信度等信息，即可以看出不同学习行为之间存在的关联关系。打开"排序依据"下拉列表，还可以选择排序的依据，可以分别选择"支持度百分比""置信度百分比""规则支持百分比""后项""增益""部署能力"为排序依据。

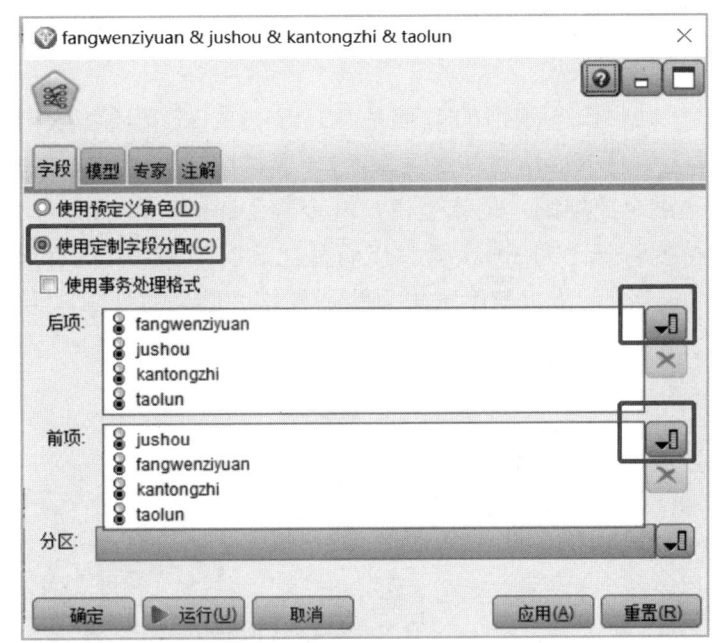

图 6-17 设置 "Apriori" 节点

图 6-18 关联分析结果

本案例一共生成了 11 条关联规则。下面以图 6-18 中显示的第 1 条规则为例进行解释。

第 1 条规则的前项是 kantongzhi（查看通知次数）和 jushou（举手次数），后项是 fangwenziyuan（访问资源次数），该规则出现了 144 条实例，说明在数据集中有 144 条记录满足此规则，也就是说，既查看了通知又举手的同学一般都会访问资源。该规则的支持度百分比为 30%，置信度百分比达到了 97.917%（由于本例选择的排序依据是"置信度百分比"，所以第 1 条规则就是置信度最高的规则）。

■本章小结

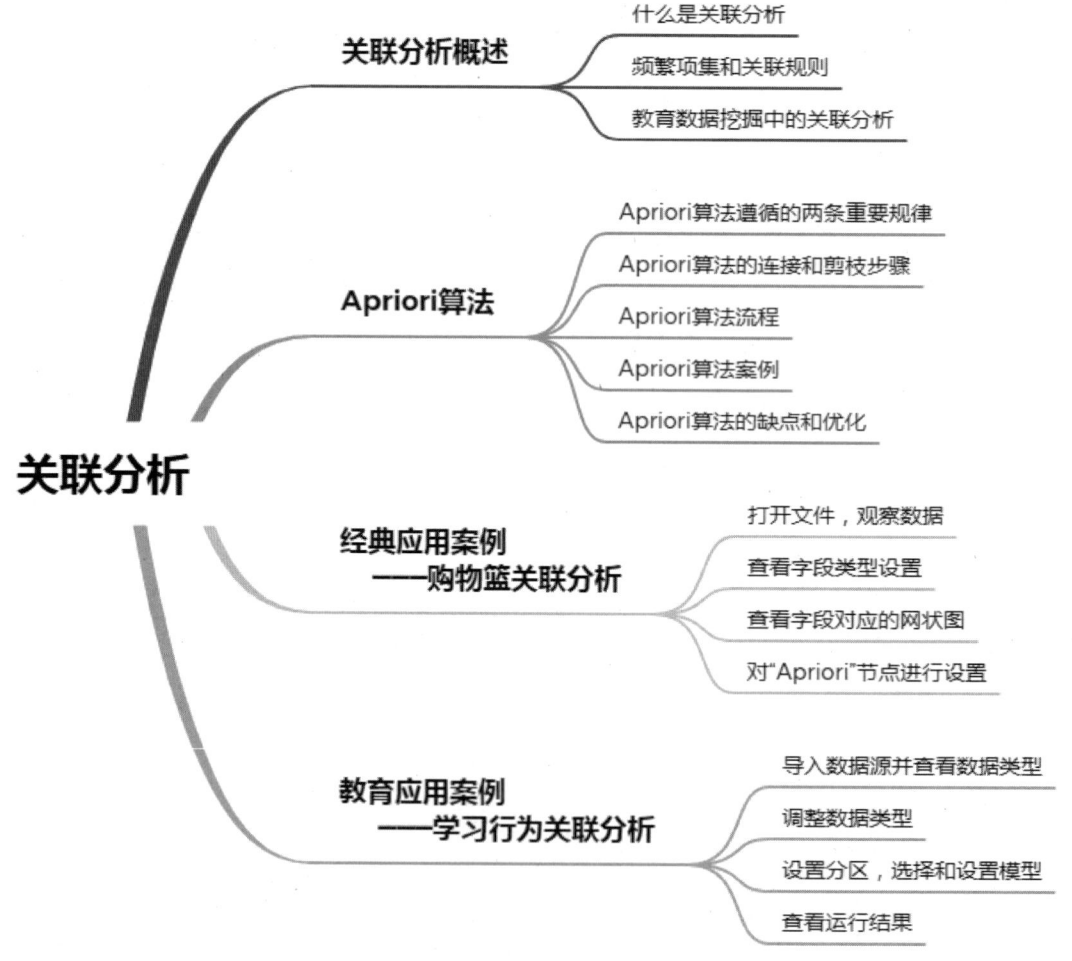

第 7 章 聚类分析

聚类分析（Cluster Analysis）这一概念是从国外引入的，它把全体样本根据某些特征组织成若干类，把聚为同一类的样本称为属于同一簇（Cluster）。

在"聚类分析"这一概念引入之前，中国早已有了聚类的思想，例如"物以类聚，人以群分"就是一种朴素的聚类思想，只是未形成相关的数学公式和系统性的定义，所以 Cluster Analysis 习惯上被翻译成聚类分析。从学术角度上说，用簇表示类更妥当，而在具体的实践应用情景中用类来表述则更符合中国人说话的习惯。本书中，将视不同场合，灵活使用"簇"和"类"这两个词。

处于同一簇中的样本的有关特征相同或相似，处于不同簇中的样本的有关特征不同或不相似。聚类分析的目标就是在特征相似的基础上聚集样本进而实现分类。

聚类分析应用于数学、计算机科学、统计学、生物学和经济学等诸多领域。近年来，随着教育大数据研究的兴起，聚类分析也被应用于根据学习者的学习行为数据进行学习共同体的聚类。

7.1 聚类分析概述

聚类分析是研究物以类聚问题的分析方法。物以类聚问题在经济社会研究中十分常见。例如，购物网站可以根据顾客的自然特征和消费行为对顾客进行分类，可以分别根据顾客的年龄、职业、收入、消费金额、消费频率、购物偏好等进行单变量分类；也可以进行多变量的交叉分类。这些分类方式是对顾客群体进行细分时普遍采用的方式，但这样的分类方式带有明显的主观色彩，表现在以下两个方面。

① 难以准确地确定用来进行分类的变量。为了确定用来进行分类的变量，要求分

析人员具备丰富的行业经验，否则对顾客群体进行分类形成的最终结果可能是不恰当的。同时，这种分类通常只能侧重反映顾客的某个特征或少数几个特征，很难全方位反映多方面的特征。而研究者普遍认为，基于多方面综合特征的顾客群体分类往往比基于单个特征或少数几个特征的分类更有价值。

② 难以准确地确定分类标准。确定合理的分类标准是成功分类的关键，需要分析人员具备丰富的行业经验和反复进行尝试。从数据出发的、全面的、客观的分类更让人信服，即分类时兼顾多方面因素，且无人工指定分类标准，并确保各方面特征相似的顾客能够被分到同一类，特征不相似的顾客被分到不同类。这是一种全方位的自动化分类，它相对来说更全面、更客观、更有价值。

聚类分析是解决这类问题的有效方法。它能将一批样本，在没有先验知识的前提下，根据数据的诸多特征，按照它们在性质上的亲疏程度自动进行分类，最终使属于同一类的样本的特征具有较大的相似性，而属于不同类的样本的特征的相似性则较小。

这里，所谓"没有先验知识"是指事先不设置分类标准，所谓"亲疏程度"是指样本在变量取值上的总体相似程度或差异程度。在实际计算中，通常通过定义一个距离或者相似性系数来判别。由于"没有先验知识"，因此，聚类分析算法是一种无监督的学习算法。

我们用下面介绍的例子说明，为什么学术界称聚类分析算法为"没有先验知识"的无监督的学习算法。

同一批学生对经常使用的、编号分别为 A、B、C、D、E 的 5 款英语学习 App 进行评分，得到的评分数据如表 7-1 所示。

表 7-1　对 5 款英语学习 App 的评分数据

编号	界面设计	学习体验
A	71	68
B	66	64
C	84	82
D	91	89
E	94	90

现在根据这批数据对这 5 款英语学习 App 进行聚类。

一般来说，根据表 7-1 的数据，若将 5 款英语学习 App 分成两类，则 A、B 可以划分为一类，剩下的 C、D、E 可以划分为另一类；若将它们分成三类，则 A、B 可以划分为一类，C 单独为一类，D、E 则可以划分为第三类。得到如此结果的原因是，在分成两类时，A、B 的得分比较接近，其他 3 款 App 的得分比较接近；而当分成 3 类时，则出现了另一种结果。这种分类是在事先没有指定任何分类标准的情况下，直接从样本出发而形成的分类。因为这种分类事先没指定分类标准，所以它代表的算法是一种无监督的学习算法。

1. 聚类分析及其目标

聚类分析也称为群分析、点群分析，它与回归分析、多元分析合称为多元分析的三大方法。

从定义上讲，聚类分析就是基于大量的样本，根据数据本身的特性研究分类方法，并遵循这个分类方法对对象进行合理的分类。

聚类分析把一个数据集划分成若干子集，每个子集是一个簇。聚类分析仅从数据上发现对象的描述信息及其关系信息，将对象分类，其目标是，同一个簇内各个对象的特征相似(距离近)，而不同簇间各个对象的特征不相似(距离远)，簇内对象特征的相似性越大(簇内距离最小化)，不同簇对象特征的不相似性越大(簇间距离最大化)，聚类结果就越好，如图 7-1 所示。

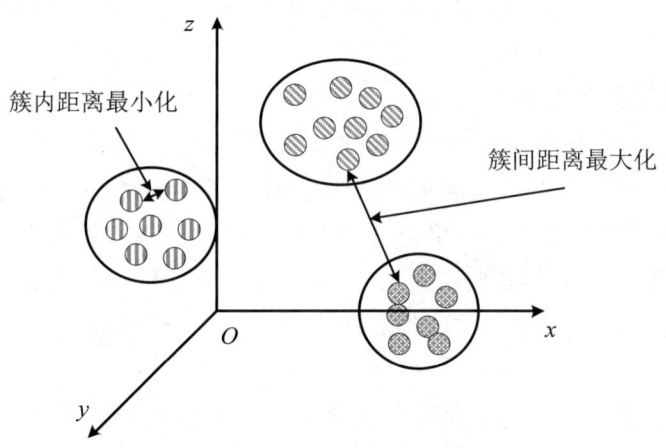

图 7-1 聚类分析的目标

2. 聚类分析过程及意义

由于聚类分析"没有先验知识"，因此聚类分析主要应用于探索性研究。对一个数据集进行聚类分析可能得到多个解，最终选择哪个解，依赖于研究者的经验判断和后续研究的需要。不管实际的对象是否真正存在不同的类，利用聚类分析都能得到把它们分成若干个类的解。

聚类分析的解依赖于研究者所选择的聚类变量，增加或删除一些变量对最终的解都可能产生实质性的影响。

聚类分析的过程可以概括如下。

① 分类：聚类分析的过程就是把一个数据对象集分成若干簇的过程，要求簇内的对象具有很高的相似性，而处于不同簇的对象，则要求尽可能不相似。

② 评价：聚类完成后，需要一些评价函数对聚类结果进行测度，通常涉及距离测度。

由于聚类分析能对一批样本根据其诸多特征，按照性质上的亲疏程度，在没有先验知识的情况下进行自动分类，产生多个分类结果，因此通过聚类分析可以探究群体之间的差异，然后再针对不同群体提供不同的服务和决策。例如，在线学习系统中某些学习者经常在一起交流，关系比较密切，而他们与另一些学习者却很少来往，关系比较疏远。经过仔细研究会发现，关系密切的群体中学习者的家庭情况、性格、学习成绩、学习习惯、课余爱好等方面有许多共同之处，而关系疏远的学习者在这些方面有较大的差异。为了研究构建在线学习共同体的核心因素，可以从有关方面的数据入手，对学习者进行聚类，然后比较所得的聚类结果是否与实际吻合，再依据在线学习者的家庭情况、性格、学习成绩、学习习惯、课余爱好等特征，为他们推荐合适的学习同伴，形成学习共同体，降低学习中的孤独感。

3. 聚类分析算法分类

聚类分析算法在探索数据内在结构方面具有全面性和客观性等特点，因此，在数据挖掘领域得到了广泛的应用。目前已有多种聚类分析算法，可以从不同的角度对它们分类。

(1) 从聚类结果的角度划分

从聚类结果的角度划分，聚类分析算法有以下三对分类。

① 覆盖聚类分析算法与非覆盖聚类分析算法：聚类后，如果每个样本都至少属于一个类，则称这种聚类算法为覆盖聚类分析算法，否则称为非覆盖聚类分析算法。

② 层次聚类分析算法和非层次聚类分析算法：聚类后，如果存在两个类，其中一个类是另一个类的子集，则称这种聚类算法为层次聚类分析算法，否则称为非层次聚类分析算法。

③ 确定聚类分析算法和模糊聚类分析算法：聚类后，如果任意两个类的交集为空，任何一个样本最多只属于一个类，则称这种聚类算法为确定聚类(或硬聚类)分析算法；否则，如果至少有一个样本属于一个以上的类，此时，往往把数据以一定的概率分到各类中，这种聚类算法称为模糊聚类(或软聚类)分析算法。

(2) 从聚类变量类型的角度划分

从聚类变量类型的角度划分，聚类分析算法可以分为针对数值型变量(在有些程序中把它称为连续变量)的聚类分析算法、针对分类型变量的聚类分析算法和混合型聚类分析算法，它们所处理的聚类变量分别是数值型的连续变量、非数值型的分类变量及混合型变量。

(3) 从聚类原理的角度划分

从聚类原理的角度划分，聚类分析算法可以分为划分聚类分析算法、层次聚类分析算法、基于密度的聚类分析算法以及网络聚类分析算法等。

目前，流行的数据挖掘程序中一般都包含多种聚类算法。本书介绍的 SPSS Modeler 程序包含了 K-Means 聚类、两步聚类、Kohonen 网络聚类三种聚类算法。

7.2 K-Means 聚类及其应用

K-Means 聚类也称为快速聚类，属于覆盖数值划分聚类分析算法，也是一种硬聚类分析算法。根据它得到的聚类结果中，每个样本都唯一属于一个类，聚类变量为数值型，采用划分原理进行聚类。

K-Means 聚类主要涉及以下两方面的问题。

① 如何测度样本的"亲疏程度"。

② 如何进行聚类。

下面将重点讨论以上两个问题。

1. K-Means 聚类对"亲疏程度"的测度

在聚类分析中，"亲疏程度"的测度一般从如下的两个角度出发。

① 数据间的相似程度。衡量相似程度，一般采用简单相关系数或等级系数等。

② 数据间的差异程度。衡量差异程度，一般通过某种距离来测度。

K-Means 聚类采用第②个测度角度。

为有效测度数据之间的差异程度，K-Means 聚类将具有 k 个变量（特征）、样本量为 n 的样本总体看成 k 维空间中的 n 个点，并以此定义某种距离。通常，点与点之间的距离越小，意味着它们越"亲密"，差异程度越小，越有可能聚成一类；反之，点与点之间的距离越大，意味着它们越"疏远"，差异程度越大，越有可能分属不同的类。

由于 K-Means 聚类所处理的聚类变量均为数值型，因此，它将两个个体看成空间中的两个点，把个体与个体之间的距离看成点与点之间的距离，即把它们定义为欧氏距离（Euclidean Distance）。两个个体 X 与 Y 之间的欧氏距离的数学定义为

$$\text{EUCLID}(X,Y) = \sqrt{\sum_{i=1}^{k}(x_i - y_i)^2}$$

公式中，x_i 是个体 X 的第 i 个变量的值，y_i 是个体 Y 的第 i 个变量的值。

常用的距离还有平方欧氏距离、切比雪夫距离、曼哈顿距离、明可斯基距离等，数学定义如下。

(1) 平方欧氏距离（Squared Euclidean Distance）

两个个体 X 与 Y 之间的平方欧氏距离是两个个体 X 与 Y 的 k 个变量值之差的平方和，数学定义为

$$\text{SEUCLID}(X,Y) = \sum_{i=1}^{k}(x_i - y_i)^2$$

公式中，x_i 是个体 X 的第 i 个变量的值，y_i 是个体 Y 的第 i 个变量的值。

(2) 切比雪夫距离（Chebychev Distance）

两个个体 X 与 Y 之间的切比雪夫距离是两个个体 X 与 Y 的 k 个变量值之差的绝对差的最大值，数学定义为

$$\text{CHEBYCHEV}(X,Y) = \max\{|x_1-y_1|, |x_2-y_2|, \cdots, |x_k-y_k|\}$$

公式中，$x_1, x_2, \cdots, x_k$ 分别是个体 X 的各个变量的值，$y_1, y_2, \cdots, y_k$ 分别是个体 Y 的各个变量的值。

(3) 曼哈顿距离（Manhattan Distance）/城市街区距离（City Block Distance）

曼哈顿距离，也称为城市街区距离，两个个体 X 与 Y 之间的曼哈顿距离是两个个体 k 个变量值之差的绝对值的总和，数学定义为

$$\text{MANHATTAN}(X,Y) = \sum_{i=1}^{k}|x_i-y_i|$$

公式中，x_i 是个体 X 的第 i 个变量的值，y_i 是个体 Y 的第 i 个变量的值。

(4) 明可斯基距离（Minkowski Distance）

两个个体 X 与 Y 之间的明可斯基距离是两个个体 X 与 Y 的 k 个变量值之差的绝对值的 p 次方总和的 p 次方根（p 可任意指定）的总和，数学定义为

$$\text{MINKOWSKI}(X,Y) = \sqrt[p]{\sum_{i=1}^{k}|x_i-y_i|^p}$$

公式中，x_i 是个体 X 的第 i 个变量的值，y_i 是个体 Y 的第 i 个变量的值。

其中 p 是一个可变的参数，根据 p 取值的不同，明可斯基距离可以表示某类距离。当 $p=1$ 时，明可斯基距离就变成了曼哈顿距离（城市街区距离）；当 $p=2$ 时，明可斯基距离就变成了欧氏距离；当 $p\to\infty$ 时，明可斯基距离趋向于切比雪夫距离。

2. K-Means 聚类过程

在上述距离的定义下，K-Means 聚类采用"划分"方式实现聚类。

所谓划分，是指首先将样本空间随意划分为若干区域（类），然后依据上述某个定义的距离，将所有的点（个体）分配到与之"亲近"的区域（类）中，形成初始的聚类结果。良好的聚类应使类内部个体的特征相似，类间个体的特征差异显著，而由于初始聚类结果是在空间随意划分的基础上产生的，因而无法确保所给出的聚类的解满足上述要求，所以多次反复是必需的。

在这样的思路下，K-Means 聚类的具体过程如下。

(1) 确定聚类数目 K

在 K-Means 聚类中，应首先确定需要聚成多少类（簇），这个最终的类（簇）的个数称为聚类数目，在确定聚类数目时，既要考虑最终的聚类效果，也要考虑所研究问题的实际需要。聚类数目太大或太小都会失去聚类的意义。通常的做法是，把 n 个样本大约分成 $\sqrt{\frac{n}{2}}$ 个类（簇），每个类（簇）内大约包含 $\sqrt{2n}$ 个样本。其他一些值得推荐的方法如下。

① 肘方法

基于簇内存在误差平方和，我们可以使用图形工具，即所谓的肘方法，针对给定的任务估计出最佳的聚类数目。直观的做法是，通过增加簇数，检查簇内方差随之降低的速度，找出肘点。

如图 7-2 所示，随着簇数目增多，每个簇中样本数量越来越少，样本间距离越来越近。因此，簇内方差随着簇数目的增多而减少，考察图中各线段的斜率，当发现簇内方差减少变得很缓慢时，就可以认为，进一步增大簇的数目不能加大簇内方差的下降速度。在这样的图形中，存在一个使线段的斜率趋于平缓的点，该点便称为"肘点"，它对应着最佳的聚类数目的个数。图 7-2 中从 1 簇到 3 簇，簇内方差下降得很快，之后下降得很慢，所以最佳的聚类数目为 3。

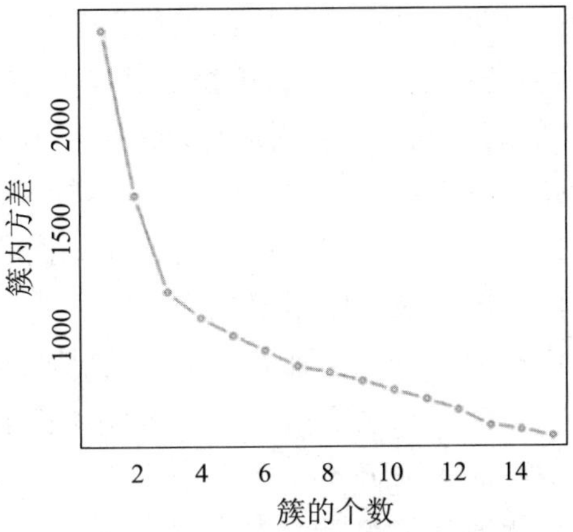

图 7-2 用肘方法确定最佳的簇的个数

② 交叉验证法

交叉验证是一种用来评价一个从训练集上训练得到的模型在多大程度上可以推广到另一个数据结构相同的数据集上的方法。通过交叉验证，可以评估从训练集上训练得到的模型在实际应用中的精确度。一般来说，我们希望训练得到的模型具有较高的预测精确度、较低的预测误差，且保证验证结果较稳定。因此，需要将样本集合切割成若干组较小的子集，先在某些组的数据上进行训练，而剩余组的数据则用来进行验证，进行多次验证，然后以多次验证得到的结果的平均值作为验证结果。

交叉验证的方法很多，最常用的是 N 折交叉验证。首先将样本分成 N 组（一般是均分，即保证每组中的样本数量基本相同），分别用每组的数据轮流当一次测试集，用其余 $N-1$ 组的数据作为训练集，这样会得到 N 个模型，用这 N 个模型最终在测试集上验证得到的准确率的平均数作为此模型的性能指标。N 应该大于或等于 2，一般取 $N=10$，即常说的十折交叉验证。它通常是先把第 10 组数据作为测试集，第 1 到第 9 组数据作为训练集。然后又让第 1 组数据作为测试集，第 2 到第 10 组数据作为训练集，以此类推，使得每一个样本都既被用来训练模型，也被用来测试模型。使用 N 折交叉验证可以有效地避免过拟合，使最终的结果更具说服力。

在聚类分析中，同样也可以使用交叉验证法。具体的实施方式是，先将数据集划分为 N 个组（一般是均分，即保证每组中的样本数量基本相同），然后用每组数据轮流当一次测试集来检验聚类质量（如各个数据到最近"簇心"距离的平方和），用其余的 $N-1$ 组数据作为训练集构建聚类模型。对给定的 K，重复上述过程 N 次，比较不同的 K 值下的聚类精度，选择聚类精度最高的 K 值。

(2) 确定 K 个类的初始类中心点

类中心点是各类特征的典型代表。确定聚类数目 K 后，还应确定 K 个类的初始类中心点。初始类中心点确定得是否合理，将直接影响聚类收敛的速度。常用的确定初始类中心点的方法如下。

① 经验选择法：根据以往经验，大致了解样本应该聚成几类及如何聚类，只需要选择每个类中具有代表性的点作为初始类中心点即可。

② 随机选择法：随机指定若干个点作为初始类中心点。

③ 选择最远点：先选择所有点中相距最远的两个点作为初始类中心点，再选择第 3 个初始类中心点，它与已确定的类中心点的距离是其余点与已确定的类中心点的距离中最大的，然后按照同样的原则选择其他的初始类中心点。

(3) 根据最近原则聚类

依次计算每个点到 K 个类中心点的距离，并按照 K 个类中心点距离最近的原则，将所有的点分派到最近的类中，形成 K 个类。

(4) 重新确定 K 个类的中心点

重新确定 K 个类的中心点，确定原则是：依次计算各类中所有点的变量的均值，并以各个均值点分别作为 K 个类各自的中心点。

(5) 判断是否已经满足终止聚类的条件

本步骤判断经过上面的步骤得到的结果是否已经满足终止聚类的条件，如果没有满足，则返回第(3)步，不断重复上述迭代过程，直至满足终止聚类的条件为止。

终止聚类的条件通常为以下的两个。

① 设置迭代次数，当目前的迭代次数等于指定的迭代次数时终止聚类。

② 计算类中心点的偏移量，当新确定的类中心点距上次确定的类的中心点的最大偏移量小于指定的值时终止聚类。

通过适当增加迭代次数或合理调整中心点偏移量的判定标准，能够有效克服指定的初始类中心点可能存在的偏差。

上述两个条件中任意一个条件满足，则终止聚类。

K-Means 聚类是一个反复迭代的过程。在聚类过程中，各个点所属的类会不断调整，直到最终达到稳定为止。

由于点之间的距离是 K-Means 聚类的基础，它直接影响最终的聚类结果，因此，通常在聚类之前应剔除如下所述的影响正确计算距离的因素。

① 聚类变量值不应有数量级上的差异。

聚类分析以距离测度"亲疏程度"，数据的数量级将对距离计算产生较大的影响。

例如，表 7-2 所示是三所高校的科研数据。

表 7-2　三所高校的科研数据

学校	参加科研人数/人	投入经费/元	立项课题数
1	410	4 380 000	19
2	336	1 730 000	21
3	490	220 000	8

以元和十万元为投入经费的计量单位,分别进行计算,得到的欧氏距离结果如表 7-3 所示。

表 7-3　三所高校的科研情况的距离

	欧 氏 距 离	
	投入经费/元	投入经费/十万元
1 和 2 之间的距离	265 000	74.07
1 和 3 之间的距离	416 000	80.86
2 和 3 之间的距离	151 000	154.56

由表 7-3 可知,当以元为投入经费的计量单位时,样本 2 和 3 之间的距离最小,样本 1 和 2 之间的距离较大,样本 1 和 3 之间的距离最大;当以十万元为投入经费的计量单位时,样本 1 和 2 之间的距离最小,样本 1 和 3 之间的距离较大,样本 2 和 3 之间的距离最大。可见,数量级对距离产生了巨大的影响,因此会直接影响聚类的结果。

为解决该问题,聚类分析之前通常应首先消除变量的数量级差异,一般可通过标准化处理实现。SPSS Modeler 程序在进行聚类分析时自动将变量值转换到 0 和 1 之间。

② 对分类型变量进行处理。

由于 K-Means 聚类中的距离是基于数值计算的,为符合计算要求,SPSS Modeler 程序对于非数值型的分类型变量进行了预处理。这种预处理称为对分类型变量重新编码。

对于有两个取值的二分类型的变量,用取值为 0 或 1 的一个数值型变量(虚拟变量)表示。一般地,对于具有 n 个取值的多分类型的变量,采用 $n-1$ 个取值为 0 或 1 的数值型变量(虚拟变量)合起来表示。例如变量 X 有 A、B、C 三个取值,则用 x_1 和 x_2 两个变量合起来表示。如果参照类别为 C,那么当 X 取 A 时,x_1 和 x_2 分别为 1 和 0;当 X 取 B 时,x_1 和 x_2 分别为 0 和 1;当 x 取 C 时,x_1 和 x_2 全为 0。于是,原来具有 n 个取值的一个聚类变量派生出取值为 0 或 1 的 $n-1$ 个变量。

由此引发的另一个问题是,分类型变量在欧氏距离计算中的"贡献"可能大于其他数值型变量。例如,计算点 X 与点 Y 的欧氏距离时,如果点 X 在一个三分类型的变量上取 A 值,点 Y 取 B 值,则该分类型变量在欧氏距离中的"贡献"为 $\sqrt{(1-0)^2+(0-1)^2+(0-0)^2}=\sqrt{2}$,而数值型变量由于取值为 0 到 1 之间,一般情况下,其"贡献"小于分类型变量的"贡献"。这就意味着分类型变量的权重在一般情况下要高于数值型变量，这显然是有问题的。

为此，SPSS Modeler 程序的解决策略是：将取值为 1 的虚拟变量的值调整为 $\sqrt{0.5}$。

另外，还应注意的是，变量间不应有较强的线性相关关系。由聚类分析的距离定义可知，每个变量在计算距离时都做出"贡献"，如果变量间存在较高的线性关系，能够相互替代，那么计算距离时，这些"同类"的变量将重复"贡献"，意味着它们在计算距离时拥有了较高的权重，它们就会在很大程度上左右最终的聚类结果。

3. K-Means 聚类应用案例

下面以和本书配套的研究数据集 "student.csv" 文件为例，介绍在 SPSS Modeler 程序中进行 K-Means 聚类的具体操作。"student.csv" 是一个 SPSS 类型文件，其中，主要使用的变量有 RaisedHands、VisitedResources、AnnouncementsView、Discussion 以及 Class，分别表示学生在在线学习系统中的举手次数、访问资源次数、查看通知次数、参与讨论次数和学生最终的学习成绩等级。Class 最终取值为 H(高)、M(中)、L(低)三类。本案例分析的目标是根据所给的数据，对学生群体进行聚类。

(1) 操作流程

① 启动 SPSS Modeler 程序。利用节点工具箱窗格"源"选项卡中的"变量文件"节点读入数据。

② 从"字段选项"选项卡中拖曳出"类型"节点到数据流编辑区域中，让它与"变量文件"节点建立连接，右击"类型"节点，在弹出的快捷菜单中单击"编辑"命令，打开"类型"节点的对话框，把 RaisedHands、VisitedResources、AnnouncementsView、Discussion 这四个变量的角色设置为"输入"，其他变量的角色设置为"无"。

③ 从节点工具箱窗格的"建模"选项卡中拖曳出"K-Means"节点到数据流编辑区域中，让它与"类型"节点建立连接。右击"K-Means"节点，在弹出的快捷菜单中单击"编辑"命令，打开一个"K-Means"对话框，在该对话框中对节点的参数进行设置，关于在该对话框中的设置方法见下面"'K-Means'对话框介绍"中的叙述。

④ 单击"K-Means"对话框中的 ▶ 运行(U)，即可得到模型结果，可以从中查看模型概要、聚类质量、聚类大小等信息。

(2) "K-Means" 对话框介绍

"K-Means" 对话框中的"模型""专家"是两个重要的选项卡。

① "模型"选项卡如图 7-3 所示，它用来设置聚类过程的主要参数和输出结果。

❖ "模型名称"：用来设置聚类的模型名称，默认为"自动"。

❖ "使用分区数据"：选中该复选项，表示在分区数据上进行聚类。

❖ "聚类数"：指定聚类数目，默认为 5，本例中指定其为 3。

❖ "生成距离字段"：选中该复选项，表示将生成各样本与所属类中心点的距离。

❖ "聚类标签"：指定聚类结果的输出形式。若选择"字符串"，则表示聚类结果以字符串形式输出，且以"标签前缀"选项中设置的字符开头，后面加表示类的数字，如

"聚类-1""聚类-2"等；若选择"数字"，则表示聚类结果以数字形式输出。

- ❖ "标签前缀"：指定聚类结果的标签前缀名，本案例中我们把标签前缀设置为"聚类"，在后面的结果解读部分可以看到聚类的结果将分别命名为"聚类-1""聚类-2"等。
- ❖ "优化"：指定优化方式。一种是从速度考虑，另一种是从内存来考虑。

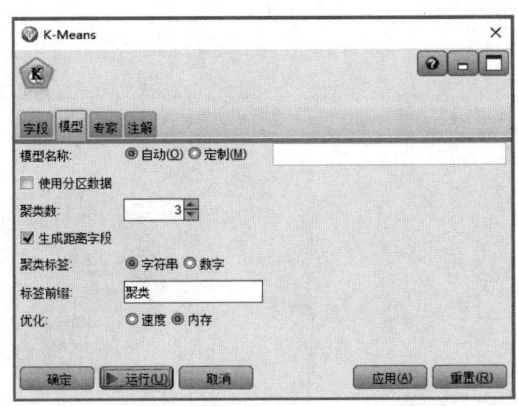

图 7-3 "K-Means"对话框的"模型"选项卡

② "专家"选项卡如图 7-4 所示，它用来设置聚类停止迭代的条件。

- ❖ "模式"：用来设置模式种类，默认为"简单"，若选择"专家"则可以调整参数。
- ❖ "停止"：包括"缺省"和"定制"两种。若选择"定制"，则可以修改停止迭代的条件，可以在"最大迭代数"框中指定最大迭代次数，当迭代次数等于该值时停止聚类；还可以在"更改容忍度"框中指定一个值，当最大的类中心偏移量小于该值时停止聚类，上述两个条件中，满足任意的一个即停止聚类。
- ❖ "集合编码值"：表示对多分类型的变量重新编码后，调整其权重。默认应与数值型变量权重相同，即将取值为 1 的虚拟变量的值调整为 $\sqrt{0.5}$ ，近似于 0.70711。用户可以调整该值，但不合理的值将使聚类结果产生偏差。

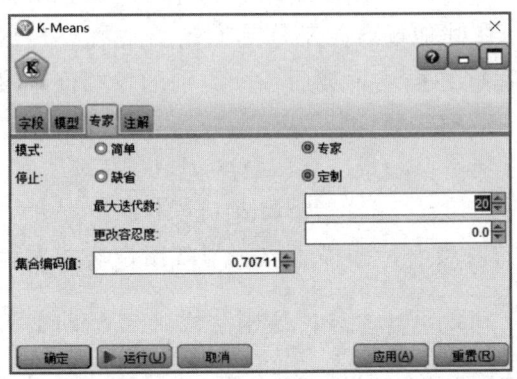

图 7-4 "K-Means"对话框的"专家"选项卡

(3) 结果解读

单击图 7-4 所示的"K-Means"对话框中的 ▶ 运行(U)，即可得到模型的结果，从中可以查看模型概要、聚类质量、聚类大小等信息。

SPSS Modeler 程序以图表形式直观显示聚类得到的解的情况，K-Means 聚类的图形化结果如图 7-5 所示，本例最终将样本聚为 3 类，分别为"聚类-1""聚类-2""聚类-3"，它们各自包含的样本量分别占总样本量的 39.6%、28.3%、32.1%。

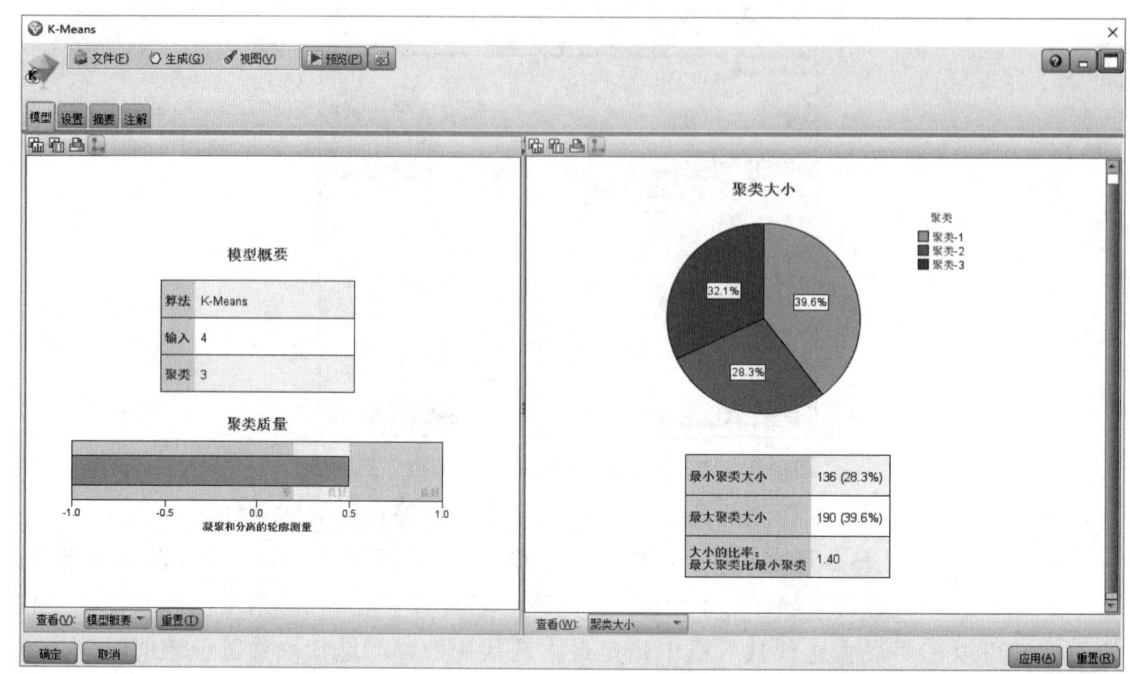

图 7-5　K-Means 聚类的图形化结果 1

聚类结果中样本量最大和最小的类分别称为最大聚类和最小聚类。图 7-5 右窗格的饼形图显示了各个聚类包含的样本量占总样本量的比值。最大聚类的样本量为 190，占总样本量的 39.6%；最小聚类的样本量为 136，占总样本量的 28.3%，这两类样本量之比为 1.40。图 7-5 左窗格以条形图的形式显示了凝聚和分离的轮廓测量（在 SPSS Modeler 程序中称其为轮廓测量，在其他场合中都称其为轮廓系数）。轮廓系数是一种常用的评价聚类效果的指标，可以理解为描述聚类后各个类别的轮廓清晰度的指标，它包含两种因素——内聚度和分离度。轮廓系数的定义为

$$S(i) = \frac{b(i) - a(i)}{\max\{a(i), b(i)\}}$$

$a(i)$ 代表样本点 i 的内聚度，即样本点 i 与其所在类内其他样本点的平均距离，其计算方式为 $a(i) = \frac{1}{n-1}\sum_{j \neq i}^{n} \text{distance}(i, j)$。其中 j 代表与 i 在同一个类内的其他样本点，$\text{distance}(i, j)$ 代表了样本点 i 与样本点 j 的距离。$a(i)$ 越小，说明该类越紧密。$b(i)$ 代表样本点 i 的分离度，即样本点 i 与其他类样本点的距离，$b(i)$ 的计算方式与 $a(i)$ 的计算方式类似，只不过要遍历其他类得到多个值 $b_1(i), b_2(i), b_3(i), \cdots, b_m(i)$，并从中选择最小的值作为最终的结果。所以，$S(i)$ 的计算公式可推演为

$$S(i) = \begin{cases} 1 - \dfrac{a(i)}{b(i)}, & a(i) < b(i) \\ 0, & a(i) = b(i) \\ \dfrac{a(i)}{b(i)} - 1, & a(i) > b(i) \end{cases}$$

由此可见，当 $a(i) < b(i)$ 时，即类内距离小于类间距离时，聚类结果很紧凑。$S(i)$ 的取值越接近于 1，表示轮廓越明显。相反，当 $a(i) > b(i)$ 时，即类内距离大于类间距离时，聚类结果很松散。$S(i)$ 的取值越接近于-1，表示聚类效果越差。由此可见，轮廓系数 $S(i)$ 的取值范围为 $[-1, 1]$，轮廓系数越大聚类效果越好。

如图 7-5 左窗格所示，全体样本的轮廓系数的平均值接近 0.5，聚类效果较为理想。

单击图 7-5 左窗格中的 查看(V)，将打开一个列表，单击其中的"聚类"项，将以表格(行为聚类变量，列为聚类)的形式显示各个聚类变量的均值和重要性，如图 7-6 所示。

单击"聚类-3"列的"VisitedResources"单元格，右窗格中会用深色部分显示"聚类-3"这一类对应的概率分布图，浅色部分为其他类的概率分布图。

进一步，如果希望分析每一位学生所属的类的情况，可以将模型计算结果添加到数据流中，并通过"表格"节点浏览。其中，$KM 变量是各样本点所属的类号；$KMD 变量是各样本点与本类中心点的距离。

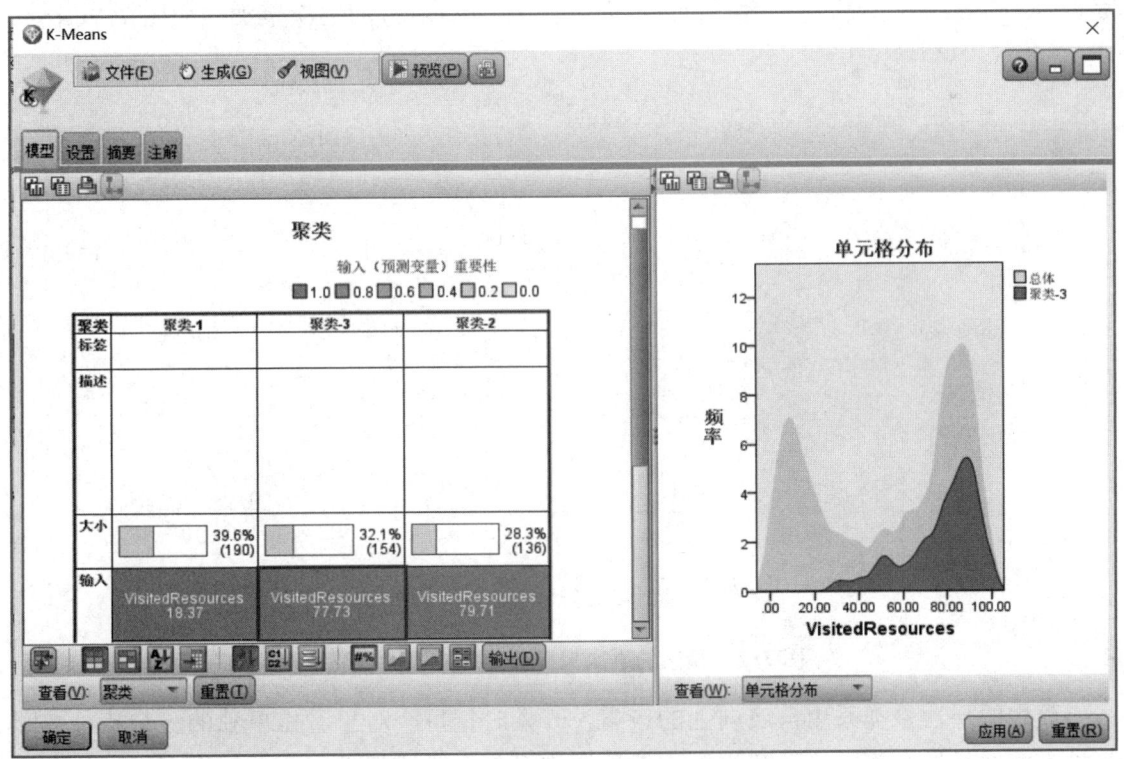

图 7-6　K-Means 聚类的图形化结果 2

从分析得到的结果可知，在在线学习系统中的举手次数、访问资源次数、查看通知次数和参与讨论次数均较多的学生属于"聚类-2"，其样本量为136，占总样本的28.3%，该类学生的Class大多取值为H(高)或M(中)；相比之下，上述各种行为次数均较少的学生属于"聚类-1"，其样本量为190，占总样本的39.6%，该类学生的Class大多取值为L(低)。

根据上述分析得到以下结论：在不知道学生Class取值的情况下，我们可以通过聚类结果细分学生群体，并对不同群体学生的学习状况进行有效的预测。

7.3 层次聚类及其应用

1. 什么是层次聚类

层次聚类(Balanced Iterative Reducing and Clustering using Hierarchies，BIRCH)的核心思想是，按层次把集合中的元素(对象)划分到处于不同层的簇中，从而形成一个树形的聚类结构。层次聚类算法可以揭示数据的分层结构，在树形结构的不同层次上进行划分，可以得到不同粒度的聚类结果。按照聚类的过程划分，层次聚类可以分为自底向上凝聚(Agglomerative)的层次聚类和自顶向下分裂(Divisive)的层次聚类，如图7-7所示。

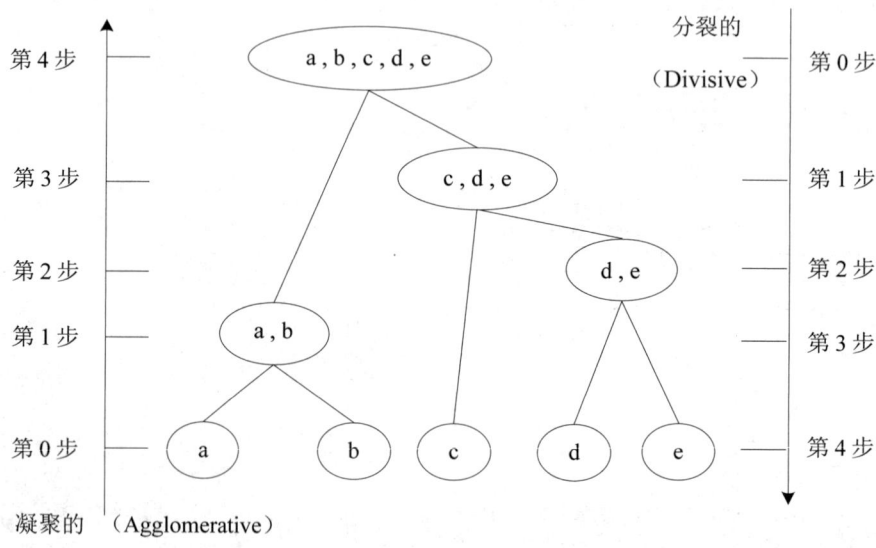

图7-7 凝聚的层次聚类和分裂的层次聚类

凝聚的层次聚类采用自底向上的策略，开始时把每个对象看作单独的一个簇，按照某种方法度量所有簇间的亲疏程度，然后逐次对各个簇适当进行合并，直到满足某个终止条件为止,如图 7-8 所示(为了直观,用点表示对象)。

分裂的层次聚类采用自顶向下的策略,与凝聚的层次聚类相反,开始时将所有对象置于同一个簇中,然后逐次将各个簇分裂为更小的簇,直到满足某个终止条件为止,如图 7-9 所示。

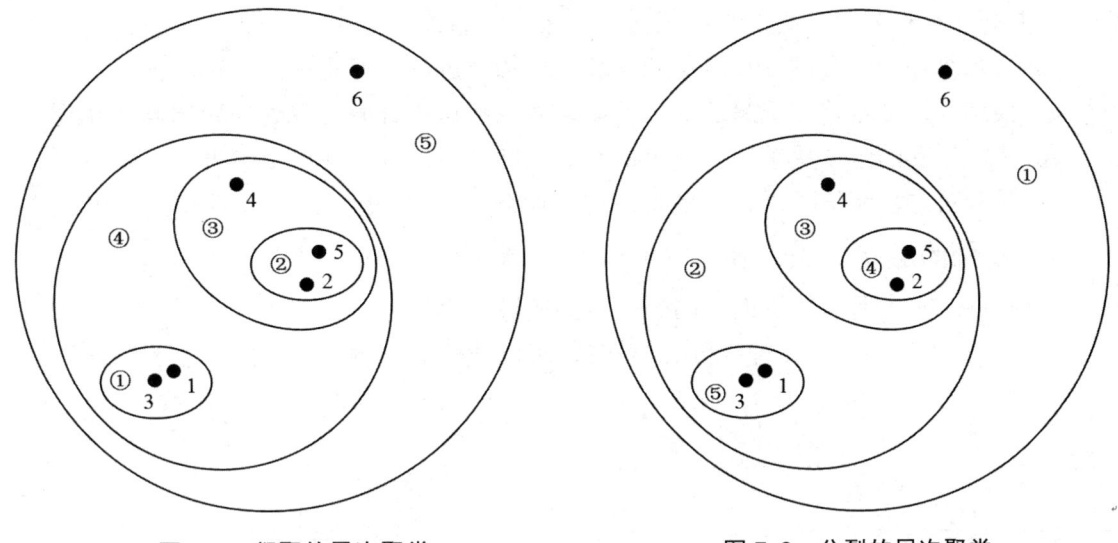

图 7-8　凝聚的层次聚类　　　　图 7-9　分裂的层次聚类

2. 凝聚的层次聚类常用准则

传统的层次聚类算法利用相似性或相异性的邻近度矩阵进行凝聚的或分裂的层次聚类,本书主要介绍凝聚的层次聚类方法。

对于凝聚的层次聚类,选择簇的邻近准则(确定点的邻近度的准则)是一个非常重要的环节,最常用的邻近准则分别是 MAX、MIN、组平均、中心点聚类,前三种邻近准则如图 7-10 所示。

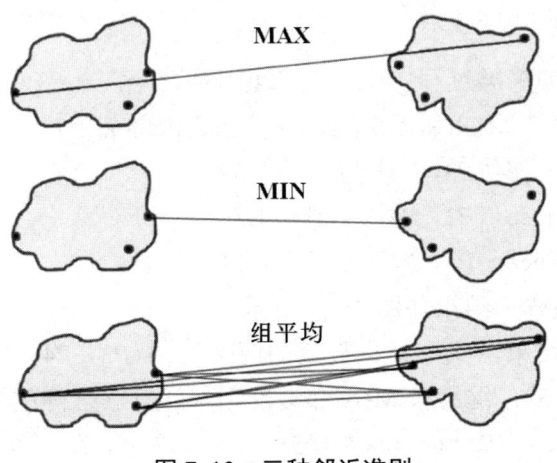

图 7-10　三种邻近准则

3. 凝聚的层次聚类过程

① 选择邻近准则：若采用 MAX 邻近准则，则选择其他簇与合并簇中离得最远的两个点之间的距离作为簇之间的邻近度；若采用 MIN 邻近准则，则选择其他簇与合并簇中离得最近的两个点之间的距离作为簇之间的邻近度；若采用组平均邻近准则，则取其他簇与合并簇所有点之间距离的平均值作为簇之间的邻近度。

② 让每个点为一个簇，计算每两个簇之间的邻近度，得到邻近度矩阵。

③ 根据邻近度矩阵，选最近的两个簇合并，将这样合并后得到的簇称为合并簇。

④ 按新得到的各个簇重新计算每两个簇之间的邻近度，并更新邻近度矩阵。

⑤ 重复第③步和第④步，直到将所有的点合并成一个簇为止。

4. 凝聚的层次聚类示例

下面以图 7-11 所示的平面上的 5 个点为例进行说明。

将每个点视为一个簇，建立邻近度矩阵（以欧式距离为例），如图 7-12 所示。

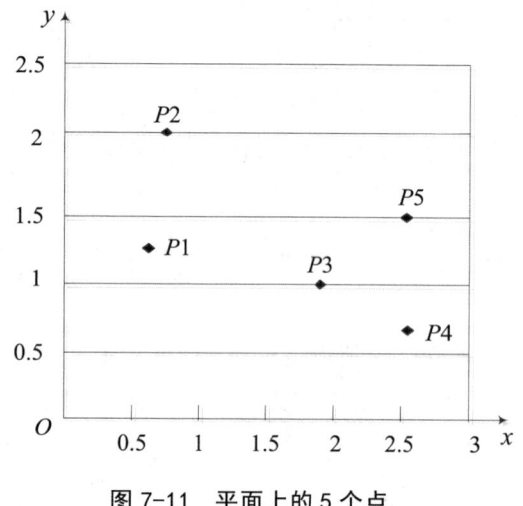

图 7-11　平面上的 5 个点　　　　图 7-12　邻近度矩阵

① 根据前面介绍的聚类过程，找出距离最近的两个簇：$P3$、$P4$，合并 $P3$、$P4$ 得到合并后的簇 $\{P3, P4\}$，按 MIN 邻近准则，计算簇之间的邻近度，如下所示。

$$\text{MIN.distance}(\{P3, P4\}, P1) = 1.32$$
$$\text{MIN.distance}(\{P3, P4\}, P2) = 1.56$$
$$\text{MIN.distance}(\{P3, P4\}, P5) = 0.71$$

然后更新邻近度矩阵，结果如图 7-13 所示。

② 根据上述计算结果，找出距离最近的两个簇：$\{P3, P4\}$、$P5$，合并它们，得到合并后的簇 $\{P3, P4, P5\}$，继续按 MIN 邻近准则，计算簇之间的邻近度，如下所示。

$$\text{MIN.distance}(P1, \{P3, P4, P5\}) = 1.32$$
$$\text{MIN.distance}(P2, \{P3, P4, P5\}) = 1.56$$

然后更新邻近度矩阵，结果如图 7-14 所示。

$$\begin{array}{c c} & \begin{matrix} P1 & P2 & \{P3,P4\} & P5 \end{matrix} \\ \begin{matrix} P1 \\ P2 \\ \{P3,P4\} \\ P5 \end{matrix} & \begin{bmatrix} 0 & 0.81 & 1.32 & 1.82 \\ 0.81 & 0 & 1.56 & 1.77 \\ 1.32 & 1.56 & 0 & 0.71 \\ 1.82 & 1.77 & 0.71 & 0 \end{bmatrix} \end{array} \qquad \begin{array}{c c} & \begin{matrix} P1 & P2 & \{P3,P4,P5\} \end{matrix} \\ \begin{matrix} P1 \\ P2 \\ \{P3,P4,P5\} \end{matrix} & \begin{bmatrix} 0 & 0.81 & 1.32 \\ 0.81 & 0 & 1.56 \\ 1.32 & 1.56 & 0 \end{bmatrix} \end{array}$$

图 7-13　合并最近的两个簇，得到　　　　图 7-14　合并最近的两个簇，得到
　　　　更新后的邻近度矩阵 1　　　　　　　　　　更新后的邻近度矩阵 2

③ 继续找出距离最近的两个簇，P1、P2。合并 P1、P2 得到合并后的簇 $\{P1,P2\}$，根据 MIN 邻近准则计算簇之间的邻近度，如下所示。

$$\text{MIN.distance}(\{P1,P2\},\{P3,P4,P5\}) = 1.32$$

然后更新邻近度矩阵，结果如图 7-15 所示。

$$\begin{array}{c c} & \begin{matrix} \{P1,P2\} & \{P3,P4,P5\} \end{matrix} \\ \begin{matrix} \{P1,P2\} \\ \{P3,P4,P5\} \end{matrix} & \begin{bmatrix} 0 & 1.32 \\ 1.32 & 0 \end{bmatrix} \end{array}$$

图 7-15　合并最近的两个簇，得到更新后的邻近度矩阵 3

④ 合并剩下的两个簇为一个簇，得到最终结果，如图 7-16 所示。

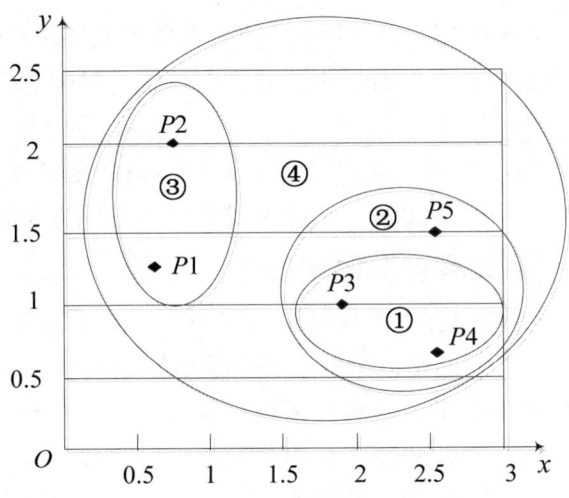

图 7-16　最终将所有的点合并成一个簇

7.4 两步聚类及其应用

两步聚类（Two Step Clustering，TSC）是 SPSS Modeler 程序使用的一种聚类分析算法，它是层次聚类算法的改进版本。两步聚类可以应用于混合属性数据集的聚类，由于它加入了自动确定最佳簇数量的机制，使得它更加实用。

两步聚类尤其适用于大型数据集的聚类研究，它有效克服了 K-Means 聚类存在的不足，其主要特点如下。

① 既可以处理数值型变量，也可以同时处理分类型变量。
② 能够根据一定的准则确定聚类数目。
③ 能够诊断数据集中的离群点和噪声数据。

两步聚类经过下述的两步实现聚类。

（1）预聚类

采用逐条读入、逐条处理的方式进行聚类，将样本粗略划分为若干子类。在预聚类过程中需要用到聚类特征树（也称为 CF 树，Clustering Feature Tree）。主要过程为：逐条读入每个样本的数据后，根据"亲疏程度"生成 CF 树，即针对每个输入样本，决定该样本是应派生出一个新类，还是应合并到已有的某个子类中。一开始，将所有的样本视作一个大类（即只有树根）。预聚类的实质就是预先聚类密集区域的数据点，形成诸多小的子簇，这个过程反复进行，最终形成 L 个类。预聚类的过程中聚类数目不断增加。

（2）聚类

在预聚类的基础上，再根据"亲疏程度"决定哪些子类可以合并，最终形成 L' 个类。与预聚类过程相反，该过程是聚类数目不断减少的过程，随着聚类过程的进行，类内部的差异性将不断增大。

因此，两步聚类算法涉及两个重要方面：第一，如何测度"亲疏程度"；第二，以怎样的方式实施第一步的预聚类和第二步的聚类。以下分别讨论这两个方面。

1. 两步聚类对"亲疏程度"的测度

与 K-Means 聚类类似的是，两步聚类也采用距离测度样本或类的"亲疏程度"，并根据距离确定类的划分。不同的是，如果聚类变量均为数值型，则采用欧氏距离；否则，应同时考虑数值型和分类型变量的计算，采用对数似然（Log-likelihood）距离。

两步聚类的对数似然距离公式源于概率聚类的表示方式，通过对数似然函数的形式描述样本的聚类分布特征。设有 K 个聚类变量 $x_1, x_2, \cdots, x_K$，其中包括 K_A 个数值型聚类变量和 K_B 个非数值的分类型聚类变量。如果聚成 J 类，则对数似然函数的定义为

$$l = \sum_{j=1}^{J} \sum_{i \in I_j} \log p(x_i | \theta_j) = \sum_{j=1}^{J} l_j$$

其中，p 为似然函数；I_j 是第 j 类的样本集合；θ_j 是第 j 类的参数向量。针对全部样本，

其对数似然函数是各类对数似然函数之和。同理，针对一个由 M 个子类组成的子类，其对数似然函数等于 M 个子类的对数似然函数之和。

于是，对已存在的第 j 类和第 s 类，把两类合并后得到的类记为<j,s>，如果把两类合并前的对数似然函数值记为 $\hat{l}$，合并后的对数似然函数值记为 $\hat{l}_{new}$，则它们的对数似然距离定义为 $\hat{l}$ 与 $\hat{l}_{new}$ 的差，即

$$d(j,s) = \hat{l} - \hat{l}_{new} = \hat{l}_j + \hat{l}_s - \hat{l}_{<j,s>} = \xi_j + \xi_s - \xi_{<j,s>}$$

其中，ξ 为对数似然函数的具体形式，定义为

$$\xi_v = -N_v\left(\sum_{i=1}^{K_A}\frac{1}{2}\log(\hat{\sigma}_i^2 + \hat{\sigma}_{v_i}^2) + \sum_{i=1}^{K_B}\hat{E}_{v_i}\right)$$

$$\hat{E}_{v_i} = -\sum_{l=1}^{L_k}\frac{N_{v_{il}}}{N_v}\log\left(\frac{N_{v_{il}}}{N_v}\right)$$

其中，$\hat{\sigma}_i^2$ 和 $\hat{\sigma}_{v_i}^2$ 分别为第 i 个数值型变量的总方差和在第 v 类中的方差；N_v 为第 v 类的样本量，$N_{v_{il}}$ 为第 v 类中第 i 个分类型变量取第 l 个类别的样本量。第 i 个分类型变量有 L_i 个类别。式中引入 $\hat{\sigma}_i^2$ 的目的是解决因为 v 类方差可能为 0 而导致对数无法计算的问题。

可见，这里的对数似然函数反映了类内部变量取值的总体差异性，且数值型变量以方差测度，分类型变量以信息熵测度。

显然，当第 j 类和第 s 类合并后，$\xi_j + \xi_s > \xi_{<j,s>}$，因此 $d(j,s) > 0$。$d(j,s)$ 越小，说明第 j 类和第 s 类合并越不会引起类内部的差异性显著增大，当 $d(j,s)$ 小于一定的阈值 τ 时，第 j 类和第 s 类可以合并；$d(j,s)$ 越大，说明第 j 类和第 s 类合并越会引起类内部的差异性显著增大，第 j 类和第 s 类不应合并。

2. 两步聚类过程

如前所述，两步聚类分为预聚类和聚类两个步骤。

(1) 预聚类

由于两步聚类分析算法是在 Zhang、Ramakrishnon 和 Livny 于 1996 年所提出的 BIRCH 算法基础上改进得来的。因此，两步聚类与 BIRCH 算法相似。

BIRCH 算法的一个重要特点是它有效地解决了大数据集的聚类问题。由于计算机的内存有限，在内存中无法存储超过其容量的大数据集，因此，尽管有些聚类分析算法在理论上无懈可击，却无法通过计算机实现。为此，BIRCH 算法给出了一种巧妙的数据存储方案，即 CF 树方案。

CF 树有以下特点。

① CF 树是一种描述树结构数据的方式，它通过指针反映树中节点的上下层次关系。树中的叶节点为子类，具有同一父节点的若干子类合并为一个大类，形成树的中间节点。若干大类可以继续合并成更大的类，形成更高层的中间节点，直到根节点，根节点表示所有的数据形成一类。

② CF 树是一种数据的压缩存储方式。树中每个节点只存储聚类过程中计算距离所必需的统计量,即充分统计量。

在两步聚类分析算法中,节点 j(即第 j 类)的充分统计量 $CF_j = \{N_j, S_{Aj}, S_{Aj}^2, N_{Bj}\}$,$\{N_j, S_{Aj}, S_{Aj}^2, N_{Bj}\}$ 中的各个参数依次为节点的样本量、数值型变量值的总和、数值型变量值的平方和、分类型变量各类别的样本量。对于 $<j, s>$ 类,$CF_{<j,s>} = \{N_j + N_s, S_{Aj} + S_{As}, S_{Aj}^2 + S_{As}^2, N_{Bj} + N_{Bs}\}$。由这些充分统计量可以很容易地计算出类的对数似然距离。由于节点不存储原始数据本身,因而大大减少了存储的数据量,使得大数据集的聚类有了实现的可能。

在这种数据结构下,预聚类按照逐条读入数据再逐条处理它们的方式进行预聚类,具体过程如下。

① 视所有数据为一个大类,其充分统计量存储在根节点中。

② 读入一条数据,从 CF 树的根节点开始,利用节点的充分统计量,计算该数据与中间节点(子类)的对数似然距离,并沿着对数似然距离最小的中间节点依次向下选择,直到叶节点。

③ 如果最近距离小于一定的阈值 τ,则该数据被相应的叶节点"吸收";否则,该数据将"开辟"一个新的叶节点。重新计算叶节点和相应所有父节点的充分统计量。

④ 判断新插入样本的叶节点是否已包含了足够多的样本,如果是,则"分裂"该节点,把它分成两个叶节点,该叶节点变成中间节点。分裂时以相距最远的两点为中心,根据距离最近准则分类,重新计算叶节点的充分统计量。

⑤ 随着 CF 树的生长,聚类数目将不断增加,也就是说,CF 树会越来越"茂盛"。当 CF 树生长到被允许的最"茂盛"程度,即叶节点个数达到允许的最大聚类数目时,如果此时数据尚未得到全部处理,则应适当增加阈值 τ,重新建树,以得到一棵较小的 CF 树。

⑥ 重复第②步到第⑤步的过程,直到所有数据都被分配到某个叶节点为止。

在预聚类过程中,当用户希望找到数据中的离群点,即找到那些合并到任何一个类中都不恰当的点时,两步聚类的处理策略是:找到包含样本量较少的"小"叶节点,如果其中的样本量和"最大"叶节点所含样本量的比值很小,则视这些叶节点中的点为离群点。

(2) 聚类

聚类在预聚类基础上进行,聚类的分析对象是预聚类所形成的"稠密区域(Dense Region)"。所谓稠密区域,是指除离群点以外的叶节点,这些叶节点所对应的若干子类将作为第二步聚类的输入,且采用层次聚类方法进行聚类。注意,那些包含离群点的"非稠密区域"将不参与本步聚类。

层次聚类过程中形成的某个中间类一定是另一个类的子类,也就是说,聚类过程是逐步将数量较多的小类合并为数量较少的大类,再将数量较少的大类合并为数量更少的更大的类,最终将若干更大的类合并为一个大类的过程,其实质是一个类不断"凝聚"

的过程。

对于 N 个子类，层次聚类需进行 $N-1$ 次迭代。每次迭代中需分别计算每两个子类间的对数似然距离，根据 MIN 准则，合并距离最近的两个子类，直至得到一个大类或得到指定聚类数目的类为止。这里涉及两个主要问题：第一，内存容量的问题；第二，聚类数目确定为多少才合适的问题。

对于第一个问题，迭代过程中，距离矩阵如果很庞大，则可能会超出内存的容量，计算机将不得不利用硬盘空间作为虚拟内存，从而使执行算法的效率大大降低。在普通层次聚类算法中，输入的是所有样本的数据。执行算法的中前期，距离矩阵是关于样本点和样本点或者样本点和子类的，这必然使距离矩阵非常庞大，造成运行效率极低。两步聚类算法有效克服了这个问题。由于第二步聚类的输入是第一步预聚类的结果，其子类数目相对较少，距离矩阵不会过大，运行效率也就不会过低。这也是两步聚类算法之所以需要两个步骤的重要原因。

对于第二个问题，由于层次聚类算法本身并不给出一个聚类数目，因此通常需要人工参与决定，而两步聚类算法则很好地实现了聚类数目的自动确定。

3. 聚类数目的确定

聚类数目的确定将在上述第二步聚类中完成。采用的是两阶段策略，第一阶段仅给出一个"粗略"的估计，第二阶段再给出一个恰当的最终聚类数目，在这里，两个阶段的具体判定标准不同。

（1）第一阶段

第一阶段以贝叶斯信息准则（Bayesian Information Criterion，BIC）作为判定标准。如果聚类数目为 J，则有

$$\text{BIC}(J) = -2\sum_{j=1}^{J}\xi_j + m_J \log(N)$$

$$m_J = J\left(2K_A + \sum_{i=1}^{K_B}(L_i - 1)\right)$$

贝叶斯信息准则第一项反映的是 J 类对数似然函数的总和，是类内差异性的总度量；第二项是一个模型复杂度的惩罚项，当样本确定后，J 越大该项值也就越大。

当 BIC 取最小值时，聚类数目得到最优值。如果聚类中只追求各类内部结构差异小，则聚类数目必然较大，最极端的情况就是每一个样本自成一个类，这当然是不可取的；因此，恰当的聚类应是聚类数目合理，各类内部结构差异性在一个可接受的范围内，即 BIC 取值最小的时刻。确定聚类数目就是找到 BIC 取最小值时的 J。

如果所有类合并成一个大类，此时 BIC 的第一项最大，第二项最小。当聚类数目增加时，第一项开始减小，第二项开始增大，通常增大幅度小于减小幅度，因此 BIC 在一开始的时候是随着 J 的增大而减小的；当聚类数目增加到某个值后，第二项的增大幅度开始大于第一项的减小幅度，BIC 总体上开始增大，此刻的 J 值即为所求。

SPSS Modeler 程序利用 BIC 的变化量 $\mathrm{dBIC}(J)$ 和变化率 $R_1(J)$ 确定聚类数目，它们的计算公式为

$$\mathrm{dBIC}(J) = \mathrm{BIC}(J) - \mathrm{BIC}(J+1)$$

$$R_1(J) = \frac{\mathrm{dBIC}(J)}{\mathrm{dBIC}(1)}$$

若 $\mathrm{dBIC}(1)$ 小于 0，则聚类数目应为 1，后续算法不再执行；反之，当 $R_1(J)$ 取最小值时（SPSS Modeler 程序规定 $R_1(J)$ 应小于 0.04），即 BIC 减小幅度最小时的 J 为聚类数目的"粗略"估计值，如图 7-17 所示。

(2) 第二阶段

第二阶段修正第一阶段得到的"粗略"的估计值 J，不再考虑模型的复杂度。采用以下式子计算变化率

$$R_2(J) = \frac{d_{\min}(C_J)}{d_{\min}(C_{J+1})}$$

其中，$d_{\min}(C_J)$ 是聚类数目为 J 时两类间最小对数似然距离。聚类过程中最小对数似然距离的变化示意图如图 7-18 所示。

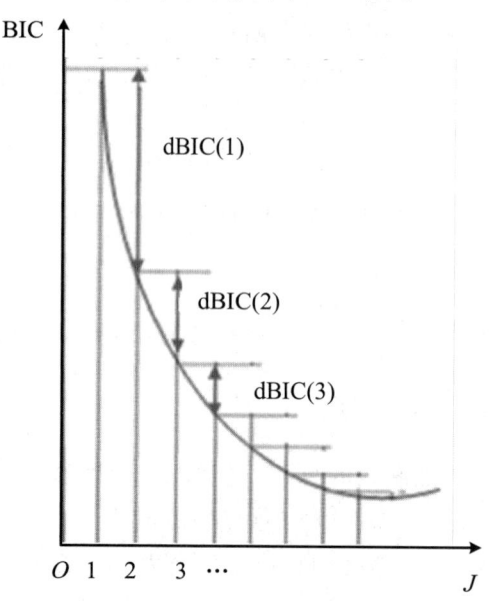

图 7-17　$\mathrm{dBIC}(J)$ 的变化示意图

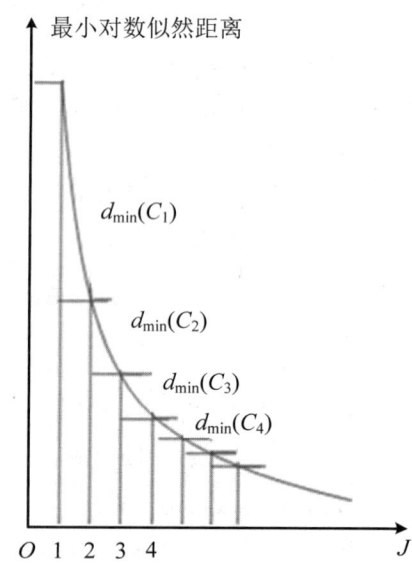

图 7-18　最小对数似然距离的变化示意图

$R_2(J)$ 是类合并过程中类间差异性最小值变化的相对指标，值越大表明 $J+1$ 类到 J 类的合并越不恰当。依次计算 $R_2(J-1)$、$R_2(J-2)$ 到 $R_2(2)$ 的值，找到其中的最大值和次大值。SPSS Modeler 程序规定，如果最大值是次大值的 1.15 倍以上，则最大值所对应的 J 为最终聚类数；否则，最终聚类数 J 为最大值对应的聚类数目和次大值对应的聚类数目中的较大值。

4. 两步聚类应用案例

下面以和本书配套的研究数据集"student.csv"文件为例，介绍在 SPSS Modeler 程序中进行两步聚类的具体操作。本案例分析的目标是对男性学生群体进行聚类。

（1）操作过程

① 启动 SPSS Modeler 程序。从"源"选项卡中拖曳出"变量文件"节点到数据流编辑区域中，右击"变量文件"节点，在弹出快捷菜单中单击"编辑"命令，读入"student.csv"文件中的数据，该节点标签变为"student.csv"。从"输出"选项卡中拖曳出"表格"节点到数据流编辑区域中，并让其与"student.csv"节点建立连接，以便查看"student.csv"节点的内容。

② 从"记录选项"选项卡中拖曳出"选择"节点到数据流编辑区域中，让其与"student.csv"节点建立连接，右击"选择"节点，在弹出快捷菜单中单击"编辑"命令，设置模式为"包含"，条件为 Gender = 'F'，这样就选择了 Gender 字段为"F"（男性学生）的样本。

③ 从"字段选项"选项卡中拖曳出"类型"节点到数据流编辑区域中，让它与"选择"节点建立连接，把 RaisedHands、VisitedResources、AnnouncementsView、Discussion 字段的"角色"设置为"输入"，把其他字段的"角色"均设置为"无"。

④ 从"建模"选项卡中拖曳出"两步"节点到数据流编辑区域中，让它与"类型"节点建立连接；再从"建模"选项卡中拖曳出"异常"节点数据流编辑区域中，也让它与"类型"节点建立连接。最终在数据流编辑区域中构建的数据流图如图 7-19 所示。

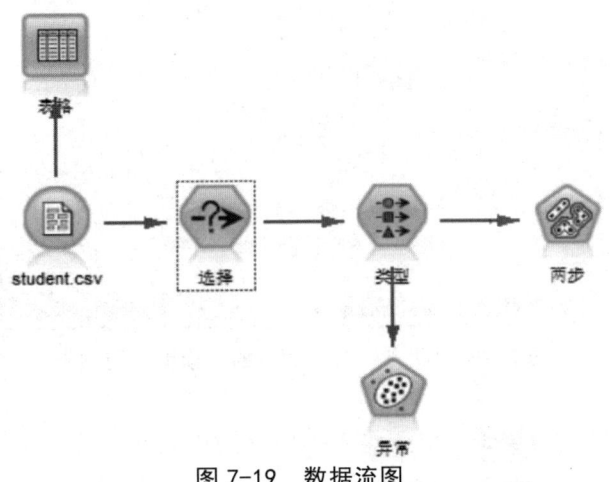

图 7-19　数据流图

⑤ 右击"两步"节点，在弹出的快捷菜单中单击"编辑"命令，打开"两步"对话框，在该对话框中对节点的参数进行设置，在该对话框中设置参数的方法见下面"'两步'对话框介绍"中的叙述。

⑥ 单击"两步"对话框中的 ▶运行(U)，在数据流编辑区域中生成一个表示两步聚类结果的钻石形状的节点，双击该节点，可以查看模型概要、聚类质量、聚类大小等信息。

(2)"两步"对话框介绍

"两步"对话框中最重要的是"模型"选项卡,如图 7-20 所示。

① 如果选中"标准化数值字段"复选项,则表示对所有的数值型聚类变量进行标准化处理,使它们的均值为 0,标准差为 1。

② 如果选中"排除离群值",则表示要找到并排除数据中的离群点。

③ 如果选中"自动计算聚类数"单选项,则表示自动确定聚类数目,此时可以在"最大值"和"最小值"框中给出允许的最大聚类数目和最小聚类数目。

④ 如果选中"指定聚类数"单选项,则表示由用户自行指定聚类数目。

⑤ "距离测量"项包括"对数相似值"和"Euclidean"(欧氏距离)两个单选项,分别用来指定怎样测量距离。

⑥ "聚类准则"项包括"施瓦兹贝叶斯准备(BIC)"和"Akaike 信息标准(AIC)"两个单选项。

本例的设置结果如图 7-20 所示。

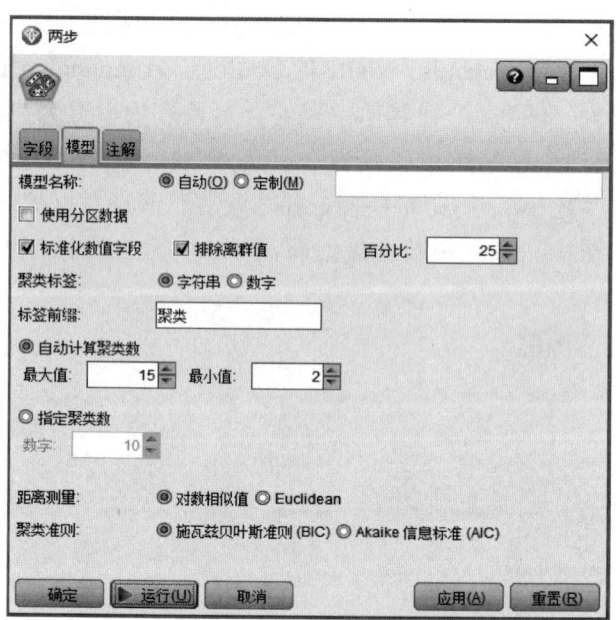

图 7-20 "两步"对话框中的"模型"选项卡

(3)结果解读

单击图 7-20 中的 运行(U) ,在数据流编辑区域中得到表示两步聚类结果的节点,双击该节点,得到如图 7-21 所示的结果。

本次聚类分析中参与聚类的样本为 175 个(原始样本是 480 个,选择男性学生样本后,剩下 175 个样本)。从图 7-21 可以看出,根据 4 个输入字段,算法自动确定的最佳聚类数目是 3。查看图 7-21 所示的聚类质量结果,发现聚类效果较好。聚类的结果中,"最小聚类大小"为 47 个样本,占 175 个样本的 26.9%;"最大聚类大小"为 73 个样本,占 175 个样本的 41.7%。

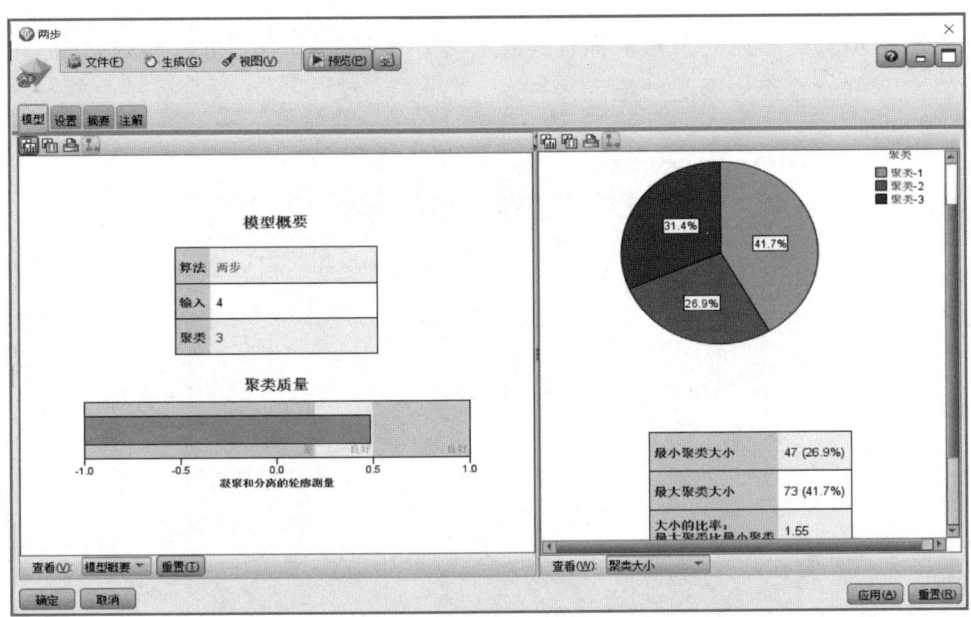

图 7-21　两步聚类的结果

如果需要查看每个男性学生所属的类别，可以在表示两步聚类结果的节点后面再连接一个“输出表格”节点，得到的表格如图 7-22 所示，字段名称为“$T-两步”的一列显示了每个男性学生所属的类别。

	nnouncementsView	Discussion	ParentAnsweringSurvey	ParentSchoolSatisfaction	StudentAbsenceDays	Class	$T-两步
1	13	70	Yes	Bad	Above-7	M	聚类-3
2	16	50	Yes	Good	Under-7	M	聚类-3
3	25	70	Yes	Good	Under-7	M	聚类-1
4	44	60	No	Bad	Above-7	H	聚类-1
5	22	66	Yes	Good	Under-7	M	聚类-3
6	36	96	Yes	Good	Under-7	M	聚类-3
7	33	90	No	Bad	Above-7	M	聚类-3
8	4	80	No	Bad	Under-7	M	聚类-3
9	33	35	No	Bad	Under-7	M	聚类-1
10	50	70	Yes	Good	Under-7	H	聚类-2
11	10	50	Yes	Good	Above-7	L	聚类-3
12	26	90	Yes	Good	Under-7	M	聚类-3
13	37	70	Yes	Good	Under-7	M	聚类-1
14	3	70	No	Bad	Above-7	L	聚类-3
15	28	90	Yes	Good	Under-7	M	聚类-3
16	30	90	No	Bad	Under-7	M	聚类-3
17	39	90	Yes	Good	Under-7	H	聚类-3
18	40	88	Yes	Good	Under-7	H	聚类-3
19	50	77	Yes	Good	Under-7	M	聚类-3
20	12	70	No	Bad	Above-7	L	聚类-3
21	16	40	No	Bad	Under-7	M	聚类-1
22	19	75	Yes	Good	Under-7	H	聚类-3
23	22	40	No	Good	Under-7	M	聚类-3
24	28	20	No	Good	Above-7	L	聚类-3
25	19	30	No	Bad	Above-7	M	聚类-3
26	23	80	Yes	Good	Under-7	H	聚类-3
27	35	30	Yes	Good	Under-7	H	聚类-1
28	26	19	Yes	Bad	Above-7	M	聚类-3
29	49	55	Yes	Bad	Under-7	H	聚类-2
30	4	33	No	Bad	Under-7	L	聚类-3
31	19	15	Yes	Good	Under-7	H	聚类-1
32	35	10	No	Good	Above-7	L	聚类-1

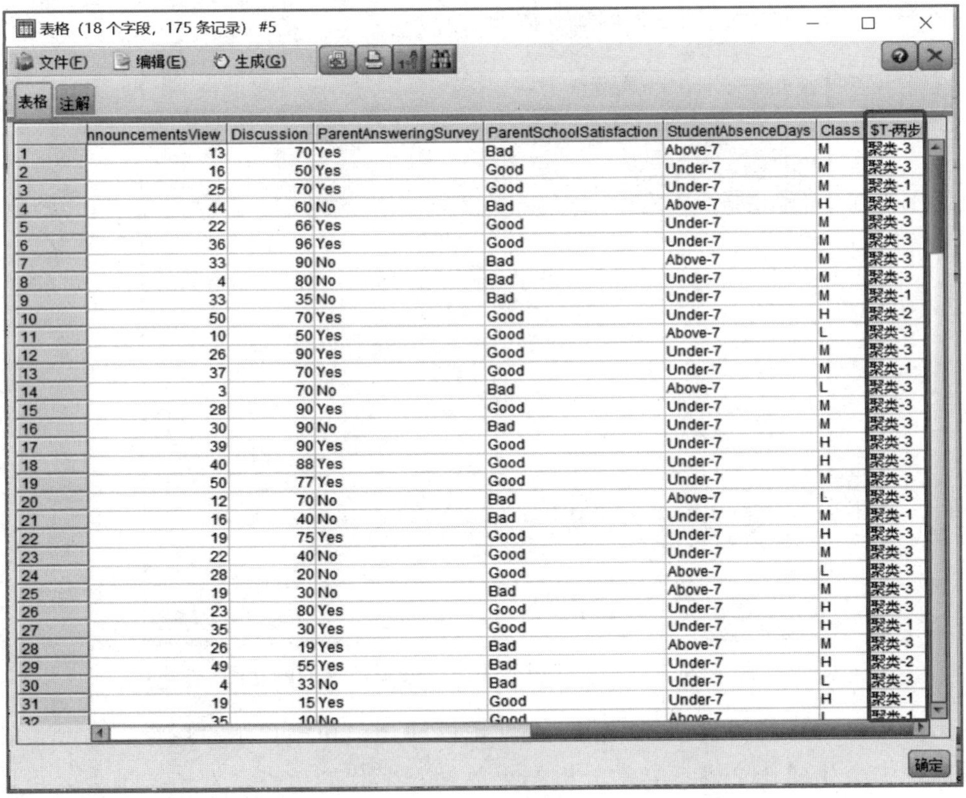

图 7-22　字段名称为“$T-两步”的一列显示了每个男性学生所属的类别

在表示两步聚类结果的节点后面再连接一个"矩阵"节点,可以得到如图 7-23 所示的学生实际得分等级与聚类结果的矩阵。

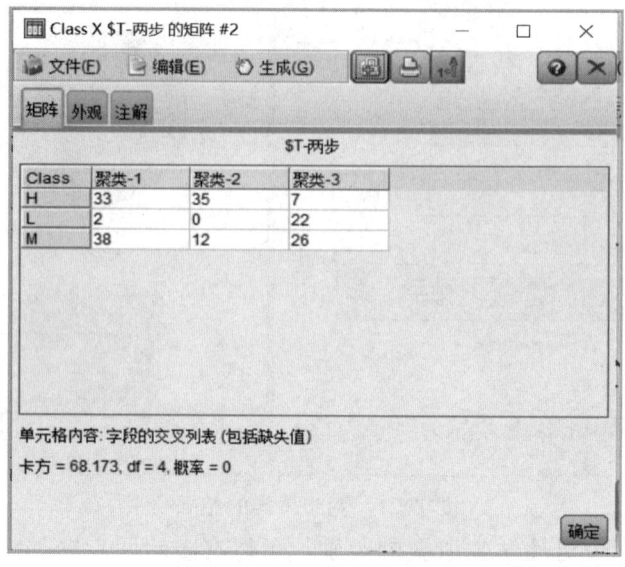

图 7-23　学生实际得分等级与聚类结果的矩阵

在表示两步聚类结果的节点后面再连接一个"网络"节点,可以得到如图 7-24 所示的学生实际得分等级与聚类结果的网状图。

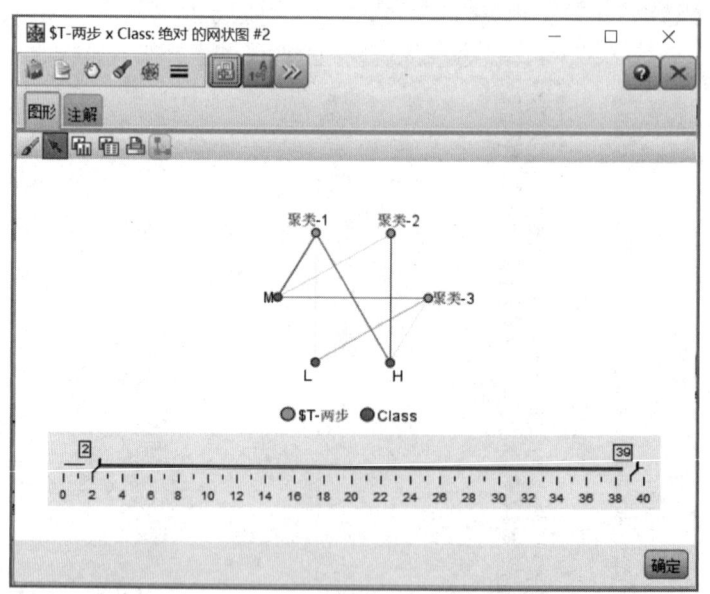

图 7-24　学生实际得分等级与聚类结果的网状图

右击图 7-19 中的"异常"节点,在弹出的快捷菜单中单击"运行"命令,在数据流编辑区域中会生成一个表示异常分析结果的钻石形状的节点,双击该节点,可以得到如图 7-25 所示的异常结果(离群点检测结果),本案例中发现了 1 个离群点。SPSS Modeler

程序并未允许用户直接设置参数标准来判定异常分界值，即未允许用户直接设置满足何种标准的点可视为离群点。程序的用户可以通过下述的三种方法间接进行设置。第一种方法是设置最小异常值指数水平来界定离群点；第二种方法是设置训练数据集中异常数据占总体数据的百分比来限定离群点的数量；第三种是设置训练数据集中异常数据的记录数来限定离群点数量。但是 SPSS Modeler 程序不允许用户自行调整预聚类中最近距离的阈值 τ。

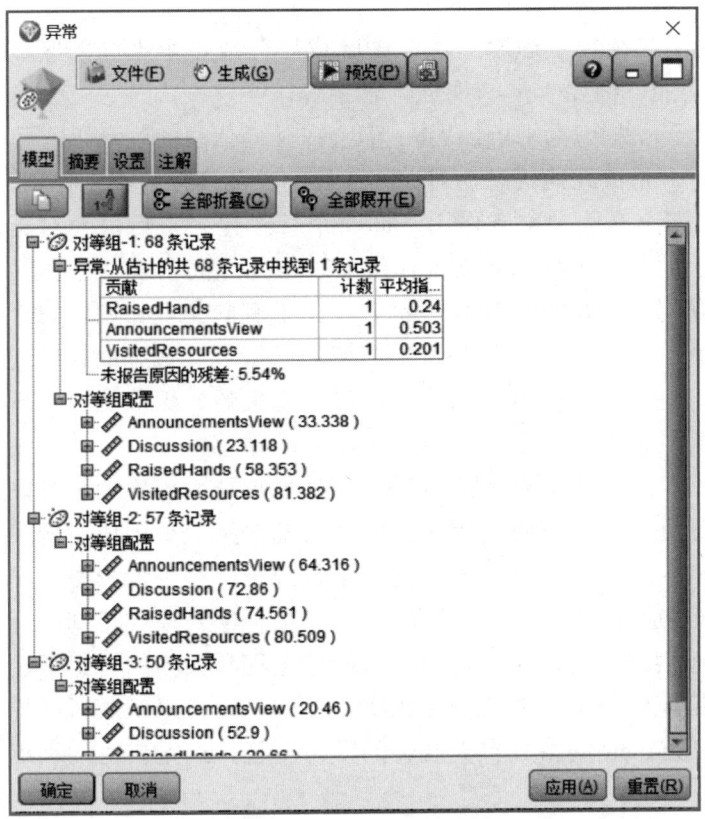

图 7-25　离群点检测结果

 ## 7.5　Kohonen 网络聚类

第 4 章介绍过人工神经网络(简称为神经网络)，本节介绍 Kohonen 网络和 Kohonen 网络聚类。

1. Kohonen 网络

1981 年芬兰赫尔辛基大学(Helsink)的 T.Kohonen 教授提出一种自组织特征映射网(Self-Organizing feature Map，SOM)，简称为 SOM 网，又称为 Kohonen 神经网络，我

们在下面的叙述中把它简称为 Kohonen 网络。

Kohonen 认为人的大脑有如下特点。

① 大脑中有大量的神经元，这些神经元通常排列组织成二维空间。大脑中的神经元虽然在结构上相同，但它们的排序不同，即在神经网络受外部输入刺激而识别事物的过程中，神经元的有关参数会产生变动。

② 大脑中的神经元参数在变动后形成特定的参数组织，具有这种特定参数组织的神经网络对外界的特定事物特别敏感。

③ 依据生物学和神经生理学原理，大脑皮层分成多个不同的区域，各个区域分别管理各种专门的功能，例如听觉、视觉、思维等。

④ 大脑中神经元的排序由遗传决定，但会在外界信息的刺激下，不断接收传感信号，不断执行聚类过程，形成经验信息，对大脑皮层的功能产生自组织作用，形成新功能。

⑤ 神经元之间存在侧向交互作用，即一个神经元兴奋后，会对周围邻近的神经元产生影响(抑制或激发)。这种侧向交互作用使神经元之间出现"竞争"。开始阶段，各神经元对某个刺激信号表现出不同的兴奋状态，由于侧向交互作用，每个神经元也会影响其邻近神经元的兴奋水平，处在某些特定区域的兴奋程度最强的神经元"战胜"其邻近的神经元，即有一些神经元获胜，而另一些神经元失败，失败的神经元被抑制，最终导致不同区域的神经元对不同的刺激信号呈现不同的敏感性。

Kohonen 网络就是模仿上述人的神经系统功能特征而出现的一种网络，它的基本思想是希望一个系统在受外界信息作用时，能在内部自组织地形成对应表示形式。该网络通过自组织特征映射，调整网络权值，使网络收敛于一种表示形态，在这一形态中，网络中的一个节点(对应大脑中的一个神经元)只对某种输入模式特别匹配或特别敏感。

Kohonen 神经网络的这种调整(称为自调整)过程和大脑的自组织过程相仿，因此称它为一种具有自组织竞争型功能的神经网络，即它可以自组织成对外界信息中某一种特征敏感的形式。Kohonen 网络具有无监督的学习特征，通过自身的训练，能自动对输入模式进行分类。

Kohonen 网络的结构及其学习规则与其他神经网络相比有自己的特点。在结构上，它一般是由输入层和竞争层(也称为输出层)构成的两层网络，没有隐层。输入层的刺激信号和竞争层的各节点相互连接。竞争层各节点之间存在侧向交互作用，对每一个输出节点，在一定领域范围内存在一定数量的邻接节点，如图 7-26 所示。输入节点的个数取决于聚类样本的属性（在 SPSS Modeler 中也叫聚类变量）个数，竞争层节点的个数即为聚类后得到的聚类数目。

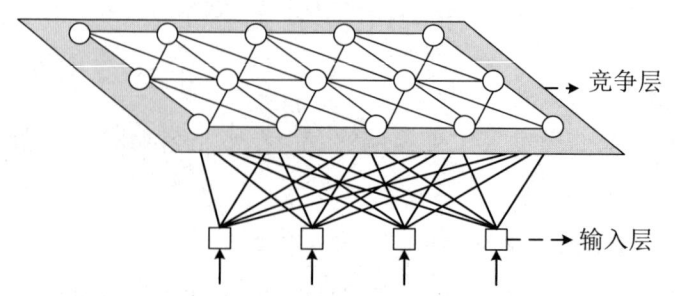

图 7-26　Kohonen 网络的典型结构

Kohonen 网络的节点通过无监督竞争学习，使不同的节点对不同的输入模式敏感，从而特定的节点在模式识别中可以充当某一输入模式的检测器。

在学习的算法上，它模拟大脑神经元之间的兴奋、协调与抑制、竞争作用的信息处理原理来指导网络学习与工作，而不像大多数神经网络那样以网络的误差或能量函数作为算法的准则。其基本思想是网络竞争层的各个节点竞争响应输入信号的机会，最后仅一个节点成为竞争的胜者。这一获胜的节点表示对输入信号的分类。

Kohonen 神经网络算法的具体工作机理如下。

① 网络学习过程中，当样本数据输入网络时，计算输入样本信息与竞争层节点信息之间的度量距离（如欧氏距离），距离最小的节点为获胜节点。

② 调整获胜节点及邻接节点对输入信号的权值，使获胜节点及邻接节点更加靠近该输入样本点。

③ 通过反复训练，最终各节点的连接权值具有了一定的分布，该分布把数据之间的相似性组织到代表各类的节点上，使同类的节点具有相近的权值系数，不同类的节点权值系数差别明显。需要注意的是，在学习的过程中，随着时间的推移，权值修改速率和节点的邻接范围均在不断减少，从而使同类节点逐渐集中。

2. Kohonen 网络聚类过程

Kohonen 网络聚类机理并不复杂，它要求事先给出一个恰当的聚类数目，即输出节点的个数，然后通过不断迭代以完成最终的聚类。

为了更好地说明该算法，我们以智能教学系统的训练思路来讲解。例如，通过数据预处理，得到了 N 位学生在某门课程中的在线学习行为表现记录，在 Kohonen 网络学习过程中，逐次读入每个学生的学习行为表现记录，并把这些学生聚为 K 类，其本质就是要训练出一个模型，在学生的行为表现和最终聚为哪一类之间构建出一个数学模型。

(1) 实现步骤

第一步：数据预处理。

数据预处理是在进行主要操作之前对数据预先进行一些处理，使得杂乱无章的数据变为有序可循的数据，满足后续操作的需要。

由于判断输入样本信息和神经元信息的"亲疏程度"通常以欧氏距离进行度量，因此需要对不同类型的数据采用不同的预处理方法。对于输入的数值型聚类变量数据，应消除数量级上的差异，即将所有的数值型变量的值转化到 0 至 1 之间；对于输入的分类型聚类变量的数据，预处理方法同 K-Means 聚类。

通过数据预处理，最终得到 N 个聚类样本 X_i $(i=1,2,\cdots,N)$，每个样本包含 p 维属性，记为 $X_i = (x_{i_1}, x_{i_2}, \cdots, x_{i_p})$，样本在这 p 维属性上的取值范围在 0 到 1 内。于是，可以将每个样本看成 p 维空间中的一个点。

第二步：确定各个类的初始类中心。

① 指定聚类数目 K。

② 对每个类创建一个输出节点，一共创建 K 个输出节点，每个输出节点为一个 p 维向量 $W_j = (w_{j_1}, w_{j_2}, \cdots, w_{j_p})$ $(j=1,2,\cdots,K)$，向量中的每个元素均是取值范围为 0 到 1 的随机数，代表每个输入节点各元素对该输出节点对应元素的影响权值。

第三步：找出距离最近的类中心。

对 t 时刻输入的样本数据 X_t，分别计算它与每个类中心点 W_j $(j=1,2,\cdots,K)$ 的欧氏距离，找出与它距离最近的类中心 $W_c(t)$，并输出该中心节点。此时，$W_c(t)$ 是"获胜"的节点，是对 t 时刻输入样本的最佳"匹配"节点。

第四步：调整"获胜"节点 $W_c(t)$ 和其邻接节点所代表的各个类中心的位置。

这里需要解决两个关键问题：第一，网络节点权值的调整策略；第二，怎样的节点应视为"获胜"节点的邻接节点。

① Kohonen 网络节点权值的调整策略类似神经网络中网络权值的调整。t 时刻输入的样本节点（即样本的 p 个属性）对第 j 个输出节点的网络权值，可记为 $W_j(t) = (w_{j_1}(t), w_{j_2}(t), \cdots, w_{j_p}(t))$，即 t 时刻包含 p 个属性的样本节点与输出节点之间的网络权值决定了此时第 j 个输出节点对应的类中心的位置。于是，网络权值的调整策略与神经网络基本类似。所不同的是，由于聚类是一种无监督的学习，没有目标变量，不能像一般神经网络算法中那样以误差为基础调整权值。Kohonen 网络以样本与类中心的欧氏距离为依据调整权值。

把"获胜"节点 $W_c(t)$ 的权值调整为

$$W_c(t+1) = W_c(t) + \eta(t)\left[X(t) - W_c(t)\right]$$

其中，$\eta(t)$ 为 t 时刻的学习率。

② 由于输出节点之间存在侧向连接，还应调整"获胜"节点 $W_c(t)$ 周围的邻接节点的网络权值。通常需要指定一个邻接范围半径，以 $W_c(t)$ 为圆心，与 $W_c(t)$ 的距离在指定半径范围内的输出节点都视为邻接节点。对邻接节点，调整 $W_c(t)$ 权值的计算方法为

$$W_j(t+1) = W_j(t) + \eta(t) h_{j_c}(t)\left[X(t) - W_j(t)\right]$$

其中，$h_{j_c}(t)$ 为核函数，反映的是 t 时刻邻接节点 $W_j(t)$ 与"获胜"节点 $W_c(t)$ 之间的距离测度，常用的是高斯核函数。SPSS Modeler 程序中采用调整的切比雪夫距离（单维距离的最大值）作为距离的测度，即

$$h_{j_c}(t) = \max\left(\left|w_{1_j}(t) - w_{1_c}(t)\right|, \left|w_{2_j}(t) - w_{2_c}(t)\right|, \cdots, \left|w_{p_j}(t) - w_{p_c}(t)\right|\right)$$

调整权值的过程可以形象地比喻为将输出节点向样本方向不断拉近的过程，如图 7-27 所示。在该图中的灰色圆点表示输出节点的起始位置，经过权值调整，它们中的某些节点会不同程度地被拉向某个方向，调整到图中黑色正方形节点所在的位置。

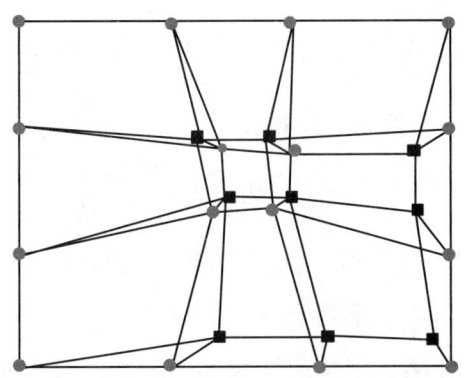

图 7-27 Kohonen 网络聚类的权值调整

第五步：判断是否满足迭代结束的条件。如果没有满足，返回第三步。

上述过程中，第三步到第五步不断反复进行，直到满足迭代终止条件。迭代终止条件通常是权值达到基本稳定或者达到指定的迭代次数。

综上所述，当某个样本输入网络时，与样本距离最近的一个输出节点"获胜"，该节点即是对相应信号刺激反应最敏感的节点。调整"获胜"节点及其邻接节点的网络权值，将使"获胜"节点更接近相应样本。当再次输入具有类似数据特征的样本时，该"获胜"节点可能再次获胜。通过调整权值，会使该节点再次接近这类样本。当输入具有不同数据特征的样本后，将有其他输出节点分别"获胜"和进行权值调整。这样的样本输入和权值调整需要反复多次。如果所有样本都已经输入网络后还不能达到迭代终止条件，则可以进行下一轮或更多轮的学习。

通过向大量样本学习，不断调整权值，最终使特定输出节点仅对特定类样本具有高敏感性。于是，若干输出节点将分别对应若干样本群，且每个样本群内部输入变量的数据特征相似，不同样本群之间输入变量的数据特征差异明显，进而得到聚类结果，输出层就形成了一个能够反映与各类样本数据特征相关联的映射，从而有效地将数据在高维空间中的聚类特征投影到低维空间中。这个过程就是一个自组织过程。

（2）补充说明

需要说明的是，类中心调整受邻域半径和学习率的影响，并最终影响聚类结果。为得到相对稳定的聚类结果，SPSS Modeler 程序的策略如下。

① 分两个学习阶段执行两次上述聚类过程。

第一个阶段为粗略学习阶段，指定一个相对较大的邻域半径和初始学习率，以便大致概括数据的特征；第二阶段为调整学习阶段，指定一个相对较小的邻域半径和初始学习率，对类中心做进一步细小调整，以保证输出层所体现的数据特征更贴近样本的真实情况。

② 每次迭代过程都调整学习率。

合理的学习率 $\eta(t)$ 能够有效平滑类中心的调整。SPSS Modeler 程序的每次迭代都将自动调整学习率 $\eta(t)$。可以采用线性或非线性的单调递减函数调整学习率 $\eta(t)$。

❖ 线性调整方法为$\eta(t+1)=\eta(t)-\dfrac{\eta(0)-\eta_{\text{low}}}{c}$。其中，$\eta(0)$和$\eta_{\text{low}}$分别为当前阶段的初始学习率和最小学习率，$c$为学习周期数。

❖ 非线性调整方法为$\eta(t+1)=\eta(t)\exp\left(\dfrac{\eta(0)-\eta_{\text{low}}}{c}\right)$。

总之，Kohonen 网络是一种通过自组织方式实现聚类的无监督的学习方法。

3. Kohonen 网络聚类应用案例

下面提供一个 Kohonen 网络聚类应用案例，这个案例通过精准概括学习者的研修特征来辅助决策者了解、诊断和管理研修过程，做到精准施策。

(1) 案例数据介绍

本案例使用和本书配套的数据集“工作室数据.xlsx”文件进行 Kohonen 网络聚类，数据集中的数据采集自浙江省名师网络工作站(该网络工作站包含若干个工作室)，共有 264 个样本。每个样本有 25 个字段，每个样本对应一个工作室。本案例事先从数据的规范性、准确性、一致性、唯一性和完整性五个维度对采集到的样本数据进行了预处理。

案例中的 25 个字段分别为“ID”“学科带头人”“网络学员”“成员”“文章”“专题资源”“话题”“微课程”“名师资源”“精品资源”“专题研讨”“课例研究”“课题研究”“阅读反思”“支教送教”“专题讲座”“其他活动”“优课获奖”“教科研成果”“论文发表”“公开课和讲座”“职称晋升或荣誉”“其他成果”“积分”“访问量”，如图 7-28 所示，其中第 2 个字段到第 23 个字段的数据经过了预处理。

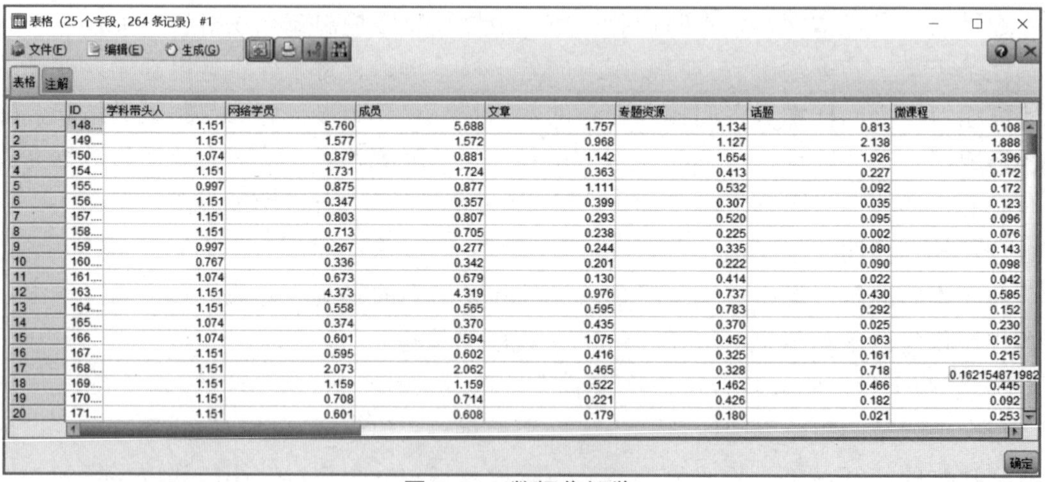

	ID	学科带头人	网络学员	成员	文章	专题资源	话题	微课程
1	148....	1.151	5.760	5.688	1.757	1.134	0.813	0.108
2	149....	1.151	1.577	1.572	0.968	1.127	2.138	1.888
3	150....	1.074	0.879	0.881	1.142	1.654	1.926	1.396
4	154....	1.151	1.731	1.724	0.363	0.413	0.227	0.172
5	155....	0.997	0.875	0.877	1.111	0.532	0.092	0.172
6	156....	1.151	0.347	0.357	0.399	0.307	0.035	0.123
7	157....	1.151	0.803	0.807	0.293	0.520	0.095	0.096
8	158....	1.151	0.713	0.705	0.238	0.225	0.002	0.076
9	159....	0.997	0.267	0.277	0.244	0.335	0.080	0.143
10	160....	0.767	0.336	0.342	0.201	0.222	0.090	0.098
11	161....	1.074	0.673	0.679	0.130	0.414	0.022	0.042
12	163....	1.151	4.373	4.319	0.976	0.737	0.430	0.585
13	164....	1.151	0.558	0.565	0.595	0.783	0.292	0.152
14	165....	1.074	0.374	0.370	0.435	0.370	0.025	0.230
15	166....	1.074	0.601	0.594	1.075	0.452	0.063	0.162
16	167....	1.151	0.595	0.602	0.416	0.325	0.161	0.215
17	168....	1.151	2.073	2.062	0.465	0.328	0.718	0.162154871982
18	169....	1.151	1.159	1.159	0.522	1.462	0.466	0.445
19	170....	1.151	0.708	0.714	0.221	0.426	0.182	0.092
20	171....	1.151	0.601	0.608	0.179	0.180	0.021	0.253

图 7-28 数据集概览

(2) 聚类操作过程

具体操作如下。

① 启动 SPSS Modeler 程序，从节点工具箱窗格的“源”选项(见图 7-29)中拖曳出“Excel”节点到数据流编辑区域中，并读入数据。

图 7-29 "源"选项卡

② 从"字段选项"选项卡中拖曳出"类型"节点到数据流编辑区域中,让它与"Excel"节点建立连接,右击"类型"节点,在弹出的快捷菜单中单击"编辑"命令,查看各字段名称,并设置属性,除 ID 字段外,把其他字段的"测量"属性均设置为"连续";把 ID 字段的"角色"属性设置为"无",把其他字段的"角色"属性均设置为"输入",如图 7-30 所示。

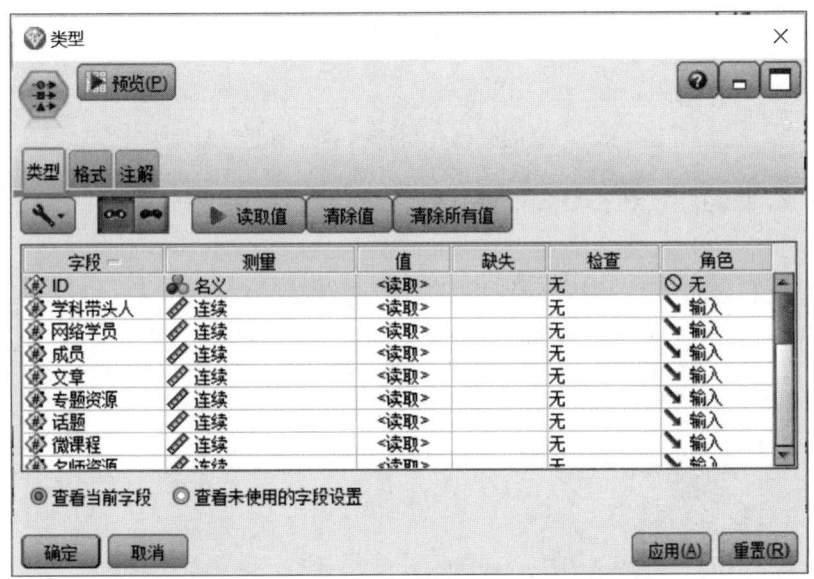

图 7-30 在"类型"节点对话框中进行设置

③ 从节点工具箱窗格的"建模"选项卡(见图 7-31)中拖曳出"Kohonen"节点到数据流编辑区域中,并让其连接"类型"节点。

图 7-31 "建模"选项卡

④ 右击"Kohonen"节点,在弹出的快捷菜单中单击"编辑"命令,打开"Kohonen"对话框,进入"模型"选项卡设置参数,如图 7-32 所示。

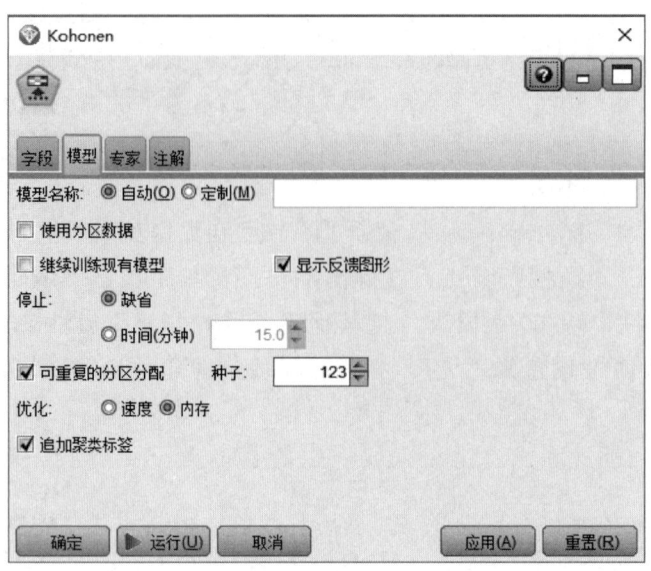

图 7-32 "Kohonen"对话框的"模型"选项卡

⑤ 进入图 7-33 所示的"Kohonen"对话框的"专家"选项卡后，按以下的叙述设置参数。

❖ "宽度"和"长度"：用来分别指定初始输出类的宽度(列数)和长度(行数)，行数和列数的乘积等于初始输出节点的个数(聚类数目)。本例中把宽度设置为 3，长度设置为 3。

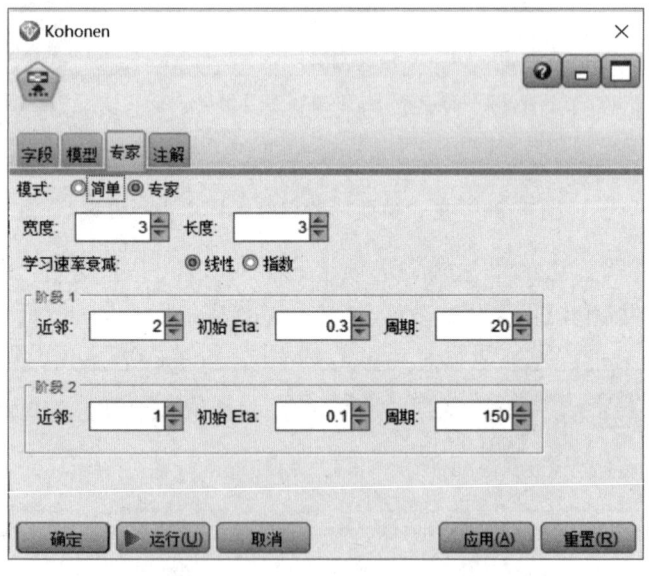

图 7-33 "Kohonen"对话框的"专家"选项卡

❖ "学习速率衰减"：可以选择"线性"或"指数"，"线性"的衰减速度较慢，"指数"的衰减速度较快。本例中选择"线性"。

❖ "阶段 1"：表示粗略学习阶段，用来指定一个相对较大的邻接范围半径和初始学习速率，本例中把它们分别设置为 2 和 0.3。

❖ "阶段 2"：表示调整学习阶段，用来指定一个相对较小的邻接范围半径和初始学习速率，本例中把它们分别设置为 1 和 0.1。

⑥ 单击图 7-33 中的 ▶ 运行(U)，在数据流编辑区域中生成一个表示分析结果的钻石形状的节点，双击该节点，即可得到 Kohonen 网络聚类的结果。

（3）聚类结果分析

经过 Kohonen 网络聚类后的结果如图 7-34 所示，左侧窗格显示有 24 个输入（参与聚类）的字段属性，一共得到 9 个聚类。聚类质量属于良好。

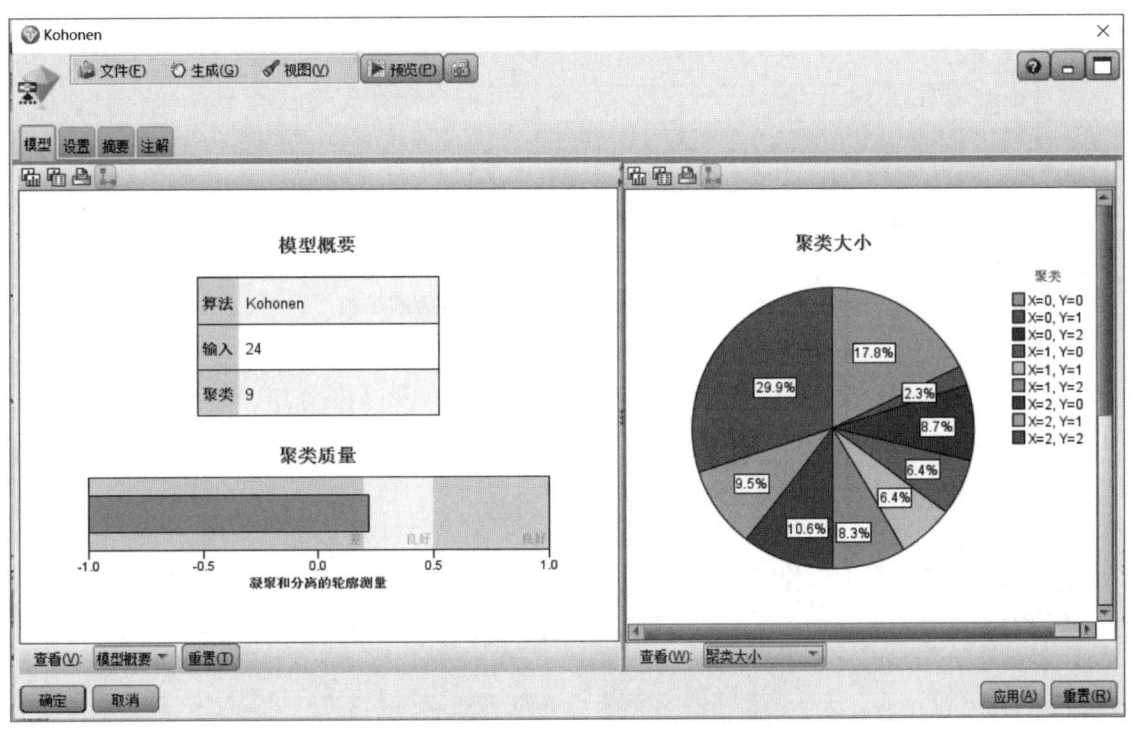

图 7-34　经过 Kohonen 网络聚类后的结果 1

单击图 7-34 左窗格下方的 查看(V)，打开下拉列表，选择"聚类"，单击图 7-34 右窗格下方的 查看(V)，打开下拉列表，选择"预测变量重要性"，可以得到如图 7-35 所示的 Kohonen 网络聚类后的结果。在图 7-35 的左窗格中可以看到每个聚类里的样本个数和其占总体数量的比值，本案例的 9 个聚类结果中，排名前 5 的样本的个数分别为 79（占总体个数的 29.9%）、47（占总体个数的 17.8%）、28（占总体个数的 10.6%）、25（占总体个数的 9.5%）、23（占总体个数的 8.7%），图 7-35 的右窗格显示了预测变量重要性的排序结果，本实例中预测变量的重要性从高到低依次为"学科带头人""教科研成果""职称晋升或荣誉""公开课和讲座""优课获奖""论文发表""其他成果""名师资源""访问量""成员"。图中显示的"其它成果"应为"其他成果"。

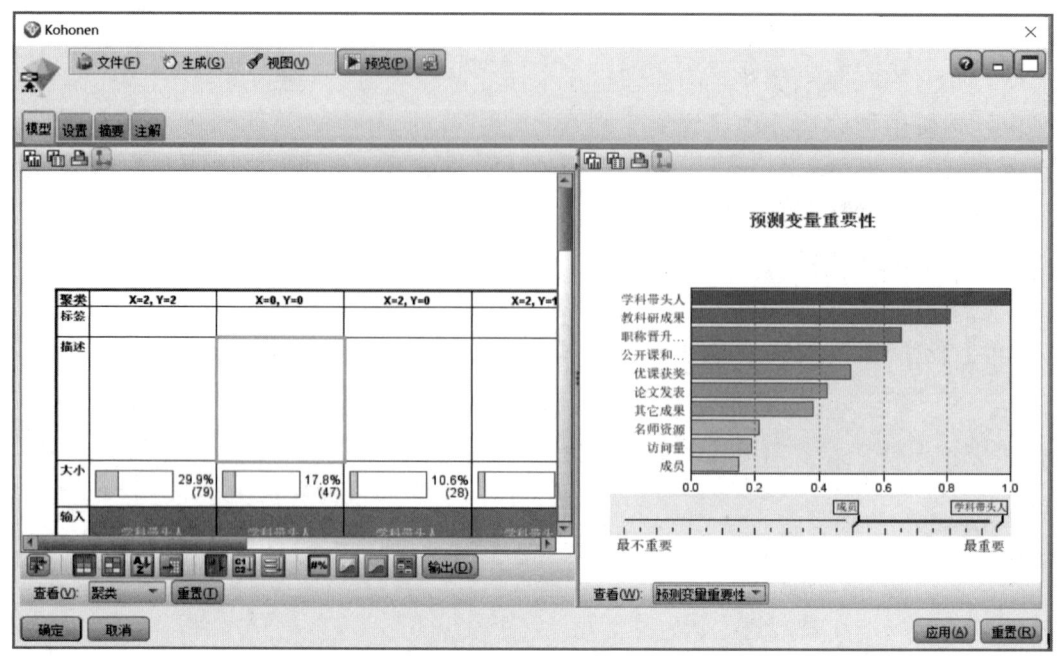

图 7-35　经过 Kohonen 网络聚类后的结果 2

单击选中图 7-35 左窗格中"x=0，y=0"这一列和"职称晋升或荣誉"这一行交叉位置的单元格，如图 7-36 所示，右窗格中将用深色表示的波形图显示其对应的单元格分布（概率分布），浅色表示的波形图为其他类（其他变量）的分布情况。从图中可知，该变量的取值处于低等。

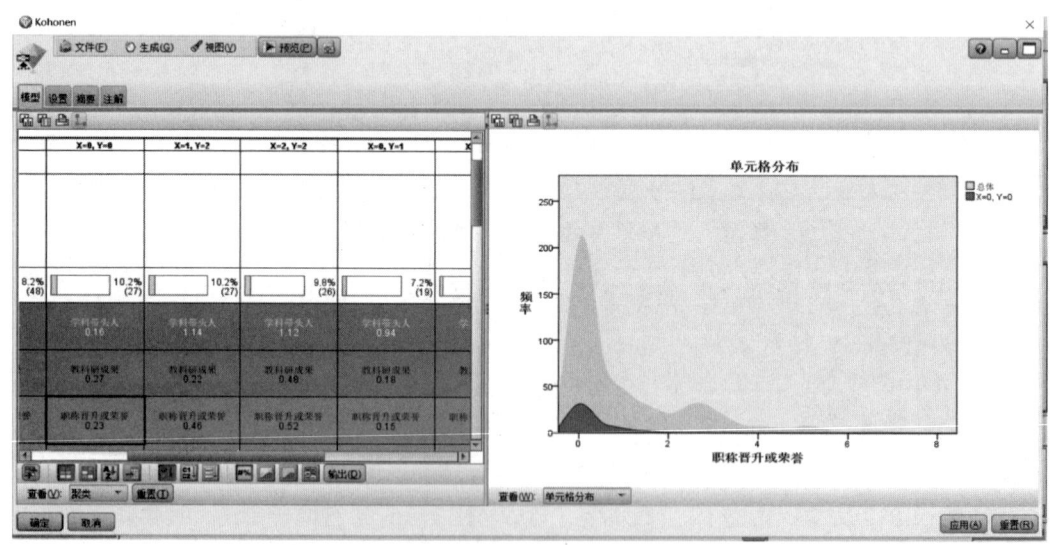

图 7-36　查看"职称晋升或荣誉"属性的单元格分布

为评价聚类效果，从节点工具箱窗格的"图形"选项卡中拖曳出"分布"节点到数据流编辑区域中，将其连接到"类型"节点上，右击"分布"节点，在弹出的快捷菜单中单击"编辑"命令，弹出如图 7-37 所示的对"分布"节点进行设置的对话框。

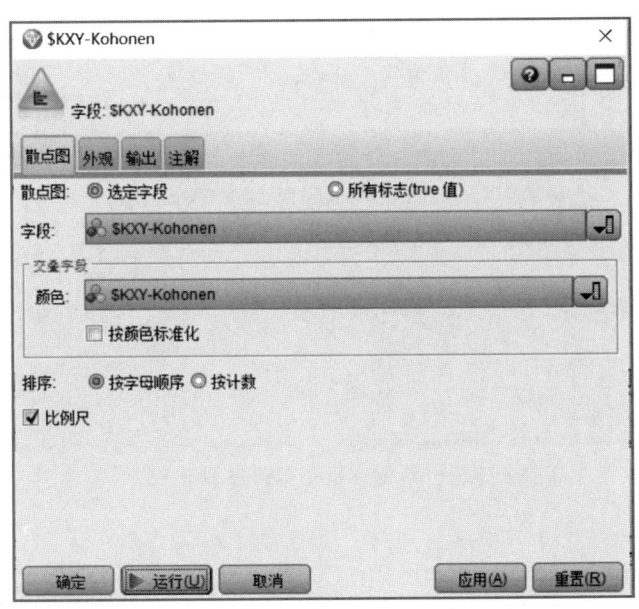

图 7-37 对"分布"节点进行设置的对话框

按照图 7-37 所示进行设置后,单击 ▶运行(U),得到如图 7-38 所示的聚类分析评价结果。

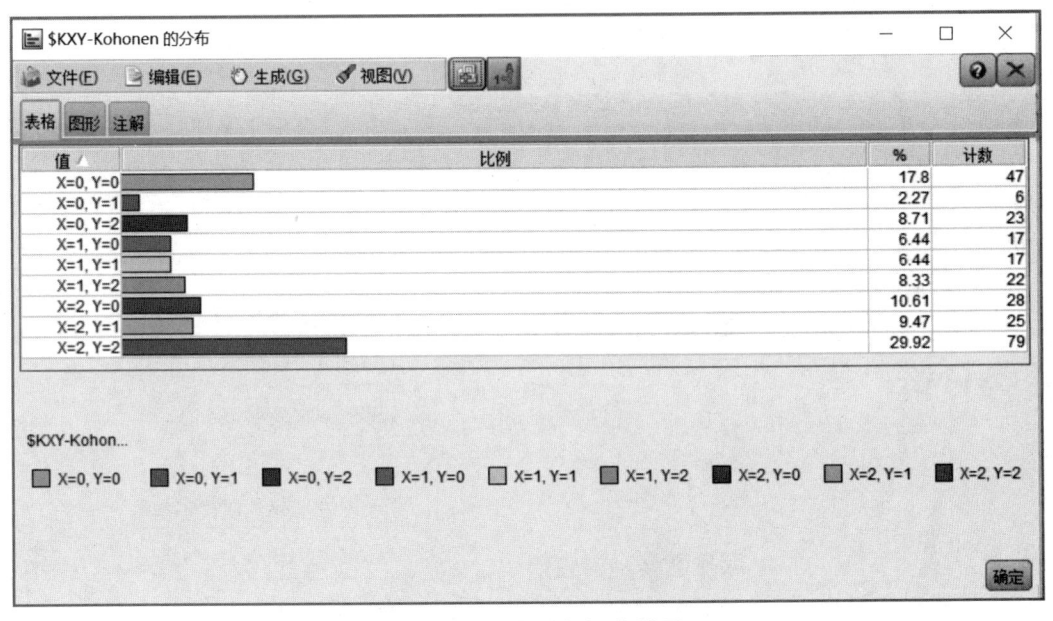

图 7-38 聚类分析评价结果

查看图 7-38 可知,9 种聚类都比较准确,没有出现类似图 7-39 所示的聚类分析不够好的评价结果。在图 7-39 中,实际结果表示取值为 0、1、2 的聚类的样本数分别为 1194、1005、731 个,取值为 1 的聚类效果最好,1005 个样本全都被正确聚类;取值为 2 的聚类效果较差,其中包含了大量的 0 值和 1 值。

field1 的分布
文件(F) 编辑(E) 生成(G) 视图(V)
表格 图形 注解
值 比例 % 计数
0 40.75 1194
1 34.3 1005
2 24.95 731
$KX-Kohonen
0
1
2
确定

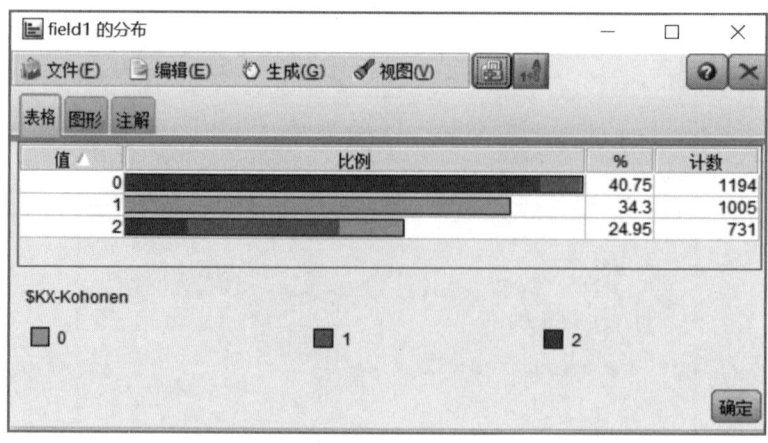

图 7-39　聚类分析不够好的评价结果

本章小结

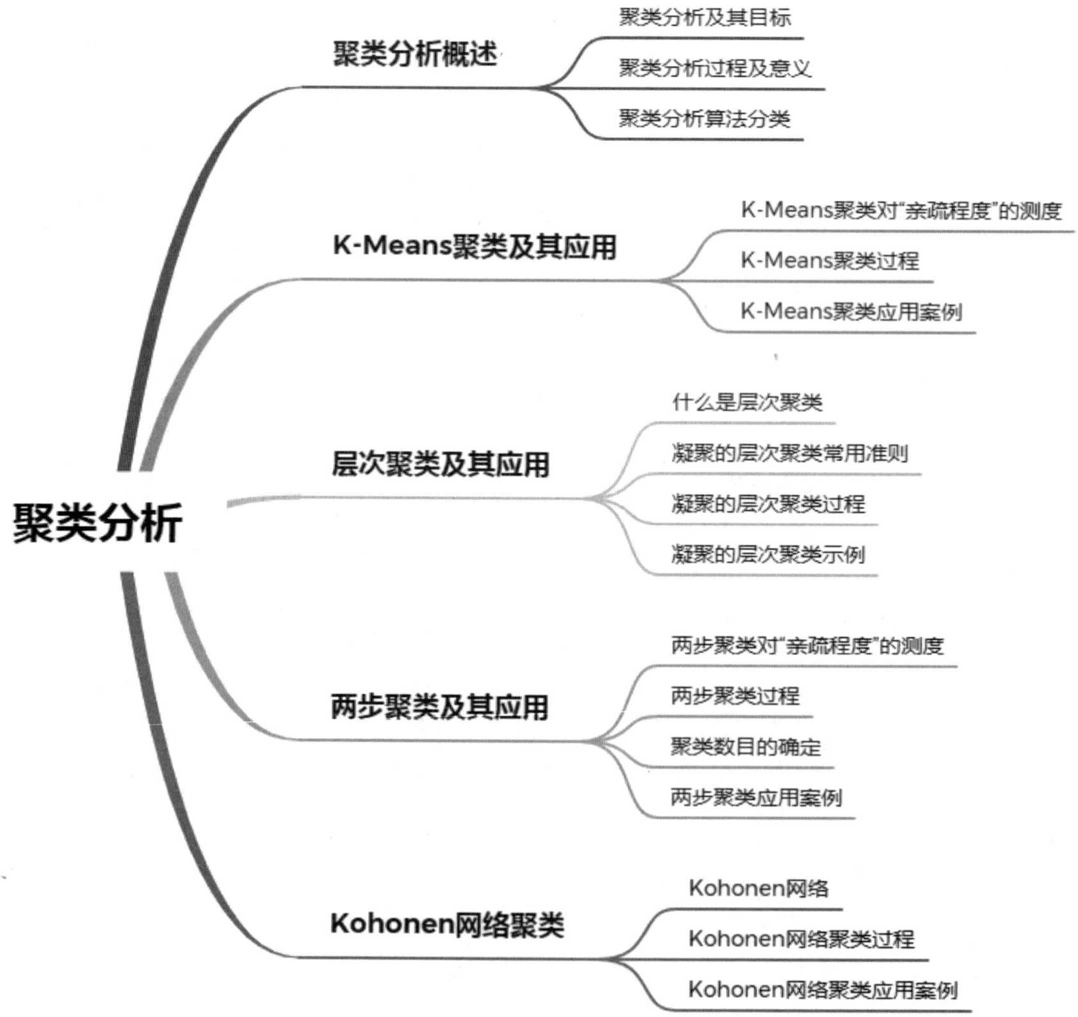

聚类分析
聚类分析概述
聚类分析及其目标
聚类分析过程及意义
聚类分析算法分类
K-Means聚类及其应用
K-Means聚类对"亲疏程度"的测度
K-Means聚类过程
K-Means聚类应用案例
层次聚类及其应用
什么是层次聚类
凝聚的层次聚类常用准则
凝聚的层次聚类过程
凝聚的层次聚类示例
两步聚类及其应用
两步聚类对"亲疏程度"的测度
两步聚类过程
聚类数目的确定
两步聚类应用案例
Kohonen网络聚类
Kohonen网络
Kohonen网络聚类过程
Kohonen网络聚类应用案例

第 8 章 滞后序列分析

在线学习、移动学习系统在当前已经逐渐成为课前学习研讨或非正式学习的重要平台，它们也渗透到终身学习领域。通过获取学习者在学习系统中的在线问答问题信息、聊天记录信息、在线学习行为，可以快速发现学习者的学习行为背后隐藏的思维模式，根据这些信息对学习者的自我认知、行为与人际情感关系进行个性化智能诊断，可以为在线学习者量身推荐更多适合其学习需求的在线学习内容、活动、工具、人际关系资源、学习过程服务、个性化学习路径等。

8.1 行为序列分析和滞后序列分析概述

  Papamitsiou 和 Ioeconomides 对现有的一些大数据分析研究成果进行了归类，发现大多数新的学习数据分析都可以直接围绕学习行为数据展开，即可以针对学习者的行为进行分析和挖掘。

  学习行为分析旨在对学习者学习过程中记录下来的各种相关学习行为数据信息进行综合分析，采集的行为数据既可以是操作层面的行为日志，也可以是反映认知行为的其他数据（例如交互式的文本）。学习行为分析的目的是挖掘隐藏在学习行为数据背后的有价值的信息，例如行为模式、行为规律、行为习惯等，最终促进人们正确理解和不断优化学习过程、学习行为结果以及未来的学习行为环境。当前，国际上对在线学习行为分析的研究主要集中在以下三个方面：使用软件工具追踪和记录在线学习行为，关注学习者的需求和在线学习环境，寻找在线学习行为和学习成绩的关系。国内学者更加关注学习行为偏好的调查、学习行为数据的采集、学习行为分类指标的制定、学习行为概念模型与信息模型的构建以及关键实现技术。

学习行为数据具有较强的实时性和序列性。分析学习行为数据，有助于我们理解学习者的具体学习心理过程、某一关键时刻的某种学习心理状态。基于这些分析，可以为教育工作者优化教学路径及构建教育过程提供决策支持，进而提高教育平台的管理效果和服务质量。

1. 行为序列分析

行为序列分析是探索显性行为模式、挖掘潜在行为模式的重要方法之一。在电子商务领域，行为序列分析主要用来分析用户和顾客的行为选择以及路径，以支持电子商务平台商品的适应性推荐和各功能模块的优化提升；在医疗领域，行为序列分析经常用来研究患者的发病机制和行为规律，以有效预防和阻止疾病的发生；在游戏领域，行为序列分析用来分析玩家的游戏行为，以获取玩家的行为偏好。

对教育领域中的研究者和教师来说，分析学习过程中产生的全部学习行为序列，追踪学习痕迹，从微观行为的角度解释学习效果变化的原因，能够使研究者和教师更加正确地理解学习者的行为、学习活动习惯和行为选择。对处在不同学习阶段的具体学习者的行为数据进行综合分析，有助于从微观、具体的角度对这些学习者行为进行科学化的评价，给学习者提供新的个性化学习指导，有利于发现学习者的学习行为对学习效果产生影响的因素，进而改进教学模式，调整教学策略。

对教育领域中的管理者来说，通过分析学习行为与学习效果的关系，可以更好地解释与教学过程有关的技术工具对学习效果产生的影响；通过分析教学环境和学习效果的关系，可以提高教育的效率。此外，通过学习行为序列分析与学习者的动机、兴趣、态度等变量相结合，可以探讨外部行为与内部情绪、认知的关系，为诱发和引导学习者产生正确的学习行为提供动力，提高学习者在学习中正式或非正式学习行为的主动性和积极性。

2. 滞后序列分析

由 Sackett 于 1978 年提出的滞后序列分析(Lag Sequential Analysis，LSA)是一种用于检验行为序列显著性的方法，旨在分析一种行为在另一种行为之后出现概率的显著性，用来探索人类的行为模式。滞后序列分析通过序列分析调整后的残差[①]值，对行为之间是否存在显著性的关系进行分析与解释。近年来，有许多学者利用滞后序列分析对在线学习中学习者的行为序列进行了分析，通过探讨师生在讨论交流、知识获取过程中的行为，进行模型设计讨论。在线学习领域的研究者开始应用 LSA 研究用户的在线学习行为模式，例如在线讨论区中的学习交互行为、在线会话中的知识分享活动、角色扮演游戏中的操作行为以及应用移动设备的非正式学习行为等。

---

① 残差在数理统计中指实际观察值与估计值(拟合值)之间的差。残差蕴含了有关模型基本假设的重要信息。如果回归模型正确的话，可以将残差看作误差的观测值。利用残差所提供的信息考察模型假设的合理性及数据的可靠性称为残差分析。

利用 LSA 从行为视角分析在线学习，相当于打开了在线学习的"黑箱"，使得整个学习过程从黑暗走向透明，有助于增强研究者对学习过程与机理的理解。然而，LSA 在学习行为分析中不是万能的，LSA 一般要和其他方法（例如问卷调查、测试、访谈等）配合使用，以便从多个角度入手来深入解读相关研究的整个过程，分析所需要获得的相关研究成果。此外，应用 LSA 还需要考虑具体的研究问题，例如，对于一些模式固定的学习流程的学习行为活动，不建议直接使用 LSA，因为这类流程的学习行为活动本身就是一种模式化的、规定好的学习行为序列。

8.2 滞后序列分析工具

1. 行为序列分析工具概述

ProM、TraMine 和 GSEQ 软件被广泛应用于学习行为序列的研究和分析。

① ProM 软件是一种用 Java 程序设计语言编成的、可扩展的开放软件，该软件可作为插件使用。使用 ProM 软件可以读取 XML 文件，可以将数据中的行为事件按时间先后顺序排序，通过导入、导出、转换等插件转换数据的具体格式。

② TraMine 软件是由日内瓦大学开发的开源软件，被广泛应用于时间序列事件及离散序列数据的研究，可以实现数据的可视化展示。它支持序列数据的格式转换，也支持序列长度、时间等计算，它以序列的距离进行最佳序列匹配，发掘序列间的关联规则。

③ GSEQ 软件是一种定量分析工具，使用它可以通过分析发生行为序列的频率以及持续时间等，得到行动路径，它被广泛应用于研究后一种行为受前一种行为影响而发生的概率。

2. 滞后序列分析工具

使用 GSEQ 软件（以下简称为 GSEQ）需导入具有特定语法规则的标准格式的序列数据 SDS（Standard Data Sequence），以规范不同研究人员观察记录的各种类型的序列数据。序列数据类型包括单事件序列数据 ESD（Event Sequence Data）、多事件序列数据 MSD（Multi-Event Sequence Data）、状态序列数据 SSD（State Sequence Data）、特定时间事件序列数据 TSD（Time Sequence Data）和区间序列数据 ISD（Interval Sequence Data）五类。

将 SDS 数据导入后，可通过 SDS 编译器将数据文件编译成 MDS 编码文件，应用软件内部的分析程序，对 MDS 编码文件进行分析，可以得到行为序列频率、行为序列显著性等数据，并可以导出为表格、文本等类型的数据以进行其他分析。

使用 GSEQ 进行滞后序列分析时，首先需要对每个学习者的行为序列进行顺序编码，将具体的学习行为用一个字母式的编码表示；其次还要按一定的时间间隔生成编码序列，编码后的学习行为序列数据还需要经过转换，成为一个符合使用 GSEQ 编码要求的序列数据，才可以进行系统化的编译，生成一个 MDS 编码文件；最后，基于 MDS 编码文件，对行为序列进行分析，以可视化方式展示行为转换频率表和调整后的残差表。根据调整后的残差表筛选出具有显著意义的行为序列，获取行为序列前后发生的概率属性，有助于为学习者规划一条个性化的学习行为路径。GSEQ5 的主界面如图 8-1 所示。

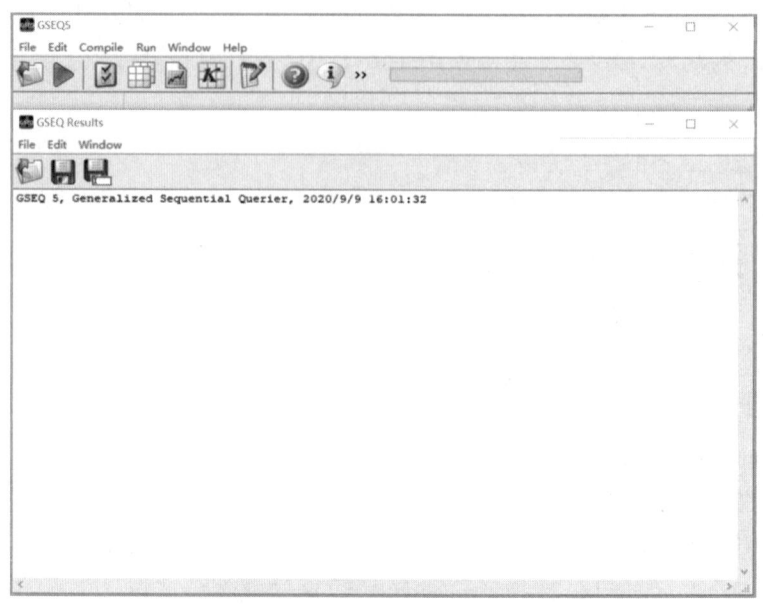

图 8-1　GSEQ5 的主界面

应用 GSEQ 分析在线学习行为序列模式的主要步骤如下。

① 事先根据研究目的，遵循研究问题所参照的编码规则进行编码，若编码过程由多人完成，则需要对所有行为序列编码进行 Kappa 一致性检验[②]。

② 按 GSEQ 要求的格式，顺序输入所有行为序列的编码，并保存为 SDS 格式的文件。

③ 对保存好的所有行为序列的编码文件进行系统化编译，生成 MDS 编码文件。

④ 实施行为序列分析，得到行为转换频次表和调整后的残差表。

⑤ 根据调整后的残差表，筛选出具有显著意义的行为序列，并为其绘制一个行为有向路径图。

下面举例说明上述 5 个步骤。

① 事先根据研究目的，遵循研究问题所参照的编码规则进行编码，若编码过程由多人完成，则需要对所有行为序列编码进行 Kappa 一致性检验。

启动 SPSS Statistics 程序，打开和本书配套的数据集"Kappa 检验.sav"文件，该文件包含两位编码者的编码数据，分别对应"code1""code2"两列，执行"分析"→"描述统计"→"交叉表"菜单命令，如图 8-2 所示。

---

② Kappa 一致性检验：用来评价两种实验方法或检测手段结果一致性程度的一种检验方法，这种检验得到的一致性程度称为 Kappa 一致性。

图 8-2 "Kappa 检验.sav"文件和执行"分析"→"描述统计"→"交叉表"菜单命令

执行上述菜单命令后,弹出"交叉表"对话框,在对话框中将"code1"设置为行,将"code2"设置为列,如图 8-3 所示。

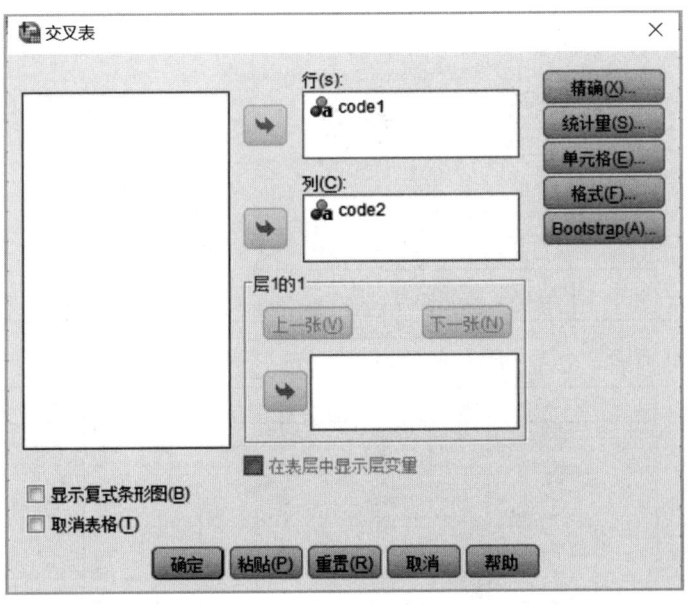

图 8-3 "交叉表"对话框

单击图 8-3 所示的对话框中的 统计量(S)…，弹出"交叉表：统计量"对话框，选中"Kappa(K)"和"McNemar(M)"复选项，如图 8-4 所示。

单击图 8-4 所示的对话框中的 继续，返回图 8-3 所示的对话框，单击该对话框中的 单元格(E)…，弹出"交叉表：单元显示"对话框，选中"观察值""行""列"复选项，如图 8-5 所示。

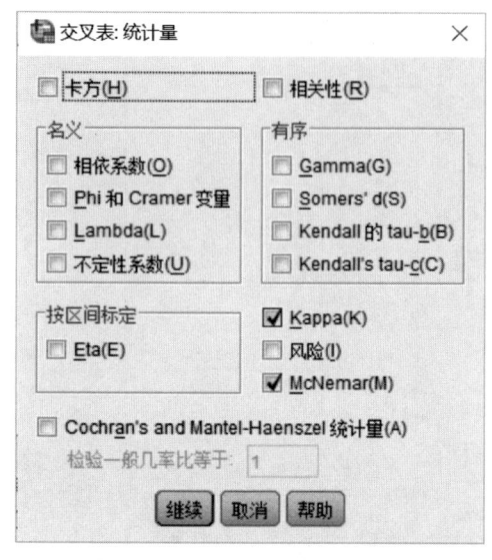

图 8-4 "交叉表：统计量"对话框

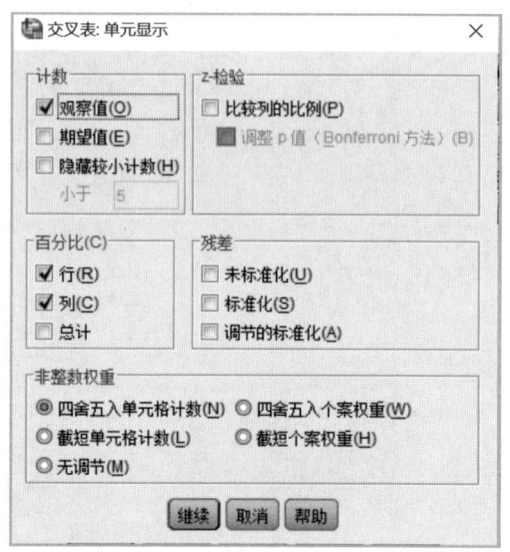

图 8-5 "交叉表：单元显示"对话框

单击图 8-5 所示的对话框中的 继续，返回图 8-3 所示的对话框，单击该对话框中的 确定，SPSS Statistics 程序将自动进行 Kappa 一致性检验，然后显示如图 8-6 所示的输出文档的"查看器"窗口。

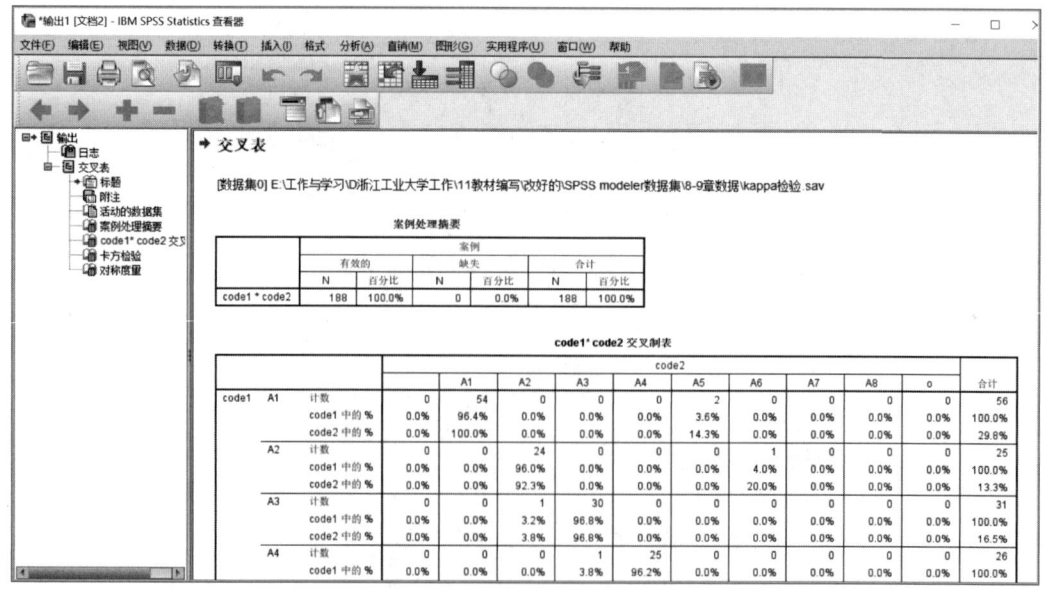

图 8-6 输出文档的"查看器"窗口

图 8-6 所示的输出文档的"查看器"窗口显示了 Kappa 一致性检验的结果，左窗格包含了本次输出的一系列运行结果的标题，本例中我们重点关注"对称度量"的结果，"对称度量"的结果如表 8-1 所示。

表 8-1 "对称度量"的结果

		值	渐进标准误差[a]	近似值T[b]	近似值Sig.
一致性度量	Kappa	0.955	0.017	31.095	0.000
有效案例中的 N		188			

从表 8-1 可知，本案例一致性检验结果的 Kappa 值为 0.955，Sig.值为 0.000，说明两位编码者编码的结果具有很高的一致性，通过了 Kappa 一致性检验。

若 Kappa 值小于 0.7，则表示未通过 Kappa 一致性检验。

② 按 GSEQ 要求的格式，顺序输入所有行为序列的编码，并保存为 SDS 格式的文件。

执行本步骤，首先，要在 Event 中定义所有行为的代码，未定义的代码不能用于行为编码；其次，要按照行为发生的先后顺序编码，并按照 GSEQ 要求的格式输入到控制窗口中。

在图 8-1 所示的窗口中，执行"File"→"New SDS file"菜单命令，弹出"GSEQ5"窗口，在该窗口中输入行为序列编码，如图 8-7 所示。

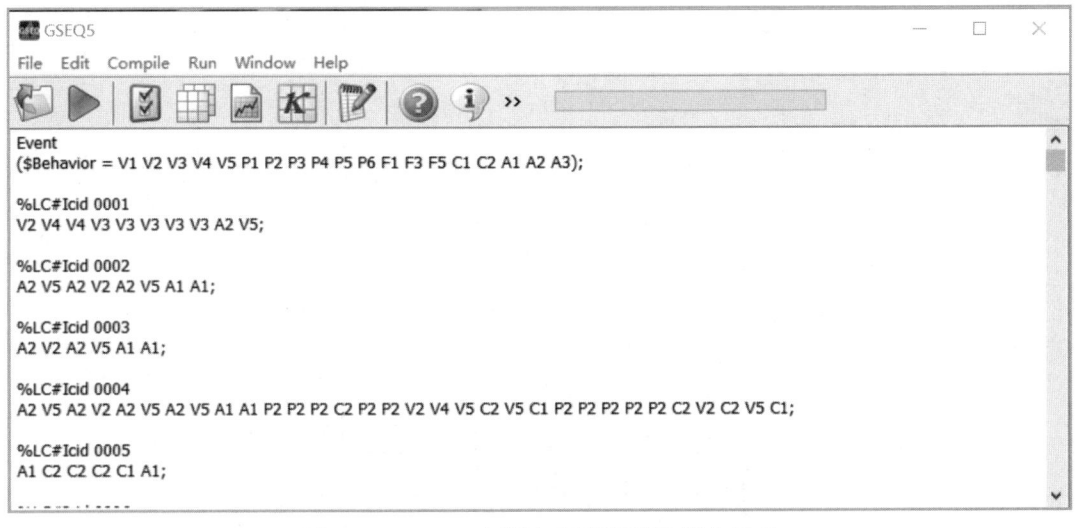

图 8-7 GSEQ 中行为序列编码的部分结果

图 8-7 中的"（\$Behavior = V1 V2 V3 V4 V5 P1 P2 P3 P4 P5 P6 F1 F3 F5 C1 C2 A1 A2 A3)"表示有 19 种行为，"%LC#Icid 0001"是第一条行为记录的编号，"V2 V4 V4 V3 V3 V3 V3 V3 A2 V5"是按时间顺序排列的第一条行为的编码。除最后一条行为的编码外，每条行为的编码都是以"；"结尾，而最后一条行为的编码必须以"/"结尾。

输入完所有的行为序列编码后，执行"File"→"Save SDS file"菜单命令，弹出保存 SDS 文件的"Save SDS File"对话框，使用该对话框把上面输入的所有行为序列的编码保存为扩展名为 sds 的文件。

③ 对保存好的所有行为序列的编码文件进行系统化编译，生成 MDS 编码文件。

在图 8-7 所示的窗口中，单击执行按钮 ▶，若输入的编码无误，将自动生成一个扩展名为 mds 的文件，该文件自动与上一步生成的扩展名为 sds 的文件放在同一目录下；若输入的编码有误，则会弹出提示框，此时应根据提示对编码进行修改，直至编码无误。

④ 实施行为序列分析，得到行为转换频次表和调整后的残差表。

在图 8-7 所示的窗口中，单击表格按钮，弹出"Table Statistics-sy.mds"对话框。选中"givens"单选项，单击 move all，再选中"targets"单选项，单击 move all，分别设置行为序列分析的横轴和纵轴（设置结果参见图 8-8），接下来选中右侧的"joint frequency""adjusted residual(z)""chi-squared"复选项，如图 8-8 所示。

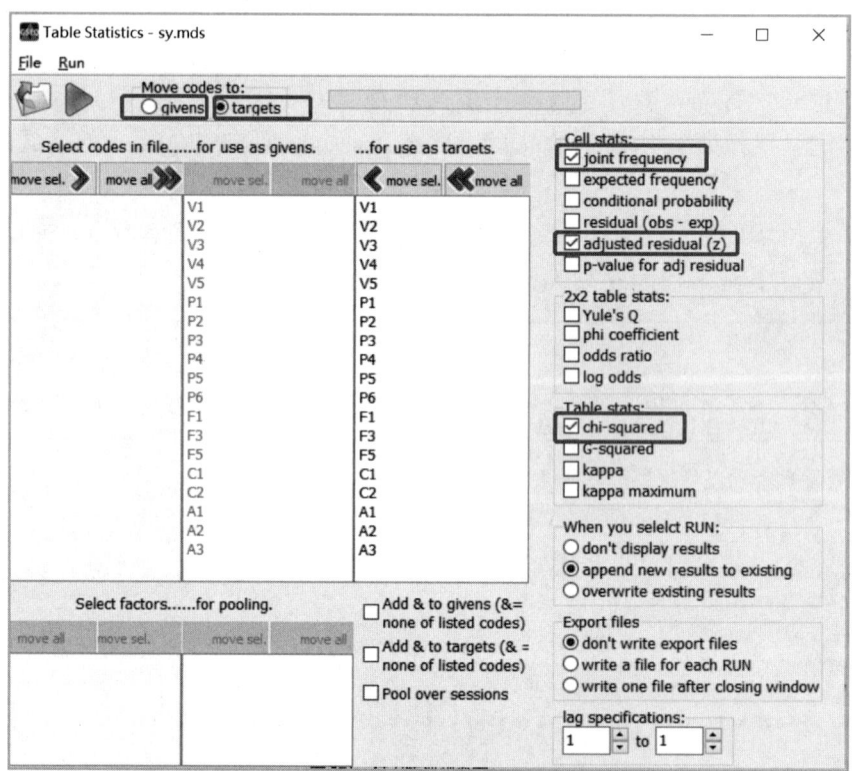

图 8-8 "Table Statistics-sy.mds"对话框

单击图 8-8 中的执行按钮 ▶，进行行为序列分析，得到如图 8-9 所示的行为转换频次表和如图 8-10 所示的调整后的残差表。

图 8-9 所示的表格中，第 1 列中从"V1"单元格开始的各单元格中的内容表示前一步行为，第 2 行中从"V1"单元格开始的各单元格中的内容表示后一步行为，表中的数值数据表示两种行为所形成的行为序列发生频次。例如，位于"V3"行、"V4"列单元格中的数字为 2434，它表示，在 V3 行为后紧接着发生 V4 这一行为的"V3-V4"行为

序列发生的总频次为 2434 次。从表中可以发现行为序列发生频次的总体情况,例如,发生总频次较多的行为序列有"P2-P2",一共有 33 758 次,发生总频次较少的行为序列有"F3-F1",只有 1 次。还有若干行为序列的发生频次为 0。

JNTF target: Given:	V1	V2	V3	V4	V5	P1	P2	P4	P5	P6	F1	F3	F5	C1	C2	A1	A2	A3	Totals
V1	1650	37	108	326	1030	42	408	7	35	513	0	0	0	122	558	3	81	1	4921
V2	45	1574	292	5279	294	55	1015	10	45	790	0	1	0	95	1344	58	2532	14	13443
V3	164	75	9224	2434	3127	15	295	10	20	258	0	0	0	15	570	0	56	0	16263
V4	769	342	4247	602	7290	21	449	6	89	850	0	0	0	43	849	7	138	13	15715
V5	2104	229	2057	6005	6518	41	602	9	53	595	0	2	0	4325	2534	1387	1319	8	27788
P1	121	103	198	237	323	394	3746	158	224	4765	0	0	0	14	729	3	8	17	11040
P2	16	7761	71	554	116	2971	33758	1611	1735	515	0	2	0	95	1404	6	28	9	50652
P4	34	32	54	109	103	181	1804	165	195	2064	0	0	0	11	327	1	5	1	5086
P5	5	1	4	15	22	152	1482	90	2368	317	0	0	0	0	20	0	1	0	4477
P6	29	19	23	27	49	7241	133	3073	5	408	0	0	0	14	77	0	4	1	11103
F1	0	0	0	0	0	0	0	0	0	0	0	2	0	0	0	0	0	0	2
F3	0	0	0	0	0	0	4	0	0	0	1	164	1	0	40	31	8	16	265
F5	0	0	0	0	0	0	0	0	0	0	0	0	0	1	0	0	0	0	1
C1	6	36	12	37	21	2	672	2	1	12	0	30	0	24	4761	169	302	72	6159
C2	8	492	13	60	6129	3	5877	1	0	6	0	0	0	2234	2030	20	25	8	16906
A1	2	6	0	4	1	1	68	0	0	5	0	72	0	18	1214	2147	171	73	3782
A2	0	2882	1	26	3676	0	20	0	0	0	0	0	0	19	26	3111	1	0	9762
A3	2	4	2	11	10	2	9	0	0	22	1	4	0	3	100	23	17	173	384
Totals	4955	13593	16307	15726	28709	11121	50342	5142	4770	11120	2	277	1	7013	16577	3881	7806	407	197749

图 8-9 行为转换频次表

图 8-10 是在行为转换频次表的基础上调整后得到的残差表,表中数据是两种行为所形成的行为序列发生频次调整后的残差。其中,残差大于 1.96 表明该行为序列发生的频次在统计上具有显著意义(显著性水平 $p<0.05$)。从图 8-10 所示的表格中可以发现,V1-V1、V2-V4、V3-V3 等 66 个行为序列发生频次达到显著性水平。

ADJR target: Given:	V1	V2	V3	V4	V5	P1	P2	P4	P5	P6	F1	F3	F5	C1	C2	A1	A2	A3
V1	141	-17.2	-15.6	-3.49	12.93	-14.7	-28	-11	-7.88	14.81	-0.2	-2.7	-0.2	-4.1	7.58	-9.74	-8.4	-2.91
V2	-16.7	22.95	-26.5	139	-42	-27.2	-49.4	-19.1	-16.3	1.32	-0.4	-4.3	-0.3	-18.4	7	-13.3	91.82	-2.69
V3	-12.8	-33.7	234.6	34.51	17.8	-32	-72.3	-21.2	-19.9	-23.3	-0.4	-5	-0.3	-24.9	-23.4	-18.8	-24.6	-6.05
V4	19.96	-24.3	89.2	-19.9	118.2	-31.1	-67.8	-21	-15.7	-1.22	-0.4	-4.9	-0.3	-23.1	-14.1	-18.1	-20.6	-3.55
V5	58.28	-43	-5.52	90.77	45.62	-42.7	-96.1	-29	-26	-27.2	-0.6	-6.4	-0.4	116.8	4.78	39.26	7.38	-7.02
P1	-9.75	-25.4	-25.4	-23.2	-35.6	-9.65	21.03	-7.94	-2.7	176.2	-0.3	-4.1	-0.2	-20	-6.94	-1.5	-21.5	-1.24
P2	-41.3	87.13	-76.9	-66.2	-106	2.74	246.7	9.51	17.23	-52.2	-0.8	-9.5	-0.6	-47.4	-52.8	-36.7	-52.2	-10.8
P4	-8.49	-17.8	-18.9	-15.5	-25.6	-6.48	16.61	2.92	6.7	109.6	-0.2	-2.7	-0.2	-13	-5.09	-10.1	-14.3	-2.97
P5	-10.4	-18.3	-20.1	-19.1	-27	-6.55	11.88	-2.51	222.7	4.28	-0.2	-2.5	-0.2	-13	-19.4	-9.58	-13.6	-3.07
P6	-15.6	-28.7	-31.7	-30.9	-43.3	280.6	-60.4	170.9	-16.7	-9.17	-0.3	-4.1	-0.2	-20.1	-30.1	-15.4	-21.8	-4.71
F1	-0.23	-0.38	-0.42	-0.42	-0.58	-0.35	-0.83	-0.23	-0.22	-0.35	37.8	0	-0.27	-0.43	-0.2	-0.29	-0.06	
F3	-2.61	-4.43	-4.88	-4.79	-6.71	-3.98	-8.96	-2.66	-2.56	-3.98	19.3	269	27.3	-3.12	3.95	11.43	-0.78	20.96
F5	-0.16	-0.27	-0.3	-0.29	-0.41	-0.24	-0.58	-0.16	-0.16	-0.24	-0	0	-0.19	3.31	-0.14	-0.2	-0.05	
C1	-12.3	-19.8	-23.3	-21.7	-32.1	-19.4	-26.6	-12.9	-12.5	-18.8	-0	7.4	-0.2	-13.6	198.3	4.49	3.91	16.95
C2	-21.4	-21.3	-40.4	-38.2	83.89	-33.1	29.04	-22.2	-21.4	-33	-0.4	-5.1	-0.3	71.07	17.78	-18.1	-26.5	-4.76
A1	-9.74	-18.6	-18.6	-18	-25.5	-15.1	-33.7	-10.2	-9.76	-14.8	-0.2	29.3	-0.1	-10.3	53.14	245.3	1.83	23.63
A2	-16.3	90.71	-30.3	-28.8	66.56	-24.7	-58.7	-16.6	-15.9	-24.7	-0.3	-3.8	-0.2	-19.4	-29.9	-12.4	145.3	-4.37
A3	-2.49	-4.52	-5.32	-3.69	-6.63	-4.34	-10.4	-3.2	-3.08	0.09	16	4.73	-0	-2.93	12.5	5.69	0.48	194.1

图 8-10 调整后的残差表

⑤ 根据调整后的残差表,筛选出具有显著意义的行为序列,并为其绘制一个行为有向路径图。

从图 8-10 所示的表格中筛选出残差大于 1.96 的数据,以三元组{source,target,weight}[③]的形式导入到社会网络分析工具 Gephi 中,生成如图 8-11 所示的完整的学习行为有向路径图,并使用 Fruchterman-Reingold 算法布局。图中不同的节点分别对应不同的学习行为,各个学习行为序列的转换用带有箭头的连线(边)表示。直径越大并且旁边圆周越粗的节点,表示有越多的其他节点连接到该节点,并且这些其他的节点与该节点连接频次越高;每条连线(边)由上一个发生的行为指向下一个发生的行为,即一条连线(边)对应一个行为序列,连线(边)越粗,表示该连线(边)的权重越大,说明连接的两个节点行为之间的关系越强,即发生了上一节点所代表的行为后再发生下一节点所代表的行为的频次越高。

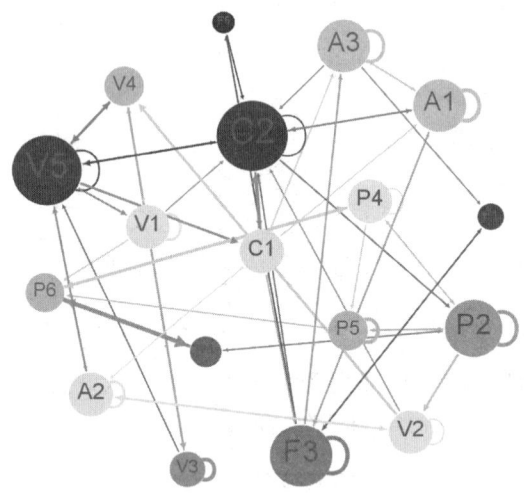

图 8-11 完整的学习行为有向路径图

8.3 基于滞后序列分析法的学习行为分析流程

8.2 节介绍了滞后序列分析的一般流程和方法,本节介绍滞后序列分析应用于在线学习行为分析的流程。为了叙述方便,我们把进行滞后序列分析的方法称为滞后序列分析法。

在线学习行为主要包括学习者的外显操作行为和内隐交互行为。外显操作行为包括登录系统、检索信息、浏览网页、单击链接、下载资料、发表帖子等操作层面的行为,这一类行为数据可以通过系统日志导出或者通过浏览器插件直接采集。内隐交互行为包括讨论、答疑、交流、评价等交互行为所折射出来的学习者认知行为,这一类行为数据

---

③ 在本例中,source 为源节点,target 为目标节点,weight 为调整后的残差。

需要根据一定的交互模型进行编码,才能转换为相应的认知行为。应用滞后序列分析法对上述两种行为数据进行序列分析,可以帮助教师更好地掌握学习者的行为习惯,分析学习者交互行为以及学习者的知识加工情况,进而有针对性地进行教学干预与个性化的教学辅导。此外,应用滞后序列分析法还可以帮助教学软件与平台的开发者优化系统功能,提高教学软件和平台的可操作性和有效性。

1. 用滞后序列分析法分析外显操作行为模式

外显操作行为包括一切记录下来的操作层面的行为,这种类型的行为信息可由系统自动识别,不需要人工编码,因此,外显操作行为有一定的准确性和可靠性。利用滞后序列分析法分析外显操作行为模式的流程如图 8-12 所示。

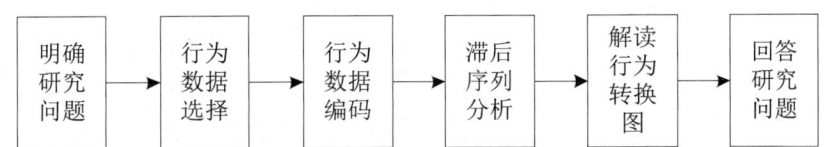

图 8-12　利用滞后序列分析法分析外显操作行为模式的流程

图 8-12 所示的流程包括 6 步。

① 明确研究问题,研究问题不同,选择的行为数据也不同。

② 根据研究问题选择行为数据,删除无关的噪音数据,得到数据集。

③ 从数据集中生成研究所需格式的行为序列文件,确定行为编码框架,进行行为数据编码。

④ 将已经编好码的行为数据录入 GSEQ,进行滞后序列分析。

⑤ 根据 GSEQ 生成的调整后残差表绘制行为转换图(例如行为有向路径图),解读行为转换图。

⑥ 根据解读出来的行为关系,回答和解释研究所提出的问题。

用滞后序列分析法分析外显操作行为时要注意以下两点。

① 因为行为日志数据往往比较多并且杂乱,因此需要进行数据清洗,仅提取和研究问题密切相关的行为数据。以 Hou 等人研究的游戏玩家角色扮演操作行为模式为例,该研究中仅保留战斗、养宠物、使用工具等 10 种行为的数据,而删除了行为日志中自动获取的登录、退出等与研究问题不相关行为的数据。

② 选择的行为不宜太多,过多的行为将使最后绘制出来的行为转换图结构复杂,难以清晰呈现行为模式。

2. 用滞后序列分析法分析内隐交互行为模式

通过学习者在在线学习平台上留下的讨论、答疑、交流、评价等,可以得到内隐交互行为。与外显操作行为相比,内隐交互行为的分析流程增加了信度检测这一关键步骤,信度检测可以用 Kappa 一致性检验来进行,如图 8-13 所示。由于内隐交互行为分析的对象是交互文本,因此需要进行更精确的内容分析。一般而言,需要专业的编码人员独立完成编码，并由其他研究人员抽取一定的数据量，对编码结果用 Kappa 一致性检验进行信度检测。当得到的结果为信度可靠时，再进行下一步操作，否则需要重新编码直至通过信度检测为止。

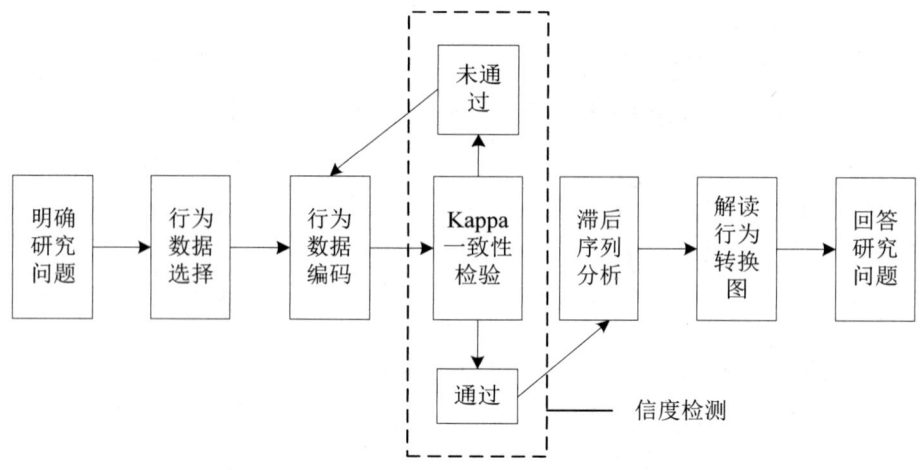

图 8-13　利用滞后序列分析法分析内隐交互行为模式的流程

用滞后序列分析法分析内隐交互行为时，除了要注意行为数据的选择外，编码框架的选择以及编码过程的规范性也十分重要。现有的研究显示，编码框架可以通过以下三种途径获得。

① 直接引用现有研究者的编码框架，但要求选择的编码框架要与当前研究主题完全吻合，常见的编码框架有 Gunawardena 的知识建构过程模型、布鲁姆的认知目标层次模型等。

② 在现有编码框架的基础上进行改编，研究者需要根据具体的研究问题对现有的相关编码框架适当进行调整。

③ 自编编码框架。研究者找不到已有的合适编码框架时，可以在经过严格的信度检测后设计新编码框架，并根据编码结果适当进行调整。

在使用滞后序列分析法进行序列分析的过程中，应从以下几个方面注意编码过程的规范性与编码结果的可靠性。

① 编码者要熟悉编码框架，如果有多位研究者进行行为编码，要进行相同的编码培训。

② 为解决多位编码者编码不一致的问题，应进行预编码，对不一致的编码结果进行协商，保证对编码理解的一致性。

③ 对于由一个人独立完成的编码，要随机抽查一定数量的编码结果（抽查的数量要根据样本量确定），进行一致性检验。如果不满足信度要求，则需要重新编码。

8.4　基于滞后序列分析法的学习行为分析应用

利用滞后序列分析法可以帮助研究者和教师更准确地了解学习者的学习行为偏好与倾向。滞后序列分析法在在线学习领域有广大的应用空间和研究前景,因此引起了国内外学者研究的热潮,国内外学者对滞后序列分析法在学习行为分析中的应用主要体现在以下三个方面。

① 通过滞后序列分析法,分析整个学习活动中学习者的行为模式,给在线学习平台、教师提供改进意见。

② 用滞后序列分析法分析学习活动中不同阶段行为模式的差异,追溯产生差异的起因。

③ 用滞后序列分析法分析高、低水平学习成绩组的学习者在学习活动中行为模式的差异,探究高水平学习成绩组中学习者的学习行为特点。

1. 分析整个学习活动过程中学习者的行为模式

用滞后序列分析法分析整个学习活动过程中学习者的行为模式,是目前常见的应用策略。在以往借助技术提高学习成绩的研究中,研究者往往关注某种技术工具的引入是否能够提高学习者的学习成绩、提升学习者的学习动机、改善学习者的学习态度等。这类研究大多是对结果数据进行统计分析,忽视对整个学习过程中学习者行为表现的分析。应用滞后序列分析法分析整个学习活动过程中学习者的行为模式,可以从行为视角更好地解释学习者学习效果动态变化的原因。这就好比打开了学习行为的"黑箱",让研究者和教师能够清晰地认识整个学习活动过程中学习者群体的行为表现模式、偏好和操作习惯。同时,也有助于从行为视角发现学习活动、学习模式、学习方法与策略在教学实践中存在的缺陷,从而有针对性地进行修正与完善。

2. 分析学习活动中不同阶段行为模式的差异

课堂教学中的各类学习活动是多种多样的,持续时间长短各异。探究式学习、问题求解式学习、基于项目的学习等类型的活动往往持续时间较长。为了能更好地监督、指引和帮助学习者顺利地完成学习活动,研究人员和教师通常会把整个学习过程划分成不同的阶段(例如以一天、一周、一月等作为一个阶段),进行一些阶段性的评价。应用滞后序列分析法,可以准确深入地分析不同学习活动阶段中每个学习者的心理行为和学习表现,进而有效地帮助新教师更准确地把握学习者在各个不同阶段的心理行为和学习表现,发现在师生学习活动过程中直接影响课堂教学效果的潜在心理问题,从而为不断改进课堂教学模式,调整课堂教学的策略提供科学依据。

此外,还可以通过滞后序列分析法对不同的学习者在不同学习活动阶段所表现出来的认知行为活动模式特征进行综合比较,以发现不同学习活动阶段之间的内在认知行为模式关系,更全面准确地勾勒出一般的学习者在整个学习活动过程中的内在行为模式发展变化路径。

本章的 8.5 节所介绍的案例，就是采用了滞后序列分析法，对学习者在协同翻译学习活动过程中的知识建构行为模式进行研究。该研究结果表明，在不同的协同翻译学习活动阶段，学习者的协同行为开展模式存在着显著的程度差异。例如，在第 2 个协同翻译学习活动阶段，发现学习者之间存在较多的学习协商行为，而在第 3 个协同翻译学习活动阶段，则发现学习者之间存在严重的闲谈行为。这就给教师为后续相似的协同翻译学习活动的开展提供了一些经验，让教师采取更加有效和有针对性的教学调整策略，更好地促进学习者在协同翻译学习活动中进行合作和知识建构。

3. 分析高、低水平学习成绩组的学习者在学习活动中行为模式的差异

当前国内外研究者探究翻转式课堂教学模式[④]能否提升学习者的学习动机和学习投入。研究者普遍的做法是通过对比学习者前后测验的成绩，分析挖掘不同学习者在翻转式课堂学习活动前后的学习成绩情况变化，或者对学习者的学习兴趣、态度、动机等进行综合性的交叉定量分析，判断学习者在翻转式课堂学习活动前后的学习成绩是否存在显著性差异。事实上，学习过程是一个复杂的心理活动过程，受多种内部和外部因素的影响，当前的教育研究大多忽视了学习行为心理的价值，缺少从学习者学习行为视角出发来深入剖析翻转式课堂教学能提升学习者学习动机和推动学习者学习投入的根本原因。

应用滞后序列分析法比较不同学业水平学习者在各个方面的行为和模式上存在的差异，可以更好地说明在翻转式课堂教学形式下，如何教与学才能对学习者产生不同层次的影响。高水平学习成绩组的学习者在某种或某些行为上是否更占据优势，发生的频次是否更高？某种或某些有益于促进学习的行为转换序列是否更显著和更频繁？这些问题都可以通过基于滞后序列分析法的行为模式分析得到答案。高、低水平学习成绩组学习者不同的行为模式差异可能正是导致其学业成绩不同的关键。此外，还可以对高、低水平学习成绩组学习者的行为模式和心理模式的差异进行交叉分析，了解它们与动机、兴趣、态度等各个变量的相互作用，探索外在行为和内在情感、认识、心理之间存在的关联性和相互作用，从而更加全面、准确地了解和掌握翻转式课堂教学提升学习者学习动机和推动学习者学习投入的内在机制。

除了上述三种应用方式外，滞后序列分析法还广泛地应用于下述范畴。

① 分析性别、年龄、学习风格等个性特征对学习者行为表现的影响。

② 开展以学习者个体为中心的行为发展研究，持续采集不同阶段学习者的学习过程数据，进行深度的纵向行为发展分析，以了解学习者个体行为发展的特征、优势与不足，从而进行有针对性的个性化行为矫正。

滞后序列分析法不仅可以用于在线学习行为的分析，也可以用于传统课堂师生交互

---

④ 翻转式课堂教学模式，是指学生在课前或课外观看教师的视频讲解，自主学习，教师不再占用课堂时间讲授知识，课堂变成了教师、学生之间和学生、学生之间互动（包括答疑解惑、合作探究、完成学业等）的场所。

行为分析以及学习者的个性化非正式学习行为分析(例如基于场馆的学习行为分析等)。随着混合式网络学习的快速进步与不断发展,只有紧密联系学习者线上学习数据和线下学习数据,才能更全面、清晰地勾勒出学习者在线上、线下学习过程中的各种学习行为模式。

线上学习者行为数据分析和线下学习者行为数据分析的主要不同点是,线上学习者行为分析数据比较丰富,便于采集、编码及分析,而线下学习者行为数据的采集就没那么方便了。为了采集线下学习者行为数据,可以同时选择采用视频数字录播编码技术及其他可穿戴式硬件技术跟踪与获取数据。然而视频数字录播编码技术难以同时对大量学习者进行视频人工编码操作,因此很难真正做到实时跟踪分析学习效果,并向在校学习者、授课教师及时反馈数据。

8.5 基于滞后序列分析法的学习行为分析应用案例

1. 协同学习活动过程中的知识建构行为模式分析

下面介绍的案例以"学堂在线"平台的公开数据集——清华大学对外汉语专业必修课程"对外汉语"2017年春季学期学堂在线平台记录的754名学习者的学习活动过程数据为样本。"对外汉语"课程采用线上自主学习模式,主要在"学堂在线"平台进行,学习时间为6个月。

研究所用的数据集记录了"学堂在线"平台自2017年2月1日至8月1日期间,用户在线行为跟踪数据。该文件的格式如下。

```
[
    [course_id:
        {user_id:
            {session_id:
                [
                    [activity_event,time],
                    ……],
            ……},
        ……}
    ……],
……]
```

上述文件中各字段的解释如下。course_id 为课程 id;user_id 是用户 id;session_id 是会话 id;time 是发生行为的时间;activity_event 是行为事件,包含 22 种行为:stop_video(退出视频),load_video(加载视频),seek_video(搜索视频),play_video(播放视频), pause_video(暂停视频), problem_get(被提问), reset_problem(换题目),

problem_save(记录问题),problem_check(问题检查),problem_check_correct(问题检查-正确),problem_check_incorrect(问题检查-错误),create_thread(创建帖子),delete_thread(删除帖子),click_forum(单击论坛),close_forum(关闭论坛),close_courseware(关闭课件),click_courseware(单击课件),create_comment(创建评论),delete_comment(删除评论),click_progress(单击进度),click_info(单击课程信息),click_about(单击课程介绍)。

通过分析课程进行中学习者的行为,研究者去掉频次极少的偶发性行为,重点聚焦19种行为,把它们作为行为序列分析的行为对象。这19种行为分别在学习平台的5个模块中发生,包括课程Video(视频)、Problem(问题)、Forum(论坛)、Courseware(课件)、About(关于)。表8-2显示了19种行为所属的模块及各种行为的编码。

表8-2 19种行为所属的模块及各种行为的编码

模 块	行 为	编码
Video（视频）	stop_video(退出视频)	V1
	load_video(加载视频)	V2
	seek_video(搜索视频)	V3
	play_video(播放视频)	V4
	pause_video(暂停视频)	V5
Problem（问题）	problem_check_correct(问题检查-正确)	P1
	problem_get(被提问)	P2
	reset_problem(换题目)	P3
	problem_check_incorrect(问题检查-错误)	P4
	problem_save(记录问题)	P5
	problem_check(问题检查)	P6
Forum（论坛）	create_thread(创建帖子)	F1
	click_forum(单击论坛)	F3
	create_comment(创建评论)	F5
Courseware（课件）	close_courseware(关闭课件)	C1
	click_courseware(单击课件)	C2
About（关于）	click_info(单击课程信息)	A1
	click_about(单击课程介绍)	A2
	click_progress(单击进度)	A3

研究者根据 GSEQ 程序分析结果生成残差表,将调整后的残差表中有关的数据(残差大于1.96的数据)筛选出来,形成三元组{source,target,weight},然后导入到社会网络分析工具 Gephi 中,生成如图 8-14 所示的完整的学习活动有向路径图。图中各边的权重范围为[2.3,118.48]。在 Gephi 程序中,还可以进行颜色设置,例如本例中采用的颜

色方案为 ![颜色条]，用红色表示度数⑤最小的点，用蓝色表示度数最大的点。

对图 8-14 所示的学习活动有向路径图进行社会网络特征分析，其中一共有行为节点数 19 个、边数(行为关系)63 条。平均度数为 5.21，远高于理想顺序状态下的平均度数 2，这意味着大多数行为的关联性十分丰富，学生的学习路径多样。其中，度数最大的节点是 V5，其度数为 7，Gephi 程序中用高亮显示这样的节点；度数最小的节点是 F1 和 F4，它们的度数均为 1。

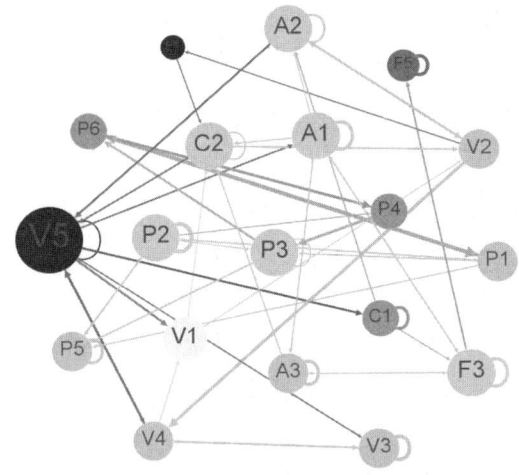

图 8-14　学习活动有向路径图

一般来说，研究者对于度数最大的节点比较感兴趣。在 Gephi 程序中，单击图 8-14 中的 V5 节点，就可以得到如图 8-15 所示的、以 V5 节点为中心的子图，这个子图显示了 V5 节点表示的行为的各种连接关系。

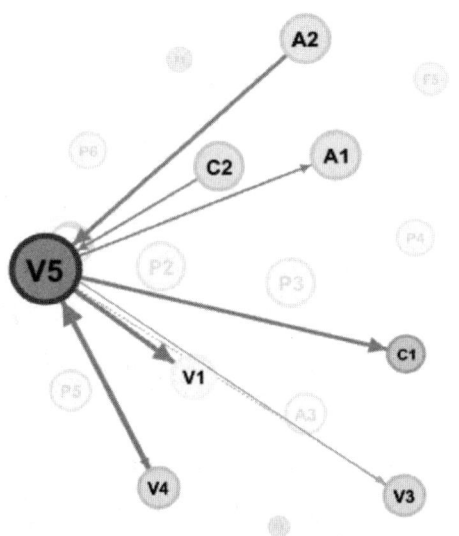

图 8-15　以 V5 节点为中心的子图

---

⑤ 度数是相对于节点而言的一个概念，一个节点的度数是与该节点相连的边数。

从图 8-15 可知，V4 行为之后很容易发生 V5 行为，结合表 8-2 可知，V4 代表的行为是播放视频，V5 代表的行为是暂停视频，由此可知，学习者习惯在播放视频之后暂停视频进行思考。同样地，V5 行为之后很容易发生 A1 行为，结合表 8-2 可知，A1 代表的行为是单击课程信息。由此可知，学习者习惯在暂停视频之后查看课程的信息。

2. 协同翻译学习活动过程中的知识建构行为模式分析

下面介绍的案例研究了不同活动阶段学生的知识建构行为，本案例来自杨现民老师的实验研究——滞后序列分析法在学习行为分析中的应用。本案例依托"学习通"平台开展，选取的实验课程为"学习科学与技术"，实验对象为 48 名教育技术学专业的学生。

教师首先选择 8 篇专业文献，将学生按异质分组[⑥]方式分为 8 组，将 8 篇专业文献分别分配给各个小组，然后开始为期 3 周的协同翻译学习活动。在这个活动过程中，教师提供多种学习选择模式和自主式构建知识点结构体系的学习环境。活动过程中，可参与各种学习讨论，在线上分享实践和体验。第 1 周的学习活动是组内协作，讨论翻译任务、翻译各自负责的内容并进行组内讨论和修正翻译的内容；第 2 周的学习活动是组间协作，各小组对其他小组翻译的内容进行评论，提意见；第 3 周再次回到组内协作，各小组根据其他小组的意见进行组内讨论和修正翻译的内容，形成最终的翻译文本。

本案例研究分析的行为数据为内隐交互数据，通过分析学生行为，筛选掉频次极少的偶发性行为，主要聚焦包括 4 种交互行为产生的内容（评论、批注、发帖和编辑内容）。研究者选取 Gunawardena 知识建构过程模型作为编码体系，如表 8-3 所示。该模型主要包括 5 种行为：分享和比较讨论主题信息，发现和探索观点间的不一致，进行意义协商和协同知识建构，测试和修正协同建构的知识，应用新建构的知识。为了涵盖所有交互文本，保证编码结果的全面性，研究者在 Gunawardena 知识建构过程模型基础上增加了一项新行为：与协同翻译学习活动无关的行为。

表 8-3　知识建构行为与编码

行　为	行　为　举　例	编码
分享和比较讨论主题信息	我认为你说得对，但是本段的"Context awareness"也可以翻译成"情境感知"吧	P1
发现和探索观点间的不一致	第三句翻译得不准确，我觉得作者的观点是支持广泛使用电子书包	P2
进行意义协商和协同知识建构	谢谢你的建议，我接受了你的意见，修改了最后一句	P3
测试和修正协同建构的知识	"Edutainment Technology"不应翻译成"寓教于乐的技术"。我询问了专家，他说"娱教技术"更加专业和准确些，所以我又对翻译进行了修改	P4

---

⑥ 异质分组是指分组后，各小组内的学生在能力方面均存在差异。异质分组不同于随机分组，是人为地将不同能力水平的学生分在各小组中，或根据某种特别的需要对"异质"进行分组，从而缩小各小组能力水平的差距，以利于开展活动。

(续表)

行　为	行 为 举 例	编码
应用新建构的知识	通过本次活动，我发现专业英语翻译要充分考虑文化、表达、学科知识和环境等因素	P5
与协同翻译学习活动无关的行为	我来串门了，快来欢迎我吧	P6

该研究的编码工作由 2 名研究者协同完成。他们都熟悉 Gunawardena 知识建构过程模型，并在编码前进行了协商。在编码过程中首先由一名研究者对筛选出来的 687 条正式数据全部进行编码，完成编码后，再由另一名研究者随机抽查 350 条编码结果进行一致性检验，结果显示 Kappa 一致性系数为 $0.774(p<0.01)$，表明此次数据编码具有较好的可信度，可以进行滞后序列分析。

研究者根据 GSEQ 生成的残差表绘制出三个阶段的知识建构行为转换图，如图 8-16 所示。

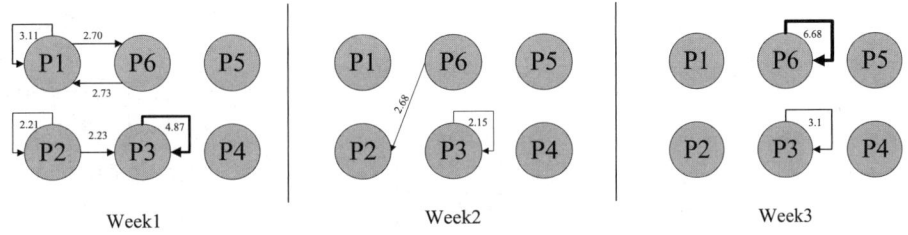

图 8-16　协同翻译学习活动过程中不同知识建构行为转换图

从图 8-16 可以发现，第 1 周学生倾向于分享和比较讨论主题信息（P1→P1），当有人提出不一致的翻译意见时，他们会反复协商与修改（P2→P2，P2→P3，P3→P3）。学生在翻译过程中会从与翻译任务有关的行为转到与翻译任务无关的行为中，然后再次转回到翻译任务中（P1→P6，P6→P1）。第 2 周学生会从与翻译任务无关的行为转到提出许多不同的翻译观点（P6→P2），并进行持续的讨论与协商（P3→P3）。在这个阶段主要以 P2 和 P3 行为为主，学生发现其他小组翻译不合理的地方，提出优化建议，并进行协商讨论。第 3 周行为序列较为单一（P3→P3，P6→P6），相比前两周，学生在不断地进行讨论协商达成知识建构（P3→P3）的同时，也发生与翻译任务无关的行为（P6→P6）。

图 8-16 所示的行为转换图揭示了协同翻译学习活动中一些潜在的问题。例如，相对于前两周，第三周出现了较多的 P6→P6 行为序列。该行为序列表明，当一个学生发布了一个与翻译任务无关的话题时，常常会吸引一些学生参与到此类话题的讨论中，这种行为影响了学生的知识建构。针对这一现象的解释是，当学生进入第 3 周组内协作时，他们的翻译任务已经基本完成，在这种情况下，学生往往会放松，花更多的时间聊天。为了减少发生 P6 行为的频次和减少发生 P6→P6 行为序列的发生，教师应该再提供一些补充性学习材料，让学生在完成已有的翻译任务时进行拓展学习。此外，P4 和 P5 这两个更高阶的知识建构行为很少发生。后续教学中，教师可以对与翻译活动无关的行为适当进行干预，提出一些激励措施，激发学生对专业翻译的兴趣，促进学生对翻译知识和能力的迁移运用。

本章小结

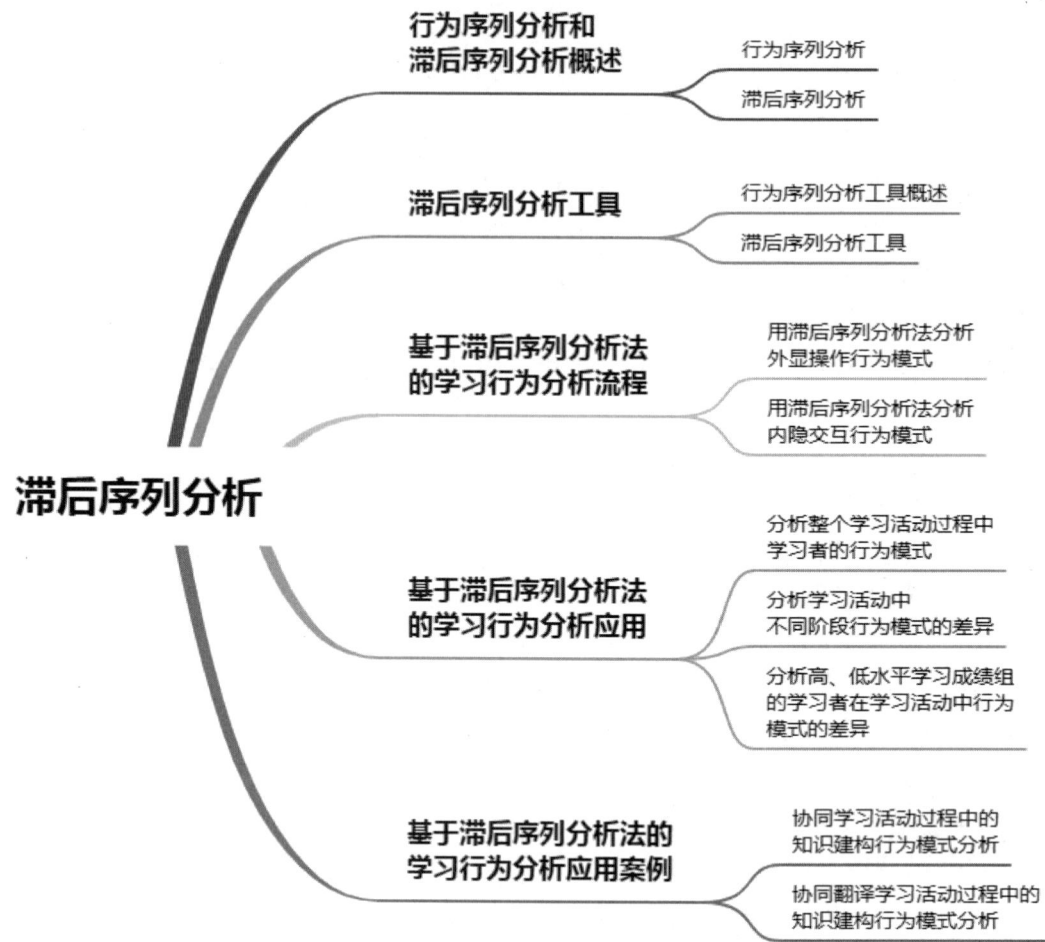

第 9 章 社会网络分析

社会网络分析(Social Network Analysis,SNA)是一种研究不同事物间关系的方法,它已被应用于社交网络关系挖掘、超文本挖掘、Web 挖掘、图挖掘、归纳逻辑规划和关系学等领域。通过对整体社会网络进行分析,可以在整体层面知悉整个网络规模的大小、个体间关系的疏密;通过对子群网络进行分析,可以分析子群的特有价值;通过对整体网络中起重要作用的个体进行分析,可以观察这类个体在互动关系和信息交流中的地位。

9.1 社会网络分析概述

社会网络分析作为一种对网络和图进行数据挖掘的方法和技术逐渐引起各研究领域学者的密切关注。

1. 社会网络

斯坦利·沃瑟曼(Stanley Wasserman)和凯瑟琳·福斯特(Katherine Faust)于 1994 年提出:"一个社会网络(Social Network)是由有限的一组或多组社会行动者(Social Actor)以及限定他们的关系构成的"。也就是说,社会网络指的是社会行动者及其相互关系的集合。形式上,它由多个节点(社会行动者)和节点之间的连线(社会行动者之间的相互关系)构成,社会行动者(以下简称为行动者)和行动者之间的关系(以下简称为社会关系或关系)是构成社会网络的核心要素。行动者是社会网络中的主体,包括社会网络中的一切个体、社会实体或事件;关系是社会网络中行动者之间一切联系的总称。社会网络反映了行动者之间的各种社会关系。

社会网络通常分为两大类:自我中心网络和社会中心网络。

自我中心网络(Ego-Centric Network)是指有一个核心行动者的社会网络，核心行动者与其他行动者都相关联，自我中心网络说明了某个行动者与其他行动者之间的联系。

社会中心网络(Socio-Centric Network)是指不存在明显的以某一个行动者为核心的社会网络，社会中心网络侧重说明的是各相对封闭的群体或组织的结构特征。

2. 社会网络分析的内容

社会网络分析是社会科学的一门新兴学科，它是一种通过分析行动者之间的关系，进而解释社会现象的方法学。通过对行动者之间的关系进行研究与分析，能发现行动者在社会网络中的信息流动情况，进一步了解和发掘行动者的社会网络特征。

社会网络分析从关系取向(Relational Approach)和位置取向(Positional Approach)两个角度进行分析研究。关系取向角度主要对社会网络间的连接途径进行分析；位置取向角度则关注存在于行动者之间且在结构上处于相等地位的社会关系的模式(Patterning)，它讨论的是两个或两个以上的行动者和第三方之间的关系所折射出来的社会结构。

(1) 关系取向分析的主要内容

① 规模(Range)：主要指行动者与其他行动者之间关系的数量。

② 强度(Strength)：主要指关系的强弱程度，马克·格兰诺维特(Mark Granovetter)提出从感情力量、亲密度、互动频率和互惠交互四个维度来测量关系强度。

③ 密度(Density)：主要指社会网络中各节点整体连接的疏密程度。通常用社会网络行动者间已存在的关系数与社会网络可容纳的最大关系数的比值来表示。

④ 内容(Content)：主要指社会网络中各行动者之间联系的特定性质或类型。

⑤ 对称关系(Symmetric Ties)与不对称关系(Asymmetric Ties)：前者指行动者之间建立的关系在规模、强度、密度及内容等方面都相同；后者与其相反。

⑥ 直接(Direct)关系与间接(Indirect)关系：在社会网络中，直接关系指的是存在于行动者之间、不需要借助中介进行连接的关系；间接关系指的是行动者之间需要借助中介进行连接的关系。

(2) 位置取向分析的主要内容

① 位置(Position)：位置取向分析的核心概念。这里所说的位置指的是在结构上处于相同地位的一组行动者的结构性特征。

② 角色(Role)：不同的行动者在社会网络中的同一个位置上所表现出的固定的行为模式。具有相同角色的行动者往往在社会网络结构中处于相同的位置。

③ 结构等效(Structural Equivalence)：如果社会网络中几个行动者都与某个特定的行动者存在相同的关系，那么就说这几个行动者的结构等效。

3. 社会网络分析的特征

社会网络分析基于图论的思想从群体动力学角度考察社会实体(个体、社会组织等)间的连接关系及其结构特征。这使得社会网络分析不同于其他研究范式而具有其独特性，具体如下。

(1) 研究的焦点是行动者之间的关系数据,而非行动者的属性数据

关系数据(Relational Data)是关于接触、联络、关联、群体依附等方面的数据。社会网络研究者认为,应该用关系来解释社会现象,即通过关系数据来描述行动者之间的社会结构。这类数据把不同的行动者联系起来,随着行动者持续地扩充交往范围,存在的关系也会随之发生变化。

(2) 分析的对象主要是行动者之间的关系,而不是行动者

社会网络分析的核心是从关系的角度出发分析社会现象和社会结构。行动者只是这些社会现象和社会结构的组成元素,真正影响社会现象和社会结构发展的是行动者之间的关系。用一般的统计描述方法很难对这些关系的特征进行统计推断,需要利用专门的社会网络推断模型、程序和技术对这些关系进行统计推断。

(3) 通过多层次的分析,在微观、宏观之间建立连接

社会结构往往不是直观、显性和易见的,因为它是由各种不同类型的社会网络以错综复杂的方式相互交织而构成的。社会网络分析可以帮助人们理解个体如何影响社会结构及社会结构又如何影响个体;社会网络分析可以促使行动者看清特定社会网络连接模式中隐含的约束和机会。

(4) 能够将定量资料与定性资料、图表数据整合起来

传统的数据分析往往是高度抽象的,而社会网络分析运用图表化表达形式,增强了研究问题的现实感。它通过定性资料和图表数据对定量资料加以补充,从而保持了数据的丰富性,使研究者得到更清晰直观的结果。

4. 社会网结分析在教育技术领域中的应用

近年来,教育技术领域的学者将社会网络分析与多种统计方法结合起来开展了一系列研究,这些研究主要有基于网络学习平台的社交结构和交流互动关系的研究、网络信息资源的动态发展和知识共享的研究、教育技术科学引文网络和学者群体关系的研究等。例如,王陆基于首都师范大学虚拟学习社区网络教学支撑平台中的关系数据集合,从整体社会网络结构、内部子结构、行动者的中心性与声望三个维度探究了虚拟学习社区的关系模式;黎加厚以苏州教育博客教师学习发展共同体为例,使用社会网络分析方法,研究了苏州教育博客教师学习共同体的社交关系,探索了网络时代教育传播的发展特点;钟伟等采集了基于学习元平台的师生共读数据,从协同知识建构的角度出发,利用社会网络分析的整体网络分析和中心度分析,对学习元平台上的虚拟社区成员的关系和互动特点进行了讨论;徐刘杰等对社群成员交互过程中的信息资源利用状况进行了分析,从而对社群成员的资源利用行为和资源的动态发展状况提出了有针对性的建议和改进措施;殷国鹏等运用社会网络分析描绘组织内部知识传播的网络结构,并对其进行定量分析,探究了阻碍隐性知识传播及共享的原因。

通过以上介绍可以发现,社会网络分析有助于了解网络环境下学习社群的网络结构、社会关系等;也有助于考察网络中信息的流动,促进成员之间的交互,从而指导协作学习，实现学习社群中隐性知识的共享和管理。在进行科学引文分析时，可以将社会网络分析与文献计量、内容分析等多种统计方法结合起来使用，以分析某一领域的研究热点和存在的问题。

9.2 社会网络分析过程和方法

社会网络分析运用一定的方法和技术对社会网络资料给出恰当的解释，说明行动者之间的关系与结构。能否做出恰当的分析，与社会网络分析的过程和方法密切相关。

有些学者把社会网络分析的主要过程分为如下所述的 6 个步骤。

① 确定分析单位：分析单位可以是一个网络群体、一个组织、一个区域，甚至是一个国家。

② 确定社会网络的边界：在调查中必须把边界内所有的行动者包括进来，否则无法对一个发散的社会网络实施结构调查。

③ 收集数据：通过设计问卷或用其他方法进行调查、收集数据。设计问卷时要充分关注行为主体，尽量嵌入情境。

④ 输入数据和绘制网络图：在社会网络分析程序提供的界面中输入数据，利用社会网络分析程序绘制出可视化的网络图。

⑤ 处理与分析数据：典型的处理和分析数据包含分析整体社会网络结构和分析社会网络内部子结构。对整体社会网络，从密度、出度、入度、中心度等几个方面进行分析；对社会网络内部子结构的分析主要涉及小团体分析等。

⑥ 解释分析结果：以数据来论证研究问题，得出科学合理的、有价值的结论。

社会网络分析的核心是收集数据、表达数据和分析数据。

1. 收集数据的方法

社会网络分析中收集数据的方法是多种多样的，如问卷调查法、访谈法、观察法、文献研究法、实验法或直接从网络平台的后台数据库中获取数据等。除上述方法外，社会网络分析还有一些专门的收集数据的方法，如提名法和社会测量法。需要强调的是，社会网络分析所需要的数据是行动者及其关系数据。收集完数据后，应将整理好的数据按照规定的格式形成关系矩阵，以备处理数据时使用。

（1）提名法

提名法是根据分析的要求，让每一位被访问者根据特定的问题，提供自己的社会网络中的成员姓名、个人特征以及这些成员之间的关系信息，研究者可以根据成员之间的关系，对社会网络中的关系数据进行测量。马特·范德普尔（Mart Vanderpoel）认为，使用提名法时，主要可以问以下 4 类问题。

① 互动问题：询问受访者在某一段时间内与其来往的所有的人的情况。

② 角色关系问题：询问受访者主要受哪些角色影响，要求受访者指出和他有最密切关系的人，受访者对这些人有一系列特殊的期待、义务和权利。

③ 情感问题：询问受访者与对他特别重要的人的相互来往。

④ 交换问题：询问受访者通过交换或者交往能得到什么东西，即了解报酬。拥有报酬的关系特别重要，它考察的是现实存在的关系。

(2) 社会测量法

社会测量法是美国社会心理学家莫雷诺(Moreno)于 1934 年创立的。其具体做法是，按一定的标准，对相互之间的关系进行判断和选择。向一个群体中的成员提出一些问题，要求他们按照一定形式进行回答，以揭示该群体的人际结构，然后整理他们互相选择的结果并通过图表的形式揭示各个个体在群体中的地位及他们之间的关系，发现群体中的子群结构，把握该群体人际结构的性质、类别和层次。

2. 表达数据的方法

常用的表达数据的方法有图论法、矩阵法等。图论法适于描述小型群体，可以直观地表现社会网络的结构特征，而矩阵法则可以用来表达和分析不同类型的社会网络。

(1) 图论法

图论法分析的是成对元素之间的关系，它用图的形式表达社会网络。一个图是点和线的集合，图中的点称为节点，代表行动者，连接两个节点的线(也称为边)表示连线两端的两者间的关系。简单地说，图论法是以节点和线的形式来表示行动者及其关系的一种方法。

由一条线(边)连接着的节点称为相互邻接(Adjacent)的节点。邻接是对两个节点分别表示的两个行动者之间直接相关这个事实的图论表达。两个节点可以通过一条边直接相连，也可以通过一系列的节点和边间接相连。图中一系列的边称为一条"线路"(Walk)。如果一条线路中经过的每个节点和每条边都各不相同，则称该线路为"路径"(Path)，一条路径的长度仅仅指它所包含的边数。两个节点之间的"距离"(Distance)是指连接这两个节点的最短路径。图中的边若无方向，则称该图为无向图，否则称该图为有向图；若赋予图中的边以一定的数值，即用数值表示关系的强度，则称该图为赋值图。

图 9-1 便是简单社会网络的图形表达，其中，左图是有向图，右图是无向图。

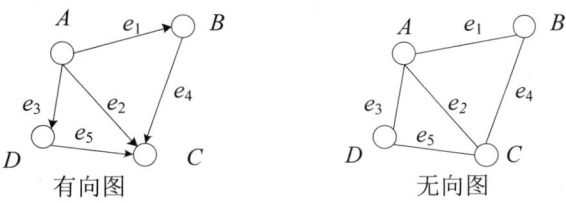

图 9-1　社会网络的图形表达

(2) 矩阵法

从一般意义上讲，矩阵是一些元素的排列。这些元素由行和列构成，如果一个矩阵的行数和列数相同，则称该矩阵为正方阵，简称为方阵；如果一个矩阵的行数和列数不相同，则称该矩阵为次方阵或长方阵。社会网络分析中共有三种表示关系的矩阵：邻接矩阵(Adjacency Matrix)、发生阵(Incidence Matrix)和隶属关系矩阵(Affiliation Matrix)，比较常用的是邻接矩阵。

邻接矩阵用一个二维数组存放行动者之间的关联关系。邻接矩阵的每一行和每一列分别代表一个行动者，各行动者在行和列中的排列顺序完全相同，行代表关系的发送者，列代表关系的接收者。邻接矩阵中元素的值若用 0 和 1 表示，则称为二值矩阵。对于有向图来说，若二值矩阵中的元素 $a_{ij}=0$，则表示第 i 行所对应的节点不指向第 j 列所对应的节点；若元素 $a_{ij}=1$，则表示第 i 行所对应的节点指向第 j 列所对应的节点。对于无向图来说，若二值矩阵中的元素 $a_{ij}=0$，则表示第 i 行所对应的节点和第 j 列所对应的节点不相关；若元素 $a_{ij}=1$，则表示第 i 行所对应的节点和第 j 列所对应的节点相关。若邻接矩阵中的元素的取值用具体的数字(表示权重)表示，则称为赋值矩阵。在无向图中，由于没有方向关系，所以邻接矩阵是一个对称矩阵。

发生阵的行代表各个行动者，而列代表各个关系，即发生阵表达的是哪个行动者连接在哪个关系上，因此发生阵一定是二值矩阵。

隶属关系矩阵的行代表行动者，列代表属性。隶属关系矩阵用来分析行动者的隶属关系，如年龄、性别等。

图 9-1 中的左图所示的有向社会网络图，可以表示为如图 9-2 所示的邻接矩阵(左面的矩阵)和发生阵(右面的矩阵)。

$$\begin{array}{c} \quad A\ B\ C\ D \\ \begin{array}{c}A\\B\\C\\D\end{array}\begin{bmatrix} 0 & 1 & 1 & 1 \\ 0 & 0 & 1 & 0 \\ 0 & 0 & 0 & 0 \\ 0 & 0 & 1 & 0 \end{bmatrix} \end{array} \qquad \begin{array}{c} \quad e_1\ e_2\ e_3\ e_4\ e_5 \\ \begin{array}{c}A\\B\\C\\D\end{array}\begin{bmatrix} 1 & 1 & 1 & 0 & 0 \\ 1 & 0 & 0 & 1 & 0 \\ 0 & 1 & 0 & 1 & 1 \\ 0 & 0 & 1 & 0 & 1 \end{bmatrix} \end{array}$$

图 9-2　图 9-1 中的左图所示的有向社会网络图的邻接矩阵和发生阵

3. 分析数据的方法

可以从多个不同角度对社会网络进行分析，包括中心性分析、凝聚子群分析、核心—边缘结构分析以及结构对等性分析等，这里仅介绍前 3 种。

(1) 中心性分析

中心性是社会网络分析的重点之一。个人或组织在其所在的社会网络中具有怎样的权力，或者说居于怎样的中心地位，是社会网络分析者最早探讨的内容之一。

下面我们用图表示社会网络，用节点表示行动者。节点中心度(Centrality)用来测量节点在图中的地位，它反映了行动者在社会网络中的重要性程度。每个节点都有自己的节点中心度，一个图中有多少个节点，就有多少个节点中心度。除了可以计算各个节点的中心度外，还可以计算整个图的集中趋势(Centralization)，这种集中趋势称为图的中心势。节点中心度刻画的是节点的特性，图的中心势刻画的是整个图中节点的差异性程度，一个图只有一个中心势。根据计算方法不同，中心度和中心势都可以分为3种：点度中心度/点度中心势，中间中心度/中间中心势，接近中心度/接近中心势。

① 点度中心度/点度中心势。在一个图中，一个节点的点度中心度就是图中与该节点有直接联系的节点的数目。点度中心势指的是图中节点的集中趋势，它的计算过程为：首先找到图中最大的点度中心度，然后分别计算这个点度中心度与其他各个节点的点度中心度的差，从而得到多个"差值"，再求出这些"差值"的总和，最后用这个总和除以其他各个节点相应的"差值"在理论上的最大值的总和得到商，这个商即为这个图的点度中心势。

例如，如果有一个包含 n 个节点的无向图，图中的节点 A_1 具有最大的点度中心度，其值为 m。其余 n-1 个节点 $A_2, A_3, \cdots, A_n$ 中的每个节点与别的节点的点度中心度都达到理论上的最小值 1，则 $A_2, A_3, \cdots, A_n$ 中每个节点的点度中心度与异于自身的节点的点度中心度的"差值"的最大值都等于 n-2，这样，$A_2, A_3, \cdots, A_n$ 节点的点度中心度的"差值"的最大值之和为 $(n-1)(n-2)$，这个图的点度中心势就等于

$$\frac{\sum_{i=1}^{n}(C_{\max} - C_i)}{(n-1)(n-2)} = \frac{\sum_{i=1}^{n}(C_{\max} - C_i)}{n^2 - 3n + 2}$$，其中，$C_{\max}$ 表示最大的点度中心度，C_i 表示节点 i 的点度中心度。

对于有 n 个节点的图，当它的结构类似一个星型网络时，这个图有一个中心节点，它的点度中心度就是这个图的最大的点度中心度，其值为 n-1，其余 n-1 个节点的点度中心度都等于 1，最大的点度中心度和其他各个节点的点度中心度的"差值"都等于 n-2，这些"差值"的总和等于 $(n-1)(n-2)$，因此这个图的点度中心势为 $\frac{(n-1)(n-2)}{(n-1)(n-2)} = 1$。

对于有 n 个节点的图，当它的结构类似于一个环型网络时，这个图的 n 个节点的点度中心度完全一样，因此分子为 0，即这个图的点度中心势为 0。

② 中间中心度/中间中心势。在一个图中，如果一个节点处于许多其他两个节点之间的路径上，可以认为该节点居于重要的地位，因为它具有控制其他两个节点之间交往的能力。这个处于其他节点之间路径上的节点可以被形象地比喻为一个"经纪人"，它自己的点度中心度可能不高，但是却有很高的中间中心度。例如，当一个节点是连接其他部分完全相离的两个子图的节点时，尽管它自己的点度中心度只有 2，但因为该节点是连接两个子图的唯一纽带，因此它具备很高的影响力。

理论上，在一个无向图中，假设存在 n 个节点，如果除节点 A_i 的任何两个节点都需要通过节点 A_i 建立连接，那么，剩下的 n-1 个节点中的任何两个节点之间都存在经过节点 A_i 的连线。此时，图中各节点的中间中心度差异最大，而经过节点 A_i 的连线总数量为

$C_{n-1}^2 = \dfrac{(n-1)(n-2)}{2}$，这个值即为节点 i 的中间中心度。根据这种思想来刻画节点中心度的指标称为中间中心度，它测量的是节点对资源控制的程度。一个节点的中间中心度越高，说明通过它才能发生联系的节点越多。中间中心势也是分析图整体结构的一个指标，它先找到图中中间中心度最高的节点，然后计算该节点的中间中心度与其他节点的中间中心度的"差值"的总和，最后除以其他各个节点相应的"差值"在理论上的最大值的总和，得到的商就是图的中间中心势。该节点的中间中心度与别的节点的中间中心度的"差值"的总和越大，则这个图的中间中心势越高，表示这个图可以分为多个子图，而且每个子图中的节点依赖某个节点发生联系，该节点在图中处于重要的地位。

中间中心势的计算公式为 $\dfrac{\sum\limits_{i=1}^{n}(\text{CI}_{\max}-\text{CI}_i)}{(n-1)^2(n-2)/2} = \dfrac{2\sum\limits_{i=1}^{n}(\text{CI}_{\max}-\text{CI}_i)}{(n-1)^2(n-2)}$，其中，$\text{CI}_{\max}$ 表示最大的中间中心度，CI_i 表示节点 A_i 的中间中心度。

③ 接近中心度/接近中心势。点度中心度刻画的是局部的中心指数，它测量的是图中节点与其他节点联系的多少，没有考虑一个节点能否"控制"其他节点；而中间中心度测量的是一个节点"控制"其他节点的能力。除上述两个方面外，有时还要研究图中的节点不受其他节点"控制"的能力，这种能力用接近中心度描述。接近中心度是一个点到其他所有节点的最短路径的总和，这个总和越小，就说明该节点到其他所有节点的路径越短，也就说明这个节点距离其他所有节点越近，其接近中心度就越高。在计算接近中心度的时候，关注的是接近，而不是直接关系。在一个无向图中，假设存在 n 个节点，且不存在孤立节点，则节点 A_i 的接近中心度可以用公式 $\dfrac{1}{\sum\limits_{j=1}^{n}d_{ij}}$ 计算，其中 d_{ij} 表示节点 A_i 与节点 A_j 的最短路径长度。如果一个节点通过比较短的路径与其他许多节点相连，我们就说该节点具有较高的接近中心度。接近中心势指的是图中节点的差异程度，它的计算过程为：首先找到图中最大的接近中心度，然后计算这个接近中心度与其他各个节点的接近中心度的差，从而得到多个"差值"，计算这些"差值"的总和，最后求出这个总和除以其他各个节点相应的"差值"在理论上的最大值的总和得到商，这个商即为这个图的接近中心势。对一个图来说，接近中心势越高，表明图中节点的差异性越大；反之，则表明图中节点的差异性越小。

（2）凝聚子群分析

有些社会网络中某些行动者之间的关系特别紧密，这些行动者可以结合成一个次级社会网络（次级团体），这样的次级团体在社会网络分析中称为凝聚子群。如果说，一个社会网络对应一个总图，那么一个凝聚子群就对应这个总图中的一个子图。

对一个社会网络中存在多少个凝聚子群，凝聚子群内部成员之间的关系有什么特点，各个凝聚子群之间的关系有什么特点，一个凝聚子群的成员与另一个凝聚子群的成员之间的关系有什么特点等的分析称为凝聚子群分析。由于凝聚子群内部成员之间的关系十分紧密，因此有的学者也将凝聚子群分析形象地称为"小团体分析"。

根据计算方法不同，存在不同类型的凝聚子群定义及分析方法。

① 派系(Cliques)。在一个无向图中，"派系"指的是至少包含 3 个节点的最大完备子图[①]。这个概念包含以下 3 层含义。

❖ 一个派系至少包含 3 个节点。
❖ 派系是完备的，根据完备图的定义，派系中任何两个节点之间都存在直接联系。
❖ 派系是"最大"的，即向这个子图中增加任何一个节点，将改变其完备的性质。

② n 派系(n-Cliques)。对于一个总图来说，满足如下条件的某个派系就称为 n-派系，在该派系中，任何两个节点之间在总图中距离的最大值为 n。如果用 d_{AB} 表示两个节点 A 和 B 在总图中的距离，那么一个 n-派系指的就是其对应的派系中的任意两个节点 A 和 B 之间的距离 d_{AB} 的最大值为 n。

③ n-宗派(n-Clan)。n-宗派指的是满足如下条件的 n-派系，即其中任何两个节点之间在 n-派系中的距离都不超过 n。所有的 n-宗派都是 n-派系，它们的区别在于，后者说的距离指的是节点在总图中的距离，而前者说的距离指的是节点在子图中的距离。

④ k-丛(k-Plex)。一个 k-丛是指满足下列条件的一个凝聚子群：在这样的一个子群中，每个成员都至少与除了 k 个成员外的其他成员直接相连。也就是说，当这个凝聚子群对应的子图中的节点个数为 n 时，其中每个节点至少都与该子图中的 $n-k$ 个节点直接连接，即每个节点的点度中心度都至少为 $n-k$。

⑤ 凝聚子群密度(External-Internal Index，E-I Index，简记为 E-I)。凝聚子群密度主要用来衡量一个大的社会网络中小团体现象是否严重，即用来分析社会网络中子群的凝聚程度或整体网络的分派程度。这在分析组织管理时十分有用。最糟糕的情形是大团体很散漫，核心小团体却有高度内聚力。另外一种情况就是大团体中有许多内聚力很高的小团体，很可能就会出现小团体间相互斗争的现象。凝聚子群密度的计算公式为：$\text{E-I} = \dfrac{\text{EL} - \text{IL}}{\text{EL} + \text{IL}}$，其中，EL 表示凝聚子群对应的子图之间节点的连接数，IL 表示凝聚子群对应的子图内部节点的连接数，其取值范围为[-1，+1]。E-I 的值越接近于 1，表明关系越趋向于发生在凝聚子群之间，意味着派系林立的程度越小；该值越接近-1，表明关系越趋向于发生在凝聚子群内，意味着派系林立的程度越大；该值越接近 0，表明关系越趋向于随机分布，不能判断派系林立的情形。

对企业管理者来说，凝聚子群密度是一个重要的危机指数。当一个企业的凝聚子群密度过高时，就表示该企业中的小团体有可能结合过于紧密导致有可能图谋小团体私利，从而伤害整个企业的利益。其实凝聚子群密度不仅仅可以应用在企业管理领域，也可以应用在其他领域，例如可以用来分析某一学科领域学者之间的关系。如果该学科领域的学者总体中存在一个凝聚子群，并且这个凝聚子群的密度较高，说明处于这个凝聚子群

---

① 最大完备子图即最大完全子图。

内部的学者之间联系紧密,在信息分享和科研合作方面交往频繁,而处于这个凝聚子群外部的学者则不能得到足够的、这个凝聚子群内部的信息和科研合作的机会,从一定程度上来说,这种情况不利于该学科领域的健康发展。

(3) 核心—边缘结构分析

核心—边缘(Core—Periphery)结构分析的目的是研究社会网络中哪些行动者处于核心地位,哪些行动者处于边缘地位。核心—边缘结构分析具有较广泛的应用,可用于分析精英网络、科学引文关系网络和组织关系网络等多种社会现象中的核心—边缘结构。

对应于关系数据的不同类型(定类数据和定比数据),核心—边缘结构有不同的形式。定类数据和定比数据是统计学中的两个基本概念。一般来说,定类数据用类别表示,通常用数字表示不同的类别,但是这些数字不能用来进行数学计算;定比数据用数值表示,可以用来进行数学计算。如果数据是定类数据,可以构建离散的核心—边缘模型;如果数据是定比数据,可以构建连续的核心—边缘模型。

下面介绍适用于定类数据的 4 种离散的核心—边缘模型。

① 核心—边缘全关联模型。这种社会网络对应的图中的所有节点分为两组,其中一组中的节点之间联系紧密,可以看成一个凝聚子群(核心),另外一组中的节点之间没有联系,但是,该组成员与核心组的所有节点之间都存在联系。

② 核心—边缘无关联模型。这种社会网络对应的图中的所有节点分为两组,其中一组中的节点之间联系紧密,可以看成是一个凝聚子群(核心),另外一组中的节点之间则没有联系,并且同核心组的节点之间也没有联系。

③ 核心—边缘局部关联模型。这种社会网络对应的图中的所有节点分为两组,其中一组中的节点之间联系紧密,可以看成是一个凝聚子群(核心),另外一组中的节点之间则没有联系,但是它们同核心组的部分节点之间存在联系。

④ 核心—边缘关系缺失模型。这种社会网络对应的图中的所有节点分为两组,其中一组中的节点之间的密度达到最大值,可以看成是一个凝聚子群(核心),另外一组中的节点之间的密度达到最小值,但是不考虑这两组节点之间的关系密度,而把它看成缺失值。

随着社会网络分析在管理、情报等多个领域的应用和推广,其分析工具也处于快速发展之中。近年来,随着社会网络分析在技术上的进步,已经出现了众多的社会网络分析软件,常用的有 UCINET、Gephi、Pajek、NetDraw、Netminer 等。下面重点介绍 UCINET 和 Gephi 这两款软件。

9.3 UCINET

1. UCINET 及其主界面

UCINET(University of California Irvine Network)是加州大学尔湾分校的社会网络分析者开发的一个社会网络分析软件。UCINET 能够处理和分析"1-模数据"和"2-模数据",并能够对网络假设进行检验。

下面举例说明"1-模数据"和"2-模数据"。

例如,在一个发生阵中,行表示学生的编号,列表示学生的学习行为,1 表示某学生发生了某种学习行为,0 表示某学生未发生某种学习行为,这时得到的是一个典型的"2-模数据"。如果我们希望探究学生与学生之间的关系,可以用一个邻接矩阵表示相应的数据,这时得到的是一个典型的"1-模数据"。

UCINET 集成了可以对一维数据和二维数据进行统计和可视化分析的 NetDraw 软件以及三维图形展示分析软件 MAGE 的功能。因此,UCINET 在网络结构可视化、用户交互性探索等方面都有不错的效果。UCINET 是当前主流的综合性社会网络分析工具之一,与其他专门进行社会网络分析的工具相比,UCINET 具有可视化功能强和用户界面友好等特点。UCINET (Version 6.204)的主界面如图 9-3 所示。

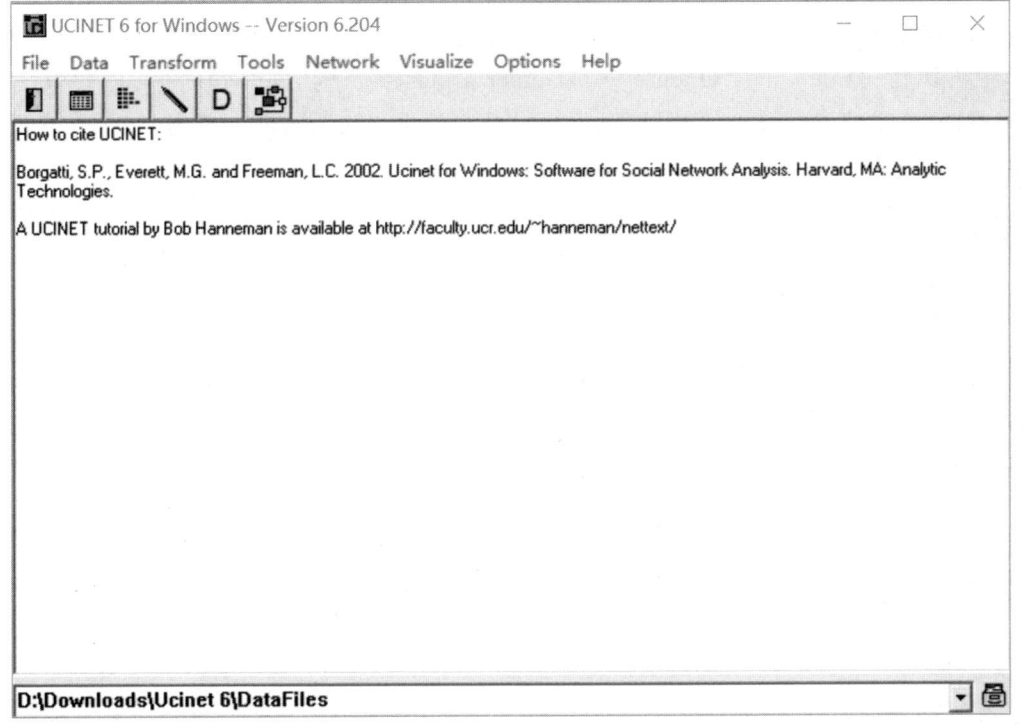

图 9-3　UCINET(Version 6.204)的主界面

下面以某高校 10 名学生在网络学习空间中的互动情况为例，简单介绍 UCINET（以 Version6.204 为例）的常用功能及使用它进行社会网络分析的过程。

某高校 10 名学生在网络学习空间中的互动关系数据形成的邻接矩阵如图 9-4 所示。为了探讨这 10 名学生的互动情况，对密度、点度中心度、接近中心度、凝聚子群、群体中介性（中间中心度）、核心—边缘结构这几个核心参数进行分析。

	1	2	3	4	5	6	7	8	9	10
1						1				
2	1								1	
3					1	1			1	
4	1									
5	1	1	1	1		1				1
6	1	1	1		1			1		1
7			1					1		
8						1	1			1
9				1						
10						1				

图 9-4　某高校 10 名学生在网络学习空间中的互动关系数据形成的邻接矩阵

2. UCINET 操作步骤及结果

① 输入数据。在 UCNET 的主界面（如图 9-3 所示）中执行"Data"→"Data Editors"→"Spreadsheet Editor（obsolete）"菜单命令，打开 UCINET 的数据编辑器窗口，在打开的窗口中直接输入数据，并将输入的数据保存为"数据.##h"文件。

② 生成可视化的有向社会网络图。在 UCINET 的主界面中单击 ("Visualize Network with NetDraw"按钮）或者执行"Visualize"→"NetDraw"菜单命令，在弹出的窗口中再执行"File"→"Open"→"Ucinet Dataset"→"Network"菜单命令，打开"Open Data File"对话框，利用该对话框打开"数据.##h"文件，单击"OK"按钮，即可生成可视化的有向社会网络图，如图 9-5 所示。

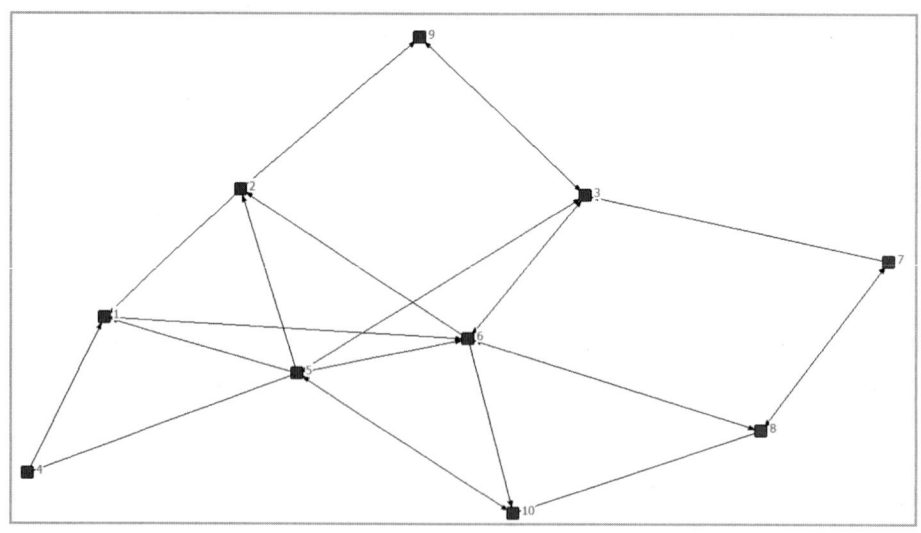

图 9-5　有向社会网络图

③ 计算密度。在 UCINET 的主界面中执行"Network"→"Cohesion"→"Density"→"Density Overall"菜单命令，弹出"Overall Network Density"对话框，如图 9-6 所示。

图 9-6 "Overall Network Density"对话框

单击"Network Dataset"文本框右面的 ..., 弹出一个对话框，利用该对话框打开"数据.##h"文件后返回图 9-6 所示的对话框，单击 ✓ OK ，打开如图 9-7 所示的显示密度的界面。密度反映了社会网络中行动者参与互动的积极程度，它的取值范围为区间[0，1]。本例中，密度值为 1.0000，说明学生参与互动的积极性处于较好的状态。

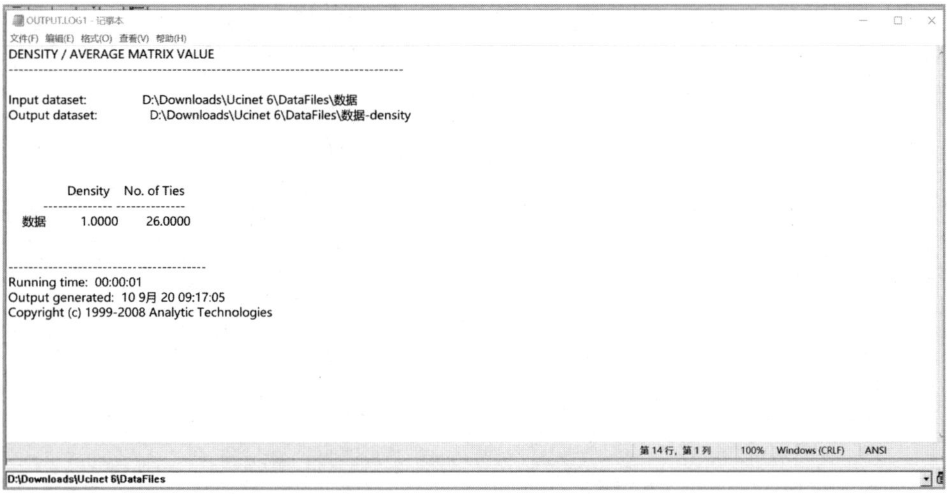

图 9-7 显示密度的界面

④ 计算中心度。在 UCINET 的主界面中执行"Network"→"Centrality"→"Multiple measures"菜单命令，弹出"Centrality"对话框，如图 9-8 所示。

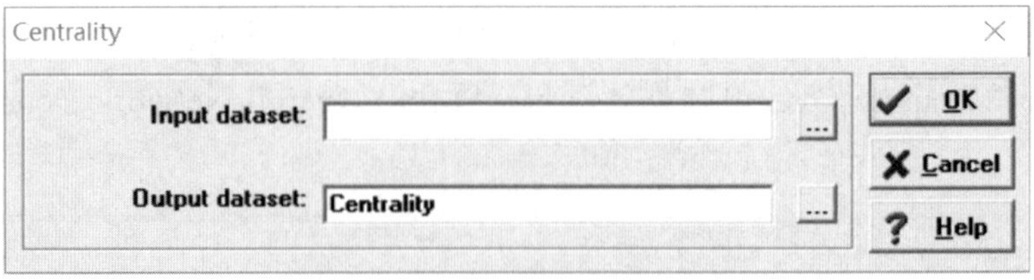

图 9-8 “Centrality”对话框

单击“Input dataset”文本框右面的...，弹出一个对话框，利用该对话框打开“数据.##h”文件后返回图 9-8 所示的对话框，单击✔ OK，打开如图 9-9 所示的显示各个中心度的界面。图中的“Degree”“Closeness”“Betweenness”分别代表点度中心度、接近中心度、中间中心度。由图 9-9 可知，学生 5 和学生 6 的前两种中心度的值较高，说明他们在网络学习空间中的影响较大。

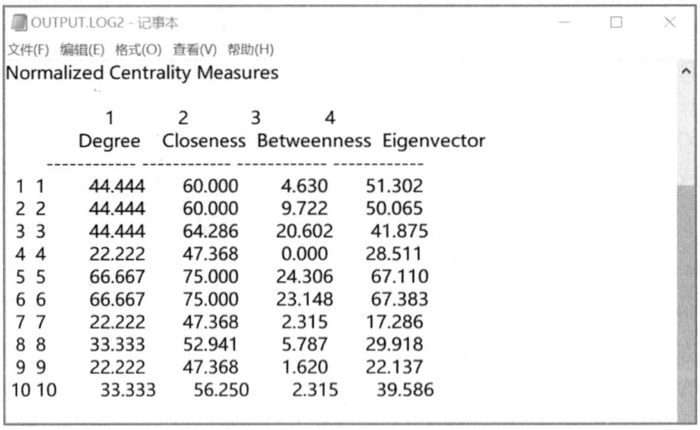
OUTPUT.LOG2 - 记事本

文件(F) 编辑(E) 格式(O) 查看(V) 帮助(H)

Normalized Centrality Measures

		1 Degree	2 Closeness	3 Betweenness	4 Eigenvector
1	1	44.444	60.000	4.630	51.302
2	2	44.444	60.000	9.722	50.065
3	3	44.444	64.286	20.602	41.875
4	4	22.222	47.368	0.000	28.511
5	5	66.667	75.000	24.306	67.110
6	6	66.667	75.000	23.148	67.383
7	7	22.222	47.368	2.315	17.286
8	8	33.333	52.941	5.787	29.918
9	9	22.222	47.368	1.620	22.137
10	10	33.333	56.250	2.315	39.586

图 9-9 显示中心度的界面

⑤ 进行凝聚子群分析。在 UCINET 的主界面中执行“Network”→“Cliques”菜单命令，弹出“Cliques”对话框，如图 9-10 所示。

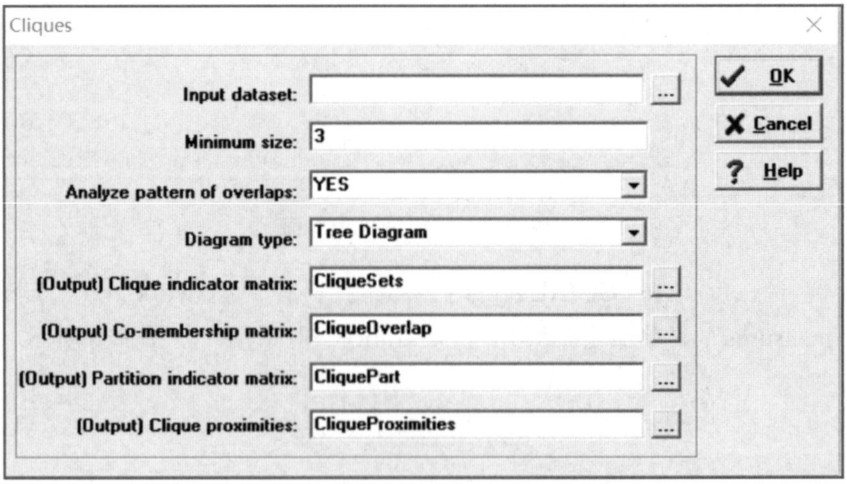

图 9-10 “Cliques”对话框

单击"Input dataset"文本框右面的 ..., 弹出一个对话框,利用该对话框打开"数据.##h"文件后返回图 9-10 所示的对话框,单击 ✓ OK ,打开如图 9-11 所示的显示凝聚子群的界面。由图 9-11 可知,学生 5、6、10 之间的凝聚力较高,说明这三位学生形成了关系较为紧密的凝聚子群。

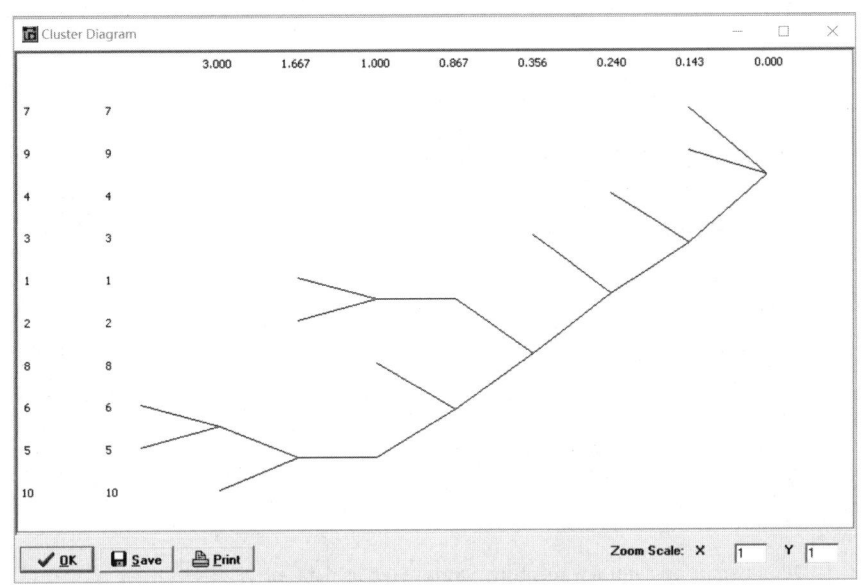

图 9-11 显示凝聚子群的界面

⑥ 进行群体中介性分析。在 UCINET 的主界面中执行 "Network"→"Centrality"→"Freeman Betweenness"→"Node Betweenness"菜单命令,弹出 "Freeman(point) Betweenness" 对话框,如图 9-12 所示。

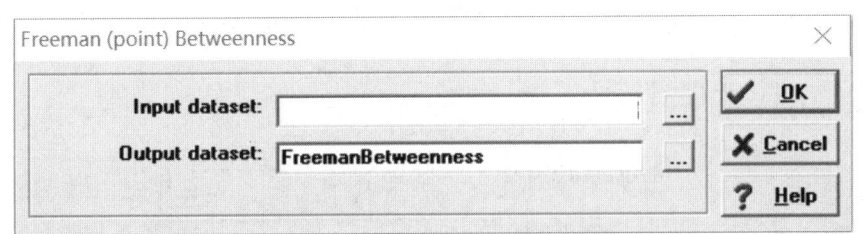

图 9-12 "Freeman(point) Betweenness" 对话框

单击"Input dataset"文本框右面的 ..., 弹出一个对话框,利用该对话框打开"数据.##h"文件后返回图 9-12 所示的对话框,单击 ✓ OK ,打开如图 9-13 所示的显示群体中介性的界面。群体中介性(即中间中心度)反映了网络中个体地位的重要程度,如果中间中心度的值高,就意味着群体分成了若干小团体,依赖中介实现小团体沟通。中间中心度值最高的个体,具有垄断和控制信息的重要地位。由图 9-13 可知,中间中心度的值为 39.20%,说明学生中不存在明显的小团体。从学生个体的中间中心度值来看,不存在明显的信息垄断者,学生 6 和学生 5 在网络互动中起到沟通和联系其他学生的作用。

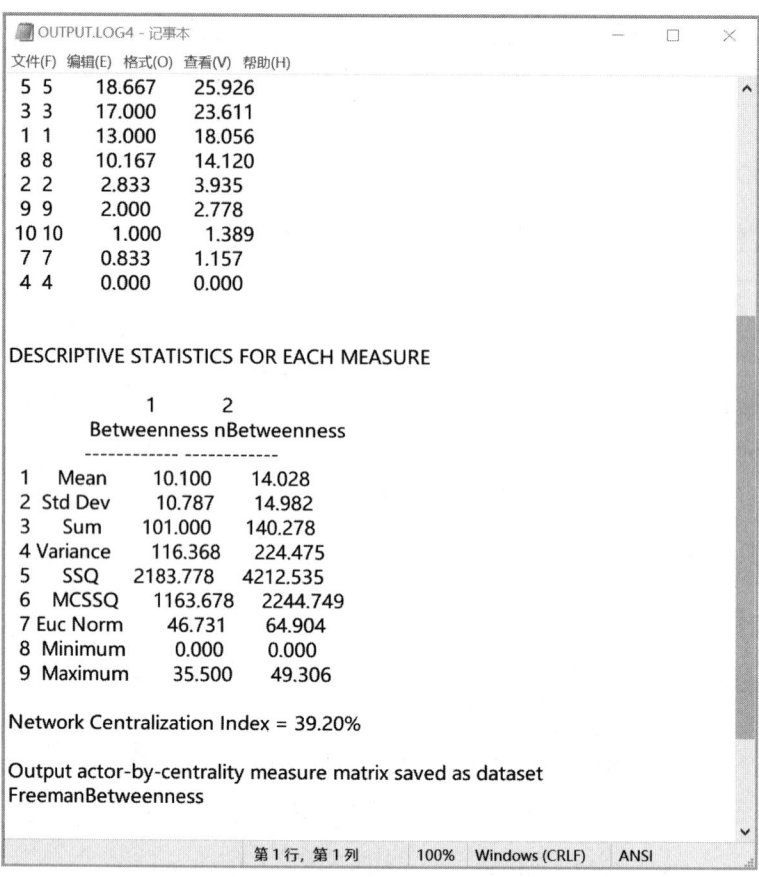

图 9-13　显示群体中介性（中间中心度）的界面

⑦ 进行核心—边缘结构分析。在 UCINET 的主界面中执行"Network"→"Core/Periphery"→"Categorical"菜单命令，弹出"Simple Core"对话框，如图 9-14 所示。

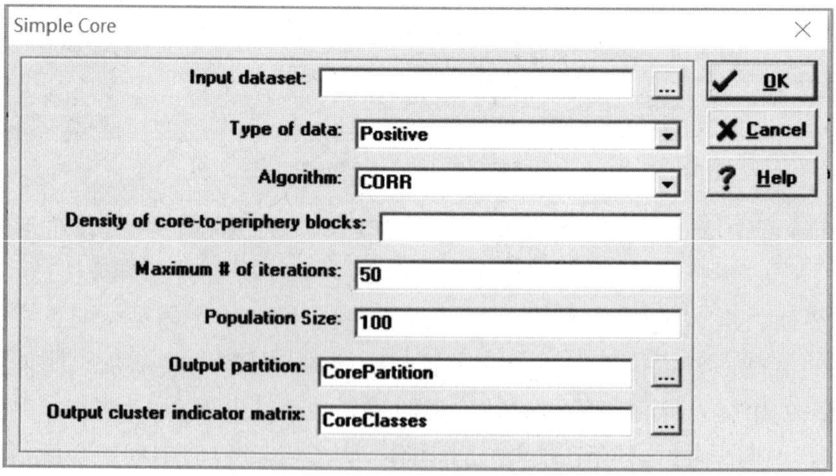

图 9-14　"Simple Core"对话框

单击"Input dataset"文本框右面的 ，弹出一个对话框，利用该对话框打开"数据.##h"文件后返回图 9-14 所示的对话框，单击 ，打开如图 9-15 所示的显示核心 — 边缘结构的界面。从图 9-15 可以看出，学生 1、3、5、6 属于一个区域，其余 6 位学生属于另一个区域。但是其初始矩阵与理想矩阵之间的相关系数（Starting fitness）和经过重排的矩阵与理想矩阵的相关系数（Final fitness）的值均为 0.603，所以能判断一定存在核心 — 边缘结构。

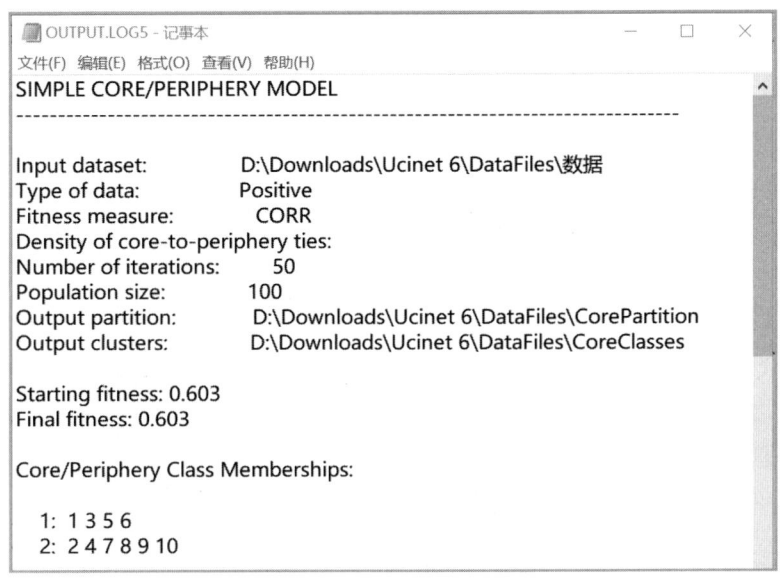

图 9-15　显示核心 — 边缘结构的界面

9.4　Gephi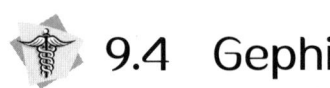

1. Gephi 及其主界面

Gephi 是一款用于社会网络分析的软件，它用可视化的方式展示分析结果，被誉为"数据可视化领域的 Photoshop"，该软件可以在 Windows、Linux 及 Mac OS 系统上运行，它具有如下特点。

① 由内置的 OpenGL 引擎提供支持，所有操作（例如布局、过滤、拖动）都能实时运行。

② 以可视化为中心的用户界面（User Interface）像 Photoshop 图形处理一样，易于安装和使用。

③ 支持模块化扩展 Gephi 及插件开发，该架构构建在 Netbeans 平台上，可以通过精心编写的 API 轻松扩展或重用。

Gephi 0.9.2 的主界面如图 9-16 所示。

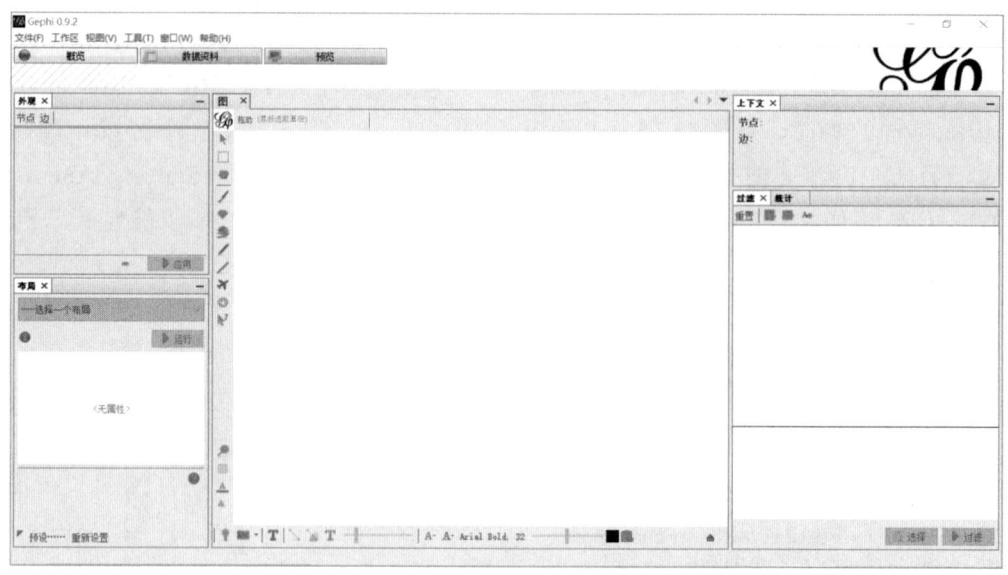

图 9-16　Gephi 0.9.2 的主界面

下面以某高校课堂的行为数据为例，简单介绍 Gephi 的常用功能及使用它进行社会网络分析的过程。

某高校课堂的行为数据如图 9-17 所示。

Source	Target	Type	Id	Label	Timeset	Weight
V1	V1	Directed	0			23.91
V1	V2	Directed	1			10.43
V1	V5	Directed	2			11.22
V1	C2	Directed	3			6.76
V2	V4	Directed	4			83.75
V2	F1	Directed	5			3.82
V2	A2	Directed	6			44.65
V3	V3	Directed	7			102
V3	V4	Directed	8			14.66
V3	V5	Directed	9			4.82
V4	V1	Directed	10			15.65
V4	V3	Directed	11			32.79
V4	V5	Directed	12			50.96
V5	V1	Directed	13			44.36
V5	V3	Directed	14			2.36
V5	V4	Directed	15			22.35
V5	V5	Directed	16			4.95
V5	C1	Directed	17			37.9
V5	A1	Directed	18			22.81
V5	A2	Directed	19			3.95
P1	P2	Directed	20			5.19
P1	P3	Directed	21			12.09
P1	P5	Directed	22			6.7
P1	P6	Directed	23			79.42

图 9-17　某高校课堂的行为数据

2. Gephi 操作步骤及结果

（1）输入数据

可以事先将数据输入到 Excel 电子表格文件中，表格中各列分别表示 Source、Target、Type、Id、Label、Timeset、Weight 的数据。由于 Gephi 程序对 CSV 格式文件的数据比较友好，所以一般来说，需要把 Excel 电子表格文件转换为 CSV 格式的文件。在 Gephi

的主界面中执行"文件"→"导入电子表格"菜单命令后,会弹出一个对话框,在该对话框中选择一个 CSV 格式的文件,单击"打开"按钮,将弹出如图 9-18 所示的设置 CSV 常规选项的对话框。在该对话框中,系统根据选择的文件属性自动设置"分隔符""导入数据""字符集",用户也可以重新设置"分隔符""导入数据""字符集"。

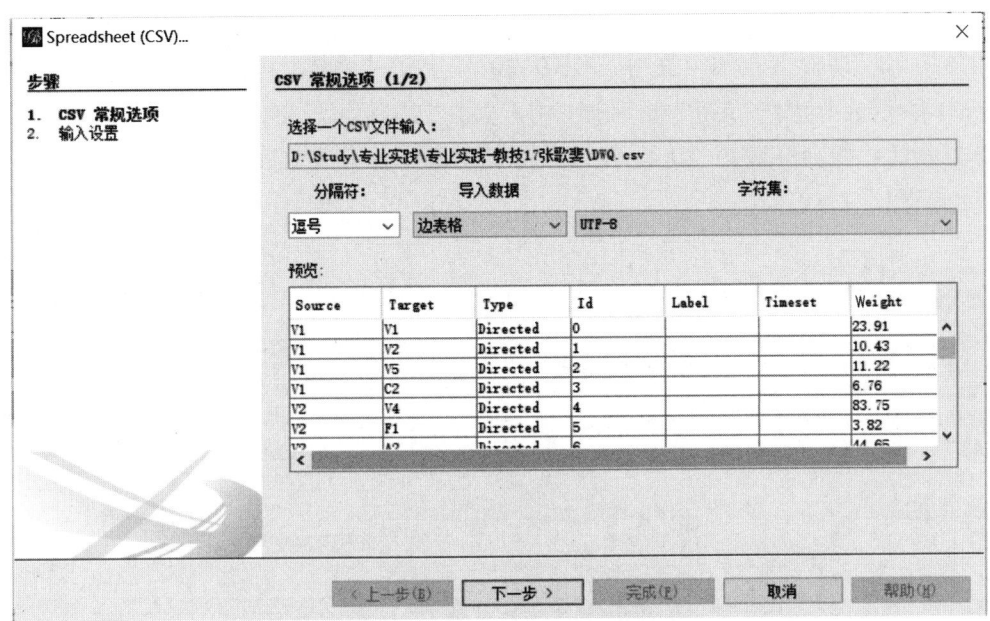

图 9-18 设置 CSV 常规选项的对话框

单击图 9-18 中的 下一步> ,进入如图 9-19 所示的进行输入设置的对话框,在该对话框中确认要导入的信息后单击 完成(F) ,即可完成数据的导入。

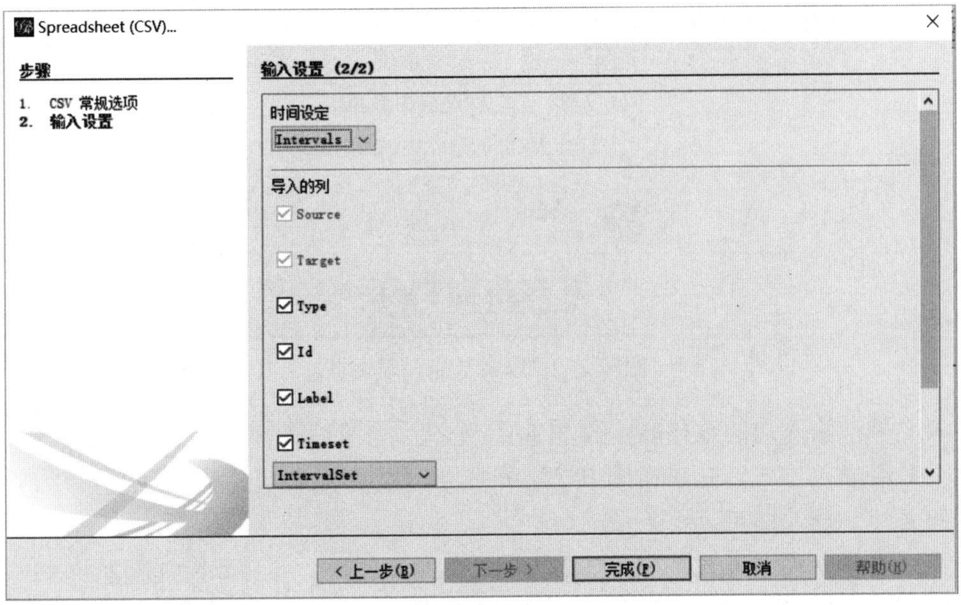

图 9-19 进行输入设置的对话框

在 Gephi 中可以直接导入包含节点和边的数据的 CSV 格式文件，也可以手动添加节点和边来完成数据输入。

导入或手动输入节点的数据时，使用如图 9-20 所示的界面。

如果采用导入方式，先单击图 9-20 左上角的 节点，再单击 输入电子表格，找到保存节点数据的文件，导入即可。

如果采用手动输入方式，先单击图 9-20 左上角的 节点，再单击 添加节点，就会弹出如图 9-21 所示的"添加节点"对话框，用户可以在"标记"框中输入要添加的节点，单击 确定 后，便会在图 9-20 所示的界面中新增一行，并且在"Label"列中显示刚输入的节点标记。

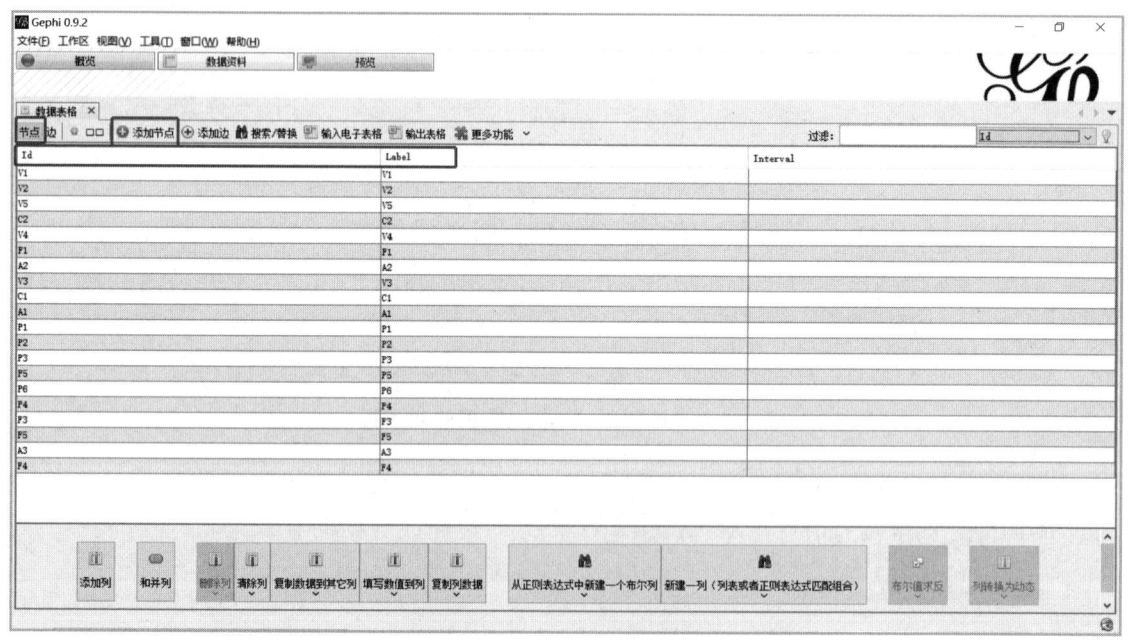

图 9-20　输入节点的数据

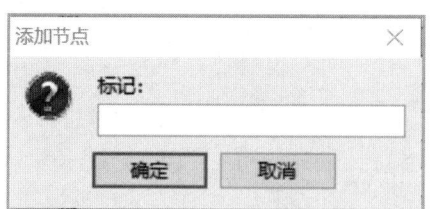

图 9-21　"添加节点"对话框

导入或手动输入边的数据时，使用如图 9-22 所示的界面。

如果采用导入方式，先单击图 9-22 左上角的 边，再单击 输入电子表格，找到保存边的数据的文件，导入即可。

如果采用手动输入方式，先单击图 9-22 左上角的 边，再单击 添加边，就会弹出如图 9-23 所示的"添加边"对话框，用户可以选择新的边的类型(包含"有向的"和"无向的"两种),并用下拉列表选择源节点和目标节点,单击 好 后,便会在图 9-22 所示的界面中新增一行,此时将分别在"源"和"目标"列显示刚才选择的源节点和目标节点,在"类型"列显示"有向的"或"无向的"。

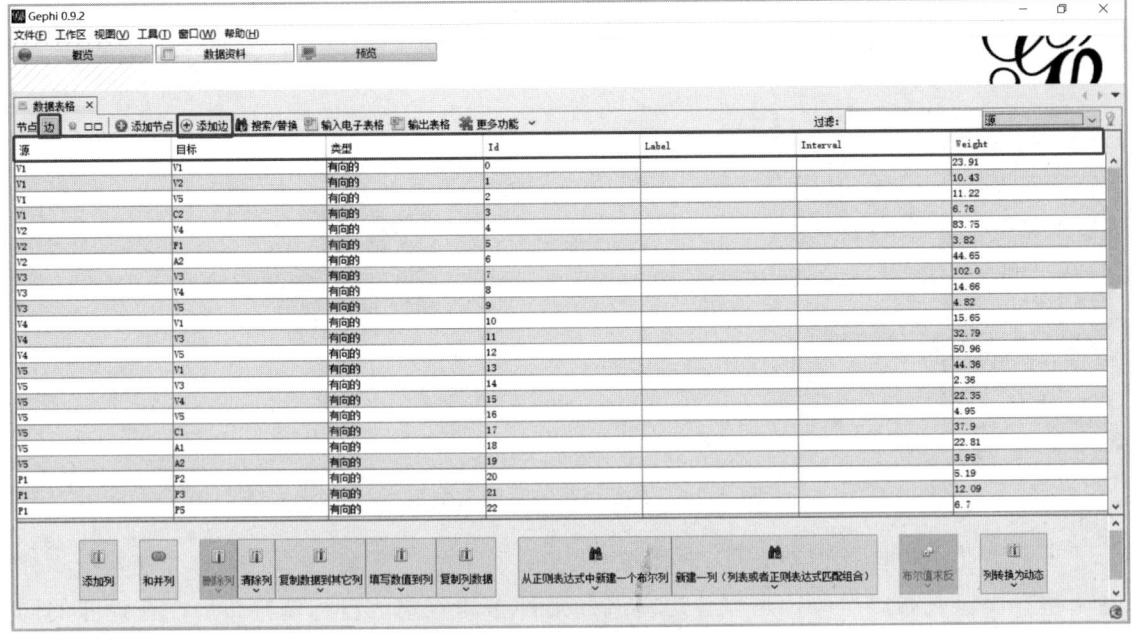

图 9-22 输入边的数据

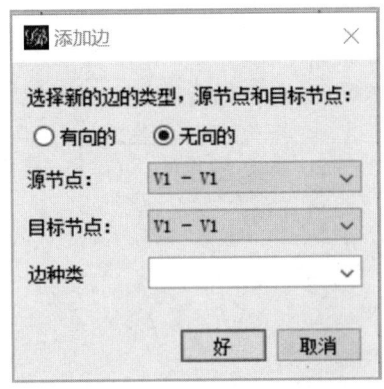

图 9-23 "添加边"对话框

(2)设置布局

用 Gephi 不仅可以建立三维结构的网络,还可以建立节点与边具有生命期的四维网络,而这种动态网络以及 Gephi 内置的一些对网络研究的模块为网络科学研究提供了基础。

Gephi 提供两类把邻接关系转换为可视化的图的方式。

一类是通过选择程序内置的不同布局算法排列节点在图中的位置,为用户解读关系网络提供依据,使用户能以图的方式研究关系网络,如图 9-24 所示。

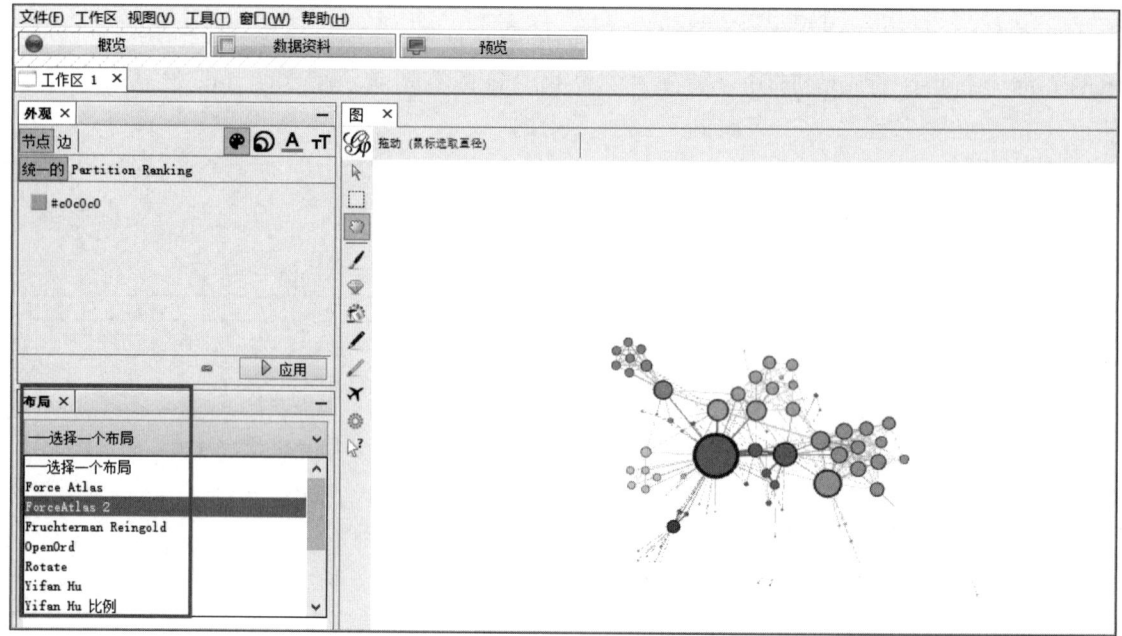

图 9-24 选择程序内置的布局算法

另一类让用户自行调整布局,选择图 9-25 中所示的"交叠""扩展""收缩""标签调整""随机布局"等,可以让用户选择某种布局方式,自行调整布局,在调整的同时,还可以观察图形的构建过程。

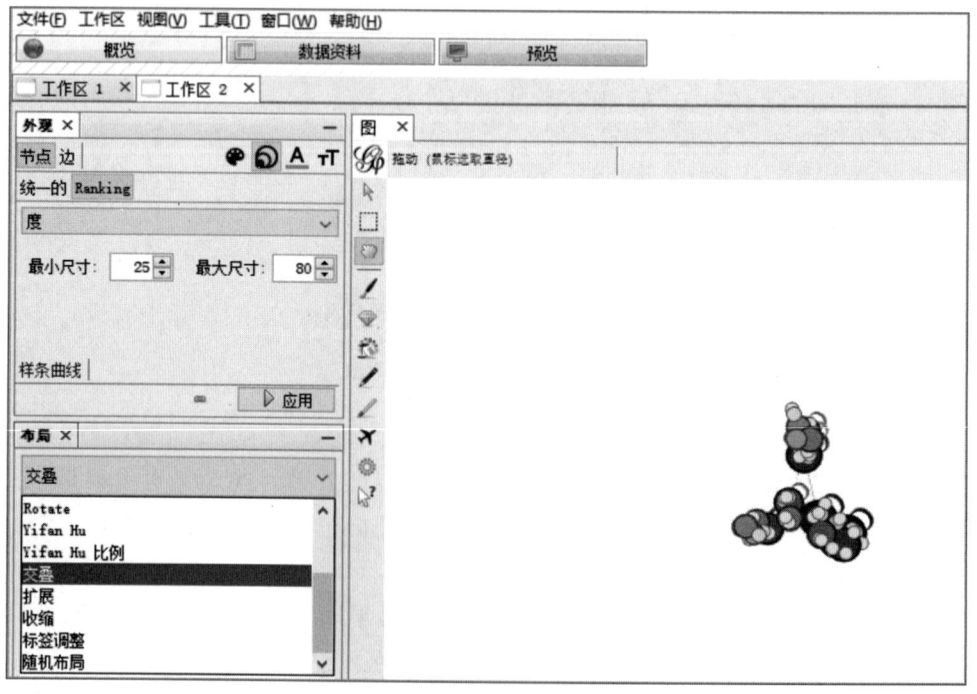

图 9-25 用户自行调整布局方式

用 Gephi 进行可视化布局对计算机的性能有一定的要求，有时要经过很长时间才能完成。使用"Fruchterman Reingold"方式得到的布局结果如图 9-26 所示。

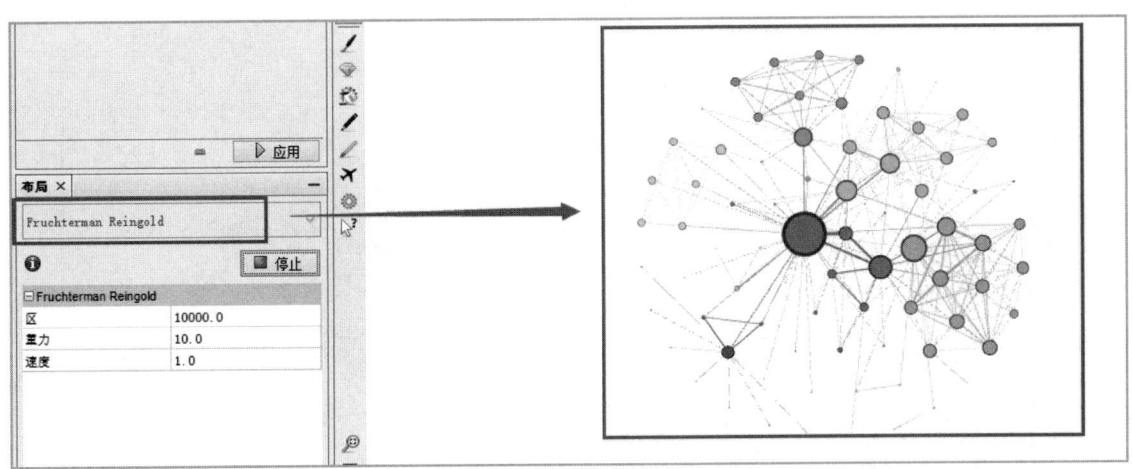

图 9-26　使用"Fruchterman Reingold"方式得到的布局结果

（3）设置节点和边

在 Gephi 中可以使用"节点"选项卡设置节点，包括设置节点大小、节点字体大小、节点字形等，如图 9-27 所示。

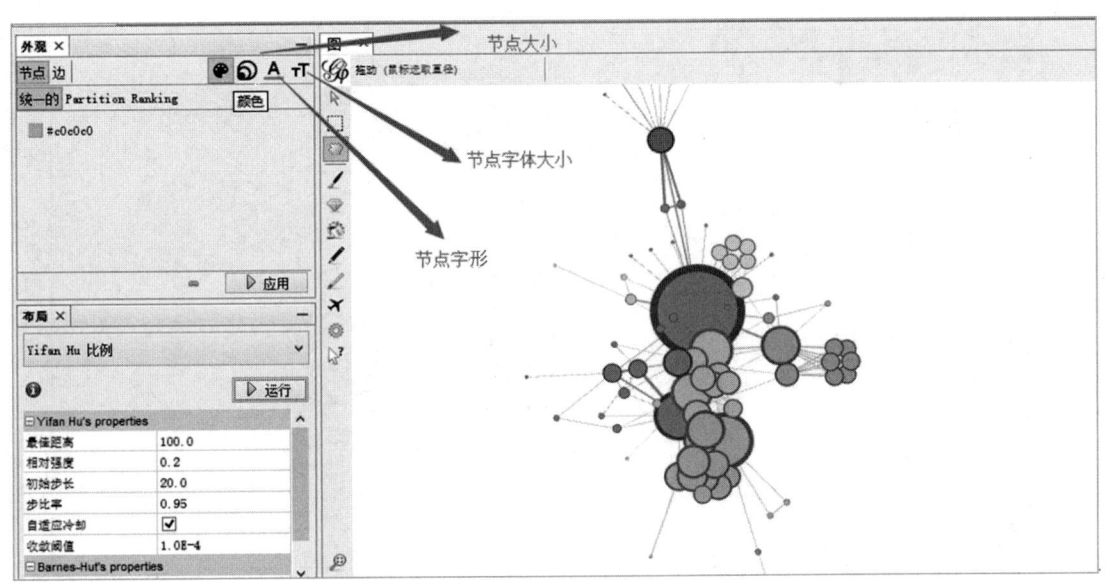

图 9-27　使用"节点"选项卡设置节点

在 Gephi 中还可以使用"边"选项卡设置边，包括设置边的颜色、边的粗细（通过权重来设置）、标签颜色和标签尺寸等，如图 9-28 所示。

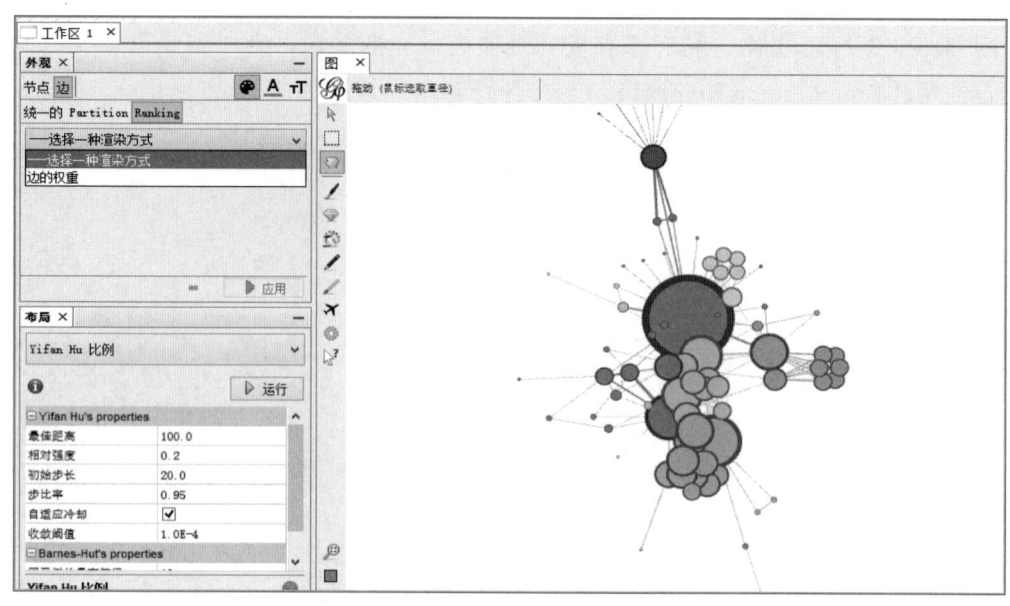

图 9-28　使用"边"选项卡设置边

(4) 在预览界面查看可视化图形

预览界面如图 9-29 所示，可以在该界面的左侧设置可视化的属性，根据需要设置节点字体、颜色、大小，还可以设置边的颜色、粗细等，点击 [预览]，即可看到可视化的图形。

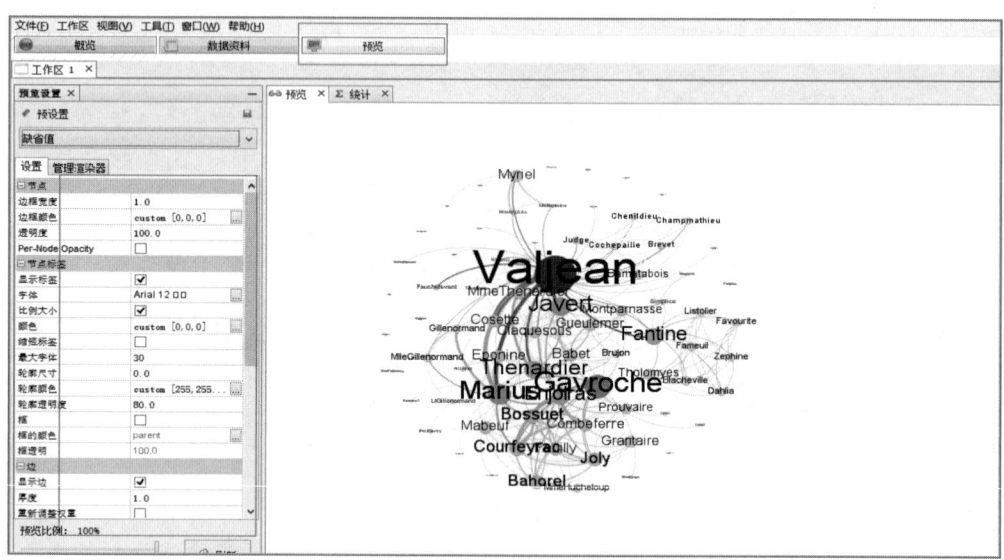

图 9-29　在预览界面查看可视化的图形

(5) 设置属性

通过设置属性，可以根据节点与边的不同连接关系，用不同方式进行计算。计算的内容包括网络的总体特征、网络的模块化、节点的中心度、边的平均路径长度、节点和边的动态等，如图 9-30 所示。通过单击图 9-30 所示的界面右侧的某个项目，选择该项目，可计算出该项目的值，并弹出相应的图示结果。

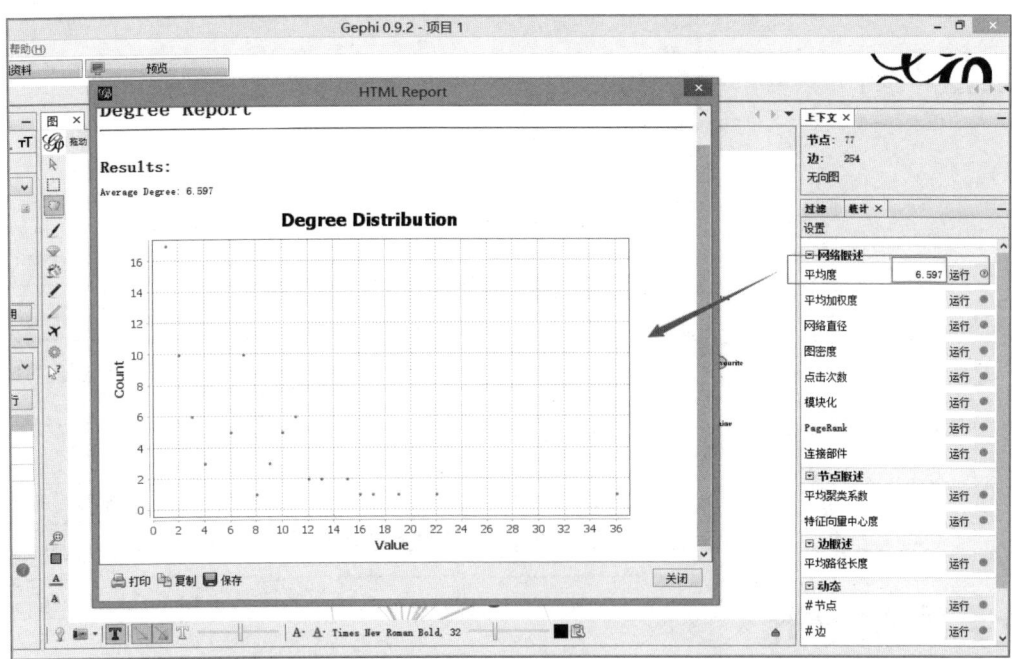

图 9-30　设置属性

(6) 导出图形结果

用 Gephi 可以导出 SVG、PDF、PNG 等多种格式图形文件的图形结果，如图 9-31 所示。

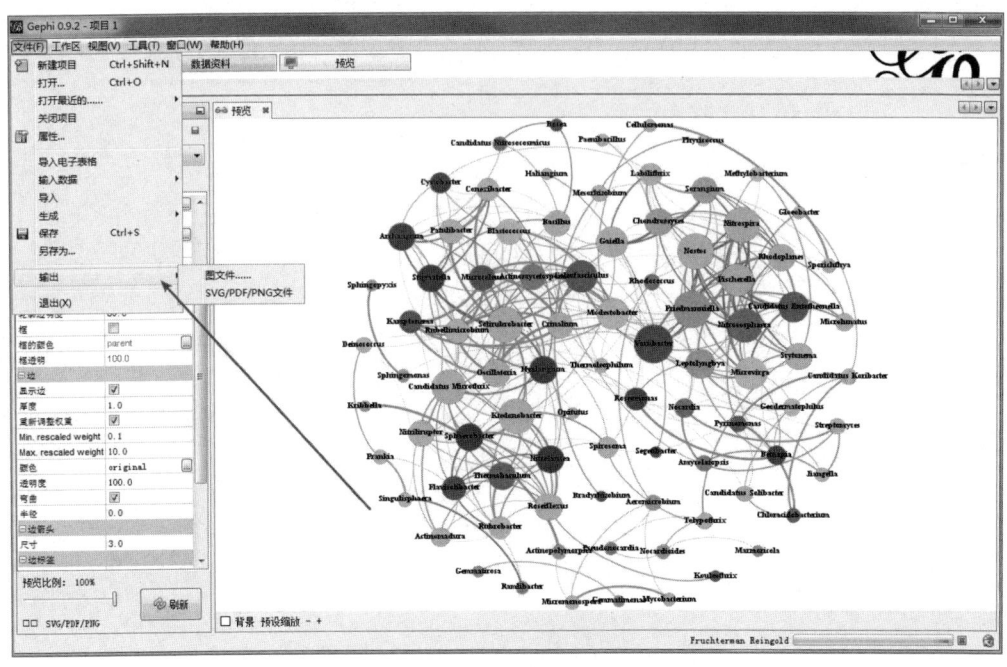

图 9-31　导出图形结果

■ 本章小结

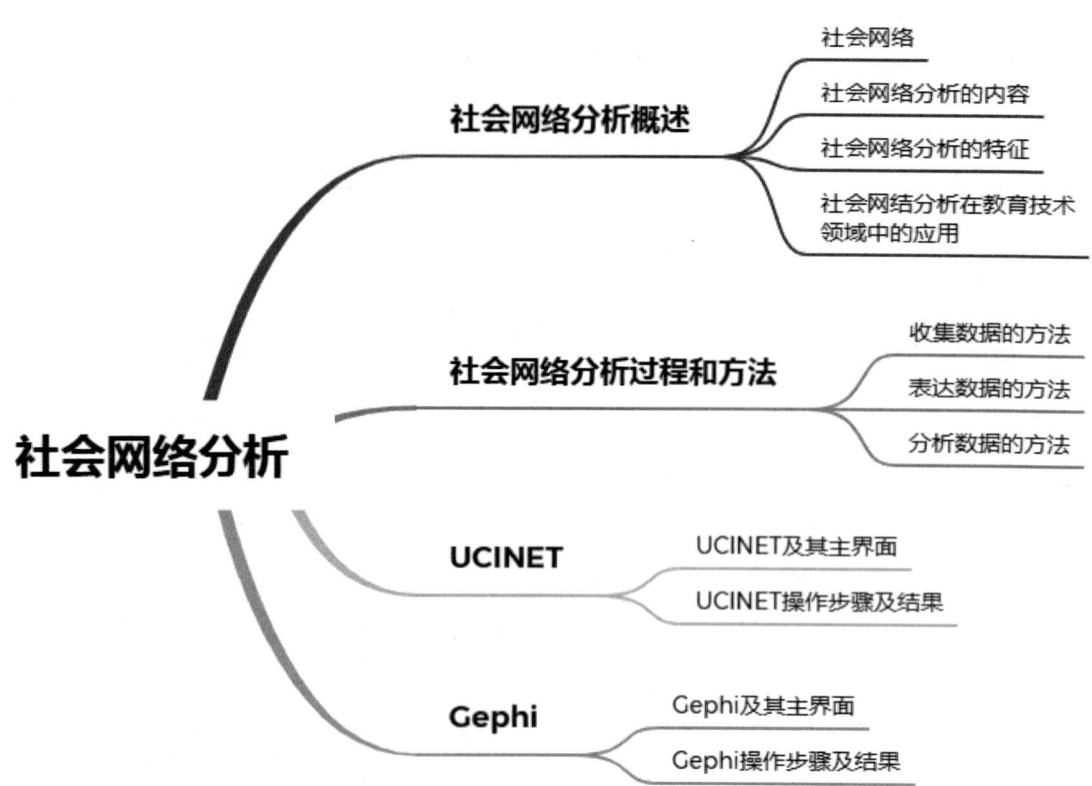